D1701850

Bild- und Rahmenstudio
Jürgen Busch
Galerie
Cosimastr. 123 · 81925 München · Tel. (089) 95 62 9!

DAS BÜRGERHAUS IN ALTBAIERN

Das deutsche Bürgerhaus

BEGRÜNDET VON ADOLF BERNT

HERAUSGEGEBEN VON GÜNTHER BINDING

XXXIII

VERLAG ERNST WASMUTH TÜBINGEN

Das Bürgerhaus in Altbaiern

VON VOLKER LIEDKE

VERLAG ERNST WASMUTH TÜBINGEN

Gedruckt mit Unterstützung der Deutschen Forschungsgemeinschaft

© 1984 by Verlag Ernst Wasmuth Tübingen. Alle Rechte vorbehalten.
Reproduktionen: Reprostudio 16, Dußlingen
Druck und Einband: Passavia Passau
Printed in Germany

ISBN 3 8030 0034 3

INHALT

ZUM GELEIT 7

VORWORT 9

I. EINLEITUNG 11
   A. Zur Definition des Begriffs „Das Bürgerhaus" 11
   B. Umfang und Grenzen des Untersuchungsgebietes 12

II. KURZER GESCHICHTLICHER RÜCKBLICK 13
   A. Das Stammesgebiet des wittelsbachischen Herrscherhauses 13
   B. Größe, Bedeutung und Sozialstruktur der altbairischen Städte und Märkte . . 13
   C. Historische Stadtansichten 15

III. DIE STADTSTRUKTUR 19
   A. Das Bürgerhaus in den altbairischen Rentamtsstädten Landshut, Straubing und Burghausen sowie in der Universitätsstadt Ingolstadt, untersucht anhand der Stadtmodelle von Jakob Sandtner 19
      1. Das Stadtmodell von Landshut 20
      2. Das Stadtmodell von Straubing . . . 23
      3. Das Stadtmodell von Ingolstadt . . . 25
      4. Das Stadtmodell von Burghausen . . 27
   B. Das Bürgerhaus in den Landstädten und Märkten 28
   C. Das Vordringen der bürgerlichen Baukunst in ländliche Bereiche 34

IV. DAS BÜRGERLICHE BAUWESEN UND SEINE GRUNDLAGEN 37
   A. Das städtische Bauwesen, aufgezeigt am Beispiel von Landshut . . 37
      1. Die Ordnungen der Landshuter Steinmetzen, Maurer und Zimmerer . 37
      2. Die Organisation der Maurer- und Zimmererzünfte von ihren Anfängen bis zu ihrer Auflösung im 19. Jahrhundert 38
      3. Die Bruderschaften der Steinmetzen und Maurer 38
      4. Der Unterschied zwischen den Stadt- und den Landmeistern 39
      5. Die Lehrzeit der Lehrjungen 39
      6. Die Stadtwerkmeister und das städtische Bauwesen 39
      7. Die Hofbaumeister und das herzogliche Bauwesen 40
      8. Die Länge der Arbeitszeit 41
      9. Die Baupreise 41
   B. Die Baupläne und Meisterrisse 42
   C. Die welschen Maurermeister in Altbaiern 45

V. DAS BÜRGERHAUS IN SEINER EINZELFORM 46
   A. Allgemeine Formen 46
      1. Das eingebaute Haus 46
      2. Das freistehende Haus 46
      3. Das Eckhaus 46
      4. Das giebel- und das traufständige Haus 46
   B. Sonderformen 47
      1. Die Doppelhäuser 47
      2. Die Häuser mit mehreren Eingängen und Besitzern 47
      3. Die Herbergen 48
   C. Die Baunebenanlagen 48
      1. Die Stallungen für Pferde, Kühe, Schweine und Geflügel 48
      2. Die Wagen- und Geräteschuppen . . 48
      3. Die Heustädel, Korn- und sonstigen Vorratsspeicher 48
      4. Die Hausgärten 48

VI. DAS BÜRGERHAUS IN SEINER KONSTRUKTION 50
   A. Die Bautechnik 50
      1. Das ortsübliche Material 50
      2. Die Fundamentierung und das aufgehende Mauerwerk 50
      3. Die Kommunemauern 51
      4. Der Putz, die Schlämme und der Stuck 52
      5. Die Zahl der Geschosse und die Geschoßhöhen 52
      6. Die flachgedeckten und die gewölbten Räume 53
      7. Die Ausführung der Böden und Decken 54
      8. Die Lage und Ausbildung des Treppenhauses 56
      9. Die Anlage der Feuerstelle und des Schornsteins 57
      10. Die Be- und Entwässerung des Grundstücks und des Wohnhauses . 57

B. Das Dachwerk und die
   Dacheindeckung 58
   1. Das Sparrendach 58
   2. Das Pfettendach 58
   3. Der stehende und der liegende Stuhl 58
   4. Die Dacheindeckung und Dach-
      entwässerung 59
   5. Das Legschindel- und das
      Scharschindeldach 60
   6. Das Legschieferdach 60
C. Die einzelnen Dachformen 60
   1. Das Steil- und das Flachdach 60
   2. Das Pult- und das Satteldach 61
   3. Das Walm-, Halbwalm-, Krüppel-
      walm- und Schopfwalmdach 61
   4. Das Mansarddach 61
   5. Das Walmdach mit Vorschußmauer 62
   6. Das Grabendach mit Vorschuß-
      mauer 62

VII. DAS BÜRGERHAUS IN SEINEM
     INNEREN GEFÜGE 63
   A. Die Baustruktur 63
      1. Der Keller 63
      2. Das Fletz und die erdgeschossige
         Halle 64
      3. Die Werkstatt und der Verkaufs-
         raum 64
      4. Die Wohn- und Schlafräume ... 64
      5. Die Küche und die Vorratsräume . 65
      6. Der Dachboden als Lagerraum ... 65
      7. Die Hauskapellen 65
   B. Die Bauaußenanlagen 67
      1. Die Lauben oder Bögen 67
      2. Die Arkaden 67
      3. Lichthöfe und Innenhöfe 70

VIII. DIE BAUDETAILS UND
      ZIERFORMEN AM BÜRGERHAUS .. 71
   A. Die Maueröffnungen 71
      1. Der Hauseingang: Haustür
         und Portal 71
      2. Die Toreinfahrt 73
      3. Die Fenster 73
      4. Die Innentüren 74
      5. Die Fensterbank 75
   B. Die Zierformen 75
      1. Die Mauervorsprünge 75
      2. Die Erker 75
      3. Der Überschuß 80
      4. Die Fassadenmalerei 81
      5. Der Rauhputzdekor 84
      6. Die Dachaufbauten 85

   7. Geschmiedete Gitter 85
   8. Die Ausleger 86
   9. Die Bauinschriften 86
  10. Die Hochwassermarken 86

IX. DIE ENTWICKLUNG DES HAUS-
    GRUNDRISSES UND DER FASSADE
    VON DER ROMANIK BIS
    ZUM ENDE DES KLASSIZISMUS 87

X. AUSGEWÄHLTE BEISPIELE
   VON BÜRGERHÄUSERN 98
   A. Nahrungsmittelgewerbe 98
      1. Die Ackerbürgerhäuser und
         Schwaigen 98
      2. Die Fischer- und die
         Gärtnerhäuser 98
      3. Die Mühlen 99
      4. Die Bäckereien und die Brothäuser . 99
      5. Die Metzgereien und die
         Fleischbänke 99
      6. Die Lebzelterhäuser 100
      7. Die Gasthöfe, Brauereien und
         Bierschenken 100
      8. Die Weingasthöfe 103
      9. Die Tafernen 103
   B. Handel, Verkehr und Dienstleistung .. 106
      1. Die Krämereien, Fragner- und
         Melberhäuser 106
      2. Die Häuser der Handelsherren und
         Eisenkrämer 107
      3. Die Häuser der Schiffmeister ... 108
      4. Die Posthaltereien 108
      5. Die Huf- und Nagelschmieden .. 109
      6. Die Tragwerkerhäuser und
         Herbergen 110
   C. Bekleidung und Lederverarbeitung ... 110
      1. Die Weberhäuser und die
         Tuchmacherhäuser 110
      2. Die Häuser der Rotgerber und der
         Weißgerber 110
      3. Die Färberhäuser 111
   D. Holz- und Metallverarbeitung 112
      1. Die Häuser der Kistler, Drechsler,
         Schäffler und Wagner 112
      2. Die Häuser der Schlosser sowie der
         Uhr- und Büchsenmacher 112
   E. Kunst und Kunsthandwerk 112
      1. Die Häuser der Bauhandwerker ... 112
      2. Die Werkstätten der Maler,
         Bildhauer, Glaser und Seidensticker
         sowie der Goldschmiede
         und Plattner 114

    3. Die Häuser der Zinn- und Glocken-
       gießer 115
    4. Die Hafnerhäuser 116
  F. Gesundheitspflege 117
    1. Die Apotheken 117
    2. Die Wohnungen der Ärzte und
       die Badhäuser 118

XI. DIE AMTSBAUTEN 121
  A. Die Bauten der städtischen
    Verwaltung 121
    1. Die Rathäuser und Stadt-
       schreibereien 121
    2. Die Bürgertrinkstuben und
       Tanzhäuser 124
    3. Die Schulen 126
    4. Sonstige Bauten der städtischen
       Verwaltung 127
  B. Die Bauten der landesfürstlichen
    Verwaltung 130
    1. Die Zentralbehörden 130
    2. Die Mittelbehörden 131
    3. Die Unterbehörden 133
  C. Die Bauten der kirchlichen
    Verwaltung 140
  D. Städel, Kasten und sonstige Speicher-
    bauten 144
  E. Die Häuser der Scharfrichter,
    der Abdecker, der Totengräber
    und das Frauenhaus 148

XII. DIE BAUTEN DER MILDEN
     STIFTUNGEN 149
  A. Die Spitäler 149
  B. Die Leprosen- und Blatternhäuser ... 150
  C. Die Pfründe-, Armen- und Betbruder-
    häuser 152
  D. Die Waisenhäuser 152
  E. Die Meßstiftungs- und Bruderschafts-
    häuser 152

XIII. DIE BAUTEN BESONDERER
      STÄNDE 155
  A. Die Patrizierhäuser 155
  B. Die Häuser der Universitäts-
    professoren 162
  C. Die Stadthäuser der Prälaten 163
  D. Die Stadthäuser des Adels 163
  E. Die adeligen Sitze im Stadtgebiet und
    am Stadtrand 166
  F. Die Stadthäuser des Landesherrn 167

XIV. RECHTLICHE SONDERFORMEN ... 169
  A. Die von Abgaben und Diensten
    befreiten Häuser einiger Beamter 169
  B. Die Judenhäuser 170

XV. ZUSAMMENFASSUNG UND
    WERTUNG DES UNTERSUCHUNGS-
    ERGEBNISSES 171

Abgekürzte zitierte Kunstdenkmäler-
inventare 177
Literaturverzeichnis 177
Bildnachweis 179
Register 180

ZUM GELEIT

Nachdem anfänglich Herr Dipl.-Ing. Karl Erdmannsdorffer von Herrn Dr.-Ing. habil. Adolf Bernt, dem Begründer der Reihe „Das deutsche Bürgerhaus", den Auftrag erhalten hatte, München und Niederbayern für einen Band des Bürgerhauswerkes zu bearbeiten, legte er schließlich nur einen Band München vor, der 1972 als Band 17 der Reihe erscheinen konnte. Nach dem Tode von Herrn Erdmannsdorffer war die Fortsetzung zunächst in Frage gestellt. Herr Landeskonservator Dr. Tilmann Breuer hat 1974 beratend und vermittelnd geholfen, so daß Herr Oberkonservator Dr.-Ing. Volker Liedke Anfang 1975 mit der Bearbeitung des nun vorliegenden Bandes beginnen konnte. Das Hauptgewicht wurde auf die Städte Landshut, Straubing, Dingolfing, Landau, Deggendorf und Kelheim gelegt, die alten Rentamtsbezirke Landshut und Straubing (ohne Passau), um einen repräsentativen Querschnitt altbaierischer Bürgerhausarchitektur bieten zu können und somit den Bänden München (Band 17) und Regensburg (Bände 23 und 30), Nürnberg (Band 16) und Inn-Salzach-Gebiet (Band 5) einen angemessenen Gegenpart zu bieten. Als weitere Ergänzung wäre es wünschenswert, einmal einen Band über das Bürgerhaus in den Hochstiften Eichstätt, Freising und Passau folgen zu lassen. Entstanden ist eine intensiv und zuverlässig gearbeitete historische, bautechnische und typologische Darstellung der altbaierischen Bürgerhäuser. Das Manuskript wurde Ende 1981 abgeschlossen und der Deutschen Forschungsgemeinschaft zur Begutachtung übergeben.

Die Deutsche Forschungsgemeinschaft finanzierte die Anfertigung der Bauaufnahmen und Fotos sowie des Manuskriptes. Die Arbeitsstelle an der Universität Köln erhielt Unterstützung vom Zentralverband des deutschen Baugewerbes, vom Zentralverband der deutschen Haus-, Wohnungs- und Grundeigentümer und vom Kanzler der Universität zu Köln. Die Deutsche Forschungsgemeinschaft bewilligte einen großzügig bemessenen Druckkostenzuschuß. So konnte das von Herrn Dr.-Ing. Volker Liedke und Herrn Manfred Heinrich, Verlag Wasmuth, gestaltete Werk in der vorliegenden Form erscheinen.

Ich danke allen Geldgebern und Mitarbeitern sehr herzlich für die umfangreiche Hilfe und Geduld und dem Autor für seine engagierte und zuverlässige Arbeit. Ich wünsche dem Buch eine weite Verbreitung, um zum besseren Verständnis und zur pfleglichen Erhaltung der überkommenen Häuser beizutragen.

Köln, im Sommer 1983   GÜNTHER BINDING

VORWORT

Nach dem Erscheinen der Arbeiten von Max Eberhard Schuster „Das Bürgerhaus im Inn- und Salzachgebiet" und Karl Erdmannsdorffer „Das Bürgerhaus in München" stellt der vorliegende Band „Das Bürgerhaus in Altbaiern" den dritten und letzten Band in der Reihe des Bürgerhauswerks dar, der sich mit der baulichen Entwicklung des Bürgerhauses in Altbaiern befaßt. Karl Erdmannsdorffer, der mit den Vorarbeiten zu einem Band mit dem Titel „Das Bürgerhaus zwischen Lech und Inn" begann, verstarb darüber unverhofft im Jahr 1974. Mit der Weiterführung dieser Untersuchungen wurde der Verfasser des vorliegenden Bandes betraut, wobei ein völlig neues Konzept erarbeitet wurde. Geplant waren ursprünglich zwei Bände, die den gesamten Bürgerhausbestand in den Regierungsbezirken Ober- und Niederbayern – jedoch mit Ausnahme von München – umfassen sollten. Diese flächendeckende Untersuchung wurde zunächst in mehrjähriger Arbeit betrieben.

Im Zuge allgemeiner Sparmaßnahmen bei der Deutschen Forschungsgemeinschaft wurde dann leider der zweite Band, der den Regierungsbezirk Oberbayern hätte beinhalten sollen, ersatzlos gestrichen. Um zu vermeiden, daß auf diese Weise weite Landstriche mit den Bürgerhäusern in ihren Städten und Märkten unbearbeitet bzw. unpubliziert bleiben würden, wurde der Band auf Altbaiern beschränkt. Aus diesem Grund muß die bauliche Entwicklung in den Hochstiften Freising, Eichstätt und Passau unberücksichtigt bleiben. Auch der Oberpfalz, die seit 1628 zu Altbaiern gehört, wird kein eigener Band – abgesehen von den von Richard Strobel hervorragend erarbeiteten Bänden über die bürgerliche Baukunst von Regensburg – gewidmet.

Dem Verfasser ist es eine angenehme Pflicht, Herrn Universitätsprofessor Dr.-Ing. Dr. phil. Günther Binding, Rektor der Universität zu Köln und Leiter des ganzen Forschungsunternehmens, für die ausgezeichnete Zusammenarbeit zu danken. Herrn Generalkonservator Professor Dr. Michael Petzet und Herrn Landeskonservator Dr. Tilmann Breuer vom Bayerischen Landesamt für Denkmalpflege in München schuldet der Verfasser für die Erteilung der Erlaubnis zur Übernahme dieser Forschungsaufgabe besonderen Dank. Herr Dr. Breuer vermittelte dem Verfasser diese wissenschaftliche Arbeit.

Die Durchführung eines so umfangreichen Unternehmens, wie es das „Bürgerhaus in Altbaiern" darstellt, wäre nicht denkbar ohne die freundliche Hilfe einer Reihe von Mitarbeitern. Die Umzeichnungen der Pläne wurden fast ausschließlich von meiner Frau und die Neuaufnahmen von Bauwerken von Herrn Dipl.-Ing. Heinz Strehler, Referent für Bauforschung am Bayerischen Landesamt für Denkmalpflege, besorgt. Tatkräftige Unterstützung wurde darüber hinaus von zahlreichen öffentlichen Stellen, Ämtern und Instituten gewährt.

Nicht zu versäumen wäre in diesem Zusammenhang der Dank an Frau Dr. Annemarie Kuhn-Wengenmayr, Leiterin der Fotoabteilung des Bayerischen Landesamtes für Denkmalpflege (München), Frau Dr. Nina Gockerell, Leiterin der Fotoabteilung des Bayerischen Nationalmuseums (München), Herrn Bezirksheimatpfleger Dr. Hans Bleibrunner (Landshut), Frau Liselotte Bengl, Leiterin des Stadtarchivs Burghausen, Herrn Dr. Siegfried Hofmann, Direktor des Stadtarchivs Ingolstadt, Herrn Dr. Georg Spitzlberger, Direktor des Stadtarchivs Landshut, Herrn Dipl.-Ing. Fritz Markmiller, Leiter des Stadtarchivs und des Museums Dingolfing und Herrn Dr.-Ing. Nerdinger, Direktor der Architektursammlung der Technischen Universität München, sowie Herrn Hauptkonservator Dr. Heinrich Habel und Herrn Dipl.-Ing. Paul Unterkircher vom Bayerischen Landesamt für Denkmalpflege.

Besonders hilfreich war auch die tatkräftige Unterstützung durch die Fotomeisterin Frau Maria Weber (München) und den Fotografen Herrn Joachim Sowieja. Mein besonderer Dank gilt vor allem meiner Frau, die mich oft mit großer Geduld und Ausdauer auf meinen vielen Forschungsreisen durch Ober- und Niederbayern begleitete.

München, den 21. Mai 1983   VOLKER LIEDKE

I. EINLEITUNG

A. ZUR DEFINITION DES BEGRIFFS „DAS BÜRGERHAUS"

Der Begriff „Bürgerhaus" ist leider nicht so eindeutig festgelegt, wie dies auf den ersten Blick erscheinen mag. Die Bezeichnung ist vielmehr höchst vielschichtig und kompliziert.

Von den verschiedenen Autoren des Bürgerhauswerks wurde der Begriff bislang meist in der Weise interpretiert, daß in die diesbezüglichen Untersuchungen – mit Ausnahme der Rathäuser – jedes in einer Stadt oder in einem Markt stehende Wohnhaus einbezogen wurde. Dies ist jedoch historisch gesehen unrichtig.

Würde man andererseits davon ausgehen, daß unter einem „Bürgerhaus" jedes von einem Bürger bewohnte Haus zu verstehen wäre, so müßten beispielsweise die Wohnhäuser der Beamten, des Adels und der Geistlichkeit, die in der Regel nicht das Bürgerrecht besaßen, bei der Untersuchung entfallen. Desgleichen müßte in jedem Fall genau geprüft werden, ob der Bauherr oder Besitzer eines Hauses überhaupt das volle Bürgerrecht[1] besaß, das man eigentlich nur als Bewohner von Städten und Märkten erwerben konnte, oder nur den Beisitz[2] hatte. Es sei hier angemerkt, daß darüber hinaus auch viele Inwohner[3] nur diesen verminderten Rechtsstatus besaßen.

Zu bedenken wäre auch, daß in den Freien Reichsstädten, wie z.B. in Augsburg und Regensburg, wo das Stadtregiment evangelisch war, katholische Bewohner der Stadt nicht das volle Bürgerrecht, sondern nur den Beisitz erlangen konnten.

Streng genommen müßten auch die Bauernhäuser im Burgfrieden einer Stadt, d.h. die Schwaigen, in die vorliegende Untersuchung miteinbezogen werden, da ihre Bewohner ebenfalls das Bürgerrecht hatten. Um jedoch alle diese Schwierigkeiten zu umgehen, sollte man daher weniger von dem „Bürgerhaus" als von der *„bürgerlichen Baukunst"* sprechen, da sich der letztere Begriff viel klarer definieren läßt.

Die Träger der bürgerlichen Baukunst waren die in verschiedenen Zünften zusammengeschlossenen Maurer, Steinmetzen, Zimmerer, Spengler, Kupferschmiede, Schlosser, Schreiner, Drechsler, Glaser, kurzum alle jene Bauhandwerker, die zum Bau und seiner ortsfesten Ausstattung beitrugen. Der Plan zum Neubau eines Hauses wurde in der Regel von einem Maurer- bzw. bei hölzernen Wohnbauten von einem Zimmermeister entworfen.[4]

Patrizierhäuser sind, da ihre Eigentümer ja das Bürgerrecht innehatten und ihre Häuser in der Regel von bürgerlichen Maurermeistern entworfen und ausge-

---

[1] Zum Erwerb des Bürgerrechts in Altbaiern schreibt Josef Haushofer: „Bürger konnte nach der in Bayern bis 1803 geltenden, ausschließlichen Katholizität nur werden, wer katholischen Bekenntnisses war. Er mußte ehelicher Geburt, das heißt vor allem ehrbarer Abstammung sein. Uneheliche hatten die Möglichkeit, sich durch kaiserliche und päpstliche Protonotare „legitimieren" zu lassen. Wichtig war früher auch der Nachweis der Leibeigenschaftsfreiheit, damit der Markt (oder die Stadt) nicht mit einem Leib- oder Grundherrn in Konflikt kam. Für den Nachweis der ehelichen Geburt und der Leibeigenschaftsfreiheit trat um die Mitte des 17. Jahrhunderts in Eggenfelden insofern eine Erleichterung ein, als nur noch der „Geburtsbrief", eine diesbezügliche Bescheinigung des letzten Wohnorts, vorzulegen war. Bei der Bürgeraufnahme stellte der Markt die Bedingung, daß sich die Neubürger verehelichten. Die Obrigkeit erteilte dazu die „Heiratslizenz". Es ging dabei letzten Endes auch um die Versorgung der Bürgerstöchter und -witwen. Neubürger, die schon an einem anderen Ort Bürgerrechte innehatten, mußten bei der Aufnahme den „Abschied" vorlegen, die Bestätigung darüber, daß sie am früheren Wohnsitz alle ihre Rechte aufgegeben hatten" (J. Haushofer, Geschichte von Eggenfelden, Eggenfelden 1977, S. 54 f.).

[2] Zum Beisitz führt Sigrid Hinkelmann aus: „Man kann sagen, daß das ‚Beisitzrecht' oder der ‚Beisitz' das Bürgerrecht des kleinen Mannes war. Es wurde nämlich seit 1760 in Dingolfing vorwiegend an arme Tagwerker und Dienstboten, ferner an Austrägler erteilt. Der ‚Beisitzer' besaß dann zwar den Schutz der Stadt, aber keine Vollbürgerschaft. Er hatte jedoch auch gewisse Pflichten auf sich zu nehmen" (S. Hinkelmann, Die Bürgeraufnahmen der Stadt Dingolfing von 1743 bis 1808, in: Der Storchenturm, Geschichtsblätter für Stadt und Landkreis Dingolfing, hrsg. v. Fritz Markmiller, 5. Jg., Heft 10, 1970, S. 24).

[3] Unter „Inwohner" waren früher jene Handwerker zu verstehen, die keine eigenen Häuser besaßen und „im Zins" lebten, d.h. ihre Wohn- und Arbeitsräume nur in einem Bürgerhaus angemietet hatten.

[4] Nach den Untersuchungen von Ferdinand Steffan haben jedoch beispielsweise auch die in der Gemeinde Eiselfing bei Wasserburg a. Inn ansässig gewesenen Zimmermeister J.B. Rieperdinger der Ältere und der Jüngere gemauerte Bauten in ihrem ländlichen Bereich geplant und ausgeführt.

führt wurden, natürlich der bürgerlichen Baukunst zuzurechnen.

Außerhalb der Zunft standen die „Hofmaurermeister", die aufgrund des ihnen gewährten Hofschutzes nicht dieser ständischen Berufsorganisation angehören mußten. Sie dienten dem Landesherrn. Zum Aufgabenbereich der Hofmaurermeister gehörte die Betreuung der fürstlichen Burgen, Schlösser und Verwaltungsbauten. Bei Neubauten lieferten sie in vielen, jedoch nicht in allen Fällen, was hier ausdrücklich betont werden soll, den Entwurf. Manchmal, insbesondere in der Zeit der Renaissance, wurden hierzu auch talentierte Maler herangezogen, die dann die „Visierung" zeichneten. Die Bauausführung lag aber stets in den Händen der zuständigen Hofmaurermeister oder der hinzugezogenen örtlichen Stadt-, Markt- oder Landgerichtsmaurermeister. Der „Hofbaumeister" – die Bezeichnung ist leider etwas vieldeutig – war hingegen der oberste Verwalter eines Bauamts und nicht der „planende Architekt".

Die „höfische Baukunst" wurde also fast ausschließlich von den bei Hof angestellten oder verpflichteten Bausachverständigen geleitet. Hohe Beamte bei Hof nahmen aber auch hin und wieder die Dienste solch talentierter Hofmaurermeister bzw. Hofarchitekten in Anspruch. Die nach ihren Plänen ausgeführten Stadthäuser und Palais des Adels und der Geistlichkeit, wie z. B. die Domherrenhöfe, sind streng genommen der höfischen Baukunst zuzurechnen und können daher hier nur am Rande untersucht werden.

Nachdem nun die Bereiche der bürgerlichen und der höfischen Baukunst klar voneinander abgegrenzt wurden, bedarf es wohl noch einer Definition des Begriffs „ländliche Baukunst". Eine bäuerliche Baukunst, wie das so oft behauptet wird, hat es streng genommen gar nicht gegeben.

Der Bauer war in der Regel nicht selbst der Ausführende seiner neuen Hofanlage, sondern nahm hierzu die Hilfe eines der Zunft angehörenden Landmaurermeisters bzw. bei den holzgezimmerten Wohnhäusern, Ställen, Wagenschuppen, Getreidespeichern und Städeln eines Landzimmermeisters in Anspruch. So gesehen fällt der Bau einer Hofanlage eigentlich noch in den Bereich der „bürgerlichen Baukunst". Nur kleine Taglöhnerhäuser und die Herbergen dürften von deren Besitzern ganz oder wenigstens doch teilweise ohne Zuhilfenahme eines ordentlichen Maurer- oder Zimmermeisters errichtet worden sein.

B. UMFANG UND GRENZEN DES UNTERSUCHUNGSGEBIETES

Der vorliegende Band „Das Bürgerhaus in Altbaiern" befaßt sich mit jenen Teilen der heutigen Regierungsbezirke Ober- und Niederbayern, die früher einmal zum Kurfürstentum Baiern gehörten. Ausgenommen von der Untersuchung sind also vor allem die Territorien der Hochstifte Freising, Eichstätt und Passau. Eine Einbeziehung dieser Landesteile von Bayern hätte, da insbesondere Passau und Eichstätt teilweise eine eigene bauliche Entwicklung genommen haben, den Rahmen dieser Arbeit gesprengt.

Es fehlen hier ferner die Bauten der Fürstpropstei Berchtesgaden, die links der Salzach liegenden Landesteile des Erzstifts Salzburg, d.h. insbesondere die Gerichte Laufen, Tittmoning und Waging, die salzburgische Stadt Mühldorf a. Inn, die Reichsgrafschaften Haag und Ortenburg, die Grafschaft Neuburg a. Inn, die Reichsherrschaft Alt- und Neufraunhofen, außerdem die einst zum Herzogtum Pfalz-Neuburg gehörenden Gebiete sowie alle jene Städte und Märkte, die zwar zu den altbairischen Rentämtern München, Landshut, Straubing und Burghausen gehörten, jedoch heute in der Oberpfalz, im Regierungsbezirk Schwaben oder in Österreich liegen. Gemeint sind damit in erster Linie die Städte Aichach, Friedberg, Dietfurt a.d. Altmühl, Riedenburg, Stadtamhof, Cham, Schärding, Braunau, Kufstein, Rattenberg und Kitzbühel. Auch die erst im Jahr 1628 zum Kurfürstentum Baiern gekommene Oberpfalz mit ihrer Hauptstadt Amberg kann hier leider nicht in die Untersuchung miteinbezogen werden. Das verbleibende altbairische Stammesgebiet ist in seinem Umfang und seiner Vielfalt der Bauformen noch so groß, daß damit eigentlich mehrere Bände des Bürgerhauswerks zu füllen wären.

II. KURZER GESCHICHTLICHER RÜCKBLICK

A. DAS STAMMESGEBIET DES WITTELSBACHISCHEN HERRSCHERHAUSES

Von besonderer Bedeutung für die bauliche Entwicklung Altbaierns war die große Landesteilung vom 19. November 1392. Sie hatte weitreichende Folgen, denn nun trennten sich die Landesteile für längere Zeit voneinander; es entstanden die Teilherzogtümer Bayern-München, Bayern-Landshut und Bayern-Ingolstadt. Das Teilherzogtum Bayern-Straubing war hingegen schon bei der sechsten bayerischen Landesteilung vom 3. Juni 1353 in seinem Umfang bestimmt worden.

Nach dem Aussterben der Herzogslinie Straubing-Holland im Jahr 1425 wurde durch den Schiedsspruch König Sigismunds vom 26. April 1429 der Besitz dieser wittelsbachischen Seitenlinie unter die drei übrigen Teilherzogtümer Bayern-München, Bayern-Landshut und Bayern-Ingolstadt aufgeteilt. Die holländischen Provinzen gingen jedoch an Herzog Philipp den Kühnen von Burgund verloren. Die Residenzstadt Straubing kam bei der Aufteilung des Besitzes zu Bayern-München. Die Münchner Bauweise und die dort gültigen Bauverordnungen wurden somit für Straubing verbindlich.

Die Ingolstädter Herzogslinie starb mit dem Tod Herzog Ludwigs des Gebarteten im Jahr 1447 aus. Den reichen Besitz verleibte sich sein Landshuter Vetter, Herzog Heinrich, mit dem Zunamen „der Reiche", ein. Die Ingolstädter Bürgerhausarchitektur geriet dadurch in der nachfolgenden Zeit unter den Einfluß der Landshuter Bauweise. Die in Schwaben liegenden Landesteile machten eine eigene bauliche Entwicklung durch und orientierten sich mehr an den alemannischen Fachwerkbauten.

Als schließlich auch noch die Landshuter Herzogslinie mit dem Tod Herzog Georgs des Reichen im Jahr 1503 ausgestorben war, wurden weite Teile des Landes wieder in einer Hand vereinigt. Auf dem Reichstag zu Köln vom 30. Juli 1505 fällte König Maximilian einen gütlichen Schiedsspruch dahingehend, daß Herzog Albrecht IV. von Bayern-München zwar einen Teil aus dem reichen Landshuter Erbe zugesprochen bekam, doch andererseits auch größere Teile des Landes abgetrennt wurden und daraus die sogenannte „Junge Pfalz" mit der Hauptstadt Neuburg a. d. Donau gebildet wurde. Auch die Besitzungen in Tirol und in der Wachau gingen damals für Bayern verloren. Das Rentamt Oberland, das Rentamt Weiden und das Rentamt vor dem Gebirg mit Sitz in Wasserburg a. Inn wurden aufgelöst und der Umfang der Rentämter München, Landshut, Straubing und Burghausen neu bestimmt. Diese Neueinteilung hatte dann längere Zeit Bestand. Die Besetzung des Kurfürstentums Baiern durch österreichische Truppen im Jahr 1745 war zwar nur von vorübergehender Dauer und wurde auf dem Frieden von Füssen am 22. April 1745 durch den Verzicht Kurfürst Max III. Joseph auf seine Ansprüche an das österreichische Erbe bereinigt, doch die Bevölkerung hatte in diesem Krieg unter den eingedrungenen Horden der Kroaten und Panduren sehr zu leiden. Viele Märkte und Städte im Land waren geplündert und in Brand gesteckt worden, so z.B. Dingolfing, Landau und Cham. Der Wiederaufbau zog sich längere Zeit hin.

Da Kurfürst Max III. Joseph bei seinem Tod am 30. Dezember 1777 keinen Erben hinterließ, fiel das Kurfürstentum Baiern nunmehr an Kurfürst Carl Theodor von der Pfalz. Nachdem das Haus Habsburg aber alte Erbansprüche auf den ehemaligen Straubinger Landesteil geltend machte, kam es zu einer kriegerischen Auseinandersetzung, die schließlich am 13. Mai 1779 im Frieden von Teschen beigelegt wurde. Bayern mußte das altbairische Innviertel an Österreich abtreten. Die Städte Braunau und Schärding sowie eine Reihe bedeutender Märkte gingen Altbayern dadurch für immer verloren.

Nach dem Tod Kurfürst Carl Theodors, der wiederum keinen legitimen Erben hinterließ, wurde die wittelsbachische Linie Zweibrücken-Birkenfeld erbberechtigt. Max IV. Joseph begab sich nach München und erlangte schließlich am 1. Januar 1806 sogar noch die Königswürde. Er nannte sich jetzt König Max I. Joseph von Bayern. Unter seinem Sohn, König Ludwig I., wurde München zu einem Zentrum der Kunst und der Wissenschaften.

B. GRÖSSE, BEDEUTUNG UND SOZIALSTRUKTUR DER ALTBAIRISCHEN STÄDTE UND MÄRKTE

Der Wohlstand Altbaierns beruhte vor allem auf seiner gut funktionierenden Agrarwirtschaft. Insbesondere der Gäuboden, womit ein Landstrich südöstlich von Straubing gemeint ist, war wegen seiner großen Fruchtbarkeit die Kornkammer des Landes. Handel und Verkehr spielten dagegen keine so bedeutende Rolle, wie das beispielsweise in den Städten der oberdeutschen Hanse der Fall war.

Das alte Teilherzogtum Bayern-München war reich an Abteien und Stiften, jedoch arm an städtischen Gebilden. Das Land war zentralisiert, das ganze wirtschaftliche und kulturelle Geschehen auf die Residenzstadt München – mit Abstand die größte Stadt Altbaierns – ausgerichtet. Da uns leider Angaben über die Bevölkerungszahl in den einzelnen Städten und Märkten fehlen, mag hier ersatzweise eine Anlage der Steuerkraft dieser Gemeinwesen, die uns für das Jahr 1494 bzw. 1500 vorliegt, mitgeteilt werden:[5]

Rentamt München
Städte:

München	2000 Pfd. Pfg.
Landsberg a. Lech	700 Pfd. Pfg.
Weilheim	125 Pfd. Pfg.
Neustadt/Donau	100 Pfd. Pfg.
Pfaffenhofen a. d. Ilm	100 Pfd. Pfg.
Schongau	100 Pfd. Pfg.

Märkte:

Geisenfeld	80 Pfd. Pfg.
Riedenburg	80 Pfd. Pfg.
Hohenwart	60 Pfd. Pfg.
Pförring	60 Pfd. Pfg.
Tölz	60 Pfd. Pfg.
Mainburg	50 Pfd. Pfg.
Siegenburg	50 Pfd. Pfg.
Vohburg	50 Pfd. Pfg.

Rentamt Niederland
Städte:

Straubing	800 Pfd. Pfg.
Deggendorf	400 Pfd. Pfg.
Kelheim	300 Pfd. Pfg.
Dietfurt/Altmühl	200 Pfd. Pfg.
Stadtamhof	80 Pfd. Pfg.

Märkte:

Viechtach	100 Pfd. Pfg.
Abbach	90 Pfd. Pfg.
Bogen	90 Pfd. Pfg.
Regen	70 Pfd. Pfg.
Langquaid	50 Pfd. Pfg.

Das andere Teilherzogtum Bayern-Landshut war hingegen arm an Klöstern, doch dafür ungemein reich an Städten und Märkten. Auch hier gibt eine Anlage ihrer Steuerkraft vom Jahr 1459[6] ein anschauliches Bild:

Rentamt Landshut
Städte:

Landshut	2000 Pfd. Pfg.
Cham	800 Pfd. Pfg.
Erding	600 Pfd. Pfg.
Landau	600 Pfd. Pfg.
Dingolfing	500 Pfd. Pfg.
Moosburg	400 Pfd. Pfg.
Vilshofen	400 Pfd. Pfg.
Osterhofen	300 Pfd. Pfg.

Märkte:

Eggenfelden	500 Pfd. Pfg.
Pfarrkirchen	500 Pfd. Pfg.
Dorfen	400 Pfd. Pfg.
Vilsbiburg	400 Pfd. Pfg.
Neumarkt/Rott	300 Pfd. Pfg.
Plattling	300 Pfd. Pfg.
Frontenhausen	200 Pfd. Pfg.
Gangkofen	200 Pfd. Pfg.
Geiselhöring	200 Pfd. Pfg.
Geisenhausen	200 Pfd. Pfg.
Griesbach	200 Pfd. Pfg.
Rotthalmünster	200 Pfd. Pfg.
Reisbach	200 Pfd. Pfg.

Rentamt Burghausen
Städte:

Braunau	1200 Pfd. Pfg.
Reichenhall	1200 Pfd. Pfg.
Burghausen	1000 Pfd. Pfg.
Neuötting	1000 Pfd. Pfg.
Traunstein	600 Pfd. Pfg.
Schärding	500 Pfd. Pfg.

Märkte:

Ried	400 Pfd. Pfg.
Rosenheim	400 Pfd. Pfg.
Trostberg	300 Pfd. Pfg.
Kraiburg	200 Pfd. Pfg.
Mauerkirchen	200 Pfd. Pfg.
Mondsee	200 Pfd. Pfg.
St. Wolfgang	200 Pfd. Pfg.

---

5 F. v. Krenner, Bairische Landtagshandlungen, Bd. 7, München 1804, S. 35 f.

6 Krenner Bd. 7, S. 52

Rentamt Oberland

Städte:

Ingolstadt	1500 Pfd. Pfg.
Lauingen	1500 Pfd. Pfg.
Aichach	700 Pfd. Pfg.
Rain/Lech	700 Pfd. Pfg.
Höchstädt/Donau	600 Pfd. Pfg.
Schrobenhausen	600 Pfd. Pfg.
Gundelfingen	500 Pfd. Pfg.
Hilpoltstein	400 Pfd. Pfg.
Neuburg/Donau	400 Pfd. Pfg.
Friedberg	300 Pfd. Pfg.
Heidenheim	200 Pfd. Pfg.

Märkte:

Gaimersheim	400 Pfd. Pfg.
Kösching	400 Pfd. Pfg.
Burgheim	300 Pfd. Pfg.
Inchenhofen	200 Pfd. Pfg.

Rentamt Wasserburg

Städte:

Wasserburg	1200 Pfd. Pfg.
Kitzbühel	600 Pfd. Pfg.
Rattenberg	600 Pfd. Pfg.
Kufstein	300 Pfd. Pfg.

Rentamt Weiden

Städte:

Weiden	800 Pfd. Pfg.
Hersbruck	500 Pfd. Pfg.
Altdorf	400 Pfd. Pfg.
Lauf	200 Pfd. Pfg.
Vohenstrauß	200 Pfd. Pfg.

Ein Blick auf diese Tabelle zeigt, daß das alte Teilherzogtum Bayern-Landshut sehr ausgedehnt war und von Reichenhall bei Salzburg bis Heidenheim a.d. Brenz und von Kitzbühel in Tirol bis Altdorf vor den Toren der Stadt Nürnberg reichte. Das Land war dezentralisiert. Es gab eine ganze Reihe von Städten, die neben Landshut eine eigene bürgerliche Baukunst entwickeln konnten. So besitzen die Inn-Salzach-Städte, wie z.B. Burghausen, Wasserburg a.Inn, Neuötting, Braunau und Schärding im Stadtbild ihr ganz eigenes Gepräge. Ingolstadt und Lauingen spielten gleichfalls eine Sonderrolle und heben sich von dem in Landshut zu findenden Bürgerhaustyp deutlich ab. Aber auch noch auf eine weitere Besonderheit muß hingewiesen werden, und zwar, daß es in diesem Teilherzogtum Märkte, wie z.B. Pfarrkirchen und Eggenfelden im Rottal gab, die größer als manche Städte des Landes waren. Die Städte waren auch meist längs der großen schiffbaren Flüsse und Ströme aufgereiht. Sie bildeten im Mittelalter die Hauptschlagadern des Landes, denn Handel und Verkehr spielten sich in erster Linie auf den Wasserwegen ab.

Der Wohlstand der altbairischen Städte wurde aber nur z.T. durch den Handel bestimmt. Große Bedeutung kam daneben den Handwerksbetrieben zu, wenngleich eine ausgesprochene Industrie fehlte. Erst im 19. Jahrhundert trat hier ein langsamer Wandel ein.

C. HISTORISCHE STADTANSICHTEN

Ein wichtiges Hilfsmittel für die Bürgerhausforschung können alte Ansichten von Städten und Märkten sein. Altbaiern ist dabei in der glücklichen Lage, eine ganze Reihe von Federzeichnungen, Holzschnitten, Kupferstichen und Radierungen zu besitzen, die die verschiedensten Orte seit dem ausgehenden Mittelalter wiedergeben.

Die frühesten Stadtansichten erscheinen auf spätgotischen Tafelbildern. So besitzen die Bayerischen Staatsgemäldesammlungen das Tafelbild eines unbekannten Meisters aus der Zeit um 1465 mit der Stadtansicht von Landsberg a.Lech.[7] Auf dem Verkündigungsaltar in der kleinen Kirche von Mörlbach wird andererseits ein Ort im bayerischen Oberland dargestellt, der mit dem Markt Wolfratshausen am Zusammenfluß von Isar und Loisach identisch sein könnte.[8]

In der von Hartmann Schedel verfaßten und im Jahr 1493 in Nürnberg gedruckten Weltchronik ist ein Holzschnitt enthalten, der eine Ansicht der Stadt München wiedergibt. Auch der Maler Hans Mielich wählte diese Technik für die Wiedergabe der Stadt Ingolstadt während der kaiserlichen Belagerung von 1546 *(vgl. Abb. 1)*. Einzelne Bürgerhäuser werden dabei so präzise dargestellt, daß man auf ihnen bereits die für die Ingolstädter Bauweise so typischen gestäbten Giebel mit ihren Aufsätzen erkennen kann. Nicht minder wertvoll sind die Federzeichnungen bzw. Holzschnitte von Jost Amann aus der Mitte des 16. Jahrhunderts, die unter anderem Ansichten der Städte und Märkte Abensberg *(T1a)*, Kelheim,

---

[7] Vgl. Katalog der Staatsgalerie Augsburg, Städtische Kunstsammlungen, Bd. 1, Altdeutsche Gemälde, 2. Auflage, München 1978, S. 87, Abb. 6 mit Farbtafel II

[8] Vgl. V. Liedke, Die Münchner Tafelmalerei und Schnitzkunst der Spätgotik, Teil I Von den Anfängen bis zum Pestjahr 1430, München 1981, S. 45, Abb. 14

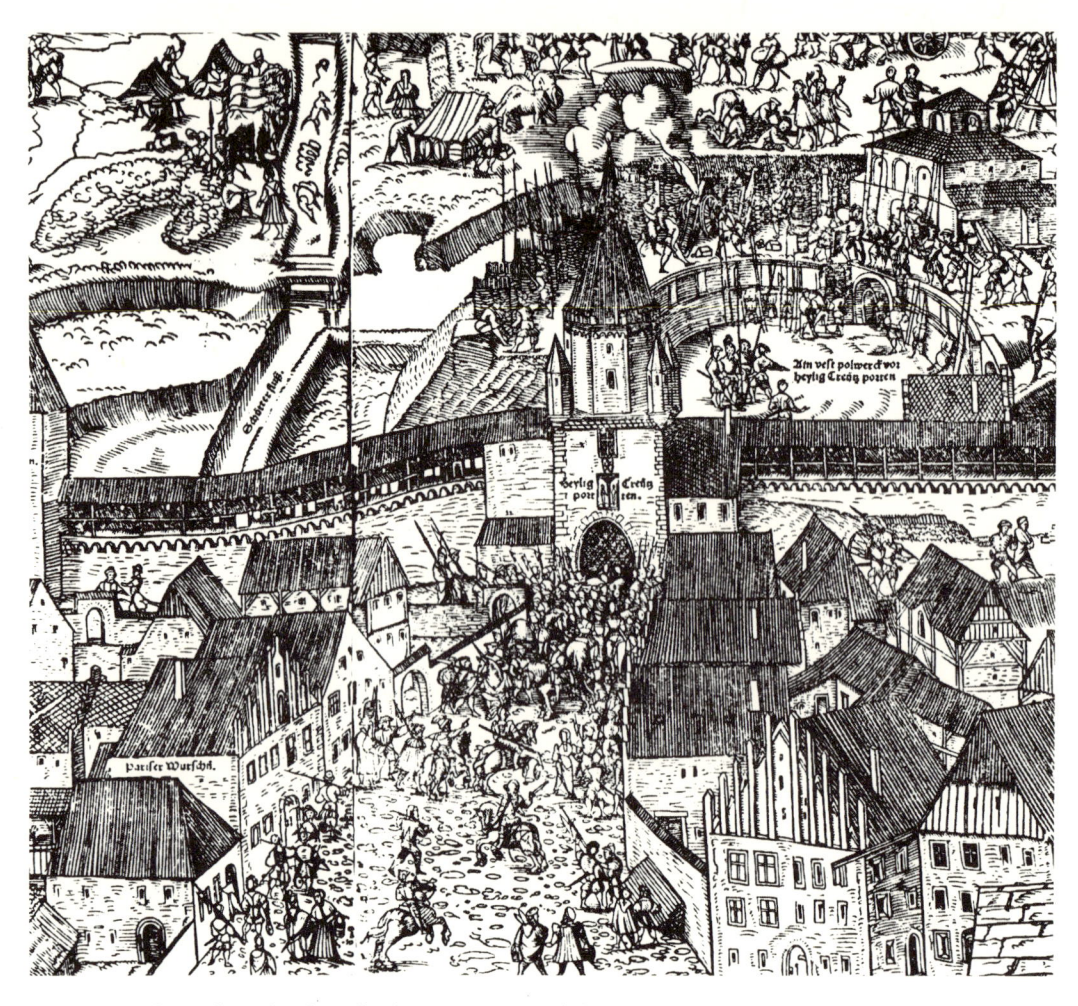

Abb. 1   Belagerung der Stadt Ingolstadt, Holzschnitt von Hans Mielich, 1546

Landsberg a. Lech *(T 1 c)*, Mallersdorf, Schrobenhausen *(T 1 b)*, Vohburg *(Abb. 2)* und Weilheim bringen.⁹

Im Jahr 1584 dürfte der Münchner Hofmaler Hans Donauer d. Ä. von Herzog Wilhelm V. mit der ehrenvollen Aufgabe betraut worden sein, die Städte und Märkte im Herzogtum zu zeichnen. Die Münchner Hofkammersitzungsprotokolle vermerken dazu unter dem 15. Juli 1585: „Hanns Thonauer, maler, bitt umb nachsechung 25 fl, die er an demjhenigen, so er vor aim jar, als er die stett und schlösser im landt conterfeth, auf zerung empfangen noch schuldig bleib und ine diser rechnung mit gd. zu entledigen."¹⁰

Die Idee für diesen Zyklus von Ortsansichten bayerischer Pfleg- und Landgerichtssitze¹¹, die im Antiquarium der Münchner Residenz an der gewölbten Decke aufgemalt werden sollten, dürfte noch auf Herzog Albrecht V. zurückgehen. Zu den Malern, die Hans Donauer bei seiner umfangreichen Arbeit halfen bzw. einen Teil der Vorzeichnungen für die Deckenbilder lieferten, gehörten auch verschiedene Künstler außerhalb Münchens. Da wäre zunächst der Maler Michael Ersinger in Straubing zu nennen, der die Ansichten der zum Rentamt Straubing gehörenden Orte Deggendorf, Dietfurt a. d. Altmühl, Furth, Grafenau,

---

9 Vgl. G. Stetter, Philipp Apian, XXIIII Bairische Landtafeln, München 1966

10 Bayer. Hauptstaatsarchiv München, Abt. I Allgemeines Staatsarchiv: Kurbaiern Protokolle Nr. 67, fol. 92

11 Vgl. H. Bleibrunner, Das alte Oberbayern, Landshut 1962. – Ders., Das alte Niederbayern, Landshut 1969

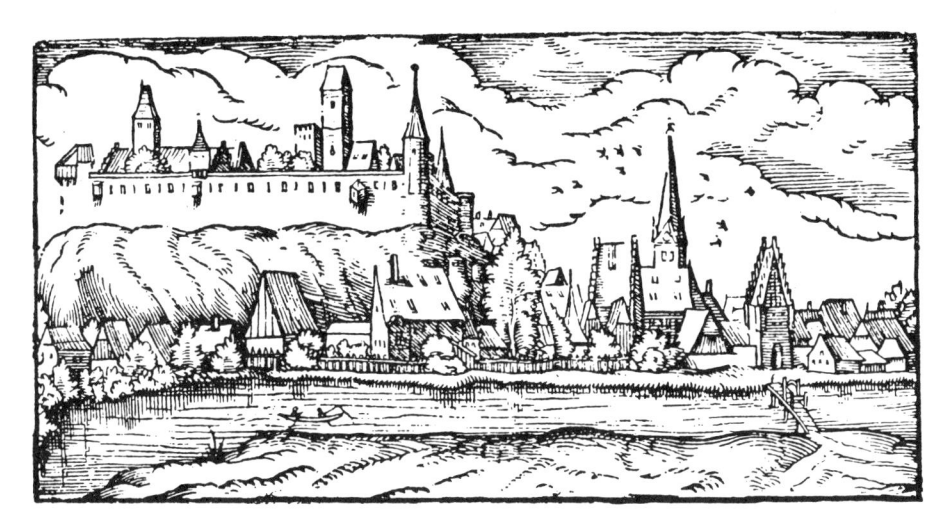

Abb. 2   Ansicht der Stadt Vohburg (Lkr. Pfaffenhofen a. d. Ilm), Holzschnitt von Jost Amann nach einer Federzeichnung von Philipp Apian, Mitte 16. Jahrhundert

Kehlheim, Stadtamhof und Straubing *(T 3 a)* zeichnete.[12]

In Niederbayern standen Donauer darüber hinaus auch noch eine Reihe weiterer Maler zur Verfügung. Engelhard de Pee, den der Münchner Hofmaler bereits von seinem Landshuter Aufenthalt in den Jahren um 1578 her kannte, zeichnete ihm im Jahr 1583 die Ansicht von Dingolfing, und der Landshuter Maler Christian Tegler übernahm die Vorzeichnung für das Stadtbild von Landau a. d. Isar. Schließlich war da auch noch der Maler Kaspar Stoßberger, der die Städte Osterhofen und Vilshofen, die ebenfalls zum Rentamt Landshut gehörten, in Skizzen festhielt.

Im Rentamt München fand Donauer wieder andere Helfer. Die Vorlagen der Ansichten von Ingolstadt *(T 2 b)* und Neustadt a. d. Donau übernahm der Ingolstädter Maler und Prospektzeichner Johann Pressel. Auch bei der von München aus gesehen weit abgelegenen Stadt Wemding bei Donauwörth bediente sich Donauer eines Mittelsmannes. Der Vedutenzeichner Friedrich Seyfried lieferte hier die Vorlage. Die Mitarbeit des Rosenheimer Malers Hans Esterl war nicht minder von Bedeutung; er lieferte die Ansichten seiner Heimatstadt sowie einiger anderer Pfleggerichtsorte, wozu insbesondere die Stadt Reichenhall sowie die Märkte Aibling und Tölz gehört haben könnten.

In dem von Matthäus Merian im Jahr 1644 zum Druck gegebenen Kupferstichwerk „Topographia Bavariae" werden, wie er selbst schreibt, eine „Beschreibung vnd Aigentliche Abbildung der Vornembsten Stätt vnd Orth, in Ober vnd NiederBeyern, Der Obern Pfaltz, Vnd andern Zum Hochlöblichen Bayerischen Craiße gehörigen, Landschaften" gegeben. Die der Einleitung beigefügte Karte vermittelt eine gute Übersicht des altbairischen Untersuchungsraums, der sich zugleich mit dem für das vorliegende Bürgerhauswerk ausgewählten Gebiet weitgehend deckt *(Abb. 3)*. Unter der großen Zahl von Städten und Märkten, die Merian in seinen Ansichten vorstellt, können nur einige wenige Beispiele herausgegriffen und hier wiedergegeben werden. Auf ihnen läßt sich der Bestand und das Aussehen der Bürgerhäuser nach dem Dreißigjährigen Krieg sehr gut ablesen.

Die dem kurbaierischen Atlas von Anton Wilhelm Ertl[13] beigefügten Ansichten altbairischer Städte und Märkte – sie sind im Jahr 1687 im Druck erschienen – kommt dagegen nur geringes Interesse zu, denn sie fußen vielfach auf den älteren Merianabbildungen. Das Werk enthält jedoch auch einige Stadtansichten, die bei Merian noch nicht zu finden sind, wie z. B. Braunau a. Inn, Burghausen, Kelheim, Reichenhall, Schongau, Stadtamhof, Traunstein und Wemding.

---

12 Vgl. dazu auch A. W. Ertl, Kur-Bayerischer Atlas, Ansichten und Beschreibungen altbayerischer Städte aus dem Jahr 1687, neu bearbeitet v. H. Bleibrunner, Passau 1968 (= Neue Veröffentlichungen des Instituts für Ostbairische Heimatforschung Nr. 18, hrsg. v. J. Oswald)

13 Vgl. dazu und im folgenden V. Liedke, Der Hofmaler Hans Donauer in München und Landshut von 1567 bis 1596, in: Jahrbuch der bayerischen Denkmalpflege, Bd. 28, 1973, S. 176 ff.

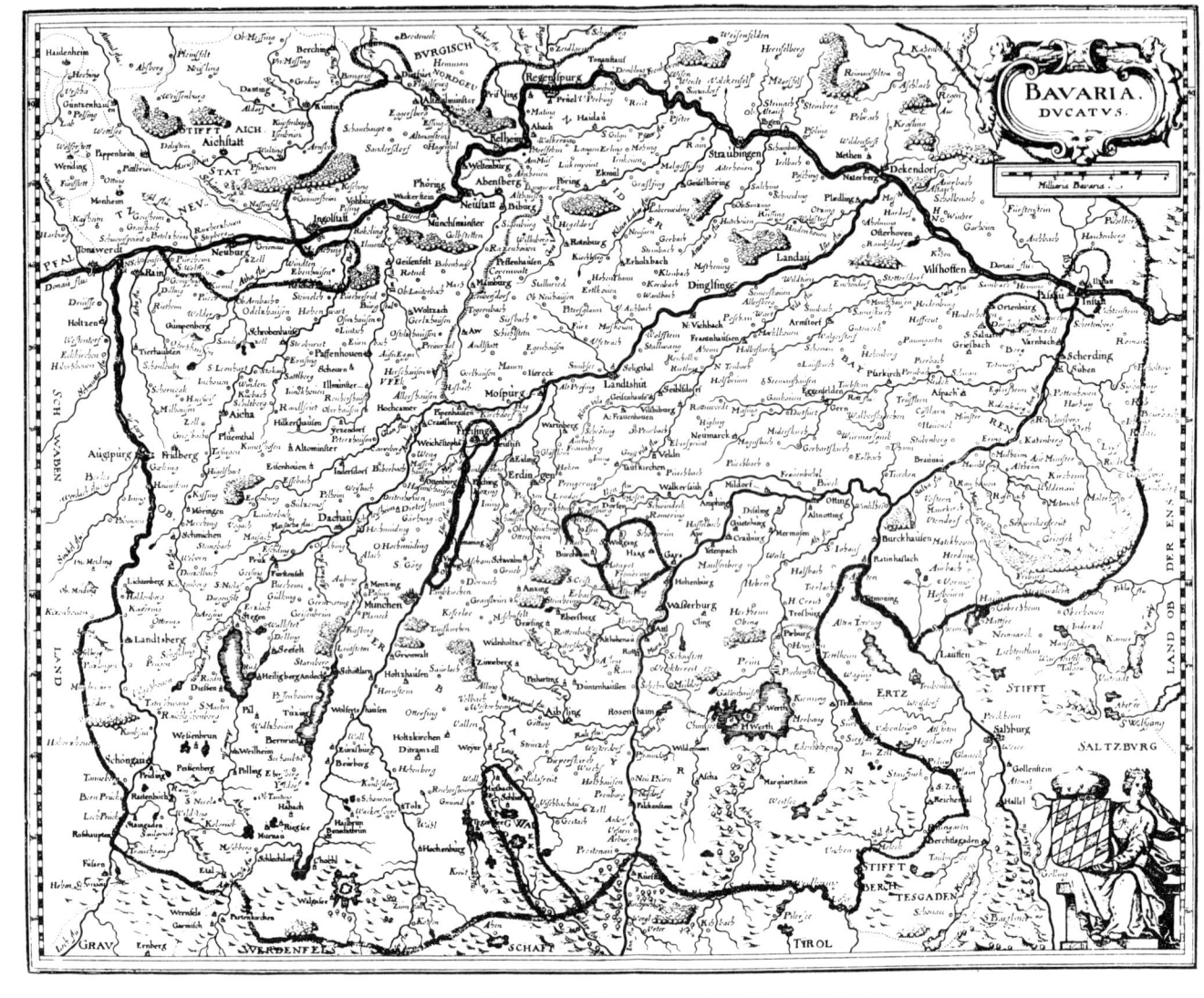

Abb. 3   Karte des Kurfürstentums Baiern, aus der „Topographia Bavariae" von Matthäus Merian, 1644

Ein Werk von unschätzbarem Wert hat uns Michael Wening mit seinen vier Bänden über die Rentämter München (gedruckt 1701), Burghausen (1721), Landshut (1723) und Straubing (1726) hinterlassen, denn er bringt in zahllosen Kupferstichen die Ansichten fast sämtlicher Städte, Märkte, Pfleggerichtssitze, Klöster, Hofmarken und Edelsitze des damaligen Kurfürstentums Baiern. Die Wiedergaben sind teilweise so ausgezeichnet, daß sie auch für die Bürgerhausforschung mit großem Gewinn herangezogen werden können.

III. DIE STADTSTRUKTUR

A. DAS BÜRGERHAUS IN DEN
ALTBAIRISCHEN
RENTAMTSSTÄDTEN LANDSHUT,
STRAUBING UND BURGHAUSEN
SOWIE IN DER
UNIVERSITÄTSSTADT INGOLSTADT,
UNTERSUCHT ANHAND DER
STADTMODELLE VON JAKOB SANDTNER

Im Jahr 1568 entstand das erste Modell einer altbairischen Rentamtsstadt. Die Idee dazu stammte vermutlich von dem Straubinger Drechsler Jakob Sandtner, der zunächst einmal das Stadtmodell seiner Heimatstadt Straubing (T 5 a, b) ausführte.[14] Herzog Albrecht V. von Bayern muß an dieser Arbeit großen Gefallen gefunden haben, denn er erwarb sie und gab dem findigen Drechslermeister den Auftrag, auch noch seine übrigen Rentamtsstädte sowie die Universitätsstadt Ingolstadt in gleicher Weise darzustellen.

Im Jahr 1570 zahlte das Münchner Hofzahlamt an „Jacoben Sandtner, träxl von Straubing, auf rechnung aines werckhs, vermög der urkhundt[15]", den Betrag von 50 Gulden rheinisch. Es folgten dann noch weitere Zahlungen, die sich wohl allesamt auf die Ausführung des Stadtmodells von München beziehen lassen, das Sandtner 1570 fertigstellte. Noch im selben Jahr erhielt er den Auftrag, auch die Stadtmodelle von Landshut (T 4 a, b) und Ingolstadt (T 6 a, b) auszuführen; das Stadtmodell von Landshut wurde 1571 und das von Ingolstadt 1572 vollendet. Als letztes Stadtmodell folgte das von Burghausen (T 4 c), das der Drechsler im Jahr 1574 glücklich fertigstellte.

Sandtner baute seine Modelle an Ort und Stelle; sein Auftrag lautete, sie „in den Grund gelegt abzukonterfeien." An Georg von Hegnenberg, Statthalter zu Ingolstadt, erging der fürstliche Befehl, er möge „darob sein, wo der Sandtner in klöster und häuser deshalb ersehen begert, wie er des werkes nothdurft nach thun muszt, dasz er jedes orts eingelassen und ihm die besichtigung nicht geweigert werde"[16]. Neben dem Stadtmodell von Ingolstadt, das nach der Ingolstädter Kastenamtsrechnung von 1573 in dem genannten Jahr nach München gebracht wurde, hatte Jakob Sandtner zuvor schon ein etwas kleineres Modell dieser Stadt in der Zeit um 1571 ausgeführt. Dieses trägt folgende Bezeichnung:

ANNO · 1571 · IAR · HAT · HERZOG · ALBRECHT ·
DIES · LOBLICHE · STAT · DVRCH · IACOB ·
SANNDTER · IN · GRVNDT · LEGEN · LASEN ·
MIT · ALLEM · WIE · ES · ZVE · DISSER · ZEIT ·
GESTANDEN · IST · VND · HAT · DIESE · STAT ·
5000 · SCHRIT · VM · SICH · WARDT ·
BVRGENMAISTER · HERR · VLRICH · VISCHER ·

Der Maßstab der Stadtmodelle, die später einen ehrenvollen Platz in der herzoglichen Kunstkammer zu München erhielten, ist sehr unterschiedlich. Im einzelnen lassen sich folgende Maßstäbe errechnen:

München	1:616
Landshut	1:750
Ingolstadt	1:685
Burghausen	1:662

Der Maßstab wird des öfteren im Detail nicht genau eingehalten, so sind vielfach die Breiten der Plätze und Gassen zu gedehnt und die großen Baukörper, insbesondere die Verwaltungsgebäude, die Patrizierhäuser sowie die Türme der Kirchen wegen ihrer Bedeutung in der Höhe übertrieben.

Die Stadtmodelle bestehen aus Holz. Jakob Sandtner baute sie auf Holzplatten auf, die den Umrissen der Stadtbefestigungsanlagen, nicht aber den Grenzen des Burgfriedens folgen. Kleine Geländeunterschiede wurden einfach aus der Ebene der Holztafel herausgeschnitten, größere Erhebungen hingegen durch Auftragung von Holzschichten plastisch dargestellt. Die einzelnen Häuser bestehen aus dünnen Lindenholzplättchen, die miteinander verleimt sind. Durch die Farbgebung der Dächer wird die Art der Dachdeckung angegeben. So bedeutet die Farbe „Rot" z.B. ein Ziegeldach, „Grau" im Stadtmodell von Burghausen ein Legschindeldach und im Stadtmodell von Ingolstadt ein Legschieferdach. Fassadenmalereien bleiben natürlich unberücksichtigt, auch fehlen die Kamine auf

---

14 Vgl. A. Frhr. v. Reitzenstein, Die alte bairische Stadt in den Modellen des Drechslermeisters Jakob Sandtner, gefertigt in den Jahren 1568–1574 im Auftrag Herzog Albrechts V. von Bayern, München 1967, S. 5 ff.
15 Bayer. Hauptstaatsarchiv München, Abt. I Allgemeines Staatsarchiv: Hofzahlamtsrechnung München von 1570, fol. 139′
16 Vgl. Reitzenstein 1967, S. 8

den einzelnen Häusern. Die Zahl der Geschosse und die der Fensterachsen – abgesehen von einigen kleinen Irrtümern – muß hingegen ziemlich genau der Wirklichkeit entsprochen haben. Auch der Gestaltung der Giebel widmete Jakob Sandtner besondere Aufmerksamkeit. Eine genaue Beobachtung setzt letzten Endes die Anordnung der Nebengebäude in den Hinterhöfen der Bürgerhäuser voraus. Überhaupt ist alles von dem Drechsler mit größter Sorgfalt ausgeführt worden. Allein schon die Idee zu diesen Stadtmodellen war zu jener Zeit ganz einzigartig. Sie blieb auch sonst im süddeutschen Raum ohne Nachfolge. Für die Bürgerhausforschung stellen die Stadtmodelle der vier altbairischen Rentamtsstädte München, Landshut, Straubing und Burghausen sowie das Stadtmodell der Universitätsstadt Ingolstadt ein einmaliges Anschauungsmaterial dar, das ohne Zweifel hier einer besonderen Würdigung bedarf.

1. Das Stadtmodell von Landshut

Die hochmittelalterlichen, noch aus Holz gezimmerten Bürgerhäuser Landshuts wurden wohl größtenteils durch den großen Brand von 1342 zerstört.[17] Beim Wiederaufbau sind dann die Wohnhäuser der Handwerker bereits vorwiegend aus Ziegelsteinen errichtet worden. Die alten Grundstücksgrößen behielt man jedoch bei. Sie waren meist im Zuschnitt sehr schmal und reichten weit in die Tiefe.

Durch Landshut *(Abb. 4, 5)* zieht sich von Nord nach Süd der große Straßenzug der Altstadt *(T 10)*, der in dem 1331 angelegten Salbuch von St. Martin noch als „die weite strazz" und „die grozze strazz" bezeichnet wird.[18] „Die alte stat" oder wie es 1369 heißt, „pars illa quae appellatur civitas antiqua" ist bis zum heutigen Tag die Hauptverkehrsader der Stadt geblieben. Einst standen Tore an den Enden der Stadt, und zwar im Norden das Spitaltor und im Süden das Münchner Tor.

Vom Nahensteig bis zur Einmündung in die Altstadt säumen die Ostseite des Straßenzugs Häuser mit erdgeschossigen Lauben *(T 7, 8)*; letztere werden im Volksmund auch als „Bögen" bezeichnet. Hier besaßen früher vor allem die Handelsherren und Krämer ihre Behausungen und Läden, weswegen dieser Bauabschnitt im St. Martiner Salbuch von 1331 als „unter den Kramen", d. h. unter den Krämern, bezeichnet wird.

Die Häuser in der Altstadt stehen fast durchwegs giebelständig *(vgl. T 8, 184, 191 a)*. Eine Ausnahme von dieser Regel bilden nur einige größere Bauten, so z. B. das in der zweiten Hälfte des 16. Jahrhunderts errichtete Landschaftshaus, Altstadt 28 *(T 137 b)* sowie das Haus Altstadt 29 *(T 134 b)*, das der herzogliche Rat und Kanzler Doktor Martin Mair erbauen ließ und das dann im Jahr 1485 durch Herzog Georg erworben und als herzogliche Kanzlei eingerichtet wurde. Denselben Bautyp vertreten auch das frühere Patrizierhaus der Leitgeb, Altstadt 72 *(T 167 a)*, und die auf Veranlassung Herzog Ludwigs X. von Bayern in den Jahren von 1536 bis 1543 erbaute Stadtresidenz[19] *(T 182 a)*.

Die stattlichen Bürgerhäuser der Altstadt sind meist dreigeschossig. Sie besitzen jedoch, wie bereits das Stadtmodell Jakob Sandtners gut erkennen läßt, fast nie einen Erker. Die Ursache dafür ist eine Bauvorschrift aus dem Jahr 1405, die besagt, daß alle vor die Häuser auf die Straße hinausstehenden Anbauten, wie Pfeiler, Notställe vor den Schmieden, Kellerhälse und Faßrutschen – hier in Landshut früher als „Stecken" bezeichnet – abzubrechen seien. Die mit Brettern abgedeckten Kellerhälse mußten daraufhin allesamt mit Erdreich zugeschüttet werden. Nur an den Häusern mit Lauben durften sie belassen und auch weiterhin benutzt werden, sofern sie näher an die betreffenden Bauten, d. h. unter die Lauben, gerückt wurden.[20]

Der zweite große Straßenzug, der Landshut von Norden nach Süden durchzieht, ist die sogenannte „Neustadt" *(T 4 a, b)*, die im Salbuch von St. Martin aus dem Jahr 1331 mit „in der Newenstat" bezeichnet wird.[21] Neustadt und Altstadt sind durch eine Reihe von Gassen miteinander verbunden.

Nach den verschiedenen Märkten, die einst in Landshut abgehalten wurden, unterschied man früher zwischen einem Holzmarkt (westlicher Teil des heuti-

---

17 Nach Aussage des Landshuter Stadtbuchs sollen damals 112 Häuser abgebrannt sein (Th. Herzog, Landshut, in: Bayerisches Städtebuch, Teil 2, hrsg. v. E. Keyser u. H. Stoob, Stuttgart 1974, S. 319, Nr. 5 c).

18 Vgl. Th. Herzog, Landshuter Häuserchronik, Neustadt a. d. Aisch 1957, S. 19

19 Vgl. KDB Stadt Landshut, S. 405 ff. – V. Liedke, Bernhard Zwitzel, der Meister des sog. „Deutschen Baus" an der Stadtresidenz in Landshut, in: Verhandlungen des Hist. Vereins für Niederbayern, Bd. 97, Landshut 1971, S. 90–99. – H.-P. Rasp, Die Landshuter Stadtresidenz – Stilcharakter und Baugeschichte der italienischen Trakte, in: Verhandlungen des Hist. Vereins für Niederbayern, Bd. 100, 1974, S. 108–184

20 Vgl. Th. Herzog, Zur Geschichte des Bauhandwerks in Landshut vom 14.–19. Jh., Landshut 1964, S. 67

21 Stadtarchiv Landshut: Stadtbuch, fol. 30. – Vgl. Herzog 1957, S. 307

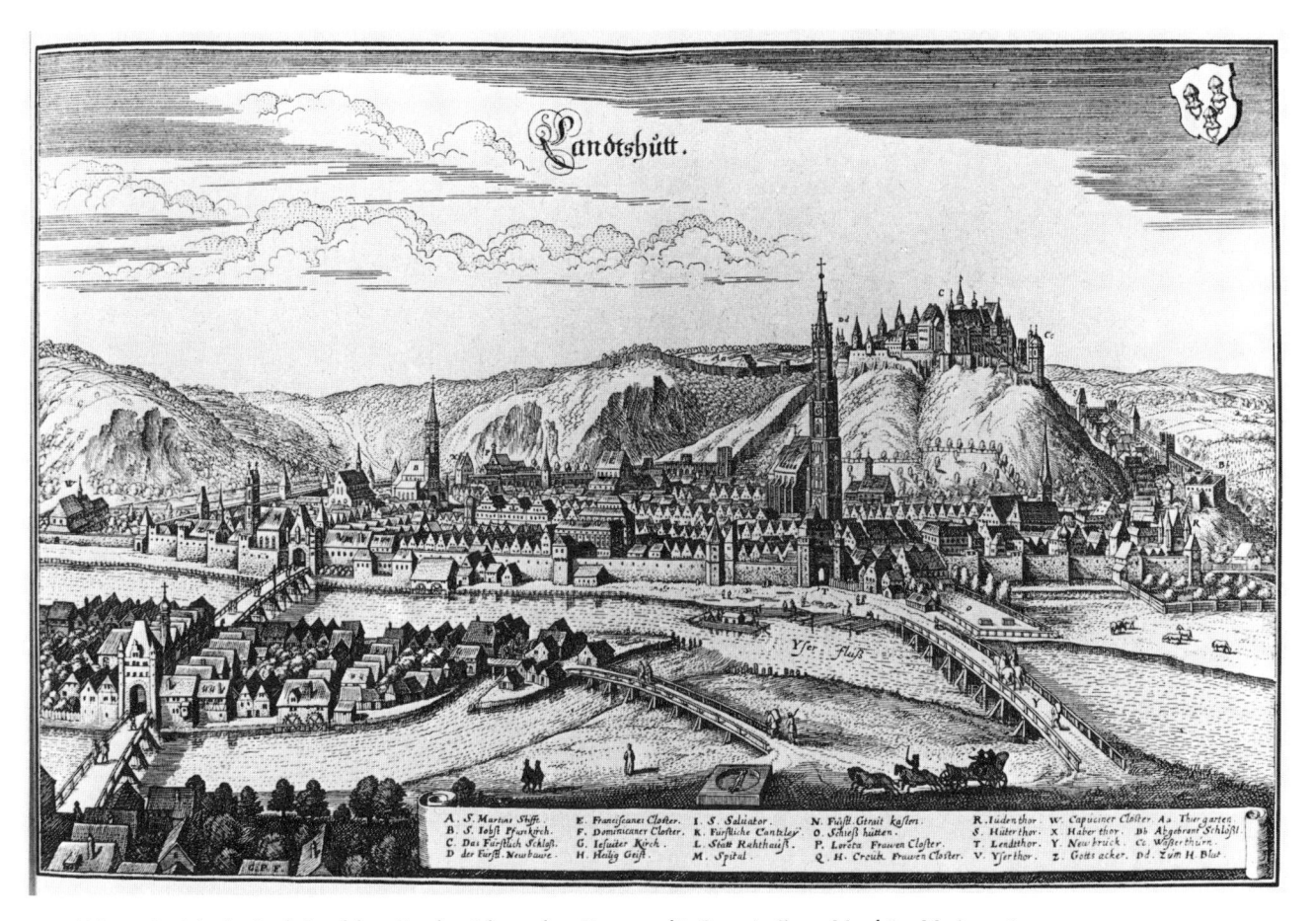

Abb. 4   Ansicht der Stadt Landshut, Kupferstich aus der „Topographia Bavariae" von Matthäus Merian, 1644

gen Bischof-Sailer-Platzes), einem Kornmarkt (unterer Teil der Neustadt), einem Kühmarkt (Obere Freyung), einem Schrannenplatz (mittlerer Teil der Neustadt), einem Schweinemarkt (Fischergasse), einem Speismarkt (unterer Teil der Altstadt-Westseite), einem Tandlmarkt (Nordseite des früheren Martinsfriedhofs) und einem Taubenmarkt (Taubengäßl).

Der langgestreckte dreigeschossige Bau mit dem hohen Satteldach, wie er auf dem Stadtmodell Jakob Sandtners neben der später abgebrochenen Dreifaltigkeitskirche zu erkennen ist, war der von 1468–70 erbaute herzogliche Hauptkasten, Dreifaltigkeitsplatz 177 *(T9, 150a, b)*. Ein weiterer herzoglicher Kasten, heute im Volksmund als „Salzstadel" bezeichnet, steht in der Steckengasse, Steckengasse 308 *(Abb. 101–104, T152)*. Er zeigt im Gegensatz zum herzoglichen Hauptkasten den für altbairische Speicherbauten so typischen Krüppelwalm.

Das Rathaus von Landshut (Altstadt 315) steht in der Altstadt in der Höhe der Einmündung der Stekken- und der Grasgasse *(T8, 126b)*. Es ist im Laufe der Jahrhunderte aus der Zusammenziehung von drei verschiedenen Gebäuden und Grundstücken entstanden. Dem Rathaus schräg gegenüber, an der Westseite der Altstadt, steht das wohl unter dem Kammermeister Wernstorfer in der Zeit vor 1408 erbaute Haus[22] mit seinem prächtigen Giebel *(T133, 200)*. Es ist eines der stattlichsten Häuser von Landshut und soll im Jahr 1475 anläßlich der Hochzeit Herzog Georgs von Bayern auch Kaiser Friedrich III. als Herberge gedient haben.

Alles überragt jedoch der mächtige Turm der katholischen Stadtpfarrkirche St. Martin *(T7, 10)*, der mit seinen 133 Metern der höchste Backsteinturm der Welt ist. Er schiebt sich in die Straßenachse vor und bildet den städtebaulichen Akzent der ganzen Bebauung *(T153)*. Am Nordende der Altstadt riegelt hingegen das mächtige Kirchenschiff der Heiliggeistkirche *(T11a, 189)*, eine von dem berühmten Steinmetzen

---

22 Herzog 1957, S. 63 (Altstadt 81)

Zeichenerklärung:

1 Burg Trausnitz
2 Kath. Stadtpfarr- und Stiftskirche St. Martin
3 Kath. Stadtpfarrkirche St. Jodok
4 Heiliggeist-Spitalkirche
5 Heiliggeist-Spital
6 Ehem. Dominikanerkloster
7 Ehem. Franziskanerkloster
8 Ehem. Jesuitenkirche
9 Ehem. Jesuitenkloster
10 Ursulinenkloster
11 Ehem. Kapuzinerkloster
12 Rathaus
13 Stadtresidenz

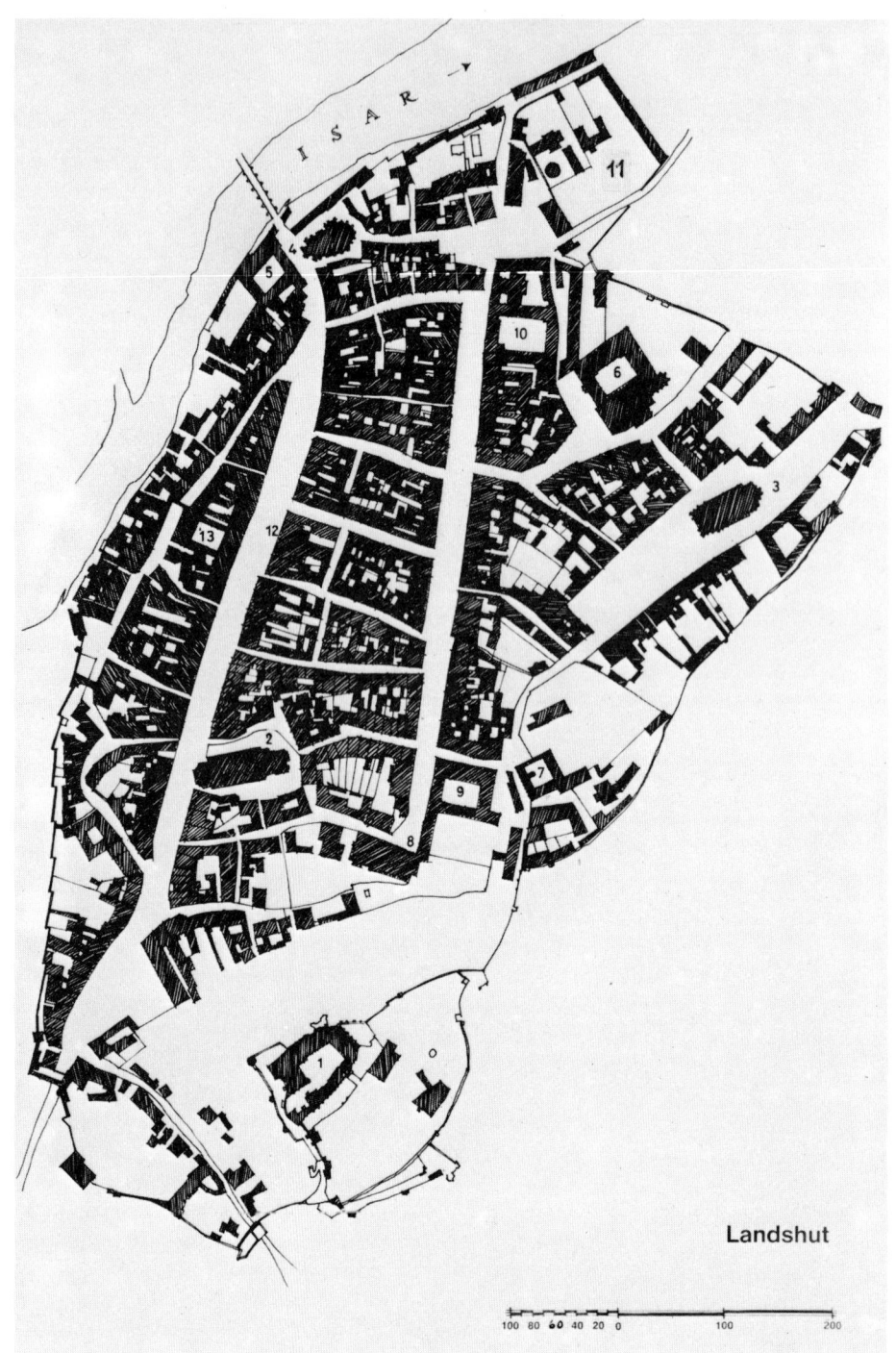

Abb. 5   Plan der Stadt Landshut

Meister Hans von Burghausen (Hanns Purghauser) erbaute spätgotische Hallenkirche, die hier eine leichte Schwenkung bildende Straßenfront ab.

Die Patrizier, die Herren vom Inneren und vom Äußeren Rat, die vermögenden Handelsherren, Krämer, Wein- und Bierwirte hatten vorwiegend in der Altstadt *(T 8, 10, 156 a)* ihre Behausungen. Manche dieser Häuser an der Westseite dieses Straßenzugs besaßen weiträumige Innenhöfe, die zum Teil bis zur rückwärts verlaufenden Ländgasse durchgingen. Auf diese

Weise war es möglich, Waren, die auf der Isar geflößt wurden, gleich von der Rückseite der Gebäude einzubringen.

Auf dem Stadtmodell von Jakob Sandtner lassen die Landshuter Bürgerhäuser vorwiegend stattliche getreppte Giebel erkennen. Waagrecht abschließende Vorschußmauern, wie z. B. an den Häusern Altstadt 314 – dieses befand sich im 15. und 16. Jahrhundert größtenteils im Besitz der Patrizierfamilie der Plank – sowie Altstadt 253 kamen dagegen höchst selten vor. Daneben gab es prachtvolle, mit Blenden verzierte, z. B. Altstadt 78, oder vertikal gestäbte Giebel, z. B. Altstadt 299 (T 8). Einen Vorschuß mit vorkragendem Obergeschoß wies das Eckhaus an der Neustadt und Parfüßergasse (heute Franziskanerstraße) auf; es besaß zugleich ein auffallend flach geneigtes Satteldach. Der Bau dürfte noch aus der Zeit vor dem Inkrafttreten der Bauverordnung von 1405 gestammt haben, die ein solches Vorkragen des Obergeschosses dann nicht mehr zuließ. Das genannte Haus mußte schließlich im 17. Jahrhundert dem Neubau des Jesuitenklosters weichen.

2. *Das Stadtmodell von Straubing*

Herzog Ludwig der Kelheimer gründete im Jahr 1218 die Stadt Straubing. Straubing *(Abb. 6, T 3 a)* ist also eine gegründete Stadt, was sich am Grundriß ganz klar ablesen läßt.[23] Da dem Augsburger Domkapitel der Grund und Boden gehörte, bedurfte es zunächst einer Einigung zwischen dem Wittelsbacher und dem eigentlichen Grundherrn. Als diese zustande kam, nahm das neugegründete Gemeinwesen alsbald einen raschen Aufschwung. Bereits im Jahr 1224 war es möglich, nach Straubing einen Landtag einzuberufen.

Bei der sechsten bayerischen Landesteilung vom 3. Juni 1353 erhielten die Herzöge Wilhelm I. und Albrecht I., Söhne Kaiser Ludwigs des Bayern, einen Teil von Niederbayern und dazu noch die holländischen Provinzen. Als ihre Residenzstadt wählten sie Straubing. Diese wittelsbachische Linie starb im Jahr 1425 mit Herzog Johann III. aus. Inwieweit die flämische Baukunst in der Zeit zwischen 1353 und 1425 auf diejenige von Straubing einwirkte, läßt sich anhand des heute noch vorhandenen Baubestands nicht mehr genau ermitteln, da der große Stadtbrand vom 13. September 1784 hier doch sehr viel alte Bausubstanz vernichtete.

Nach 1425 kam Straubing mit zwei Teilen des Herzogtums zur Linie Bayern–München. Seitdem galten die Münchner Bauverordnungen auch für Straubing. Dies wirkte sich natürlich auf die Bauweise der dortigen Bürgerhäuser aus. So wurden in Straubing viele traufständige Häuser *(vgl. T 12 a, b)* errichtet, aber auch solche mit Halbdächern oder sogenannten „Ohrwascheln" *(vgl. T 11 b)*, die früher einmal für München typisch waren. Man kann fast sagen, daß Straubing seiner Bauweise nach eine oberbayerische Stadt auf niederbayerischem Boden und umgekehrt Burghausen eine niederbayerische Stadt auf oberbayerischem Boden ist.

Der Stadtgrundriß von Straubing wird durch den von Ost nach West verlaufenden breiten Straßenmarkt, dem Ludwigsplatz *(T 12 a, b)* und dem Theresienplatz *(T 11 b)* – die früheren Bezeichnungen hierfür waren „Oberer und Unterer Markt" –, zweigeteilt. Am Schnittpunkt des einstigen Käsmarkts mit der Steinergasse steht der hohe Stadtturm (T 14, 22, 125, 127 b), ein Bau aus dem 14. Jahrhundert (Baubeginn 1316, Fertigstellung Ende des 14. Jahrhunderts), das Wahrzeichen von Straubing. Dem Stadtturm gegenüber befindet sich das Rathaus, an dem nach 1382 – in diesem Jahr kauften Bürgermeister und Rat der Stadt den Krämern Erhart und Michael ihre Häuser zum Bau des Rathauses ab – und noch in der Mitte des 15. Jahrhunderts gebaut wurde.

Die katholische Stadtpfarrkirche St. Jakob *(T 11 b)* – eine spätgotische Hallenkirche – steht abgerückt vom Theresienplatz im nordwestlichen Teil der Stadt. Das Kirchenschiff mit dem schlanken Turm ragt hoch über die Dächer der Bürgerhäuser hinaus. Das stattliche Giebelhaus mit dem kastenförmigen Eckerker nordwestlich der Pfarrkirche war der Augsburger Hof *(T 13)*, also das Stadthaus des Augsburger Domkapitels in Straubing. Die zweite große Kirche innerhalb des Berings ist die Klosterkirche der Karmeliten. Dahinter an der Nordostecke der Stadt tritt der große Baukomplex des herzoglichen Schlosses in Erscheinung. Zwei Tore, das Obere Tor *(T 12 a, b)* am Ende des Oberen Markts und das Untere Tor *(T 11 b)* am Ende des Unteren Markts, sind auf dem Stadtmodell ebenfalls noch recht gut zu erkennen. Sie sind aber im 19. Jahrhundert abgebrochen worden. Anstelle des Oberen Tors steht heute das klassizistische Ludwigstor, das im Jahr 1810 errichtet wurde. An der Südseite der Stadtanlage stand früher das Steinertor, und an der Nordseite beim Bürgerspital Hl. Dreifaltigkeit das

---

[23] Vgl. KDB Stadt Straubing, S. 1 ff. – H. Rohrmayr, Häusergeschichte der Stadt Straubing, Straubing 1961, S. 7 ff. – v. Reitzenstein 1967, Teil Straubing, S. 1 ff. – K. Kratzsch, Wittelsbachische Gründungsstätte: Die frühen Stadtanlagen und ihre Entstehungsbedingungen, in: Wittelsbach und Bayern, Die Zeit der frühen Herzöge, Beiträge zur Bayerischen Geschichte und Kunst 1180–1350, hrsg. v. H. Glaser, München 1980, S. 325 ff.

STRAUBINGA.

Abb. 6   Ansicht der Stadt Straubing, Kupferstich aus der „Topographia Bavariae" von Matthäus Merian, 1644

Spitaltor. Letzteres ist uns noch in unveränderter Form erhalten. An der Nordostecke des Berings, der die ganze Altstadt von Straubing umschloß, war schließlich noch das Donautor, das jedoch im Jahr 1839 beseitigt wurde.

In dem Stadtteil südlich des Oberen Markts ist auf dem Sandtnermodell ein stattlicher Bau mit hohem Satteldach und Zinnengiebel eingefügt *(T12a)*. Hierbei handelt es sich um den sogenannten „Weinstadel" *(T151d)*. Dicht dahinter lag einst das Judenviertel. Die Vertreibung der Straubinger Juden erfolgte im Jahre 1338.

Die vornehme Wohnlage von Straubing war früher der Obere Markt *(T12a, b)*, hier hatten viele Patrizier ihre Wohnhäuser. So gehörte beispielsweise das Eckhaus vom Oberen Markt und Käsmarkt *(T12b, 158b)* einst dem reichen und angesehenen Geschlecht der Zeller.

Die meist zwei- oder dreigeschossigen Bürgerhäuser von Straubing standen nach Ausweis des Stadtmodells von Jakob Sandtner auffallend oft mit ihrer Traufe nach der Straßen- oder der Platzseite zu. Die übrigen giebelständigen Bauten teilten sich in Häuser mit Halbdächern oder Satteldächern, wobei die Giebel des öfteren getreppt waren *(T185a)*. Die Fassaden sind heute noch sehr schlicht gehalten und höchst selten durch Erker akzentuiert. Nur am Rathaus und an einigen Patrizierhäusern des Oberen und Unteren Markts zeigen sich aufwendiger gestaltete Giebelfelder mit Blenden. Waagrechte Vorschußmauern mit rundbogigen Zinnen kamen hingegen ganz vereinzelt vor, wie z.B. an einem stattlichen Bürgerhaus südwestlich des Stadtturms am Unteren Markt *(T11b)*.

Nicht unerwähnt sollte vielleicht bleiben, daß auf dem Stadtmodell sowohl am Oberen als auch am Unteren Markt bereits ein Brunnen *(T11b, 12a, 14)* zu erkennen ist. Diese sind im Jahr 1644 durch den Jakobsbrunnen am Ludwigsplatz *(T158b)* und im Jahr 1685 durch den Tiburtiusbrunnen ersetzt worden. Die große barocke Dreifaltigkeitssäule im westlichen Teil des Theresienplatzes wurde im Herbst des Jahres 1709 fertiggestellt *(T127b)*.

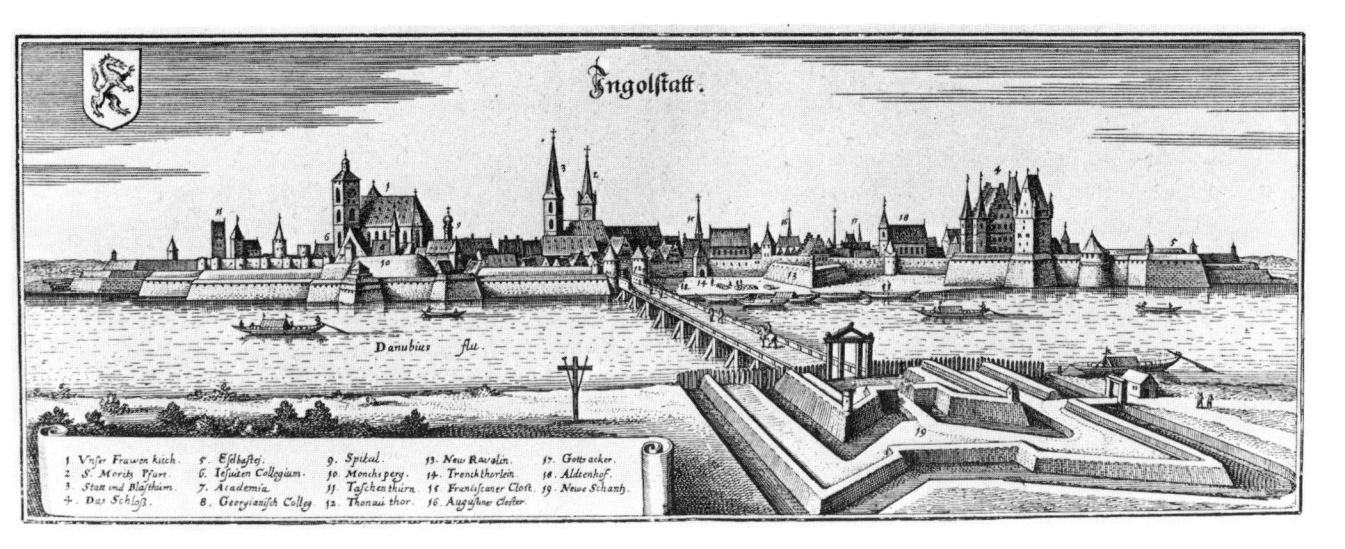

Abb. 7 Ansicht der Stadt Ingolstadt, Kupferstich aus der „Topographia Bavariae" von Matthäus Merian, 1644

3. Das Stadtmodell von Ingolstadt

König Ludwig der Deutsche übereignete im Jahr 841 seine „curtis dominicata", d. h. den Herrenhof, seinem Kanzler Gotsbald, Abt des Klosters Niederaltaich.[24] Dieses königliche Kammergut dürfte im Bereich der späteren Stadtpfarrkirche St. Moritz, einer Gründung des Mauritiusklosters Niederaltaich, zu suchen sein.

Im ältesten herzoglichen Urbar aus der Zeit um 1230 wird bereits ein „ampt ze Ingolstat" erwähnt. Nachdem der Landesherr 1242 in den Besitz der Niederalteicher Klostervogtei gelangte, konnte er seinen wohl schon über längere Zeit gehegten Plan einer Stadtgründung verwirklichen. Im Jahr 1252 wird erstmals ein „civis" (= Bürger) von Ingolstadt genannt.[25]

Der Kern der ältesten Ansiedlung ist im Sandtnermodell an einer Reihe von Wachttürmen, die zu Lebzeiten von Jakob Sandtner noch standen, abzulesen. Dies waren im Nordwesten der Glockenturm (T 19 a) – er befand sich in der Nähe des Chors der Liebfrauenkirche –, an der Nordostecke der sogenannte „Striglturm" und am Südosteck ein Wachtturm beim alten Herzogskasten. Der Judenturm, der noch auf dem kleineren Ingolstädter Stadtmodell von 1571 zu sehen ist und früher die Südwestecke des ältesten Berings bezeichnete, fehlt hingegen schon auf dem großen Stadtmodell von 1572.

Ähnlich wie in Straubing, doch von geringerer Breite und mit einer leichten Brechung, durchzieht auch Ingolstadt von Ost nach West ein langer Straßenzug bzw. Straßenmarkt. Er trug früher die Bezeichnung „Schloßgasse" (heute Ludwigsstraße) und „Weinmarkt" (heute Theresienstraße, T 23 b). Die Kreuzungsstelle am Schliffelmarkt oberhalb der katholischen Stadtpfarrkirche St. Moritz (T 20 a), der ältesten Pfarrei der Stadt, ist zugleich der Schnittpunkt wichtiger Fernstraßen von München nach Nürnberg und von Ulm nach Regensburg. In den vier Himmelsrichtungen gab es vier Stadttore, die in der Mitte des 16. Jahrhunderts zu wehrhaften Basteien ausgebaut wurden. Dies waren im Norden die Harderbastei (T 18 b), im Osten das Schloßbollwerk mit dem Feldkirchner Tor, im Süden das Donautor (T 21) und im Westen das Kreuztor mit seiner Bastei (T 18 b). Zwischen diese großen Befestigungsanlagen waren noch weitere Befestigungstürme, wie das Münzbergtor, das Taschentor, das Schuttertor sowie die Kugelbastei und die Ziegelbastei eingestreut. Überhaupt bot Ingolstadt seit alters den Eindruck einer ungemein wehrhaften Feste. Der hohe gemauerte Bering mit seinen Halbrundtürmen umzog das ganze Stadtgebiet im Westen, Norden und Osten der Stadt. Im Süden bot der breite Donaustrom zusätzlich Schutz im Belagerungsfall.

Ingolstadt (Abb. 7, T 2 b) war von 1392 bis 1447 Residenzstadt des wittelsbachischen Teilherzogtums Bayern-Ingolstadt. Erst mit dem Tod Herzog Ludwigs des Gebarteten ging die große Zeit für Ingolstadt zu

---

24 v. Reitzenstein 1967, Teil Ingolstadt, S. 3
25 R. Koller u. S. Hofmann, Ingolstadt, in: Bayerisches Städtebuch, Teil 2, hrsg. v. E. Keyser u. H. Stoob, Stuttgart 1974, S. 271 f. – Kratzsch 1980, S. 328 ff.

Ende. Den Besitz erbte sein Landshuter Vetter Herzog Heinrich von Niederbayern. Nach dem Aussterben dieser Herzogslinie mit Herzog Georg dem Reichen – der Fürst schloß am 1. Dezember 1503 in seinem Schloß zu Ingolstadt für immer die Augen – gelangte schließlich der in München residierende Herzog Albrecht IV. durch den Kölner Spruch von 1505 in den Besitz der strategisch wichtigen Stadt. Ingolstadt, von 1472 bis 1799 (bzw. 1802) auch Sitz der Universität, blieb fortan bei Bayern.

Die katholische Stadtpfarrkirche St. Moritz[26] steht am Schnittpunkt der großen, das ganze Stadtgebiet durchziehenden Handelswege *(T 20 a)*. Südlich an die Pfarrkirche grenzt das im 16. Jahrhundert erbaute Rathaus. Der weite Platz davor trug früher den Namen Salzmarkt (heute Rathausplatz). Der mächtige Baukörper des Fleischhauses mit dem hohen Treppengiebel *(T 18 a)* riegelt den Platz nach Süden hin und der umfangreiche Baukomplex des im Jahr 1319 von Kaiser Ludwig dem Bayern gestifteten Heiliggeistspitals nach Südwesten hin ab. Die Bürgerhäuser an dieser Platzwand standen nach Ausweis des Stadtmodells teils trauf-, teils giebelständig und besaßen steile Satteldächer. Die Giebel hatten glatte Putzflächen oder Lisenengliederung mit Aufsätzen in Form von differenziert gestalteten Fialen.[27] Daneben kamen aber auch Häuser mit gezinnter Vorschußmauer und flachen Satteldächern vor. Mit einem Wort, es war ein buntes Gemisch der unterschiedlichsten, jedoch bodenständig gewachsener Bauformen. Selbst ein Haus mit Überschuß fehlte nicht am Westrand der Platzbebauung.

In der Schloßgasse, die direkt zum Herzogsschloß führte, stand an der Nordseite das herzogliche Amtshaus. Es wies sich als ein Bau des 16. Jahrhunderts aus und richtete sich teils giebel-, teils traufständig nach der Gasse zu aus. Das hohe Sockelgeschoß war rustiziert. Ein zweigeschossiger Kastenerker über reich profilierten Konsolen zierte die zwölfachsige Fensterfront, wobei ein geschweifter Knickgiebel den Nordflügel des Bauwerks betonte.

Die zweite Pfarrkirche von Ingolstadt, die von Herzog Ludwig dem Gebarteten gestiftete Liebfrauenkirche *(T 18 b, 194 a, b)*, steht im nordwestlichen Stadtteil von Ingolstadt nahe dem Kreuztor. Sie ist als mächtige Hallenkirche konzipiert. Ihre übereckgestellten Glockentürme sind weit ins Land hinaus sichtbar.

Der breite Straßenzug des Weinmarkts gehörte mit zur besten Wohnlage der Stadt. Hier besaßen viele Patrizier ihre Wohnhäuser. So befand sich beispielsweise das stattliche dreigeschossige Wohnhaus an der Ecke Weinmarkt und Goldknopfgasse, das damals einen Treppengiebel aufwies, im Besitz des angesehenen Geschlechts der Schober *(T 19 b)*. Der zweigeschossige Kastenerker ist heute noch an dem jetzigen Hotel Adler gut zu erkennen *(T 71 c)*. Überhaupt boten die Ingolstädter Bürgerhäuser mit ihren reich geschmückten Lisenen-Fialen-Giebeln und den zahlreichen Erkern ein höchst malerisches Bild *(vgl. T 19 b, 20 a)*. Ingolstadt muß damals eine der schönsten Städte Altbaierns gewesen sein. Doch diese Pracht ist leider, wie ein Gang durch Ingolstadt erkennen läßt, längst vergangen.

Auch bei der Bebauung in der Schloßgasse, in der Hardergasse und den übrigen Nebengassen der Altstadt überwog die giebelständige Bauweise *(vgl. T 19 b, 20 a)*. Ingolstadt zeigte sich in diesem Punkt der bürgerlichen Baukunst von Landshut eng verwandt. Daneben lassen sich aber auch gewisse Einflüsse der Münchner Bauweise des 16. Jahrhunderts an den Handwerkerhäusern mit ihren Halbgiebeln und den gezinnten Vorschußmauern ablesen.

Der große hohe Satteldachbau im südwestlichen Teil der Stadt war übrigens das von Herzog Ludwig im Jahr 1429 gestiftete Pfründehaus (Goldknopfgasse 7, *T 149 a*) für die Armen seiner Kirchenstiftung bei Unserer Lieben Frau. Es wurde dann von Herzog Ludwig dem Reichen von Niederbayern als Sitz der Universität gewählt.

In das Stadtgebiet eingesprengt waren auch die Niederlassungen der Franziskaner sowie der Franziskanerinnen im Gnadenthal. Interessant ist auch die Tatsache, daß das herzogliche Schloß *(T 149 b)* absichtlich in Randlage zur Bürgerstadt erbaut wurde. In die Befestigungsanlagen integriert war auch das Feldkirchner Tor. Etwas abseits davon und in der Nähe des ältesten Stadtkerns steht noch das „Alte Herzogsschloß", das später als „Herzogskasten" *(T 149 b)* Verwendung fand.[28]

---

26 Vgl. Th. Müller: Ingolstadt, München 1980 (= Große Kunstführer, Bd. 24, 3. Auflage)

27 Vgl. dazu auch R. Strobel, Rathaus und Bürgerhäuser des 15./16. Jahrhunderts in Ingolstadt, in: Ingolstadt, die Herzogsstadt, die Universitätsstadt, die Festung, hrsg. v. Th. Müller u. W. Reißmüller, in Zusammenarbeit mit S. Hofmann, Ingolstadt 1974, S. 399 ff.

28 P. Jaeckel, Herzogskasten und Neues Schloß, in: Ingolstadt... (vgl. Anm. 27), S. 221 ff.

4. Das Stadtmodell von Burghausen

Jakob Sandtner vollendete das Burghauser Stadtmodell im Jahr 1574 als letztes seiner fünf großen Modelle der altbairischen Rentamtsstädte.[29] Obwohl Burghausen am Martinsabend des Jahres 1504 von einem verheerenden Stadtbrand heimgesucht worden war, treten auf dem Modell noch zahlreiche Bauten spätgotischer Prägung in Erscheinung. Viele Bürgerhäuser versanken damals zwar in Schutt und Asche, aber bei der Mehrzahl der Häuser blieben die Außenmauern und die gewölbten Räume im Erdgeschoß erhalten. Nach und nach wurden sie wieder unter Einbeziehung der alten Bausubstanz errichtet. Burghausen *(Abb. 8)*, die Stadt an der Salzach, ist heute immer noch der Ort in Oberbayern, in dem sich die meisten Bürgerhäuser aus der Zeit der Spätgotik erhalten haben. Im Straßenzug der Grüben *(T 16 a, b)* drängen sich die Häuser dicht nebeneinander und zeigen im Erdgeschoß des öfteren noch schöne Kreuzrippengewölbe.[30]

Der Grundriß des Stadtplatzes erweckt den Eindruck einer geplanten Anlage, wobei er sich in etwa mit den Stadtplätzen von Mühldorf a. Inn und Neuötting (Ludwigsplatz) vergleichen läßt. Leider fehlen uns urkundliche Belege über den Verlauf der Entwicklung. Der Stadtplatz, der auf einer hochwasserfreien Terrasse unterhalb des Burgberges angelegt ist, war seit jeher der bevorzugte Siedlungsplatz der vermögenden Bürgerschaft der Stadt. Hier steht das Rathaus (Stadtplatz 112–114), das im Laufe der Jahrhunderte aus ursprünglich drei verschiedenen Gebäuden zusammenwuchs. Am Südrand des Stadtplatzes schiebt sich der hohe spätgotische Chor der katholischen Stadtpfarrkirche St. Jakob *(T 17, 176 b)* in die Blickachse, und am Nordende, dort wo auf dem Stadtmodell noch das Zaglautor zu erkennen ist, riegelt jetzt die Renaissancefassade der von 1630 bis 1632 erbauten früheren Jesuitenkirche die Häuserschlucht der Straße ab. Das stattliche Eckhaus (Stadtplatz 36) neben der Stadtpfarrkirche, am Zugang zum Kirchplatz, war früher das Stadthaus der Herzöge von Bayern–Landshut. Herzog Heinrich der Reiche von Niederbayern hatte es am 18. Juni 1434 von den Adeligen Lorenz und Georg von Aham zu Wildenau erworben. Von dem früheren Bau ist nur noch der Vorraum im Erdgeschoß mit einem einfachen spätgotischen Kreuzrippengewölbe erhalten geblieben.

Die Bürgerhäuser am Stadtplatz *(T 15 a, b)* – hier besaßen viele der Herren vom Inneren und Äußeren Rat der Stadt ihre Behausungen – sind fast alle dreigeschossig und giebelständig. Die Satteldächer liegen meist hinter Giebel- bzw. Vorschußmauern verborgen. Selten nur finden sich Häuser mit abgewalmten Stirnflächen, eine Ausnahme bildet hingegen das Haus Stadtplatz 48. Einen reizvollen polygonalen Eckerker besitzt das um eine Fensterachse in die Platzfront vorspringende Bürgerhaus Stadtplatz 54 *(T 85 a)*. Flache Kastenerker, meist eingeschossig und am ersten Obergeschoß angesetzt, beleben die sonst sehr schlichten Putzfassaden der Häuser. Die auf dem Stadtmodell vor manchen Bürgerhäusern noch erkennbaren kleinen Pultdächer beziehen sich auf die abgedeckten Kellerhälse *(T 17)*. Von hier aus konnten die Waren bequem in die darunterliegenden Kellerräume geschafft werden.

An der Ostseite des Platzes *(T 15 b)* setzt ein überaus stattliches Haus (Stadtplatz 97) mit steilem Satteldach einen interessanten städtebaulichen Akzent *(T 17)*. In wessen Besitz es sich einst befand, ist leider nicht mehr zu ermitteln, doch soviel ist bekannt, daß es im Jahr 1742 bei der Belagerung von Burghausen von österreichischen Truppen in Brand geschossen wurde. Später ließen sich an dieser Stelle die Grafen von Tauffkirchen, die zu dieser Zeit Vicedome von Burghausen waren, ein prachtvolles Palais *(T 168)* errichten. Auffallend viele Bürgerhäuser am Stadtplatz – an der Ostseite des Stadtplatzes besaßen auch viele Handelsherren und Schiffmeister ihre Wohnhäuser – wiesen damals getreppte oder gezinnte Dreiecksgiebel auf. Die auf dem Stadtmodell erkennbaren Vordächer über dem Erdgeschoß deuten auf Verkaufsläden hin *(T 15 a, b)*.

Vom Kirchplatz in Richtung Süden zieht sich, eng an den Abhang des Burgbergs geduckt, die Messerzeile hin *(T 174 d)*. Hier hatten vor allem zahlreiche Kunsthandwerker ihre Wohn- und Arbeitsstätte. Das Haus Messerzeile 3 war in der zweiten Hälfte des 18. Jahrhunderts eine Schlosserei, Messerzeile 6 eine Kleinuhrmacherei und Messerzeile 9 eine Goldschmiedewerkstatt. Am Kirchplatz, wo auch die katholische Stadtpfarrkirche St. Jakob steht, hatte sich ein kleines kirchliches Zentrum herausgebildet. Das Pfarrhaus war der stattliche Bau von Messerzeile 16. Der Mesner bewohnte das Haus Messerzeile 17, der Chorregent das Haus Messerzeile 18, der Kaplan das Eckhaus von Burgsteig 21, der Pfarrorganist das Haus Burgsteig 23, der Kooperator das Haus Burgsteig 27 und der Benefiziat das Haus Burgsteig 29. Diese Angaben beziehen sich zwar alle erst auf die zweite Hälfte des 18. Jahrhunderts, doch dürften wohl auch

---

29 v. Reitzenstein 1967, Teil Burghausen, S. 1 ff.
30 Vgl. V. Liedke, Baualtersplan zur Stadtsanierung Burghausen, München 1978, S. 26 ff.

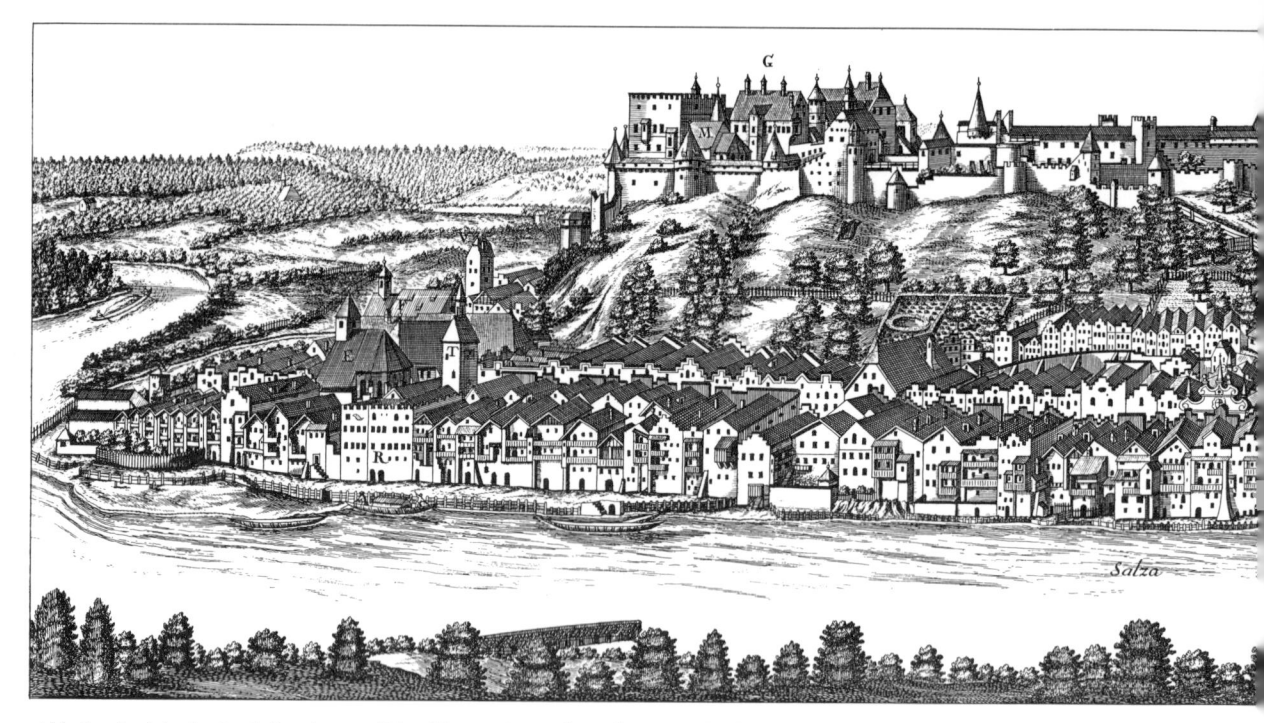

Abb. 8   Ansicht der Stadt Burghausen (Lkr. Altötting), Kupferstich von Michael Wening, aufgenommen 1699, im Druck 1721 erschienen

schon im 16. Jahrhundert ziemlich ähnliche Besitzverhältnisse bzw. Nutzungen bestanden haben.

In dem langen Straßenzug der Grüben hatten die Handwerker ihre Behausungen *(T 16 b)*. Es würde hier zu weit führen, alle Baudetails und Besitzverhältnisse einzeln darzulegen. Doch werden wenigstens einige dieser Häuser in den nachfolgenden Kapiteln eine Würdigung erfahren. Ein Haus soll jedoch schon an dieser Stelle besonders hervorgehoben werden, und zwar der stattliche Bau mit dem Krüppelwalmdach am Bichl, In den Grüben 166 *(Abb. 116)*, der auf dem Sandtnermodell ganz deutlich aus der Masse der übrigen Häuser herausragt *(T 16 a)*. Dieses Haus wurde im Volksmund als das „Hohe Haus" bezeichnet, da es mit seiner Höhe alle übrigen Handwerkerhäuser der Grüben beträchtlich übertraf. Über die Besitzgeschichte im 16. Jahrhundert liegen leider keine genauen Angaben vor. Vor 1713 befand es sich jedoch im Besitz des kurfürstlich bayerischen Forstschreibers Christoph Lippert und gelangte danach an das Jesuitenkloster zu Burghausen. Die schlichten Stuckdecken, die heute noch in einigen Räumen des zweiten Obergeschosses vorkommen, dürften möglicherweise auf Veranlassung des Freiherrn von Hueber, kurfürstlich bayerischer Regierungsrat, dem das Haus dann um 1785 gehörte, ausgeführt worden sein.

Am südlichen Ende der Grüben steht ein stattlicher Bau, der auf Jakob Sandtners Stadtmodell eine gezinnte Vorschußmauer zeigt *(T 16 a)*. Dieser Bau (In den Grüben 193) war das ehemalige kurfürstliche Mautamtshaus. Es wird im Volksmund auch das „Mautnerschloß" genannt, da hier früher die sehr vermögende Adelsfamilie der Mautner von Burghausen ihren Sitz hatte. Sie stiftete auch das Heiliggeist-Spital *(T 154 c)*, das sich gegenüber dem Mautnerschloß befindet.

In der Spitalvorstadt *(T 16 a, b)* wohnten früher vielfach die Maurer, Steinhauer, Zimmerleute, Weber, Fischer und Schiffsknechte. Ein besonderer Handwerkerstand waren jedoch die Gerber, die ihre Häuser in der Ledierergasse besaßen. Sie hatten ihre Häuser längs des Abflußgrabens des Wöhrsees erbaut und hängten ihre Häute zum Trocknen an Ständern am Südabhang des Burgbergs auf *(vgl. T 16 a)*.

B. DAS BÜRGERHAUS IN DEN LANDSTÄDTEN UND MÄRKTEN

Unter den altbairischen Landstädten spielte Wasserburg a. Inn eine führende Rolle. Dies ist historisch bedingt, denn bis zum Kölner Spruch vom Jahr 1505 war diese wichtige Handelsstadt noch Sitz des Rentamtes „vor dem Gebirg". Wasserburg a. Inn besaß demzufolge auch ein eigenes Patriziat, dessen Häuser rund um den Marienplatz und an der Herrengasse standen.

Die einmalige strategische Lage machte Wasserburg a. Inn *(Abb. 9)* für jeden Feind uneinnehmbar. Die Stadt liegt nämlich im Tal auf einer Halbinsel, die an drei Seiten vom Inn umflossen wird. Nur nach Westen besteht eine Landverbindung, die durch eine stark befestigte Burganlage gesichert war. In der Bauweise orientieren sich die Häuser mit ihren Laubengängen und Vorschußmauern mit Grabendächern an der des Inn–Salzach-Gebiets. Besonders typisch für Wasserburg a. Inn sind die zahllosen mehrgeschossigen Flacherker, von denen manche Häuser gleich mehrere aufweisen. Die Stadt kann in ihrem Straßenbild nicht verleugnen, daß sie einst ein wichtiger Umschlagsplatz für Waren war, die teils auf dem schiffbaren Inn, teils auf der Straße mit Fuhrwerken herbeigeschafft wurden. Wasserburg a. Inn galt früher als der „Hafen" der Residenzstadt München. Daß einige Schiffmeisterfamilien zu großem Wohlstand gelangten, kommt an der Fassade des Kernhauses *(T 159 c)* sinnfällig zum Ausdruck.

Auch Landsberg a. Lech *(Abb. 14)* nahm unter den altbairischen Landstädten einen bedeutenden Rang als Handelsstadt und Grenzfeste am Lech ein, doch erreichte sie nie die Stellung einer Rentamtsstadt. Aus diesem Grund fehlte hier in der Stadt ein Patriziat, wenngleich einzelne Bauten am Stadtplatz nicht weniger stattlich als etwa jene von Landshut oder Straubing sind. In der Bauweise richtete sich Landsberg a. Lech an München aus, zu dessen Rentamt es auch gehörte. So finden wir hier im Straßenbild Handwerkerhäuser mit den einst für München so typischen Halbgiebeln *(T 23 c)* oder sogenannten „Ohrwascheln" *(T 37 a)*. Ein besonderes Kleinod bürgerlicher Baukunst ist das von Dominikus Zimmermann im Jahr 1719 stuckierte Rathaus *(T 128)*. Der Baumeister, der bis in das Ehrenamt eines Bürgermeisters dieser Stadt aufrückte, setzte seinen ganzen Stolz in die Ausführung dieses prächtigen Bauwerks.

Von den übrigen Landstädten Ober- und Niederbayerns können im Rahmen dieser Untersuchung über das Bürgerhaus hier nur einige Beispiele herausgegriffen werden. Eine Stadt, die besondere Beachtung verdient, ist Moosburg *(Abb. 11)*, das etwa auf halbem Weg zwischen Freising und Landshut liegt. Seit alters gehörte es zum Rentamt Landshut. Dies drückt sich auch sinnfällig in der Bauweise seiner Bürgerhäuser aus. So ist das Haus gegenüber der früheren Chorherrenstiftskirche St. Kastulus mit einem gezinnten Giebel und zwei Flacherkern in der Landshuter Bauweise gestaltet. Beherrschend war einst im Stadtbild – wie der nachfolgend abgebildete Kupferstich von Michael Wening aus dem Jahr 1723 *(Abb. 11)*

*Abb. 9   Ansicht der Stadt Wasserburg a. Inn (Lkr. Rosenheim), Kupferstich aus der „Topographia Bavariae"
von Matthias Merian, 1644*

zeigt – ein mehrgeschossiger Bau mit auffallend hohem Treppengiebel, der nicht ein Bürgerhaus darstellte, sondern ein adeliger Sitz mitten in der Stadt war. Dieser Edelsitz mit der Bezeichnung „Thurn" zählte zu Ausgang des Mittelalters zum Besitz der Familie Puecher zu Walkersaich und zum Thurn.

Städtebaulich interessant ist auch die wichtige Handelsstadt Neuötting a. Inn *(Abb. 10)*, die auf einem etwa 750 Meter langen, schmalen Hügelrücken über dem Mörnbach- und Inntal liegt. Der geräumige Straßenmarkt wird von Bürgerhäusern eingesäumt. Wahrzeichen der Stadt ist die alles überragende spätgotische Stadtpfarrkirche St. Nikolaus. Den unteren Abschluß der Bebauung bildet das Landshuter Tor und die obere Begrenzung das Burghauser Tor. Von baugeschichtlicher Bedeutung ist vor allem das frühere herzogliche Mauthaus mit seinem Innenhof und den Renaissancearkaden *(Abb. 62)*.

Neben den Städten waren auch die altbairischen Märkte, die in einigen Fällen in ihrer Bedeutung mittleren Landstädten kaum nachstehen, von großer Wichtigkeit für die bürgerliche Baukunst. Von den Märkten, die sich im Besitz des Landesherrn befanden, seien hier beispielsweise Bogen, Teisbach, Vilsbiburg, Neumarkt a. d. Rott und Trostberg herausgegriffen. Auch diese Märkte waren wie die Städte mit Toren befestigt. Die Handwerkerhäuser an den Marktplätzen waren jedoch meist um ein Geschoß niedriger als in den großen Rentamtsstädten, doch sonst unterschieden sie sich kaum von den dort auftretenden Bauarten.

Eine Besonderheit bilden lediglich die Bürgerhäuser des Marktes Trostberg *(Abb. 13)*, die sich auf der Ansicht von Michael Wening aus dem Jahr 1701 so stattlich vorstellen. Diese Häuser waren nach der Straßenseite zu – hier auf dem Kupferstich nicht sichtbar – normal dreigeschossig konzipiert. Nur die Rückfronten der Häuser mit ihren Balkonen, die sich nach der Flußseite ausrichten, erscheinen vier- bis fünfgeschossig, denn hier treten die mehrstöckigen Kelleranlagen offen zu Tage. Diese Merkwürdigkeit war durch das steil abfallende Gelände bedingt. Die Bebauung mußte sich zwischen den Burgberg und das Flußufer

Abb. 10
Ansicht der Stadt Neuötting (Lkr. Altötting), Kupferstich von Michael Wening, 1721, Ausschnitt

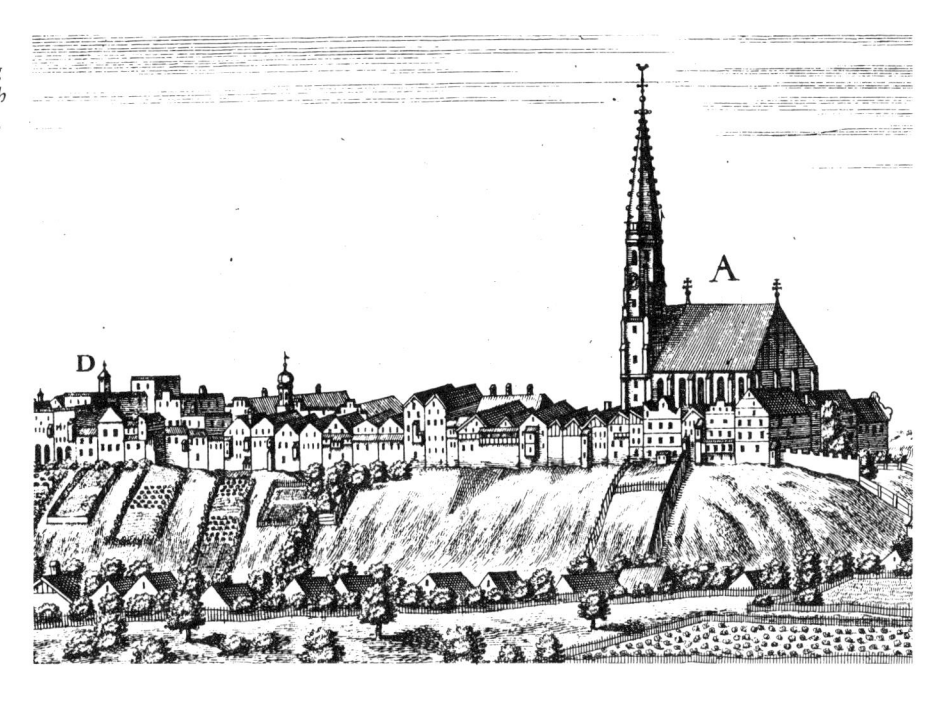

Abb. 11 Ansicht der Stadt Moosburg (Lkr. Freising), Kupferstich von Michael Wening, 1723, Ausschnitt

Abb. 12
Ansicht des Marktes Teisbach (Lkr. Dingolfing-Landau), Kupferstich von Michael Wening, 1723

Abb. 13   Ansicht des früheren Marktes Trostberg (Lkr. Traunstein), Kupferstich von Michael Wening, 1701

der vorbeiströmenden Alz zwängen. In dieser Bauweise ähnelt Trostberg stark den Häusern, die in den Gruben von Burghausen stehen.

Die kleinen Märkte weisen in ihrer Bauweise bereits Mischformen zwischen bürgerlicher und ländlicher Baukunst auf. Als Beispiel dafür sei der Marktflecken Teisbach bei Dingolfing genannt, der früher sogar einmal Sitz eines ausgedehnten Pfleggerichtsbezirks war. Auf dem hier abgebildeten Kupferstich von Michael Wening *(Abb. 12)* lassen sich ganz deutlich neben gemauerten Handwerkerhäusern mit Steilgiebeln Holzhäuser in Blockbauweise mit straßenseitigen Bal-

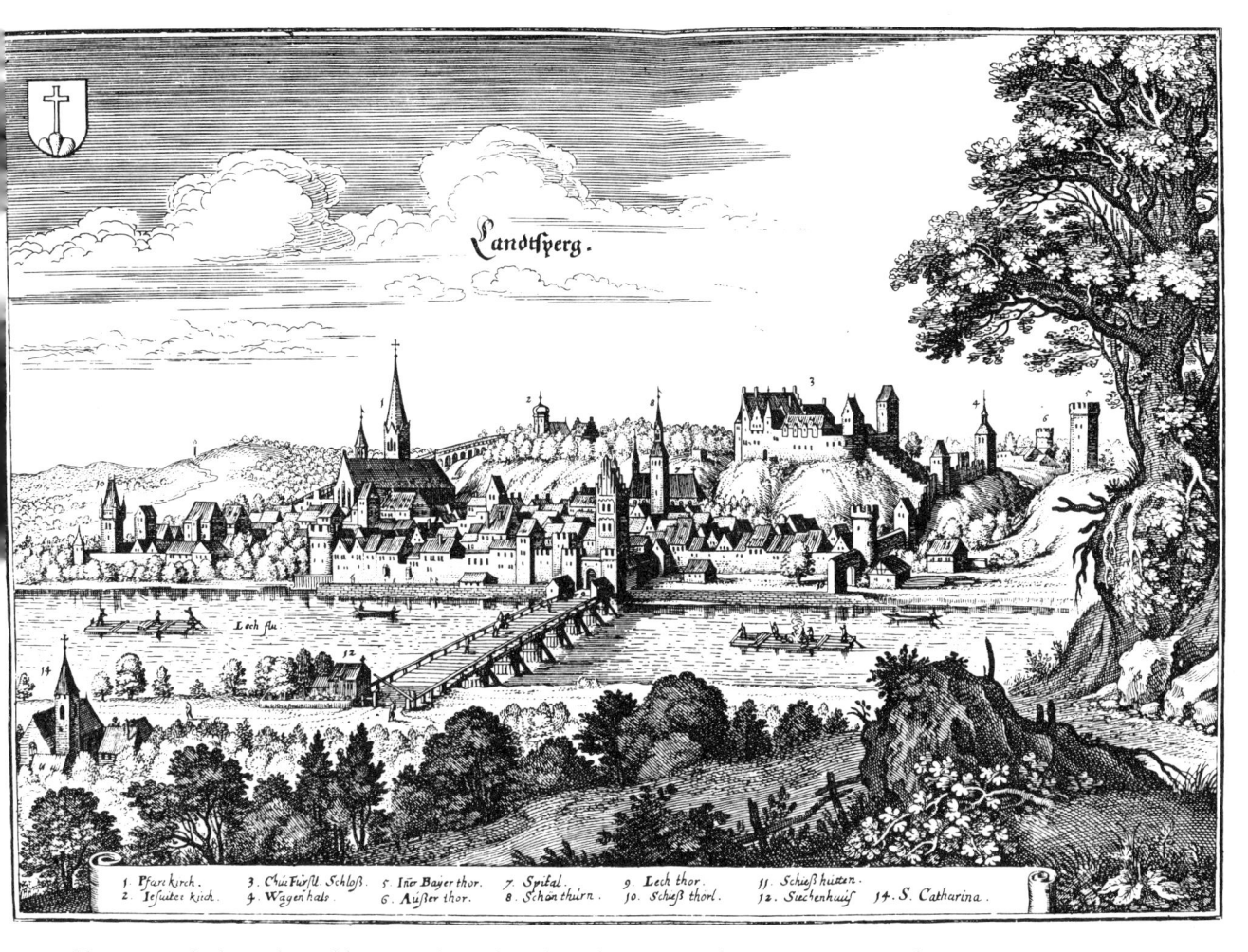

Abb. 14 Ansicht der Stadt Landsberg a. Lech, Kupferstich aus der „Topographia Bavariae" von Matthäus Merian, 1644

konen erkennen. Die Neigung der vorkragenden Satteldächer ist auch etwas geringer als die der gemauerten Behausungen.

Neben den Märkten im Besitz des Landesherrn gab es aber auch einige, die den Klöstern oder begüterten Adeligen gehörten. So besaß beispielsweise das Zisterzienserkloster Fürstenfeld den Markt Bruck *(Abb. 16)*. In diesem Marktflecken waren die Häuser der Handwerker und Bürger um einen geräumigen Marktplatz von etwa rechteckigem Grundriß gruppiert. Die Häuser sind fast alle zweigeschossig und stehen teils trauf-, teils giebelständig. Auffallend sind zwei stattliche Bürgerhäuser an den Straßenecken, die polygonale Eckerker aufweisen. Eines davon war die Posthalterei Weiß. Auch das traufständige Bürgerhaus mit dem hohen Satteldach und den beiden Ohrwascheln verdient Beachtung, denn es ist ganz nach Münchner Bauart konzipiert. Bemerkenswert ist darüber hinaus ein Haus mit Fachwerkgiebel in der Nähe des Flußufers, das auf die Übernahme schwäbischer Bauformen hinweist.

Eine große bauliche Geschlossenheit zeigt der Markt Aidenbach *(Abb. 17)* in Niederbayern, der sich früher im Besitz der sehr begüterten Adelsfamilie der Closen zu Haidenburg befand. Die schlichten Handwerkerhäuser am Marktplatz stehen alle giebelständig und besitzen in der Mehrzahl vorkragende Satteldächer. Hervorgehoben unter den schlichten Handwerkerhäusern sind nur der Gasthof, das Haus mit den beiden hohen Giebeln an der Nordseite des Marktplatzes, das Rathaus von 1607, ein Haus mit Dachreiter und Zwiebelkuppel an der Südseite des Marktplatzes, sowie letztlich zwei nebeneinanderstehende gemauerte Putzbauten mit Steilgiebeln und einem kubischen Eck- bzw. einem mehrgeschossigen Runderker *(T 80 b)*. Bei letzterem handelt es sich um einen einstigen Edelsitz, der sich aber seit der Mitte des 16. Jahrhunderts in bürgerlichen Händen befunden hat und

Abb. 15
Ansicht des Marktes Gerzen
(Lkr. Landshut), Kupferstich von
Michael Wening, 1723

im Besitz aufgeteilt worden war. Besonders auffallend an den Aidenbacher Bürgerhäusern sind die schlichten Bodenerker, die einige der Bauten an der Platzseite aufweisen. In der Mitte des Marktplatzes verläuft ein Bach, der auch die Roßschwemme speist. Der Marktbrunnen, der für Trinkwasser sorgte, stammt von 1588 und wurde 1716 erneuert. Schließlich sei in diesem Zusammenhang noch kurz auf den Markt Gerzen *(Abb. 15)* im Vilstal hingewiesen, der ebenfalls einer Adelsherrschaft zugehörte. Seine Bauten verrieten vormals einen ausgesprochen dörflichen Charakter. Die ortsübliche Bezeichnung für den giebelständigen Balkon an den Holzhäusern in Blockbauweise lautet „Schrot". Zu einigen Häusern gesellen sich eingezäunte Vorgärten oder besser gesagt eingezäunte Weideflächen für das Vieh. Die westliche Straßenseite des Marktes ist von bürgerlicher Bebauung freigehalten worden, denn hier grenzt der Schloßkomplex der Hofmarksherrschaft an.

C. DAS VORDRINGEN DER BÜRGERLICHEN BAUKUNST IN LÄNDLICHE BEREICHE

Handwerkerhäuser gab es nicht nur in den Städten und Märkten, sondern natürlich auch in den Dörfern und Weilern, wo man der Ansiedlung eines bestimmten Gewerbes bedurfte. Aus diesem Grund können sich manchmal mitten unter den bäuerlichen Anwesen Bauten finden, die streng genommen der bürgerlichen Baukunst zuzurechnen sind. Man denke in diesem

Abb. 16   Ansicht des früheren Marktes Bruck (= heute Stadt Fürstenfeldbruck), Kupferstich von Michael Wening, 1701

Abb. 17   Ansicht des Marktes Aidenbach (Lkr. Passau), Kupferstich von Michael Wening, 1723

Zusammenhang beispielsweise an das Pfarrhaus, das Wirtshaus, die Wagnerei, die Schmiede und die Mühle.

Auf der anderen Seite stoßen wir aber auch auf dem Land auf Mischformen in der Bebauung bzw. im Bautypus, gemeint sind damit die Behausungen der Weber, Schneider, Schuster, Hafner, Schreiner, Drechsler, Ziegler oder Fischer, die dem äußeren Erscheinungsbild eigentlich den kleineren Bauerngütern zuzurechnen sind. Diese hier mitten unter den Bauern ansässigen Handwerker waren teils hauptberuflich, teils nebenberuflich in ihrem Gewerbe tätig. Manche von ihnen konnten sich nebenher als Taglöhner verdingen und sich vielleicht noch ein bis zwei Kühe, Schafe, Ziegen, Gänse oder Hühner halten. Die Erzeugnisse dieser Handwerker dienten fast ausschließlich zur Deckung des Bedarfs der Bauern und Taglöhner an Kleidung und Hausgerätschaften. Nur die auf dem Land ansässigen Hafner – sie konnten natürlich nur dort siedeln, wo entsprechende Tonvorkommen vorhanden waren – arbeiteten z.T. auch für den Export oder den Bedarf der bürgerlichen Bevölkerung in den Städten und Märkten. Die Ansiedlung eines Zinngießers in einem Dorf wäre hingegen, um hier nur ein eklatantes Beispiel zu nennen, völlig undenkbar gewesen, denn Zinngeschirr wurde wegen seiner Kostbarkeit nicht in bäuerlichen, sondern ausschließlich in bürgerlichen Haushaltungen verwendet.

IV. DAS BÜRGERLICHE BAUWESEN UND SEINE GRUNDLAGEN

A. DAS STÄDTISCHE BAUWESEN, AUFGEZEIGT AM BEISPIEL VON LANDSHUT

1. Die Ordnungen der Landshuter Steinmetzen, Maurer und Zimmerer

Der Satz der Landshuter Maurer und Zimmerer findet sich in dem dort im Jahr 1361 angelegten Stadtbuch.[31] Er ist der erste dieser Art, der hier schriftlich aufgezeichnet wurde und der bereits ein geübtes Recht dokumentiert. Aus dieser Ordnung geht im einzelnen hervor:

1. Einem Meister des Zimmerer- oder des Maurerhandwerks soll man von St. Jörgentag (= 24. April) bis auf St. Michaelstag (= 29. September) 8 Pfg. zu Lohn geben. Einer – gemeint ist ein Geselle –, der mit der Kelle gut umgehen kann oder einer, der mit der Parte (= Beil) arbeitet, hat zu Lohn 6 Pfg. zu empfangen. Der Gegenmaurer oder jener, der mit der Axt zuhilft, soll jedoch nach der Meister Rat 4 Pfg. pro Tag erhalten. Allen ist außerdem noch das Frühstück zu geben.

2. Der tägliche Lohn vermindert sich um ein Drittel in der Zeit nach St. Michaelstag (= 29. September).

3. Sollte ein Maurer oder ein Zimmermann seinen Meister verlassen, weil ihm ein anderer mehr bietet oder umgekehrt ein Meister versuchen, einen Gesellen durch höheres Entgelt abzuwerben, so wird beiden das Handwerk für ein ganzes Jahr verboten.

4. Die Maurer und Zimmerleute sollen sich morgens, wenn sie die Richtschnur sehen, ans Werk machen und am Abend zu entsprechender Zeit wieder heimgehen. Das „rechte Mahl" – gemeint ist das Mittagessen um 10 Uhr vormittags – und der „Untern", d. h. die Brotzeit um 3 Uhr nachmittags, haben sie an der Baustelle einzunehmen und dürfen dazu nicht nach Hause gehen.

5. Sollten mehr Meister als vorgesehen hier sein oder zur Baustelle kommen, so werden diese nach der Meister Rat entlohnt. Wer sich dieser Regelung widersetzt, dem soll das Handwerk für ein ganzes Jahr verboten sein.

Der Satz sollte so lange seine Gültigkeit haben, wie die Bürger bzw. die Meister dies wollten.

Die Ordnung aus der zweiten Hälfte des 14. Jahrhunderts regelte, wie man sieht, nur die gerechte Entlohnung, die Länge der Arbeitszeit und bot Schutz vor Abwerbung. Auf die Ausbildung der Maurer und Zimmerleute nimmt dieser Satz jedoch keinen Bezug. Dies rührt wohl daher, daß sich die Zünfte in Landshut erst um 1380 durchsetzen konnten und also später auch hier entsprechende Bestimmungen notwendig wurden. Im Grunde genommen wird mit diesem Satz nur auf die Privilegien Kaiser Ludwigs des Baiern für die Stadt eingegangen. Sie sind daher recht allgemein gehalten und werden in dieser Form mehr oder weniger für sämtliche Handwerke erlassen. Nutznießer war das Stadtpatriziat, das den Maurern und Zimmerleuten auf diese Weise gewisse Vorschriften, nach denen sie zu arbeiten hatten, auferlegte. Eine soziale Absicherung der Arbeitnehmer war dadurch aber in keinster Weise gegeben.

Die erste einschlägige Ordnung für das Bauhandwerk wurde am 6. Februar 1470 festgelegt.[32] Bemerkenswert ist, daß diese schon für Steinmetzen und Maurer einerseits und für Zimmerleute andererseits getrennt abgefaßt wurde. Die führende Rolle kommt jetzt aber auch hier in Landshut den Steinmetzen zu. Die Bedeutung des Zimmerers wird dagegen, da nunmehr vorwiegend Steinbauten ausgeführt werden, etwas zurückgedrängt. Der Steinmetzentag zu Regensburg vom Jahr 1459, an dem von Landshut die Werkmeister Hans Stethaimer und Thomas Altweck sowie als Vertreter der Steinmetzgesellen Hans Krebs teilnahmen[33], dürfte bei der Abfassung der neuen Ordnung von Bedeutung gewesen sein.

Die vom Inneren und vom Äußeren Rat der Stadt Landshut gemeinsam erlassene Ordnung der Steinmetzen und Maurer, die für die in der Stadt ansässigen Meister und Gesellen ihre Gültigkeit haben sollte, enthält folgende Bestimmungen. Wir folgen dabei im einzelnen der von Theo Herzog gemachten Interpretation dieser Ordnung:

„1. Alle Meister sollen durch einen Inneren und Äußeren Rat gesetzt werden und sie sollen geschworene Meister sein, d. h. sie müssen geloben und schwören, daß sie Bauten des Stadtrats im Burgfrieden fördern und daß sie einen angenommenen Bauauftrag nicht wieder aufgeben wollen, damit jedermann an seinem Bau ohne Schaden bleibe. Wenn der Bauherr

---

31 Vgl. Herzog 1964, S. 19 ff.

32 Vgl. Herzog 1964, S. 23 ff.

33 Vgl. V. Liedke, Anmerkungen zur Baukunst der Spätgotik in Altbayern, in: Die Baumeister- und Bildhauerfamilie Rottaler (1480–1533), München 1976, S. 227

unausgesetzt bauen wolle, so hat der Meister den Bau in diesem Sinne auszuführen. Die Meister dürfen auch niemand mit dem Bau schädigen, indem sie etwa einem anderen seinen Grund und Boden oder irgendein Recht entziehen, sondern sie haben nach dem Recht der Stadt zu handeln.

2. Kein Meister, Geselle oder Lehrjunge, der innerhalb oder außerhalb der Stadt seßhaft und Angehöriger der Zunft ist, darf von St. Georgstag (= 24. April) bis auf St. Jakobstag (= 27. Juli) eine Arbeit auf dem Lande annehmen, es sei denn, daß er in der Stadt keine bekommen kann. In diesem Fall hat er bei dem Bürgermeister um die Erlaubnis zur Landarbeit einzukommen und darf diese dann auch ausführen. Sobald aber die Landarbeit fertiggestellt ist und in der Stadt Arbeitskräfte gebraucht werden, hat er sich dort wieder zur Verfügung zu halten.

Nur wenn die gnädige Herrschaft, d. h. der Herzog, jemand zu seinen Bauten braucht, sollen die Handwerker unbehindert sein. Wer von den Meistern oder anderen Angehörigen des Handwerks gegen diese Bestimmung handelt und durch einen Bürger zur Anzeige kommt, wird vom Stadtrat abgestraft und an seinen Eid gemahnt.[34]"

2. Die Organisation der Maurer- und Zimmererzünfte von ihren Anfängen bis zu ihrer Auflösung im 19. Jahrhundert

In Landshut konnten sich die Maurer und Zimmerleute gleich anderen Handwerkern in der Stadt erst in der Zeit um 1380 politisch durchsetzen. Sie bildeten in der Folgezeit eigene Zünfte, wobei jedoch die Steinmetzen der Maurerzunft angeschlossen waren.

Die Zünfte sind in Altbaiern territorial nach den Rentämtern gegliedert gewesen. In den Rentamtsstädten München, Landshut, Straubing und Burghausen befand sich jeweils eine Hauptlade der betreffenden Zunft. Jede Hauptlade war in sogenannte „Viertelladen" unterteilt. So gehörte z. B. zur Landshuter Hauptlade die Dingolfinger, die Landauer und die Eggenfeldner Viertellade der Maurer und Zimmerer.[35] Zur Burghauser Hauptlade der Maurer wurden andererseits die Viertelladen zu Braunau, Schärding und Ried[36] – die Orte liegen heute alle in Oberösterreich – gezählt. Das Bestimmungswort „Lade" bezeichnet dabei ein hölzernes Behältnis, in dem das Handwerk wichtige Dokumente, wie Lehrbriefe, Handwerksbücher und die Kasse aufbewahrte. Es wurde später zur stellvertretenden Bezeichnung für das gesamte Handwerk.

Zwischen einer Haupt- und einer Viertellade bestanden rechtlich gesehen keine Unterschiede, der Hauptlade gebührte nur eine Art „Ehrenvorrang". Für die Mitglieder der Viertelladen bestand jedoch am Hauptjahrtag die Verpflichtung, zu dem Sitz der Hauptlade zu kommen und an den dort stattfindenden Beratungen und dem Gottesdienst teilzunehmen. Am Hauptjahrtag erfolgte vor allem die Aufnahme von neuen Meistern, deren Namen man dann im Zunftprotokoll verzeichnete.

Eine Viertellade wurde von einem Maurer- und einem Zimmermeister sowie von je einem Maurer- und einem Zimmergesellen geführt. Beide Handwerksgruppen wählten jedoch ihre Vorstände getrennt voneinander. Die gemeinsame Vorstandschaft bestand aus den vier gewählten Vertretern. Bei den Hauptladen bildeten aber im allgemeinen die Maurer- und Zimmererzunft eigene Verbände. Die Hauptlade wurde von einem Oberzechmeister und einem Unterzechmeister sowie von zwei in die Vorstandschaft gewählten Gesellen geleitet, den sogenannten „Ladgesellen". Die Zusammenkünfte fanden in einer Gastwirtschaft statt, wobei man den betreffenden Gastwirt als den „Herbergsvater" bezeichnete. Ein Mitglied des Rats wachte über die ordentliche Abhaltung dieser Versammlungen, wobei auch die Aufdingung und die Freisprechung der Lehrjungen und die Aufnahme der „gestuckten Meister" vor offener Lade erfolgte. Die Zechmeister wurden Jahr für Jahr neu gewählt und ihre Namen dem Rat der Stadt angezeigt. In den Gasthäusern, in denen die Versammlungen stattfanden, konnten durchziehende Gesellen sich nach Arbeit bei Meistern in der Stadt erkundigen und bei diesem um ein Nachtquartier bitten.

3. Die Bruderschaften der Steinmetzen und Maurer

Die in Landshut ansässigen Steinmetzen und Maurer hatten die Möglichkeit, sich der dort seit der Mitte des 15. Jahrhunderts nachweisbaren „Bruderschaft und Zech der Hammerler" anzuschließen.[37] Diese Vereinigung war nach der ihnen im Jahr 1490 erteilten Ord-

---

34 Vgl. Herzog 1964, S. 24 ff.

35 F. Markmiller, Die Maurer- und Zimmerermeister der Handwerks-Viertellade zu Dingolfing, in: Verhandlungen des Hist. Vereins für Niederbayern, Bd. 98, Landshut 1972, S. 70 ff.

36 Vgl. V. Liedke, Das Bruderschaftsbuch der Maurer zu Burghausen von 1743, in: Ars Bavarica, Bd. 1, 1973, S. 105 ff.

37 V. Liedke, Die Dreiviertelhammerlzunft und -bruderschaft, in: Landshuter Tafelmalerei und Schnitzkunst der Spätgotik, München 1979, S. 16 ff.

nung in drei Abteilungen unterteilt. Die Maurer und Steinmetzen gehörten dabei der zweiten Gruppe an, in der auch die Goldschmiede, Maler, Bildschnitzer, Seidensticker, Glaser, Pogner, Zinngießer und Rotschmiede vereinigt waren. Als Vorsteher dieser Bruderschaft wählte man stets drei Zunftmeister. Sie wurden in ihrer Amtsführung noch durch die von jeder Gruppe besonders aufgestellten zwei Strafmeister, also insgesamt deren sechs, die für Ordnung und Schlichtung von Streitigkeiten zu sorgen hatten, unterstützt. Das in der zweiten Hälfte des 15. Jahrhunderts angelegte Bruderschaftsbuch, das die Namen der verstorbenen Meister und ihrer Angehörigen enthält, deren bei den Jahrtagen zu gedenken war, hat sich noch erhalten. Einige Änderungen zur Bruderschaftsordnung wurden im Jahr 1642 erlassen.

Sinn und Zweck dieser Bruderschaft war die gegenseitige Unterstützung und vor allem die Pflege des religiösen Lebens. Dafür besaß die Bruderschaft einen eigenen Altar in der Stadtpfarrkirche St. Martin, auf den zu bestimmten Anlässen Kerzen für den Schutzpatron der Vereinigung gestiftet wurden. Die Teilnahme an den Jahrtagsmessen, den Begräbnissen der verstorbenen Mitglieder und den Bittprozessionen war für alle Mitglieder obligatorisch. Bei der Fronleichnamsprozession des Jahres 1760 hatte man beispielsweise die „Dreiviertelhammerlbruderschaft" an 36. Stelle im Zug der Bittgänger eingeteilt; sie stellten damals mit ihrer Gruppe die Geschichte der heiligen Hostien von Deggendorf dar.

4. Der Unterschied zwischen den Stadt- und den Landmeistern

Seit dem 17. Jahrhundert unterschied man in Altbaiern zwischen einem „Stadtmeister", der Bürger einer Stadt war, und einem „Landmeister", der meist in einem Dorf des bäuerlichen Umlandes wohnte. Die „Marktmeister" wurden als Bürger eines Marktes in ihrer rechtlichen Stellung den „Stadtmeistern" zugerechnet. „Landgerichtsmaurermeister" ist hingegen ein Titel, der ausdrücken soll, daß der Betreffende für alle anfallenden Arbeiten in dem für ihn zuständigen Landgerichtsbezirk berechtigt sei.

Den Landmeistern war es untersagt, Arbeit im Burgfrieden einer Stadt oder eines Marktes anzunehmen, denn hierfür waren die Stadt- und die Marktmeister zuständig. Umgekehrt war es jedoch für die Stadt- oder Marktmeister durchaus möglich, Arbeit, sofern keine Aufträge in der Stadt vorhanden waren, auf dem Land anzunehmen. Ein Stadtmeister konnte in die Zunft auch nur als „gestuckter Meister", d.h. als ein Meister, der mit Erfolg sein Meisterstück abgelegt hatte, aufgenommen werden. Die Landmeister konnten hingegen zwischen einer Aufnahme in die Zunft als gestuckte oder als „eingehuldigte" Meister wählen. Letztere hatten natürlich auch mit Erfolg ihr Meisterstück ablegen müssen, doch geschah dies nicht am Zunftort, sondern außerhalb dieses Bezirks. Oft kauften sich solche eingehuldigten Meister nur deshalb in die Lade eines Nachbarbezirks ein, um dort ebenfalls Arbeit annehmen und ausführen zu dürfen.

5. Die Lehrzeit der Lehrjungen

Die Länge der Lehrzeit eines Maurer- oder eines Steinmetzenlehrjungen war in Landshut bereits durch die Ordnung vom 6. Februar 1470 geregelt; hierin heißt es:

„Wievil ain lerkhnecht jar oder sumer dienen sol.

Es sol auch khain maister khainen diener nicht aufnemen noch dingen, der stainhauen und maurn lernen wil, hinder sechs jarn, aber ainen schlechten maurer mag ainer auf fünf sumer aufnemen, als in meiner herrn ordnung gesetzt ist. Und wann also ain maister ainen diener aufnemen und bestellen wil, als dann so sollen sy dartzue nemen zwen zunftmaister und ainen gsellen dartzue, wen sy wellen, und sol der lerkhnecht in die bruederschaft geben ain pfundt wachs und dartzue yedmeder tail, der maister und lerkhnecht, 12 dn zue leukhauf.[38]"

Die Lehrzeit dauerte demnach damals für einen Steinmetzenlehrjungen sechs und für einen Maurerlehrjungen fünf Jahre.

6. Die Stadtwerkmeister und das städtische Bauwesen

Das städtische Bauwesen unterstand früher den sogenannten „Bauherren", die manchmal auch als „Baumeister" bezeichnet wurden. Dazu gehörten zwei Mitglieder des Rats, meist einer des Inneren und einer des Äußeren Rats, sowie die beiden „geschworenen Werkmeister", d.h. der Stadtzimmermeister und der Stadtmaurermeister. In älteren Urkunden wird dabei der Stadtzimmermeister stets vor dem Stadtmaurermeister genannt, was wohl darauf zurückzuführen ist, daß in den städtischen Gemeinwesen zunächst die Stelle des Stadtzimmermeisters und erst dann im 14. Jahrhundert die des Stadtmaurers geschaffen wurde. In München kannte man seit der Mitte des 15. Jahrhunderts, wie die diesbezüglichen Ratsprotokolle und Stadtkammerrechnungen belegen, einen „Obermaurer" und einen „Untermaurer", was der

---

38 Vgl. Herzog 1964, S. 137

Stellung eines Stadtmaurermeisters und seines Stellvertreters, des „Poliers" (früher meist „Parler" genannt) entspricht. Statt der Bezeichnung „Stadtwerkmeister" ist in alten Aktenstücken auch der Ausdruck „Stadtmeister" gebräuchlich gewesen.

Das städtische Bauwesen, das heute durch das „Stadtbauamt" betreut wird, war eine Einrichtung für den Bau und Bauunterhalt aller sich im städtischen Besitz befindlichen Gebäude oder Anlagen. Dazu zählten vor allem das Rathaus, das Spital, die verschiedenen Baustädel und Mühlen, sowie die Türme, Mauern und Tore der Befestigungsanlagen. Der Stadtwerkmeister war in der Regel ein im Burgfrieden der Stadt ansässiger Maurer- bzw. Zimmermeister, der gegen ein festes Quatembergeld von der Stadtkammer für alle das städtische Bauwesen betreffenden Aufgaben herangezogen wurde. Für alle unter seiner Leitung ausgeführten Baumaßnahmen erhielt er aber noch eine besondere Entlohnung zu den gerade üblichen Sätzen.

Der Stadtmeister hatte bei Antritt seines Aufgabenbereichs einen eigenen Eid zu leisten, dessen Formel beispielsweise für Landshut aus dem 16. Jahrhundert überliefert ist.[39] Diesem wurde dadurch die Pflicht auferlegt, dem Rat der Stadt und der Bürgerschaft treu und allzeit gehorsam zu sein, ihren Nutzen zu fördern und Schaden von ihnen zu wenden. Schäden an städtischen Gebäuden hatte er unverzüglich beim Rat anzuzeigen.

Die Bezeichnung „Stadtmaurer" oder „Stadtbaumeister", die seit dem 17. Jahrhundert in Altbaiern vorkommt, wurde für alle in der Stadt ansässigen Baumeister gebraucht und hat keinen Bezug zu der oben näher bezeichneten Funktion des Stadtmeisters. Zu Beginn des 19. Jahrhunderts trat dann eine völlige Neuordnung des städtischen Bauwesens ein.

Mit Artikel 15 der Regierungsentschließung vom 6. Februar 1805 wurde angeordnet, daß von nun an an der Spitze eines Magistrats ein Bürgermeister, der rechtskundig war, und zwei Magistratsräte, wovon einer baukundig sein sollte, auf Lebenszeit bestellt werden müssen. Statt der bisherigen mit Quatembersold versehenen Stadtmaurer- und Stadtzimmermeister sollte künftig unter den am Ort ansässigen Meistern dieses Handwerkzweigs in der Vergabe der Aufgaben abgewechselt werden.

Zur Durchführung der städtischen Aufgaben im Bauwesen hat es in Landshut seit alters einen Bau- oder Bruckstadel, kurz auch „Bürgerstadel" genannt, gegeben, in dem das städtische Baumaterial sorgsam gelagert wurde. Dieser diente zugleich als Dienstwohnung des städtischen Bauschreibers und stand in der Badstraße 633. Der städtische Kalkstadel befand sich vor dem Ländtor und mußte im Jahr 1840 der von dem bürgerlichen Maurermeister Johann Baptist Bernlochner erbauten Gaststätte mit dem dazugehörigen Theater weichen. Die Stadt betrieb auch einen eigenen Ziegelstadel in der früheren Hofmark Berg, d. h. vor den Toren der Stadt, wo sich lehmhaltiger Boden fand.

7. Die Hofbaumeister und das herzogliche Bauwesen

Seit der zweiten Hälfte des 15. Jahrhunderts lassen sich in Altbaiern herzogliche Werkmeister und herzogliche Baumeister unterscheiden. Der Werkmeister war dabei der im Handwerk ausgebildete Steinmetz, Maurer oder Zimmerer und der Baumeister der Vorstand des herzoglichen Bauamts. Dem letzteren war noch ein eigener Bauschreiber beigegeben. Diese klare Unterscheidung zwischen den beiden genannten Funktionen ist wichtig, da eine Vermischung dieser beiden Begriffe schon des öfteren zu einer Falschinterpretation von entsprechenden Baurechnungen und Bauverträgen geführt hat.[40]

Der herzogliche Werkmeister bezog ähnlich dem städtischen Werkmeister als Sold ein Quatembergeld. Er war zuständig für die Planung, den Bau und den Unterhalt sämtlicher Burgen, Schlösser sowie der herzoglichen Amtsbauten innerhalb seines Rentamtsbezirks. Demzufolge gab es früher in Altbaiern auch vier herzogliche Werkmeister, die Zimmerer waren, und zwar in den Städten München, Landshut, Straubing und Burghausen. Seit dem 17. Jahrhundert war es beispielsweise in Burghausen üblich, daß der Hofmaurermeister zugleich auch die Stadtmaurermeisterstelle versah.

Eine Besonderheit stellt die Ernennung des fürstlichen Baumeisters Ulrich Peßnitzer dar, der im Ratsrang stand und keine handwerkliche Ausbildung im Bauhandwerk genossen hatte. Er war der bausachverständige Festungsbaumeister Herzog Georgs des Reichen und leitete unter anderem den Ausbau der gro-

---

39 Stadtarchiv Landshut: Bd. 34, S. 116. – Vgl. auch P. Booz, Der Baumeister der Gotik, München 1956, S. 23 ff.

40 So wurde beispielsweise der Baumeister Niklas Überreiter als der „planende Architekt" der Landshuter Stadtresidenz angesehen, was jedoch sicher nicht richtig ist. Diese Aufgabe war vielmehr dem Augsburger Steinmetzen Bernhard Zwitzel übertragen worden, wie die einschlägigen Baurechnungen belegen (vgl. Liedke 1971). – Vgl. dazu auch Booz 1956, S. 25

ßen, etwa einen Kilometer langen Burganlage zu Burghausen. Nach ihm wurde auch ein Bollwerk der Burg später als der „Peßnitzer-Turm" bezeichnet.[41]

8. Die Länge der Arbeitszeit

Gegen Ende des 15. Jahrhunderts wurde es Brauch, daß ein Bauherr nicht mehr einzeln die auf seiner Baustelle beschäftigten Steinmetzen, Maurer und Zimmerleute bezahlte, sondern daß er den gesamten Auftrag zu einem Festbetrag an einen Meister dieses Handwerks vergab. Da ein Handwerksmeister nun damit selbst für die Entlohnung seiner Gesellen, Lehrjungen und Mörtelrührer zu sorgen hatte, wurde es jetzt notwendig, die Länge der Arbeitszeit genau zu regeln. Aus diesem Grund wurde im Jahr 1494 eine diesbezügliche Ordnung erlassen.[42]

Demnach sollte ein Bauhandwerker das ganze Jahr hindurch, d.h. zur Sommers- und zur Winterszeit, nach der Frühmesse, also etwa um 5 Uhr morgens, bei der Arbeit sein. Die Suppenzeit durfte von St. Petri-Stuhlfeier (= 22. Februar) bis zum St. Gallentag (= 16. Oktober) eine halbe Stunde und nicht länger betragen. Während der übrigen Zeit des Jahres, also zur Winterszeit, sollte die Suppenzeit entfallen, da die Bauarbeiter dann auch später zur Baustelle kamen.

Für die Mittagspause galt folgende Regelung: Sobald es vom Turm von St. Martin 11 Uhr schlug, durfte ein Bauarbeiter zum Essen nach Hause gehen; Punkt 12 Uhr hatte er sich jedoch wieder an der Baustelle einzufinden. Zum „Untern", das ist die Brotzeit, durften die Bauarbeiter das ganze Jahr gehen, wenn die Uhr 3 Uhr nachmittags schlug. Die Dauer dieser Arbeitspause war auf eine halbe Stunde beschränkt. Die Arbeitszeit an der Baustelle endete von St. Peterstag (= wohl hier der 22. Februar gemeint) bis St. Georgentag (= 24. April) um $^1/_{\!6}$ Uhr abends, von St. Georgentag (= 24. April) bis St. Bartholomäustag (= 24. August) um 7 Uhr abends, von St. Bartholomäustag (= 24. August) bis St. Gallentag (= 16. Oktober) um $^1/_{\!7}$ Uhr abends und den Winter hindurch beim Ave-Maria-Läuten.

Für die Arbeitszeit am Samstag bestand die Sonderregelung, daß an diesem Tag die Bauhandwerker um eine Stunde vor der sonst festgesetzten Zeit und vor hohen Festtagen, wie vor Weihnachten, Ostern, Pfingsten sowie vor den Marienfesten und den Aposteltagen, zwei Stunden früher nach Hause gehen durften.

Für den Fall, daß jemand diese Vorschriften nicht einhalten sollte, konnte der Betreffende vom Handwerk, d.h. von seiner Zunft, mit einer Strafe von 24 Landshuter Pfg. belegt werden. Die Meister wurden verpflichtet, auf die Einhaltung der Vorschriften zu achten, widrigenfalls sie sonst selbst vom Bürgermeister und Rat der Stadt zur Rechenschaft hätten gezogen werden können.

9. Die Baupreise

Zum Bau eines Hauses wurden neben Ziegelsteinen und Dachplatten natürlich vor allem auch Bauholz benötigt. Die Landshuter Ländordnung vom 28. April 1609[43] bestimmte so in dieser Hinsicht, daß die Floßleute, die auf der Isar ihre Flöße aus dem bayerischen Oberland bis nach Landshut geführt hatten, geladenes und ungeladenes Gut – letzteres sind die Flöße selbst – zunächst einmal mindestens zwei Tage lang feilhalten sollten. Dabei bestand die Auflage, daß das Bauholz zuerst beim herzoglichen Baustadel, dann beim städtischen Baustadel und schließlich noch der gemeinen Bürgerschaft anzubieten war. Fremden und Auswärtigen sollte es zuletzt angeboten werden. Als zulässige Höchstpreise für Bretter sollten dabei gelten:[44]

Riemlinge	14 kr
Falzbretter	11 kr
Tafelbretter	7 kr
gemeine Bretter	5$^1/_{\!2}$ kr
Kalkbretter	4 kr
große Latten	2$^1/_{\!2}$ kr
Weinlatten	2 kr

Der auf den Flößen mitgeführte Kalk durfte für das Maß (gerechnet zu acht Fässern) mit 36 Kreuzer, die Truhe mit Kalk zu 32 Kreuzer und die Weiße, das ist der Kalk zum Tünchen, mit maximal 8 Kreuzer pro Faß angeboten werden.

Die Herstellung der von der Landshuter Bürgerschaft benötigten Ziegelsteine erfolgte in den städtischen Ziegelöfen; solche standen auf dem Ziegelfeld am Hofberg und bei Kumhausen.

Der Ziegelmeister erhielt seinen Sold von der Stadt. Als Gehilfen standen ihm zwei bis fünf Ziegelknechte und ein bis zwei „Modelkinder" zur Verfügung. Ziegel wurden nur in der Zeit zwischen der Woche nach Ostern und November, d.h. in der frostfreien Periode des Jahres, hergestellt. Die Menge der Ziegelsteine berechnete man dabei nach Tagwerken, das Tagwerk zu etwa 1200. Nach einer undatierten, jedoch wohl zu Ende des 16. Jahrhunderts erlassenen Ziegelstadelord-

---

41 Vgl. Liedke 1978, S. 55 f.
42 Vgl. Herzog 1964, S. 38 f.

43 Stadtarchiv Landshut: Bd. 34, S. 136
44 Vgl. Herzog 1964, S. 72

nung waren die Preise der Erzeugnisse des städtischen Ziegelstadels folgendermaßen festgesetzt:⁴⁵

Ziegelsteine sowie Hacken und Preiße für Arbeiten bei Hof und von der Stadt (pro 1000 Stück gerechnet)	3 fl — kr
dgl. für Bürger und Inwohner	3 fl 10 kr
dgl. für Auswärtige	3 fl 20 kr
große Hacken (Firstziegel, pro 100 Stück)	1 fl — kr
Taschen	3 fl — kr
große Herdsteine (pro Stück)	— fl 2 kr
mittlere Pflastersteine (pro 100 Stück)	1 fl — kr
kleine Pflastersteine (pro 100 Stück)	— fl 25 kr

Auch auf eine gute Ausführung des gebrannten Ziegelmaterials wurde in dieser Verordnung besonderer Wert gelegt. Demnach mußte von den Zieglern vermieden werden, daß sich Kiesel- oder Kalksteine in dem zu brennenden Lehm befanden. Jeder fertige Brand wurde eigens vorher durch städtische Beschauleute geprüft. Sollten Ziegelsteine, insbesondere aber Dachplatten nicht richtig gebrannt sein, so mußten sie ausgeschieden und über einem Haufen zerschlagen werden.

B. DIE BAUPLÄNE UND MEISTERRISSE

Vor 1800 bestand in Altbaiern kein Zwang zur Anfertigung von Bauplänen, wenn jemand einen Neubau ausführen wollte. Wurden trotzdem Baupläne gezeichnet, so entsprach dies in der Regel anderen Gründen. Bei einfachen Bauten, vor allem in der ländlichen Baukunst, wurden von den Zimmerleuten nur in den allerseltensten Fällen Pläne des zu errichtenden Bauernhauses, Stalles oder Stadels ausgeführt. Die Formen lagen für jede Gegend sowieso ziemlich fest, und die Ausführung der Details entsprach dem alten Herkommen. Nur in Sonderfällen, wo z.B. ein Bauernhaus zugleich auch als Amtshaus des Gerichtsdieners eines Bezirks diente und dort deshalb Gefängniszellen für die vorübergehende Inhaftierung von Delinquenten benötigt wurden, ließ man Baupläne anfertigen, die dann dem zuständigen Landgericht und der kurfürstlichen Hofkammer in München zur Begutachtung und Genehmigung der Kosten vorgelegt werden mußten.

Bei Bürgerhäusern hat man Grundrisse, Schnitte und Fassadenabwicklungen vor allem auch deswegen gezeichnet, um dem Bauherrn eine Vorstellung von dem zu errichtenden Gebäude zu geben. Maßangaben beschränken sich meist auf die Hauptlängen und Hauptbreiten eines Gebäudes. Genau vermaßte, detaillierte Werkzeichnungen, wie wir sie heute kennen und auf der Baustelle verwenden, waren früher dagegen weitgehend unbekannt. Diese Maßangaben wurden vom Meister oder seinem Parlier mündlich gegeben und alsbald ins Werk umgesetzt. Statt der heute gebräuchlichen Angabe in Metern und Zentimetern waren vormals die Maße in bayerischem Fuß, Werkschuh oder Zoll angegeben.

Die Entwurfsskizzen mittelalterlicher Kirchenbauten sind des öfteren auf Pergament ausgeführt worden. Seit dem 16. Jahrhundert setzte sich aber auch hier wie im bürgerlichen Bauwesen der auf Papier gezeichnete Bauplan durch. In der Regel waren die Pläne dieser Zeit mit der Tuschfeder ausgezogen und noch ohne farbige Lasuren versehen. Erst in der Barockzeit kamen farbig angelegte Planzeichnungen immer mehr zur Ausführung. Von den Fassaden wurde meist nur die Straßenfront und bei Eckhäusern oder einzeln stehenden Bauten auch noch eine Längsseite, manchmal in Umklappung, gezeichnet.

Die hochinteressante Entwicklung in der Technik der Ausführung der Entwurfszeichnungen läßt sich anhand des noch im Ingolstädter Stadtarchiv erhaltenen Bestandes an Meisterrissen, die dort seit der Mitte des 16. Jahrhunderts vorliegen, verfolgen.⁴⁶

FASSADENPLÄNE

Der Meisterriß des Hanns Kriegel von 1551 *(T 24 b)* beschränkt sich noch auf die Zeichnung des Giebelfelds eines Bürgerhauses allein; die beiden Vollgeschosse fehlen. Die Entwurfsskizze läßt lediglich den Giebel in seiner Gliederung erkennen. Sehr dekorativ wirken hier die übereckgestellten Lisenen, die durch schmale Gurtbändchen gegliedert werden und in Aufsätzen in der Form von Fialen endigen; letztere zeigen kleine Pyramiden- oder Traufdächer. Schlanke Fialen wechseln mit solchen, die kräftiger gestaltet sind, ab, wobei hier noch gegenständige Maßwerk-Nonnenköpfe angebracht sind. In der Mittelachse des Giebels sind die großen Aufzugsluken und seitlich davon kleinere, meist ziemlich quadratische Lüftungs- und Belichtungsfenster angeordnet. Diese Planzeichnung, die

---

45 Vgl. Herzog 1964, S. 73

46 Der Verfasser schuldet Herrn Stadtarchivdirektor Dr. Siegfried Hofmann (Ingolstadt) besonderen Dank für die freundliche Erlaubnis zur Einsicht und Auswertung dieses für die altbairische Bürgerhausforschung eminent wichtigen Bestands.

ganz typisch für die Ingolstädter Baukunst[47] seit dem ausgehenden Mittelalter ist, wird auch in den Meisterrissen nachfolgender Ingolstädter Maurermeister in ziemlich stereotyper Form immer wieder gebracht. Bürgerhäuser von diesem Typus kommen im Straßenbild von Ingolstadt bedauerlicherweise nur noch ganz vereinzelt vor. Meist fehlen an ihnen heute die so malerisch wirkenden Aufsätze.

Gute Beispiele dieses Giebelschmucks lassen sich fast nur noch außerhalb von Ingolstadt, und ausschließlich an Orten, die früher unter dem Einfluß der dortigen Bauweise standen, feststellen. So zeigt z.B. das sogenannte Kleine Donautor am Südende von Vohburg (T 192a) einen solchen Lisenen-Fialen-Giebel Ingolstädter Prägung. Das früher sehr ähnlich gestaltete Erdinger Tor in Freising, das nur noch stärker eine horizontale Gliederung im Giebelfeld betonte, existiert heute leider nicht mehr. Am Rathaus von Neustadt a.d. Donau (Abb. 77) und dem dortigen Gasthof zur Post kommen aber diese Ziergiebel (T 25a) noch vor, wenngleich auch hier die Aufsätze fehlen. Das einzige vollkommen erhaltene Beispiel dieser Art – man bedenke, daß es früher sicher Hunderte von Bürgerhäusern mit diesen Ziergiebeln gab – ist das jetzige Heimathaus in Lauingen, Herzog-Georg-Straße 57 (T 25b), dessen Giebelfeld sich ungestört erhalten hat. Eng verwandt zu diesem Ingolstädter Bautyp ist auch die sogenannte „Herzogsburg" in Dingolfing[48], der frühere Amtssitz des herzoglichen Kastners (T 138, Abb. 90). Das Haus Harderstraße 8 in Ingolstadt, das einen Lisenen-Fialen-Giebel sozusagen in Reinkultur zeigte, ist leider schon um 1840 abgebrochen worden. Sein Aussehen (T 25c) vermittelt uns ein Aquarell aus der ersten Hälfte des 19. Jahrhunderts. Doch kehren wir nun nach diesem Exkurs wieder zu den im Ingolstädter Stadtarchiv aufbewahrten Meisterrissen zurück.

„Maister Michel Krachers Maisterstuckh" (T 24a) variiert Hanns Kriegels Meisterriß (T 24b) nur geringfügig. Auch ein unbezeichneter Meisterriß der zweiten Hälfte des 16. Jahrhunderts (T 24c) steht noch ganz in der Tradition des erstgenannten Plans.

Ein entscheidender Schritt weiter in der Fortentwicklung der Vorstellung von dem Aussehen eines Fassadenrisses im heutigen Sinn vollzieht sich dann in einem leider gleichfalls unbezeichneten Meisterriß (T 24d) des Ingolstädter Stadtarchivs. Auch dieser Plan dürfte in der zweiten Hälfte des 16. Jahrhunderts ausgeführt worden sein. Er fußt noch ganz, wie der hier gezeichnete spitzbogige Hauseingang erkennen läßt, in der spätgotischen Tradition der bürgerlichen Baukunst Ingolstadts, doch ist hier zum Unterschied schon eine komplette Fassade bis zum Fußpunkt des Erdgeschosses gezeichnet. Zu beachten wäre an diesem Plan vielleicht noch ein kleines Detail, das man auf den ersten Blick übersehen könnte, und zwar die abweichende Form des Fensters am ersten Obergeschoß, das genau in der Mittelachse des Hauses angebracht ist. An diesem Fenster fehlt nämlich der untere Teil des Fensterpfostens. Dies ist jedoch kein Versehen des Planfertigers, sondern hat einen tieferen Grund. Das Fehlen erklärt sich daraus, daß hinter diesem Fenster der obere Hausflur lag, in dem wohl früher auch Waren gelagert werden konnten. Um das Einbringen der mit dem Aufzug hochgezogenen Waren zu ermöglichen, mußte an diesem Fenster zwangsläufig der untere Fensterpfosten ausgespart werden.

In dem Meisterriß des Hans Surrer (T 26b) aus der Zeit um 1600 ist das Verhältnis von Geschoßfläche zu Giebelfläche in der Fassade stark verändert. Das Haus gewinnt dadurch einen recht altertümlichen Charakter. Ein weiterer unbezeichneter Meisterriß (T 26c) dieser Zeit bringt erstmals ein dreiteiliges Kreuzstockfenster über dem Hauseingang; die Fensterpfosten gehen hier jedoch durch.

Ein anderer Plan (T 26d) des Ingolstädter Stadtarchivs trägt folgenden Rückvermerk: „Jacoben Franckhens, maurers, maisterstuckh, der den 18. Febr(uar) a(nn)o (1)626 übergeben und darauf er ine einen maister declarirt worden." Der Riß bringt erstmals eine schüchterne Andeutung von Bauformen der Renaissance. Man beachte dazu die gegliederten Lisenen an den Hauskanten sowie das Portal mit der dreieckigen Verdachung und den seitlichen Pilastern. Der Plan gibt sonst aber – man bedenke, daß er ja nachweislich erst im Jahr 1626 entworfen und gezeichnet wurde – ein rein spätgotisches Bürgerhaus wieder. Auch die Meisterrisse des Maurers Wolf Gerst (T 27a) von 1641 sowie die eines unbekannten Meisters (T 27b) fußen noch ganz, wenn man einmal von der Gestaltung der Hauseingänge und der Rustikagliederung absieht, in der spätgotischen Formensprache.

Eine weitere wichtige Stufe in der Entwicklung zur Baukunst der Renaissance läßt der Meisterriß des Michael Frankh (T 27d) vom 19. März 1649 erkennen. Hier zeigt der Riß die Anbringung von polygonalen Eckerkertürmchen; die Ausbildung als Bodenerker ist dabei wohl alternativ gedacht. Dieser nicht nur auf Ingolstadt beschränkte Bautyp hat sein unmittelbares Vorbild wohl in dem stattlichen Eckhaus der Oberen Apotheke zu Ingolstadt (T 29c), die nach Ausweis des Stadtmodells von Jakob Sandtner kurz vor 1572 er-

---

47 Vgl. Strobel 1974
48 Vgl. dazu auch F. Markmiller, Die Herzogsburg in Dingolfing und die zugehörigen Baulichkeiten, Dingolfing 1975

baut worden sein muß. Eine ausgesprochene Renaissancefassade zeigt dann erst ein Meisterriß der zweiten Hälfte des 17. Jahrhunderts *(T 29 b)*.

In der Barockzeit diente für die neuangehenden Meister in Ingolstadt anscheinend der sogenannte „Kaisheimer Hof" *(T 28 c)*, das Stadthaus des Klosters Kaisheim, als Vorbild. Ein diesbezüglicher Plan *(T 28 a)* mit dem Rückvermerk „Albrecht Khrüners, maurermaisters, maisterriss, de dato 14. Oktober 1673", bringt erstmals die Darstellung der Giebel- und Längsseite eines Hauses, doch nicht getrennt, so wie wir das heute kennen, sondern noch in einem Plan und in einer Ebene gezeichnet. Ein weiterer, überaus sorgfältig ausgeführter Plan *(T 28 b)* trägt die Bezeichnung: „Andreas Fischer, churfrtl. Pauambtsmaurmaister, übergibt vor Rhat disen Ris als sein Maisterstuckh, so auch ohne Bedenkhen guetgehaißen worden." Andreas Fischer, der ein Bruder des berühmten Barockbaumeisters Johann Michael Fischer war, übergab diesen Riß am 17. Oktober 1732 dem Rat der Stadt Ingolstadt.

GRUNDRISSPLÄNE

Zu einem Fassadenplan gehörte natürlich stets auch ein Grundrißplan. Auch hier läßt sich wieder anhand des Ingolstädter Planmaterials die Entwicklung durch die Jahrhunderte gut verfolgen.

Die Zeichnung des Grundrisses zu dem von Hans Kriegel im Jahr 1551 entworfenen Haus *(T 30 a)* mutet auf den ersten Blick für unsere Vorstellungen recht merkwürdig, um nicht zu sagen altertümlich, an. In diesem Plan sind nämlich die Türen der Innenräume und die Haustür einfach in die Ebene des Grundrisses geklappt. Über die Anordnung der Fenster gibt die Planskizze noch keinerlei Auskunft. Das eingetragene Ziegelmuster soll wohl lediglich andeuten, daß das ganze Bauwerk aus Ziegelsteinen zu errichten sei.

Ein anderer Grundrißplan *(T 30 b)*, der unbezeichnet ist, gibt die Anordnung der Fenster wenigstens ungefähr an. Hier sind die Kreuzsprossenfenster einfach in den Grundriß des dahinterliegenden Raumes eingezeichnet worden. Auch die Art der Darstellung einer Treppe im rückwärtigen Teil des Hauses ist noch recht altertümlich. Obwohl diese anscheinend zweiläufig gedacht war, fehlt noch das Treppenauge in der Zeichnung.

Eine Weiterentwicklung stellt dann der Grundrißplan des Maurers Philipp Guggemoos *(T 31 a)* aus der Zeit um 1600 dar. Hier wird die Zweiläufigkeit der Treppe mit dem Treppenauge schon genau ausgewiesen. An der seitlichen Abschrägung der einzelnen Treppenstufen kommt außerdem die Laufrichtung klar zum Ausdruck. Zudem werden die Fenster bereits dort, wo sie an den Außenmauern angebracht werden sollen, eingetragen. Selbst die Schräge der Fensterlaibung ist berücksichtigt. Nicht unbeachtet sollte schließlich auch bleiben, daß im gesamten Erdgeschoßgrundriß nur zwei Feuerstellen eingezeichnet sind. Die Feuerstelle in dem kleineren Raum bezieht sich wohl auf den Herd mit einem Rauchfang in der Küche und die zweite Feuerstelle in dem großen Eckzimmer mit den vier Fenstern auf die Wohnstube. Der hier stehende Kachelofen konnte demnach von der Küche aus beheizt werden. Der Abort war in einem schmalen Raum im rückwärtigen Teil des Hauses – vom Nachbarraum wohl nur durch eine Trennwand aus Holz abgesondert – angeordnet. Bemerkenswert ist dabei, daß die eigentliche Abortanlage nach außen verlegt ist. Die kleinen Hochrechtecke, die außerdem in diesen Grundrißplan noch eingezeichnet sind, sollen anscheinend die Türen zu den einzelnen Räumen darstellen. Demnach besaß jeder Raum in der Regel nur einen einzigen Zugang.

Der von Jakob Gegl gezeichnete Grundrißplan *(T 31 b)*, den dieser am 25. Mai 1633 beim Rat von Ingolstadt einreichte, mutet in seiner Darstellungsweise schon ungeheuer modern an. Türen und Fenster sind wie in heutiger Zeit in ihrer Grundrißform dargestellt. Auch die Treppe kennt nicht mehr die Abschrägungen an den Stufen. Eine Neuerung stellt ferner die schematische Eintragung des Kreuzgratgewölbes im Hausflur dar. Zur besseren Orientierung über die gedachten Größenverhältnisse ist hier außerdem erstmals ein Maßstab eingezeichnet worden.

Im Grundrißplan des Meisterrisses von Jakob Gegl wird das polygonale Eckerkertürmchen auch im Grundriß wiedergegeben; es ist dabei der Wohnstube des Hauses zugeordnet. An der Grundrißzeichnung ändert sich im Prinzip eigentlich nichts mehr. Eine Neuerung stellt hingegen der bei der Küche eingezeichnete Wassertrog mit seinem Abflußrohr ins Freie dar. Eine Besonderheit zeigt sich schließlich auch am Gemeinschaftsabort, der für drei Personen ohne Trennwände eingerichtet war.

C. DIE WELSCHEN MAURERMEISTER IN ALTBAIERN

Eine wichtige Rolle in der altbairischen Baukunst spielten die sogenannten „welschen" Maurermeister, die aus Norditalien oder den italienisch sprechenden Gebieten der Schweiz stammten. Vor allem aus Graubünden kamen seit der Mitte des 16. Jahrhunderts immer wieder Maurergesellen ins Land, die hier wegen ihres großen Könnens rasch zu Ansehen gelangten. In einigen Fällen war es diesen sogar möglich, die so begehrten Stadtmaurerstellen zu bekommen. Auch in höfischen Diensten bewährten sich viele von ihnen und rückten bis in die geachtete Position eines Hofmaurermeisters auf.

Die ganze Entwicklung nahm wahrscheinlich mit dem Bau der Stadtresidenz in Landshut, die in den Jahren zwischen 1536 und 1543 errichtet wurde, ihren Anfang.[49] Dieser Stadtpalast Herzog Ludwigs X. soll nach dem Vorbild des Palazzo del Tè in Mantua erstellt worden sein; er gilt als der früheste Renaissancepalast auf deutschem Boden. Die Baurechnungen nennen „Meister Sigmund und Anthoni, baid Walsen von Mantua".

Im Jahr 1547 erhielten Philipp Cribello[50] und 1589 Franz Franculos[51] in Landshut das Bürgerrecht; beide wurden Hofmaurermeister.

Den Forschungen von Fritz Markmiller verdanken wir den Nachweis, daß in der zweiten Hälfte des 16. Jahrhunderts bereits Bautrupps von welschen Maurern in Dingolfing tätig waren.[52] So verzeichnet die dortige Pfarrmatrikel im Jahr 1573 den Tod von „Meister Anthoni von Obern Sehe, ein welscher Maurer", sowie von „welher Maurer Frantz von Obern Sehe". Am 25. März 1586 starb ferner in Dingolfing Hans Niclas, „ein welscher Maurer aus Grawpindt". In der Zeit um 1590 scheint außerdem ein Hieronymus Nolff die Dingolfinger Stadtmaurermeisterstelle innegehabt zu haben.

In der Barockzeit verstärkte sich wieder der Zuzug von welschen Maurern nach Altbaiern, nachdem die Wirren des Dreißigjährigen Krieges zu einer gewissen Unterbrechung des Zustroms solcher Meister und Gesellen geführt hatte. Die Landshuter Bürgerbücher verzeichnen so im Jahr 1681 die Bürgeraufnahme des Maurermeisters Antonio Riva[53] aus Graubünden und im Jahr 1686 die des Victor Doni[54] sowie des Domenico Mazio[55] aus Roffels in Graubünden. In Landau a. d. Isar läßt sich die Tätigkeit des gleichfalls aus Roffels in Graubünden stammenden Maurermeister Caspar Zuccalli[56] belegen. Er war offensichtlich ein Landsmann Victor Donis.

In der Rentamtsstadt Straubing wirkten der welsche Maurer Meister Constantin und der Hofmaurermeister Johann Maria Pasquai[57]. Der Maurermeister Antonio Rizzi[58] wird beim Bau des Klosters Altenmarkt bei Osterhofen erwähnt. Vom Stadtturm von Vilshofen – gemeint ist damit der Obere Torturm am Westende des Stadtplatzes – wissen wir, daß er in den Jahren von 1643 bis 1646 nach Plänen des welschen Baumeisters Bartholomäus Viscardi[59] ausgeführt wurde. Für den Neubau des Pfarrkirchenturms von Vilshofen lieferte andererseits ein „Christoph Zuggaul aus der oberen Bündt" – gemeint ist damit der Maurermeister Christoph Zuccalli[60] aus Graubünden – um das Jahr 1670 die Planrisse.

In Burghausen war Dominikus Christoph Zuccalli Inhaber der Stadtmaurermeisterstelle. Er muß zuvor schon in Mühldorf a. Inn tätig gewesen sein und erlangte im Jahr 1697 das Burghauser Bürgerrecht.[61] Johann Baptist Canta dürfte ebenfalls dem Kreis der welschen Maurermeister zuzurechnen sein; er erhielt im Jahr 1709 das Burghauser Bürgerrecht und gilt als der Erbauer des einstigen Brucktors an der Salzach.[62]

---

49 Siehe Anmerkung 19
50 Stadtarchiv Landshut: Bürgerbuch Bd. 1, S. 195. – Vgl. Herzog 1964, S. 107
51 Herzog 1964, S. 107
52 F. Markmiller, Welsche Maurer, Kaminkehrer und Krämer in Dingolfing, in: Der Storchenturm, Geschichtsblätter für Stadt und Landkreis Dingolfing, Heft 10, 1970, S. 57 f.
53 Stadtarchiv Landshut: Bürgerbuch Bd. I, pag.
54 Stadtarchiv Landshut: Bürgerbuch Bd. I, pag.
55 KDB, Bezirksamt Landau a. I., S. 206
56 KDB, Bezirksamt Vilshofen, S. 355, Anm. 2
57 KDB, Stadt Straubing, S. 261
58 KDB, Bezirksamt Vilshofen, S. 77
59 KDB, Bezirksamt Vilshofen, S. 371
60 KDB, Bezirksamt Vilshofen, S. 331
61 Liedke 1978, S. 18
62 Liedke 1978, S. 18, 160

V. DAS BÜRGERHAUS IN SEINER EINZELFORM

A. ALLGEMEINE FORMEN

1. Das eingebaute Haus

Das an zwei Seiten an den Nachbarn angrenzende und in die Zeilenbebauung einer Straße eingefügte Handwerkerhaus stellte früher den Normalfall dar. In der Regel war ein solches Wohnhaus, das im Erdgeschoß meist die Werkstatt des Meisters beherbergte, dreiachsig angelegt. Bedeutend seltener sind hingegen zwei- oder vierachsige Häuser gewesen.

Eine Ausnahme bildeten die Gasthöfe, die Schiffmeister- und Handelshäuser, die fünf- und sechsachsig waren oder sogar noch mehr Achsen aufweisen konnten. In manchen Fällen läßt sich beobachten, daß solche vielachsigen Gebäude aus der Vereinigung zweier oder mehrerer Häuser entstanden sind. Als Beispiele hierfür mögen nur die Häuser Altstadt 18–20 in Landshut (T 113) und Kanzelmüllerstraße 95/96 in Burghausen angeführt werden.

2. Das freistehende Haus

Das nach allen vier Seiten hin freistehende Handwerkerhaus stellte einst eigentlich die Ausnahme dar; es kam im Stadtkern so gut wie gar nicht vor. Lediglich in dünner besiedelten Randgebieten wiesen die Ackerbürger-, die Gärtner- und die Tagwerkerhäuser diese Bauform auf.

Von dieser Regel gab es jedoch eine Ausnahme. Bei den Häusern des Abdeckers und des Scharfrichters[63] war das Nichtangrenzen an ein anderes Bürgerhaus sogar eine unabdingbare Forderung des damaligen Gemeinwesens, denn niemand, der nicht selbst in den Ruf der Anrüchigkeit kommen wollte, durfte in direkte Berührung mit diesen außerhalb der bürgerlichen Gesellschaft stehenden Personen kommen.

3. Das Eckhaus

Eckgrundstücke an Straßen und Plätzen waren zur Bebauung stets sehr gesucht. Die günstige Lage lockte vor allem finanzkräftige Kaufleute, aber auch vermögende Gastwirte und Patrizier zur Ansiedlung an. Daß darüber hinaus auch Rathäuser, Bürgertrinkstuben, Amtshäuser der verschiedensten Art und die Stadthäuser des Adels bevorzugt auf Eckgrundstücken errichtet wurden, versteht sich wohl ebenfalls von selbst.

Im 16. Jahrhundert wurde es Mode, Eckhäuser mit polygonalen Eckerkern zu schmücken. In diesem Zusammenhang sei beispielsweise an die Obere Apotheke in Ingolstadt (T 29 c) erinnert, die am Kreuzungspunkt der beiden Hauptverkehrsadern der Stadt steht. Der polygonale dreigeschossige Eckerker mit seiner schwäbischen Haube ist weithin sichtbar. In Landshut besitzt die frühere Bürgertrinkstube an der Ecke Grasgasse und Altstadt einen reich verzierten Eckerker (T 77), der einst wohl der besondere Stolz der ganzen Bürgerschaft gewesen sein muß.

4. Das giebel- und das traufständige Haus

Bei der Stellung des Firstes bzw. des Giebels zur Straße oder nach dem Platz zu sind grundsätzlich immer zwei Anordnungen möglich: die „Giebelständigkeit" oder die „Traufständigkeit". Der erstere Fall ist in den altbairischen Städten und Märkten am häufigsten anzutreffen. Diese Bauweise ist durch die Hausbreite bedingt, die in den seltensten Fällen über fünf Obergeschoßachsen hinausgeht. Bei den Bürgerhäusern mit mehr als fünf Achsen hätte jedoch die Beibehaltung der Giebelständigkeit große Schwierigkeiten bei der Ausbildung des Giebels zur Folge gehabt. Aus diesem Grund wählte man dann bei solchen vielachsigen Bauten die Traufstellung. Greifen wir aber hier zwei altbairische Städte heraus und untersuchen dort die Stellung der Bürgerhäuser zur Straße.

In Landshut herrschte früher, wie das Sandtnermodell von 1571 sehr gut erkennen läßt, bei den Handwerkerhäusern eindeutig die Giebelständigkeit vor (T 8). Eine Ausnahme davon bildeten die herzogliche Stadtresidenz (Altstadt 79) mit neun Obergeschoßachsen (T 182 a) sowie einige weitere Bauten an der Westseite der Altstadt, wie z.B. das fürstliche Landschaftshaus (Altstadt 28) und die herzogliche Kanzlei (Altstadt 29). In der Neustadt war es damals eigentlich nur die Münze (Neustadt 479), die eine Traufstellung einnahm. Wie man sieht, hat es sich bei solch traufständigen Bauten in Landshut durchwegs um fürstliche Wohn- und Verwaltungsgebäude gehandelt, deren Platzbedarf die normale Grundstücksbreite beträchtlich übertraf.

---

63 Vgl. V. Liedke, Scharfrichter in Bayern, in: Blätter des Bayerischen Landesvereins für Familienkunde, 26. Jg., Nr. 2, 1963, S. 316 ff.

In Straubing waren die Verhältnisse anders. Als ein Teil des Straubinger Teilherzogtums mit der Stadt Straubing nach dem Aussterben der dortigen Herrscherlinie zum Herzogtum Bayern-München kam, machte sich hier zunehmend der Einfluß der Münchner Bauweise geltend *(vgl. T 11 b)*. Allmählich verdrängte das traufständische Bürgerhaus das giebelständige Wohnhaus.

B. SONDERFORMEN

1. Die Doppelhäuser

Eine Besonderheit stellen „Doppelhäuser" dar, d.h. zwei getrennte Hausbesitzer oder Mietparteien wohnen unter einem gemeinsamen Dach, haben aber getrennte Eingänge und mitunter (bei mehrgeschossigen Häusern) auch getrennte Aufgänge *(T 32 a, b)*.

Anhand des von dem Drechsler Jakob Sandtner im Jahr 1571 gefertigten Landshuter Stadtmodells lassen sich eine ganze Reihe solcher Doppelhäuser ermitteln. So stand z.B. früher ein Doppelhaus bei Haus Nr. 187 am Nahensteig. Nach dem Steuerbuch von 1493 werden sie als die „zway caplanheuser gen hof" bezeichnet.[64] Eine nähere Untersuchung des wohl recht interessanten Grundrisses dieses Hauses ist jedoch leider nicht mehr möglich, da es im Jahr 1878 durch einen Neubau ersetzt wurde. Ein weiteres Doppelhaus stand früher in der Heiliggeistgasse und trug die Hausnummern 404 und 407. Dieses früher als „Dorner-Meß-Haus" bezeichnete Doppelhaus ging auf eine Stiftung von Christoph Dorner, Kanzler Herzog Ludwigs des Reichen von Bayern-Landshut, zurück. In einem Teil des Hauses wohnte der Kaplan der St.-Christophs-Meß und in dem anderen der Kaplan von Unser Lieben Frauen-Meß, die alle beide in die ganz in der Nähe stehende Heiliggeist-Spitalkirche gestiftet worden waren. Auch dieses Doppelhaus ist längst abgebrochen, nur eine Bauinschrifttafel mit dem Wappen des Kanzlers Christoph Dorner, das an dem Nachfolgerbau angebracht ist, erinnert noch daran.

Ein drittes Doppelhaus stand früher in der Landshuter Neustadt; es trug die Hausnummer 473. Auch dieser Bau steht heute nicht mehr (er wurde nach 1776 von dem Schlosser Sebastian Danzer „durchaus neu erbaut").[65] Auch das Haus Neustadt Nr. 494 war ein Doppelhaus mit zwei Eingängen. Das Eckhaus (Hs.-Nr. 494a) war seit der Mitte des 16. Jahrhunderts fast durchgehend im Besitz von Goldschmieden. Der Goldschmied Ferdinand Schmid konnte dann im Jahr 1754 auch die andere Hälfte des Doppelhauses von der „Aller christgläubigen Seelen-Bruderschaft" erwerben.[66] Fortan war der Besitz an dem Haus in einer Hand vereinigt.

Interessant ist auch die Feststellung, daß das Doppelhaus Obere Freyung 615b zur einen Hälfte bis zum Jahr 1607 vom Kaplan der St.-Barbara-Meß, die in das Barfüßerkloster (= Franziskanerkloster) gestiftet worden war, und zur anderen Hälfte, d.h. bis zum Jahr 1593, vom Kaplan der St.-Stephan-Meß bewohnt wurde.[67] Ganz ähnlich liegt der Fall bei dem Doppelhaus Kramergasse 558 und 559, das bis 1754 zur Frühmeßstiftung bei St. Jodok und danach noch bis zum Jahr 1808 zur Allerseelenbruderschaft gehörte.[68]

Zusammenfassend läßt sich sagen, daß früher in Landshut eine ganze Reihe von Doppelhäusern standen, die des öfteren von den Kaplänen der verschiedenen Meßstiftungen und Bruderschaften bewohnt wurden. Da ein katholischer Kaplan natürlich unverheiratet sein mußte, war sein Hausstand sehr klein und bescheiden. So liegt es auf der Hand, daß es ein solcher Hausstand zuließ, daß zwei Kapläne unter einem Dach wohnten. Auf diese Weise wurden auch die Kosten für den Unterhalt eines Kaplans, der aus den Erträgen einer Meßstiftung oder den Mitteln einer Bruderschaft bestritten werden mußte, in Grenzen gehalten.

2. Die Häuser mit mehreren Eingängen und Besitzern

Als eine baugeschichtliche Rarität muß in Landshut das Haus Obere Länd Nr. 42 bezeichnet werden, das nach dem Stadtmodell von Jakob Sandtner im Jahr 1571 noch drei separate Hauseingänge nebeneinander besaß. Dies war kein Irrtum des Modellbauers, sondern entsprach der Wirklichkeit. Nach Auskunft des Landshuter Steuerbuchs von 1493 befand sich das Haus in der Tat damals noch im Besitz von drei verschiedenen Eigentümern, und zwar einem Kürschner, einem Sattler und einem Riemer.[69] Alle drei Hauseigentümer übten interessanterweise ein artverwandtes Gewerbe der Lederbranche aus.

Im Jahr 1549 sah man den Besitz an diesem Haus wieder in einer Hand vereinigt; es ging 1680, mittler-

---

64 Vgl. Herzog 1957, S. 100
65 Vgl. Herzog 1957, S. 206 f.

66 Herzog 1957, S. 206 f.
67 Vgl. Herzog 1957, S. 252
68 Herzog 1957, S. 231
69 Vgl. Herzog 1957, S. 48

weile zum Nachbarhaus Obere Länd Nr. 42 (b und c) geschlagen, an die niederbayerische Landschaft über. Der Neubau an dieser Stelle diente bis 1808 als Sitz des Präsidenten der Landschaft und danach noch bis zur Mitte des 20. Jahrhunderts als städtisches Krankenhaus.

3. Die Herbergen

Unter Herbergen sind die Häuser von Taglöhnern zu verstehen, die sich oft weit draußen vor der Stadt und außerhalb des Burgfriedens und dazu meist ohne besondere Bauerlaubnis ansiedelten. In einem solchen Haus wohnten oft mehrere Besitzer mit ihren Familien. Der Besitz war vielfach stockwerksweise aufgeteilt, und jede Wohnung besaß mitunter einen eigenen Aufgang.

Auch in den von den jährlich wiederkehrenden Überschwemmungen heimgesuchten Teilen eines Stadtgebiets ließen sich mancherorts Taglöhner nieder, um dort ihre Herbergen zu bauen. Viele dieser Gelegenheitsarbeiter mit geringem Einkommen, einer großen Kinderzahl und ohne Besitz des Bürgerrechts fristeten hier in selbst gezimmerten oder gemauerten Häusern, die oft den Charakter von Notunterkünften hatten, ihr Dasein. Die Ansiedlung dieser Tagwerker wurde von den städtischen Gemeinwesen meist mehr oder weniger geduldet. Den Nutzen, den die billigen Arbeitskräfte brachten, die jedermann bei Bedarf zur Verfügung standen, liegt auf der Hand.

Die größte Ansiedlung von Herbergen im altbairischen Raum befand sich in der Au in München, d.h. in unmittelbarer Nachbarschaft der kurfürstlichen Residenzstadt. Daneben gab es aber auch in den übrigen Städten und Märkten des Landes Herbergssiedlungen, so z.B. in Tölz, im sogenannten „Gries". Hier konnten sich Taglöhner ansiedeln, die ihr Brot bei der Flößerei verdienten. Verschiedene dieser Herbergen stehen dort noch am Jungmayerplatz. Viele von ihnen haben stockwerksweise ihre separaten Aufgänge.

C. DIE BAUNEBENANLAGEN

Zu dem Wohnhaus eines Bürgers konnte je nach sozialem Stand und Art des ausführenden Gewerbes eine mehr oder minder große Zahl von Stallungen, Schuppen, Speichern und Gärten gehören. Die Größe und Form dieser Baunebenanlagen war durch deren Bestimmung gegeben und variierte natürlich je nach Bedarf.

1. Die Stallungen für Pferde, Kühe, Schweine und Geflügel

Stallungen für Pferde waren früher bei den Bürgerhäusern anzutreffen. Insbesondere bei den Patrizierhäusern, den Stadthäusern des Adels und der Geistlichkeit fehlten Pferdestallungen eigentlich nie. Das gleiche galt auch für viele Kaufmanns- und Beamtenhäuser. Daneben besaßen natürlich auch die Posthaltereien, die Brauereien und die Lehenrößler Stallungen für mehrere Pferde. Die Einzelhaltung von Pferden geschah hingegen seltener. Ärzte, Bader, Boten, Gerichtsdiener, Bettelrichter und Scharfrichter besaßen oft nur ein einziges Pferd, das sie jedoch zur Verrichtung ihrer Aufgaben dringend benötigten. Die Haltung von Kühen war früher in den Städten und Märkten eigentlich nur bei den sogenannten Ackerbürgern und den Schwaigbauern anzutreffen. Stallungen für Kühe und Schweine besaßen aber auch oft die Metzger, um dort vorübergehend ihr Schlachtvieh unterzustellen. Die Zucht und Haltung von Schweinen, Ziegen und Schafen war andererseits bei den ärmeren Bevölkerungsschichten recht verbreitet.

2. Die Wagen- und Geräteschuppen

Wagen- und Geräteschuppen benötigten jene Handwerker, die im Fuhrwesen tätig waren. Größere Wagenschuppen besaßen außerdem die Posthaltereien, die Kaufleute und die Schiffmeister. Der Personenverkehr und der Warenumschlag brachten es von selbst mit sich, daß hier Fahrzeuge und Fuhrwerke in größerer Zahl und der verschiedensten Art benötigt und auch entsprechend untergestellt werden mußten.

3. Die Heustädel, Korn- und sonstigen Vorratsspeicher

Die Heu- und Hafervorräte für die Pferde wurden in den Bergeräumen über den Stallungen aufbewahrt. Insbesondere die Brauereien benötigten für die Lagerung des Hopfens und der Gerste geräumige Speichergebäude. Schuppen für ihre Holzvorräte erstellten die Schreiner, Wagner, Schäffler und Drechsler. Die Bäcker und Melber (= Mehlhändler) brachten das Mehl gerne auf den Böden des Dachraumes unter, und die Gerber hängten die Häute auf den in besonderer Weise belüfteten Speichern ihrer Häuser zum Trocknen auf.

4. Die Hausgärten

Die Einrichtung eines eigenen Hausgartens innerhalb der Mauern der Stadt war im Kerngebiet der Bebauung meist nicht möglich oder für den betreffenden Bürger bei den damals schon hohen Grundstückspreisen zu kostspielig. Solch einen Luxus konnten sich daher meist nur vermögende Bürger oder Angehörige des Adels und der hohen Geistlichkeit leisten. Daneben gab es auch Berufe, die eines kleinen Wurzgartens bedurften; hierzu zählten insbesondere die Apotheker.

Manche der altbairischen Städte waren schon von Anfang an so großzügig geplant worden, daß innerhalb des Mauerrings größere Flächen über Jahrhunderte hinweg unbebaut blieben. Ein gutes Beispiel hierfür bietet die Stadt Ingolstadt. Hier gab und gibt es noch bis zum heutigen Tag vor allem in dem nordöstlichen Teil des Stadtgebiets Gärten. Hier hatte sich auch eine größere Zahl von Ackerbürgern angesiedelt. Im Kriegsfall konnten darüber hinaus auch Teile der Landbevölkerung mit ihren Pferden, Kühen und Vorratswägen hinter die Stadtmauern flüchten und dort vor dem anrückenden Feind Schutz finden.

Innerhalb der Stadtmauern besaßen manchmal auch die Gärtner und insbesondere die „Stadtgärtner" ihre Gemüsebeete und Obstbaumanlagen. Neben der Landbevölkerung, die das von ihr gezogene Gemüse nur auf den öffentlichen Märkten und an den dafür angesetzten Tagen feilbieten durfte, konnte man bei den Gärtnern jederzeit die nötigen Nahrungsmittel für die Küche erwerben. Den Gärtnern kam somit eine wichtige Aufgabe in der Versorgung der Bevölkerung mit Küchenkräutern und frischem Gemüse zu. Kraut hatte hingegen fast jeder Bürger in Fässern in seinem Keller eingelagert. Der Verkauf von Schnittblumen spielte früher nur eine geringe Rolle und kam eigentlich erst im 19. Jahrhundert in Mode.

Nicht unerwähnt sollte hier vielleicht auch bleiben, daß im Verlauf des 19. Jahrhunderts viele Städte ihre Stadtbefestigungen aufgaben. Vor allem nicht so wohlhabende Bürger kauften den billigen Grund an der funktionslos gewordenen Stadtmauer auf und bauten an dieselbe ihre schlichten Arbeiterhäuschen an. Den Grund im angrenzenden Stadtgraben, der meist aufgefüllt wurde, konnten sie dabei vielfach miterwerben. Liebevoll und oft mit geringen Mitteln gestalteten sie diese neuangelegten Gärten im Vorfeld der alten Stadtbefestigungen.

Es muß hier angemerkt werden, daß es schon im Mittelalter üblich war, daß auch Bürger außerhalb der Stadt Äcker, Wiesen und Bauerngüter besaßen. Dies diente zum einen sicher einer gewissen Kapitalanlage, zum anderen aber auch dazu, durch die Naturalabgaben des Pächters für die Eigenversorgung mit Lebensmitteln Vorsorge zu treffen. Dem Patriziat war es vergönnt, sogar eigene Hofmarken und Edelsitze, also Niedergerichtsbezirke, zu erwerben. Die von ihnen dort erbauten Schlösser und Sitze können jedoch nicht im Rahmen dieser Untersuchung näher gewürdigt werden, wenngleich sie sich oft kaum von den Häusern der Bürger einer Stadt unterscheiden.

Die kleinen Hausgärten der bürgerlichen Behausungen existieren zwar heute vielfach noch, doch sind sie im Laufe der Zeit mehrfach umgestaltet worden. Meist können wir nur mehr anhand von Plänen feststellen, wie solche Gärten des 18. und frühen 19. Jahrhunderts ausgesehen haben. In dieser Hinsicht wertvoll ist daher ein Plan des Gartens bei dem Haus In den Grüben 147 in Burghausen (T 112 b), den sich der kurfürstliche Hof- und Stadtmaurermeister Anton Glonner in der Zeit um 1800 angelegt haben muß.[70] Er zeigt in Hausbreite einen Garten mit streng geometrisch angelegten Beeten und Zierrasenstücken. Kleine Treppen gleichen den Höhenunterschied des Gartens, der sich an den Schloßberg anlehnt, aus.

---

70 Vgl. Liedke 1978, S. 190 f.

VI. DAS BÜRGERHAUS IN SEINER KONSTRUKTION

A. DIE BAUTECHNIK

1. Das ortsübliche Material

Die Handwerkerhäuser wurden in Altbaiern seit dem 14. Jahrhundert meist aus Ziegelsteinen erbaut. Dies war besonders in jenen Städten der Fall, in deren Nähe sich Lehm fand, der sich zur Herstellung von Ziegelsteinen eignete. Die Vorkommen nordöstlich von München, im Landshuter Raum und bei Straubing lieferten vielfach den begehrten Rohstoff. Auch für die Kirchenbauten, wo der unverputzte Ziegelbau dominiert und man von einer eigenen „Backsteingotik" spricht, wurde er vielfach verwendet. In den Städten des östlichen Oberbayern benützte man dagegen gerne den Tuffstein. Mit diesem Material, das bei Raitenhaslach aus den Steinbrüchen geholt wurde, baute man vor allem in Burghausen bis zum Ende des 16. Jahrhunderts. Später fand auch hier der Ziegelstein weite Verbreitung. In Altbaiern wurden die Profanbauten nur sehr selten in Sandstein errichtet, während hingegen für das Mauerwerk der Altmühltalhäuser häufig Kalkbruchsteine gewählt wurden.

Für besondere Bauteile, wie Türrahmen, Fensterstöcke, Mauerbankabdeckungen, Arkadenstützen und das Bodenpflaster fanden auch andere Baustoffe Verwendung. In der Passauer Gegend und in den Märkten des Unteren Bayerischen Waldes bis hin zur Grenze nach Oberösterreich kommen noch heute allenthalben Tür- und Fensterstöcke aus Granitstein vor, wovon es um Hauzenberg ergiebige Brüche gibt. An Traunsteiner Bürgerhäusern war bis in die Mitte des 19. Jahrhunderts hinein die Verwendung von Rotmarmor aus den Ruhpoldinger Brüchen üblich. Die Burghauser Bürgerhäuser weisen hin und wieder die Verwendung von Rotmarmor auf, der in den heute noch bestehenden Brüchen von Adnet abgebaut und auf der Salzach verschifft wurde. Die Wasserburger und Mühldorfer bevorzugten dagegen mehr den Rotmarmor aus den Brüchen bei Rattenberg in Tirol, der für sie leichter auf dem Schiffsweg zu beziehen war. Im Mittelalter spielte auch noch der Tuffstein für Türgewände und Kreuzrippenbögen in den Burghauser Bürgerhäusern eine Rolle. Ein schönes Zeugnis ist hierfür das kielbogige Portal an dem Haus Stadtplatz 109 *(T 59d)*.

Holz als Baustoff für den Hausbau ist in Altbaiern natürlich älter als Stein. So wurden die romanischen Handwerkerhäuser in den Städten Altbaierns fast ausschließlich in Holz errichtet. Wiederholte Brände, die oft ganze Siedlungen einäscherten, gaben aber schon im 14. Jahrhundert dem Landesherrn Anlaß zu der Verfügung, daß Holz bei Neubauten in Zukunft keine Verwendung mehr finden dürfe. Nur die Amtsbauten der städtischen und staatlichen Verwaltung waren bereits im 12. und 13. Jahrhundert aus Stein ausgeführt worden.

Der Holzbau hat sich trotzdem an vielen Handwerkerhäusern Altbaierns bis ins 19. Jahrhundert erhalten. Die Häuser in den Vorstädten der Märkte längs der Rott und Vils zeichnen sich heute noch durch ihre Blockbauweise aus. Das gleiche galt für die meisten Städte und Märkte des Bayerischen Waldes, die mitten im Waldland saßen und natürlich diesen billigen Baustoff bevorzugten.

2. Die Fundamentierung und das aufgehende Mauerwerk

Die Fundamentierung eines Bauwerks war abhängig von dessen Höhe, d.h. von dem zu erwartenden Gewicht oder dem Druck, gerechnet pro Quadratzentimeter Bodenfläche, und der Beschaffenheit des Bodens. Auf gewachsenem Felsgrund konnten begreiflicherweise nur die wenigsten Häuser errichtet werden. Ein Beispiel wären hier die Häuser von Hals bei Passau, die sich den Burgberg hinaufziehen. Allgemein anzutreffen war der lehmige oder der mit Kiesschotter versehene Baugrund, der auch noch für drei- bis viergeschossige Häuser recht tragfähig ist.

Ein besonderes Problem stellte meist das Grundwasser dar. Insbesondere bei hangseitig stehenden Handwerkerhäusern, wie z.B. den Häusern an der Westseite der Grüben von Burghausen, waren die unteren Geschosse das ganze Jahr über so durchfeuchtet, daß sie sich für Wohnzwecke nicht mehr eigneten. Dazu gesellte sich in den Städten längs der Flüsse, vor allem in Burghausen und Vilshofen noch das Problem der Hochwassergefährdung. Hier war man früher gewohnt, mit den mehrmals im Jahr kommenden Überschwemmungen zu leben. In der Spitalgasse und In den Grüben zu Burghausen wurden in den Erdgeschoßräumen daher meist nur Waren gestapelt, die nicht leicht verderblich waren. Die dort an manchen Häusern angebrachten Hochwassermarken legen Zeugnis davon ab, in welche Nöte ihre Bewohner dort des öfteren gerieten. Erst die staatlich verordnete und durchgeführte Hochwasserfreilegung konnte dieses Übel beseitigen, wofür aber viele Häuser der Spitzhacke geopfert wurden. Es bestand sogar einmal der Plan, die ganze flußseitig stehende Bebauung der Grüben in Burghausen abzubrechen, doch dies konnte schließlich noch rechtzeitig verhindert werden.

Das aufgehende Mauerwerk richtete sich in seiner Stärke, da man statische Berechnungen noch nicht kannte, nach gewissen Erfahrungswerten der ausführenden Maurermeister. Meist wurden dabei die Mauern nach unseren heutigen Vorstellungen überdimensioniert. Dies hatte aber auch noch andere Gründe, und zwar wurde manchmal das Mauerwerk aus Bruchsteinen mit Bauschutt als Füllung verwendet und zum anderen diente dickes Mauerwerk zugleich als Wärmedämmung. Im Winter war in Bauten mit solch dicken Mauern die Ofenwärme besser im Raum zu halten und im Sommer war es im Innern angenehm kühl.

Die Giebelmauern wurden in der Regel von unten bis oben in gleicher Stärke durchgemauert. Höchstens im Giebelfeld wurde die Stärke um einen Ziegelstein zurückgenommen, doch dafür wieder als Aussteifung Mauerhaken eingebaut. Die Mauern zum Nachbarhaus (= Kommunemauern) nahm man auf jeden Fall von Geschoß zu Geschoß etwas zurück. Dies war allein schon deswegen notwendig, um die Deckenbalken auflegen zu können. Die Trennmauern im Innern waren natürlich meist schmäler als die Außenmauern. Verblüffend ist jedoch die Tatsache, daß in manchen Fällen selbst schwere Trennwände nicht genau übereinanderstehen. In solchen Dingen war man früher oft recht unbekümmert.

Es hatte durchaus sein Gutes, daß die Häuser früher so eng aneinander gebaut waren, denn ein Haus stützte so das andere. Etwas schlechter war es da häufig um die Eckhäuser bestellt, die einseitigen Schub bekamen. Aber auch hier wußte man sich zu helfen und setzte, wie viele Häuser in den Inn- und Salzachstädten zeigen, sogenannte „Schwibbögen" zwischen den Häusern ein, die die dazwischenliegende schmale Gasse überbrückten und so den Schub weiterleiteten bzw. die Häuser gegenseitig stützten. Hier in den Städten und Märkten längs von Inn, Salzach und Rott kommen auch Stützmauern vor. Die Stützmauer hatte jedoch nicht nur die Funktion, die Häuser zu stützen, sondern sie auch bei einem Hochwasser vor angeschwemmten Baumstämmen zu schützen.

Mit Brandmauern versuchte man bei einer Feuersbrunst das Übergreifen der Flammen auf das Nachbarhaus zu verhindern. In Straubing zeigen verschiedene Häuser am Ludwigsplatz abgetreppte Brandmauern, wodurch sich ein höchst malerisches Bild ergibt *(T22c, 185a)*. In den Inn- und Salzachstädten führte man hingegen zu diesem Zweck im 16. Jahrhundert die sogenannten „Vorschußmauern" ein.

Eigentlich nur bei großen Kirchenbauten war in Altbaiern eine Pfahlgründung üblich. Ein Rost aus Eichenholz und gestampftem Lehm bildete hier die Fundamentierung. Es ist anzunehmen, daß diese besondere Technik auch beim Bau von größeren Bürgerhäusern und Amtsbauten Anwendung fand, wenn der Baugrund in sumpfigem Gelände lag. In den meisten Fällen ging man aber bei der Fundamentierung eines Hauses ziemlich unbekümmert vor und stellte die Grundmauern einfach auf den gewachsenen Boden oder die abgeräumten Trümmerteile älterer Vorgängerbauten. Eine besondere Isolierung gegen aufsteigende Feuchtigkeit kannte man noch nicht, so daß später das Auftreten von Grundwasser in den Kellern nach längeren Regenfällen nichts Besonderes war. Vielfach ist zu beobachten, daß bei einem Neubau auf ältere Mauerreste zurückgegriffen wurde. Dies geschah beispielsweise nach Stadtbränden, wobei meist nur die hölzernen Bauteile, wie Dachstuhl und Zwischendecken, zerstört wurden, die Umfassungsmauern und die Kellerräume eines Hauses aber noch standen. In Burghausen kommt heute an manchen Häusern, wenn Decken oder Gewölbe abgetragen werden, sogar noch der Brandschutt aus dem Jahr 1504 zum Vorschein.

Beliebt war auch das Einmauern alter, nicht mehr benutzter Stein- oder Grabplatten. So fanden sich beispielsweise beim Abbruch des Glockengießerhauses in Burghausen (In den Grüben 118) verschiedene zerbrochene Rotmarmorepitaphien des 16. und 17. Jahrhunderts als Fundamentsteine.

3. Die Kommunemauern

Eine häufige Quelle des Streites zwischen den Nachbarn zweier Bürgerhäuser waren die gemeinsamen Kommunemauern. Man kann sie heute noch daran erkennen, daß in ihnen eine mit der Spitze überhöhte Wandnische vom Hausflur oder Treppenaufgang aus sichtbar ist. Mittels dieser kleinen Wandnische – manchmal auch „Kommuneloch" genannt – sollte die Eigentumsgrenze zweier Hausbesitzer kenntlich gemacht werden. Für den Fall, daß ein Streit über eine solche Kommunemauer entstand, war in einer zu Landshut im Jahr 1407 erlassenen Ordnung[71] festgelegt, daß zunächst die Baumeister der Stadt – das waren die vom Rat dafür aufgestellten Sachverständigen sowie die Werkleute (= Stadtmaurermeister und

---

71 Vgl. Herzog 1964, S. 69

Stadtzimmermeister) – darüber beraten und einen Spruch fällen sollten. Kam es dabei zu keiner Einigung, so sollte die letzte Entscheidung beim Stadtkämmerer (Bürgermeister) liegen. Ein Einspruch gegen ein so gefälltes Urteil war nicht mehr möglich.

4. Der Putz, die Schlämme und der Stuck

Unter dem Putz ist der Mörtelüberzug auf dem Mauerwerk zu verstehen. Man kann dabei grundsätzlich zwischen dem Außenputz und dem Innenputz unterscheiden. Der normale Putzmörtel bestand früher nur aus Kalk und Sand, dem sogenannten „Kalkmörtel". Zusätze von Zement sind erst im Industriezeitalter aufgekommen. Die Dicke des Innenputzes beträgt auf glatten Mauerflächen etwa 15 mm und ist zweilagig. Der Außenputz, der an einem Rohbau in der Regel erst nach dem Aufbringen und der Austrocknung des Innenputzes angeworfen wurde, hat im allgemeinen eine Stärke von 20 mm. Meist war er dreilagig und bestand aus dem Spritzwurf, dem Unterputz und dem Oberputz. Da der Putz damals in der Regel nur mit der Kelle aufgetragen und geglättet wurde, ergab sich dadurch eine schöne Oberflächenstruktur. Die im Laufe der Jahre aufgetragenen Tünchschichten trugen zu einem Verschleifen der scharfkantigen Profile an den Fensterumrahmungen, den Sohlbank- und Traufgesimsen bei.

Die zu Wohnzwecken gebrauchten Räume eines Bürgerhauses wurden durchwegs verputzt und getüncht. Auch ein Außenputz war üblich. Nebengebäude und Speicherbauten blieben dagegen meist unverputzt. In diesem Zusammenhang sei hier nur an das Rückgebäude von Altstadt 81 (Abb. 82) und an den früheren Herzogskasten in der Steckengasse Nr. 308 (T 152) zu Landshut erinnert. Daneben blieben natürlich auch Kellerräume und Dachböden in der Mehrzahl unverputzt. Es darf hier vielleicht noch angemerkt werden, daß das Tünchen der Wände einst in Altbaiern keine Malerarbeit war, sondern den Maurern überlassen wurde.

Beim Außenputz konnten durch die Körnung des Sandzusatzes des Mörtels die verschiedensten Putzstrukturen erzielt werden. Es sei hier nur auf den grobkörnigen Rieselputz (T 87 b, c) und den vor allem in Landshut heimischen Rauhputz (T 86 a–d, 87 a, 200) hingewiesen. Der Kratzputz oder das „Sgraffito" beruht auf einem besonderen Verfahren, wobei mehrere farbige Putzschichten auf das Mauerwerk aufgebracht werden müssen. Das Schlämmen des Mauerwerks war in Altbaiern bei den untergeordneten Räumen eines Bürgerhauses üblich. Die Schlämme bestand dabei aus Kalkmilch und feinem Sand, manchmal mit einem Zusatz von Leinöl zur Erhöhung der Haftung vermengt, und wurde in zwei Anstrichen mit der Bürste auf das Mauerwerk aufgetragen. Die so erzielte Schutzschicht hatte eine Stärke von etwa 2–5 mm und ließ die Struktur des darunterliegenden Mauerwerks noch gut erkennen.

Der Stuck ist ein mit Leimwasser angemachter Gipsmörtel. Da er nicht wetterfest ist, war seine Anbringung an Außenwänden stets problematisch. In der Regel wurden früher Innenräume stuckiert, in Burghausen aber nur jene Räume, die der Repräsentation dienten. Die schönsten Stuckfassaden kommen an Adelspalais und den Domherrenhöfen vor. Nur der vermögende Bürger konnte sich Stuck an seinem Haus leisten, bei den einfachen Handwerkerhäusern fehlt er jedoch fast durchwegs.

5. Die Zahl der Geschosse und die Geschoßhöhen

Für die Bezeichnung „Geschoß" war in Altbaiern allgemein der Ausdruck „Gaden" üblich. Ein erdgeschossiges Haus war demnach ein „eingädiges" Haus, ein zweigeschossiges entsprechend ein „zweigädiges" Haus. Als „Hochgaden" wurde der hochliegende Balkon im Giebeldreieck eines Bauernhauses bezeichnet.

Das Taglöhnerhaus war meist eingädig angelegt. Auch die Wohnhäuser der Maurer- und Zimmerergesellen sowie der der ärmeren Bevölkerungsschichten, wozu insbesondere die Leinweber, Fischer und Gärtner zählten, besaßen vielfach nur ein Erdgeschoß. Die Ackerbürgerhäuser sind hingegen oft schon zweigädig konzipiert worden (T 111 a).

Die Zahl der Geschosse war nicht in erster Linie von der Art des Gewerbes, das in dem Haus betrieben wurde, abhängig, sondern richtete sich vielmehr nach dem Wert und der Lage des zu bebauenden Grundstücks. In den kleinen und mittleren Märkten des Landes herrschte der zweigädige Haustyp bei den Bauten an Plätzen und Gassen vor. Dreigädige Bürgerhäuser gab es eigentlich nur in den großen Marktorten und in den Landstädten mittlerer Größe. Lediglich bei Häusern in den Rentamtsstädten ging die Geschoßzahl mitunter über drei hinaus. Nur die Wohnhäuser der vermögenden Patrizier wiesen oft vier Vollgeschosse auf.

Das Dachgeschoß, das meist als Vorratsspeicher diente, konnte durch den Einzug verschiedener Zwischenböden in mehrere Geschosse unterteilt sein.

Eine Besonderheit stellen noch der „befensterte Kniestock", der bei ländlichen zweigeschossigen Bauten in der Mitte des 19. Jahrhunderts in Mode kam, und das Mezzaningeschoß dar, das seit der Renaissance vorwiegend an den Stadtpalais des Adels und der hohen Geistlichkeit zu beobachten ist und seine Entstehung wohl der höfischen Baukunst verdankt.

Abb. 18
Neuötting (Lkr. Altötting),
Ludwigstraße 30, Flur im
1. Obergeschoß mit spätgotischen Netzgewölben
(nicht erhalten)

Die Geschoßhöhe war sehr unterschiedlich. Besonders niedrig zeigte sie sich bei Bauten auf dem Lande und den Handwerkerhäusern der ärmeren Bevölkerungsschicht. Die vornehmen Wohnhäuser des Patriziats, des Adels und der hohen Geistlichkeit zeichneten sich dagegen durch auffallend große Raumhöhen in den Wohngemächern der Herrschaft im ersten und zweiten Obergeschoß aus. Die Dienstbotenzimmer hatten sich auch hier mit einer viel geringeren Raumhöhe zu begnügen, denn sie lagen meist im letzten Geschoß unter dem Dach oder im Erdgeschoß.

6. Die flachgedeckten und die gewölbten Räume

Zwischen flachgedeckten und gewölbten Räumen eines Bürgerhauses ist sehr wohl zu unterscheiden. Rein konstruktiv gesehen, ist ein Gewölbe mit Ziegeln zu mauern und eine Flachdecke aus Holz zu zimmern. Wird die Spannweite zu groß, müssen bei einer Holzdecke starke Balkenunterzüge *(T 50 a)* und eventuell Stützen angeordnet werden. Ein Gewölbe läßt sich hingegen durch Gurte oder Rippen in mehrere Joche unterteilen, wobei sich die Deckenlast auf Stützen oder Säulen übertragen läßt *(T 46 a, 157 b)*.

Die einfachste Form eines Gewölbes ist das Tonnengewölbe. Das Gewölbe besitzt hier einen längs einer Achse gleichbleibenden viertelkreisförmigen, halbkreisförmigen, segmentbogigen oder bogenförmigen Querschnitt. Kellerräume erhielten in der Regel ein Tonnengewölbe, das je nach der Gegend aus Tuff- oder Ziegelsteinen gemauert sein konnte. Auch untergeordnete Räume im Erdgeschoß eines Bürgerhauses versah man gerne mit einem Tonnengewölbe. Bei spätgotischen Bauten ist in Burghausen, wie z.B. bei dem Bürgerhaus In den Grüben 151, ein großes Tonnengewölbe über die gesamte Breite des Grundrisses gespannt[72] *(T 45 a)*. Es treten jedoch auch Beispiele auf, bei denen der Hausflur, der zur Treppe und zum Hofraum führt, abgetrennt wird.

Bei den im 15. Jahrhundert erbauten Bürgerhäusern setzt das Tonnengewölbe vielfach schon nahe über dem Fußboden an. Im Laufe der Zeit wuchs die seitliche Hausmauer, die Seitenwände wurden immer höher und höher ausgeführt, bis sie schließlich etwas über Mannshöhe reichten. Das segmentbogige Tonnengewölbe in den Hausfluren wurde nun auch immer flacher ausgebildet. Im 16. Jahrhundert kam das Tonnengewölbe mit Stichkappen auf.

In Burghausen findet sich bei verschiedenen Bürgerhäusern des 15. Jahrhunderts das Fletz sowie die Arbeitsräume der Handwerker im Erdgeschoß mit spät-

---

72 Vgl. Liedke 1978, S. 193 f.

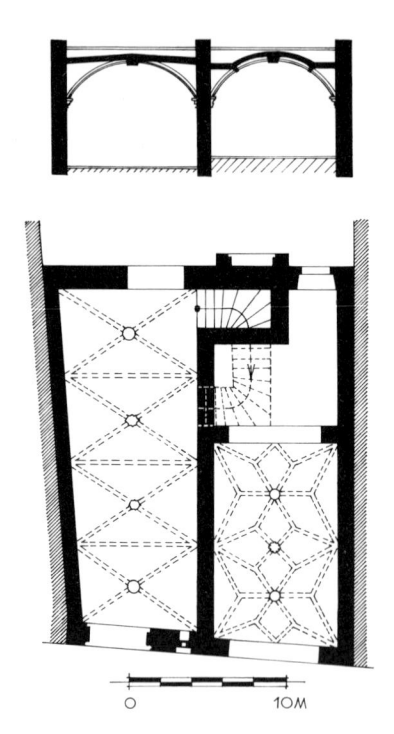

Abb. 19 Landshut, Schirmgasse 268, Grundriß Erdgeschoß und Schnitt

gotischen Kreuzrippengewölben versehen. Die einzelnen Kreuzrippen setzen dabei meist ohne Konsolen ziemlich tief über dem Fußboden an. Als Beispiele sollen hier nur die Häuser Stadtplatz 54, In den Grüben 123 *(T 44 a)*, In den Grüben 173 *(Abb. 46)* und In den Grüben 184 angeführt werden. Die Schlußsteine dieser Kreuzrippengewölbe sind, sofern überhaupt vorhanden, meist tellerförmig und ohne besonderen Dekor.

Nichts Ungewöhnliches ist die Ausführung schöner Kreuzrippen- oder Sterngewölbe in Amtsbauten oder in den Häusern der Patrizierfamilien, wobei die erdgeschossigen Hallen in den Landshuter Häusern Altstadt 81 *(T 132 b)* und Altstadt 300 *(T 157 b)* als gute Beispiele dienen mögen. Dem erdgeschossigen Fletz in dem Haus Schirmgasse 267 in Landshut *(Abb. 19; T 46 b)*, das sich in der Zeit um 1500 im Besitz der Patrizierfamilie der Kreidenweis[73] befand, gebührt besondere Beachtung. Der die ganze Gebäudetiefe einnehmende Hausflur ist mit einem Kreuzrippengewölbe zu vier Jochen versehen, wobei die einzelnen Rippen auf polygonalen Spitzkonsolen ruhen. Von den Schlußsteinen sind zwei in Form von Vierpässen und die anderen beiden als Tellersteine ausgebildet.

Der Gewölbeschnitt ist stichbogig. An das Fletz schließt sich nach Westen hin ein Raum mit einem gedrückten Sterngewölbe zu drei Jochen an. Die Treppe zum Obergeschoß ist im rückwärtigen Teil des Hauses und abgewinkelt.

In der Renaissance wurden die Kreuzrippengewölbe allmählich durch Kreuzgratgewölbe verdrängt. So ließ der Bürgermeister Christoph Closenberger bei seinem im Jahr 1590 in Landshut erbauten Haus[74], Neustadt 500 *(T 46 a)*, ein zweischiffiges Fletz *(Abb. 20)* anlegen. Das Kreuzgratgewölbe ruht hier auf Binnensäulen aus Rotmarmor und auf Gesimsstücken an den Wänden. Die Säulen toskanischer Ordnung zeigen am Kapitellfries die Inschrift:

A · MDXC · AEDIB'NOVIT · A FVNDAM · EXTR ·
HAS · COLVM · PP · CHRISTOPH' ·
CLOSENBERGER VRBIS CONSVL · ET SIDONIA
AIRNSCHMALZIN VXOR · PRID · ID · MART

Hier wurde auch noch das Allianzwappen des Bauherrn und seiner Frau aus dem Stein gemeißelt.

Ein Fletz mit sogenannten „Böhmischen Kappen" besitzt das ehemalige Rentamtsgebäude (Stadtplatz 115, *T 47 b*) zu Burghausen. Auch hier wird das Gewölbe von Säulen aus Rotmarmor getragen.

7. Die Ausführung der Böden und Decken

Die Wahl des Bodenbelags richtete sich in den Bürgerhäusern in der Regel nach dem am Ort leicht zu beschaffenden Material. So benützte man in den Häusern des Inn–Salzach-Gebiets oft Adneter, Untersberger und Ruhpoldinger Marmorplatten als Bodenbelag der im Erdgeschoß liegenden Räume. In jenen Gebieten, wo der Ziegelbau vorherrschte, bevorzugte man Ziegelplatten als Bodenbelag. Bei den Häusern des Altmühltals fand schon früh der Solnhofener Stein Verwendung. Holzböden wurden meist in erdgeschossigen Häusern vermieden, da sie gegen die aufsteigende Bodenfeuchtigkeit nur schwer zu schützen waren. In den Wohnhäusern der ärmsten Bevölkerungsschicht wurde aber auch oft mit diesem billigen Baumaterial vorlieb genommen. Böden aus gestampftem Lehm oder mit Katzenkopfpflasterung tauchen eigentlich nur in Keller- und erdgeschossigen Vorratsräumen auf.

Der Flur im Obergeschoß war auch vielfach mit Stein- oder Ziegelplatten gepflastert. Für die Wohn- und Schlafräume wurde häufig ein Holzboden aus breiten Tannen- oder Fichtendielen gewählt. Eingelegte Böden aus verschiedenen Hölzern schmückten

---

73 Vgl. Herzog 1957, S. 131

74 Vgl. Herzog 1957, S. 209

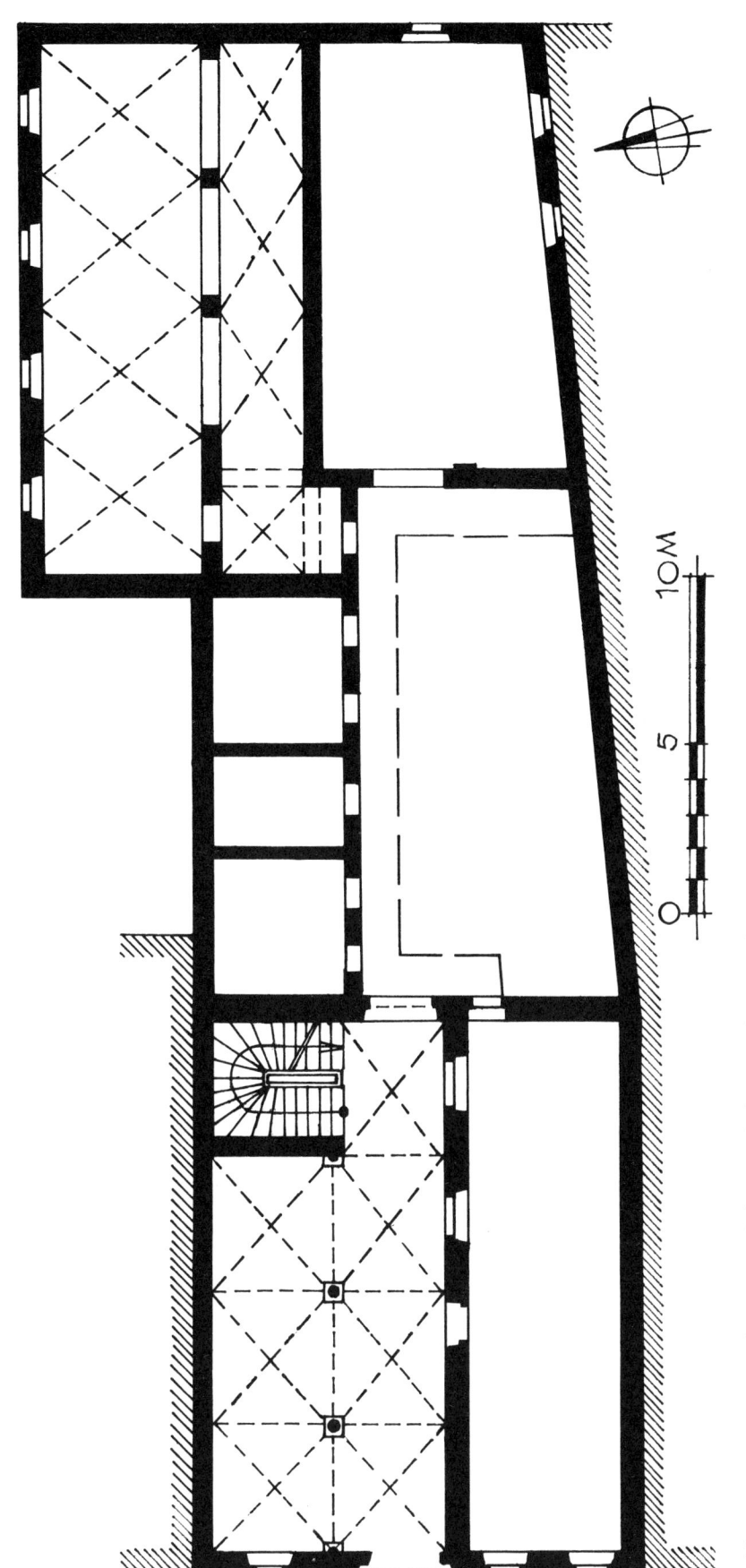

Abb. 20 Landshut, Neustadt 500, Grundriß Erdgeschoß des im Jahr 1590 erbauten Hauses

eigentlich nur die Palais des Adels und der hohen Geistlichkeit.

Auch der Dachboden war einst meist gepflastert, und zwar in der Regel mit einem Ziegelboden. Zum einen sollte im Brandfall eine gewisse Feuerdämmung erzielt werden, und zum anderen versuchte man dadurch dem Kornkäfer, der oft in dem hier gelagerten Futtergetreide hauste, den Weg zu den darunterliegenden Wohnräumen zu verwehren.

Bei den Decken der Wohngeschosse – die erdgeschossigen Räume waren im allgemeinen gewölbt – gab es in der Spätgotik und der Renaissance durchwegs Holzdecken, jedoch in den verschiedensten Ausführungen.

Die normalen Handwerkerhäuser besaßen oft nur einfache „Tramdecken", d.h. Holzdecken mit kräftigen Unterzügen und rechtwinklig dazu verlaufenden Dielen, die überlupt waren. Geschnitzte Holzdecken, wobei als Zierformen der „laufende Hund", Stabwerk, Kerbschnitte und Rosetten überwiegen, erscheinen in der Spätgotik nur in den Häusern der reichen Kaufleute und Patrizier. Gern wurden sie auch mit einem Wappen, einem Sinnspruch und der Jahreszahl der Ausführung versehen.

In der Renaissance kam die sogenannte „Kassettendecke" auf, eine freitragende Holzdecke, die einer besonderen Aufhängungskonstruktion bedurfte. Als Vorbild dienten Holzdecken in den Schlössern des Landesherrn (vgl. Residenz in München, Schloß Dachau) oder des hohen Adels (vgl. Schloß Ortenburg oder Schloß Kirchheim in Schwaben). Der Münchner Kistler Wendel Dietrich scheint mit seinen kunstvoll gestalteten Decken ein Wegbereiter dieser für Altbaiern neuartigen Holzdecken gewesen zu sein. Stadtpatriziat und Landadel machten in der Folge diese Mode mit, die im bürgerlichen Profanbau jedoch stets eine Ausnahme bildete und sich meist auf den Repräsentationsraum des Hauses beschränkte. Eine schlichte Renaissancedecke findet sich beispielsweise auch in Burghausen, Hofberg 63.[75] Eine weitere, aus einem Burghauser Haus stammende Kassettendecke wurde in das Städt. Museum auf der Burg übertragen und ziert heute die Decke des Vorraums.

Die geweißte Decke, die als Putzträger einer einfachen Holzkonstruktion bedarf, kam erst in der Barockzeit auf. Vielfach wurden damals auch schön geschnitzte Holzdecken der Spätgotik einfach mit einer Unterkonstruktion versehen und zu Weißdecken umgewandelt.

Abb. 21   Straubing, Steinergasse 1, Treppenhaus

8. Die Lage und Ausbildung des Treppenhauses

Das Treppenhaus, oft das Kernstück eines Bürgerhauses *(vgl. Abb. 21),* das nicht nur dem Zweck der Verbindung zweier Wohngeschosse durch eine Treppe, sondern bei den Palais des Adels und der Geistlichkeit auch der Repräsentation diente, nimmt in der Bürgerhausforschung einen nicht unwichtigen Platz ein.

Woraus Treppen in den romanischen Handwerkerhäusern Altbaierns ausgeführt wurden, wissen wir leider nicht mit letzter Sicherheit. Wahrscheinlich dürften sie jedoch ähnlich jenen der Regensburger Bürgerhäuser dieser Zeit ausgebildet gewesen sein, die Richard Strobel beschreibt.[76]

Im 14. und 15. Jahrhundert fanden sich in den Städten von Ober- und Niederbayern Wohnhäuser, bei denen die Treppen aus Ziegelsteinen gemauert waren. Bei den ärmeren Handwerkern war die Holztreppe oder die gemauerte Treppe in deren Häusern üblich. In den Bürgerhäusern des Inn-Salzach-Gebiets kommen in den Häusern der wohlhabenderen Bürger auch Treppenstufen, belegt mit Adneter, Ruhpoldinger

---

75 Vgl. Liedke 1978, S. 135

76 R. Strobel, Das Bürgerhaus in Regensburg, Mittelalter, Tübingen 1976, S. 103 (= Das deutsche Bürgerhaus, begründet v. A. Bernt, hrsg. v. G. Binding, Bd. XXIII)

oder Untersberger Marmorplatten vor. In der Gegend des Altmühltals übernahm der aus Kalkschiefer und im unteren Bayerischen Wald der aus Granitstein bestehende Plattenbelag die Rolle des Rotmarmors.

9. Die Anlage der Feuerstelle und des Schornsteins

Ein Haus konnte mehrere Feuerstellen besitzen. Der dazu notwendige Schornstein – in Altbaiern früher meist als „Kamin" bezeichnet – wurde je nach Bedarf an einer Innen- oder einer Außenmauer angelegt, bevorzugt wurde jedoch die Mittelmauer. Das Verziehen des Schornsteins wurde erst im 16. Jahrhundert üblich. In dieser Zeit kam es auch zur Ausbildung besonders geformter Schornsteinköpfe, wie sie z. B. das sogenannte „Adelmannschlößchen" in Berg ob Landshut zeigt.[77] In den Häusern mit „Essenrecht", wie z. B. bei den Schmieden, war der Feuerstelle ein wichtiger Platz innerhalb eines Hauses eingeräumt. Über Jahrhunderte hindurch blieb dieser Standort unverändert. Seit dem Mittelalter wurde auf die jährlich stattfindende Feuerbeschau größter Wert gelegt. Zuwiderhandlungen gegen die bestehenden Verordnungen konnten schwere Geldbußen für die jeweiligen Besitzer nach sich ziehen.

Die Form der Rauchküche, wie sie sich in der ländlichen Bauweise noch bis ins frühe 19. Jahrhundert hielt, gab es auch bei einfachen Handwerkerhäusern. Hier zog der Rauch einfach durch den offenen Dachstuhl ab.

Die Öfen wurden früher meist nicht von der Stube aus, wie wir das heute kennen, sondern vom Flur her beheizt. Die Kachelöfen, die vom Hafner gefertigt und aufgesetzt wurden, hielten gut die Wärme. Öfen mit gußeisernen Platten waren in Altbaiern eigentlich nicht heimisch, sie kommen nur höchst selten vor und sind dann meist Import von auswärts. Die Schlafräume und Schlafkammern blieben früher im allgemeinen unbeheizt.

Die Schornsteine in der Zeit vor 1800 waren besteigbar, das Bauen und Kehren dieser Kamine eine besondere Kunst. Vor allem aus Graubünden zogen seit der 2. Hälfte des 16. Jahrhunderts viele Kaminkehrer nach Altbaiern, so z. B. die Familien der Caminolo, der Wellano, der Cura und wie sie alle hießen.[78] Im 19. Jahrhundert wurden diese älteren Schornsteine aufgrund einer Verordnung nach und nach durch sogenannte „russische Kamine" ersetzt. Dies sind Schornsteine, deren lichter Querschnitt nur mehr etwa 20–30 cm beträgt und die deshalb nicht mehr besteigbar sind.

10. Die Be- und Entwässerung des Grundstücks und des Wohnhauses

Be- und Entwässerung stellten im Hausbau von alters her ein großes Problem dar und waren oft, wie dies viele Urkunden und Aktenstücke in den Archiven erkennen lassen, der Anlaß zu Streitigkeiten zwischen den Nachbarn.

Wir können grundsätzlich zwei Typen unterscheiden, das Haus mit eigenem und das mit einem gemeinschaftlichen Brunnen. Das Graben eines Brunnens war teuer, das Ausmauern gefährlich und der Versuch allein schon oft erfolglos. Nur tiefe Brunnen sicherten einen ganzjährigen Gebrauch und boten eine gewisse Gewähr für die Nichtverseuchung durch Verunreinigungen wie Fäkalien. Einen solchen Luxus konnten sich daher nur vermögende Patrizier, Adelige oder die hohe Geistlichkeit in ihren Wohnbauten leisten. Brunnen finden sich deshalb nur ganz selten. Ein Beispiel dafür sind der wiederaufgefundene Brunnen in dem Patrizierhaus der Zeller zu Straubing und der Brunnen am Mauthaus zu Burghausen (In den Grüben 193). Ein kleiner Wandbrunnen aus Rotmarmor, wie er in der Renaissance üblich war, spendete beispielsweise dem Lebzelterhaus in Burghausen, Stadtplatz 111 (T 108 f), Wasser.

Der normale Handwerker war bei seiner Versorgung mit Trinkwasser auf die öffentlichen Brunnen angewiesen, die in jeder Stadt auf den Plätzen und Gassen standen.

Die Abwasserbeseitigung war kein geringeres Problem. In Straubing mußte eine noch im 19. Jahrhundert erlassene Polizeiverordnung darauf hinweisen, daß das Auskippen von Nachtgeschirr aus dem Fenster auf die Gasse unstatthaft sei.

Bei den Aborten war es ähnlich wie bei den Brunnen. Eine gut funktionierende Anlage dieser Art konnten sich nur die begüterten Bevölkerungsschichten leisten. Im allgemeinen war es nur ein hölzerner Verschlag im Hof mit einer Versitzgrube. Etwas aufwendiger waren da schon die an der Außenmauer des Hauses angebrachten und durch alle Geschosse gehenden Abortanlagen (T 39 c), die meist aus Holz be-

---

77 Vgl. KDB Bezirksamt Landshut, S. 56, Abb. 44
78 Die Kaminkehrerfamilie der Caminolo läßt sich in Wasserburg a. Inn nachweisen. In Dingolfing lassen sich nach den Forschungen von Fritz Markmiller andererseits die Kaminkehrerfamilien der Wellano, Bianchino, Pruschini, Rigalia, Nino und Bellan belegen (Markmiller 1970, S. 60). In Burghausen hatte die Hofkaminkehrerstelle Hans Jakob Cura (1690) und nach ihm sein Sohn Johann Baptist Cura inne.

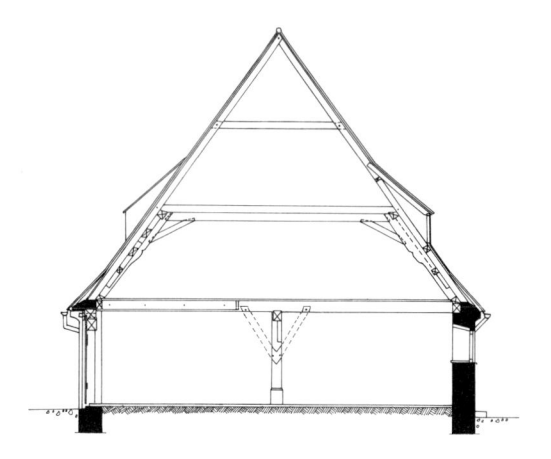

Abb. 22   Landsberg a. Lech, Salzstadel, Schnitt

standen, aber auch, wie das Beispiel am Mauthaus zu Burghausen (In den Grüben 193) zeigt[79], gemauert sein konnten. Besonders aufwendig, dafür aber viel hygienischer war die Art, wie sich zwei Burghauser Bürger bei der Lösung des Problems zu helfen wußten. Sie bauten von ihren Häusern, die hangseitig zum Friedhof vor der Kirche standen, einfach über die Straße einen gemauerten Gang *(T 49 c)*, der im Nachbarhaus an der Flußseite, wo auch der Abort mit der natürlichen Wasserspülung lag, endete.[80] Das Ausleeren der Versitzgruben war früher die Sache der Abdecker, die sich für ihre schmutzige Arbeit recht gut bezahlen ließen.

Das Regenwasser ließ man entweder seitlich ablaufen oder man führte es mittels hölzerner ausgehöhlter Dachrinnen zusammen, von wo es nach außen über einen Wasserspeier abtropfte. Vornehme Bürgerhäuser besaßen aus Kupferblech geschmiedete Wasserspeier, die mit Fratzen von Tieren oder Fabelwesen verziert waren.

B. DAS DACHWERK UND DIE DACHEINDECKUNG

Unter einem Dachwerk ist die gesamte Tragkonstruktion, die die Dachhaut in ihrer Neigung hält und ihre Last, einschließlich der anfallenden Schnee- und Winddrücke, auf den Baukörper überträgt, zu verstehen.[81] Die allgemein geläufige Bezeichnung „Dachstuhl" betrifft eigentlich nur einen Teil des hölzernen Dachgerüsts. Es sind zwei Grundformen des hölzernen Dachgerüsts zu unterscheiden: das steile Dach und das flach geneigte Dach (bis etwa 30°).

1. Das Sparrendach

Im Mittelalter fand in Altbaiern bevorzugt das steile deutsche Zimmermannsdach *(Abb. 22)* Anwendung; es ist seiner Natur nach stehend und hat einen Winkel von über 45 Grad. Die einzelnen Sparren stützen sich paarweise im First gegeneinander und bilden auf diese Weise eine Reihe von lauter gleichen tragenden Dreiecken, die als „Gespärre" bezeichnet werden. Dachziegel, Schnee und Wind üben auf den Sparren Kräfte aus; der Sparren wird dabei auf Druck und Biegung, der Balken auf Zug beansprucht. Beträgt die Länge eines Sparrens mehr als etwa fünf Meter, so ist ein Kehlbalken einzufügen, der die Sparren in halber Höhe abspreizt.

2. Das Pfettendach

In der Inn-Salzach-Gegend, wo seit alters her das Legschindeldach beheimatet ist, und im Altmühltal, wo früher das Legschieferdach häufig vorkam, fand auch das flachgeneigte Pfettendach, das im Grunde genommen italienischer Herkunft ist, verbreitet Anwendung. Dieses ist seiner Natur nach liegend und flach. Die Pfetten, die von Giebel zu Giebel laufen, bedürfen einer Unterstützung durch Mauern oder einer hölzernen Unterkonstruktion. Die einzelnen Sparren liegen dabei auf den Pfetten auf.

3. Der stehende und der liegende Stuhl

Wird die Dachwerkkonstruktion durch senkrechte Pfosten gestützt, so spricht man von einem sogenannten „stehenden Stuhl". Das Kehlbalkendach mit Stuhl war seit dem 14. Jahrhundert die übliche Bauart des Sparrendachs. Sein Nachteil war der hohe Holzverbrauch. Auch der Dachraum blieb dabei nicht frei. Der Stuhl gewährt eine gewisse Erleichterung beim Aufstellen der Gespärre, denn die Kopfbänder bewirken eine Längsaussteifung.

Das Kehlbalkendach mit liegendem Stuhl *(Abb. 22)* ist im Profanbau vor allem über steilen Dächern von

---

79 Vgl. Liedke 1978, S. 216 f. mit Abb. 389
80 Vgl. Liedke 1978, S. 175 mit Abb. 341, 342

81 Vgl. H. Mühlfeld, Das deutsche Zimmermannsdach, Berlin 1938, S. 5 ff. F. Hess, Konstruktion und Form im Bauen, 3. Aufl., Stuttgart 1949. S. 117 ff.

*Abb. 23
Landsberg a. Lech, Hauptplatz 175,
Gasthaus, Grundriß erstes Obergeschoß und
Schnitt*

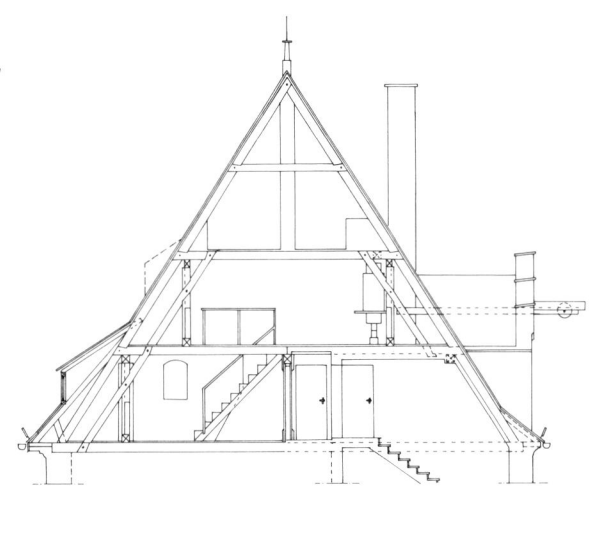

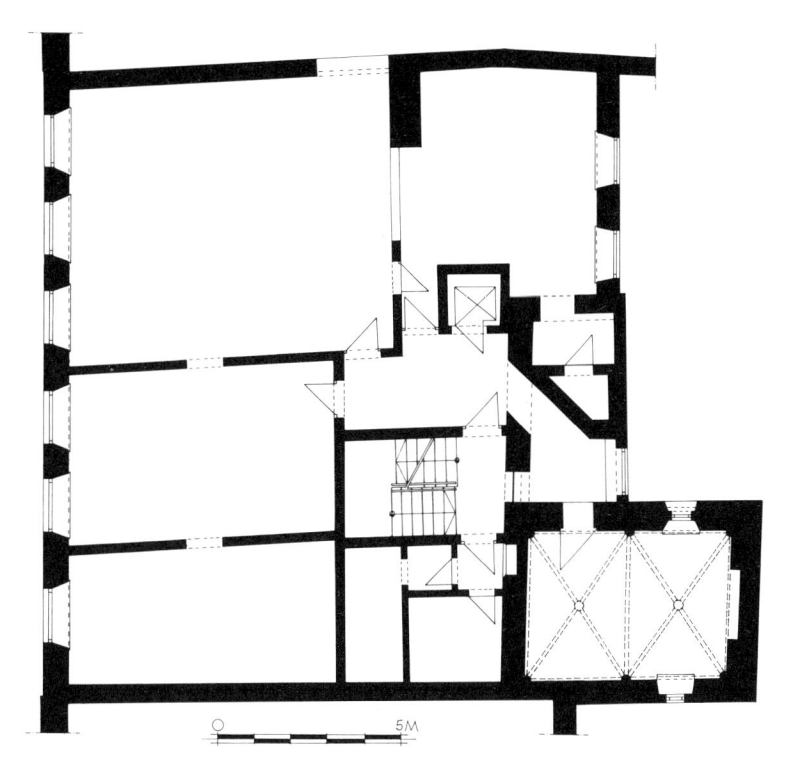

Bauten der Verwaltung anzutreffen, kommt daneben aber auch an Bürgerhäusern vor. Zwischen Mittel- und Fußrähm liegt bei dieser Konstruktion im Binder ein schräger Pfosten, der parallel zum Sparren angeordnet ist. Die Längsaussteifung wird durch Andreaskreuze unter den Leersparren bewirkt. Der große Vorteil des liegenden Stuhls ist, daß der Dachraum frei bleibt.

4. Die Dacheindeckung und Dachentwässerung

Die älteste Dacheindeckungsart dürfte sowohl bei den Bauernhäusern als auch bei den städtischen Wohnhäusern in den Getreideanbaugebieten das Strohdach und in den Gebieten mit Weidewirtschaft das Legschindeldach gewesen sein. Da die Strohdächer jedoch sehr feuergefährlich waren, kam man in den Städten schon frühzeitig davon ab, diese zu dulden. Das Legschindeldach konnte sich dagegen bis ins 19. Jahrhundert gut behaupten.

Die Eindeckung mit Häggen (= Hacken) und Preiß – also das sogenannte „Mönch-Nonnen-Dach" – wurde zuerst an den Kirchen- und den Verwaltungsbauten praktiziert. Nach und nach folgten die bürgerlichen Bauten, doch geschah dies meist nicht freiwillig, sondern unter dem sanften Druck der Obrigkeit.

Die Verwendung von Blech war erst mit dem Aufkommen der billigen industriellen Fertigung möglich. In Burghausen sind heute noch viele Grabendächer mit Blech eingedeckt, da sich dieses Material gut zum Abdichten solcher Dachformen eignet. Die Eindeckung mit Schiefer blieb eigentlich stets die Ausnahme, da dieser Baustoff im altbairischen Raum nicht in natürlichen Lagerstätten vorkommt. Erst die Einrichtung der Eisenbahn mit dem zugehörigen Güterverkehr auf der Schiene machte die Herbeischaffung dieses Dachdeckungsmaterials aus entfernteren Gegenden möglich.[82]

5. Das Legschindel- und das Scharschindeldach

Der Legschindel wird aus dem Holz von Fichten, Tannen oder Lärchen gewonnen; die haltbarsten sind dabei die Lärchenschindeln.[83] Durch die Spaltung des zuvor auf eine Länge von ca. 75–100 cm gebrachten Stammes werden kleine Brettchen erzielt, deren Breite etwa 8–25 cm und deren Stärke etwa 1,5 cm betragen soll. Die Schindeln werden auf die Latten in mehreren gegeneinander verschobenen Lagen aufgebracht, wobei die nächstfolgenden die vorausgehenden um etwa die Hälfte überdecken sollen. Am First müssen die Schindeln in der Weise verlegt werden, daß jene der Wetterseite die anderen um etwa 15–20 cm überragen. Um ein Abheben der Dachhaut bei Stürmen zu verhindern, werden große Bachkiesel, Bruch- oder Feldsteine von 15 bis 30 Kilogramm Gewicht aufgelegt, die gleichzeitig die in Firstrichtung verlegten Streckhölzer beschweren. An den Giebelseiten werden zusätzlich noch Windbretter von etwa 30 cm Breite angeordnet. Um ein Abgleiten der aufgelegten Rundhölzer zu verhindern, werden diese mittels einiger in größeren Abständen eingeschlagener Keile gehalten. Ein Abrutschen der Steine wird durch Aufbringung eines verankerten Traufbrettes nahe der Rinne vermieden. Ein Lärchenschindeldach mußte früher etwa alle sechs bis acht Jahre umgedeckt werden und hatte je nach Lage und Wartung eine Haltbarkeit von etwa 60 bis 80 Jahren. Das Material für die Lärchenschindeldächer kam meist aus Tirol und wurde mit Hilfe der auf dem Inn verschifften Flöße nach Altbaiern verfrachtet.

Das Scharschindeldach unterscheidet sich vom Legschindeldach vor allem in der Weise, daß der Scharschindel mit einem Nagel befestigt wird.

6. Das Legschieferdach

Das Legschieferdach (T 32 c) kommt im altbairischen Raum besonders im Altmühltal, in Ausläufern aber auch noch südlich davon bis über die Donau hin vor. Diese Dachdeckungsart ist durch das natürliche Vorkommen dieses Materials bedingt, das in verschiedenen Brüchen des Altmühltals gewonnen wird. Am bekanntesten davon sind die Solnhofener Brüche, die auch besonders reich an Versteinerungen sind. Das Legschieferdach verleiht dem Haus, auf dem es angebracht wird, ein besonderes Gepräge. Leider ist das Legschieferdach seit dem Ende des Zweiten Weltkriegs im Rückzug begriffen, und es ist fast schon abzusehen, wann auch die letzten Dächer dieser Art verschwunden sind; ein höchst bedauerlicher Verlust bodenständiger Tradition und landschaftsprägender Dachform.

C. DIE EINZELNEN DACHFORMEN

1. Das Steil- und das Flachdach

Die Entscheidung darüber, ob ein Haus ein Steil- (T 34 a, 91 b) oder ein Flachdach (T 33 a, b, c) – unter „Flachdach" ist das flachgeneigte Dach (bis zu einer Neigung von etwa 30 Grad) und nicht das moderne, nahezu vollkommen ebene Dach zu verstehen – bekommen sollte, war in erster Linie davon abhängig, welche Art der Dachdeckung gewählt werden sollte bzw. zur Verfügung stand. Die Eindeckung mit Stroh erforderte beispielsweise eine Dachneigung über 45°.

In manchen Städten lassen sich zwei verschiedene Dacheindeckungsarten nebeneinander feststellen. So gab es früher in Ingolstadt, wie das von Jakob Sandt-

---

[82] Nach einer mündlichen Mitteilung von Herrn Oberbaurat Dipl.-Ing. Paul Werner vom Bayerischen Landesamt für Denkmalpflege (München) soll die Verwendung von Schieferplatten für Dacheindeckungen in Bayern erst nach Beendigung des Krieges mit Frankreich von 1870 vereinzelt aufgekommen sein. Die Lieferung von Schieferplatten aus den Brüchen in Lothringen soll einen Teil der Kriegsentschädigungen von Frankreich an Deutschland ausgemacht haben.

[83] Vgl. M.E. Schuster, Das Bürgerhaus im Inn- und Salzachgebiet, Tübingen 1964, S.23 (= Das deutsche Bürgerhaus, hrsg. v. A. Bernt, Bd. V)

ner im Jahr 1572 fertiggestellte Stadtmodell erkennen läßt, am Weinmarkt, das ist die heutige Theresienstraße, Häuser mit Ziegeldeckung und Steildach sowie Häuser mit Steinplattendeckung und Flachdach.

2. Das Pult- und das Satteldach

Die konstruktiv einfachste Form ist das Pultdach – auch „Halbdach" genannt –, das aus nur einer schräg ansteigenden Dachfläche besteht. Solche Halbdächer sind typisch für die bürgerliche Baukunst in den Städten, die einst zum Herzogtum Bayern-München gehörten. Sie finden sich dementsprechend vor allem in München, aber auch in Landsberg a. Lech *(T 23 c)* und in Straubing.

Die größte Verbreitung erreichte aber das Satteldach, das aus zwei gegeneinander ansteigenden Dachflächen besteht. Das Satteldach kann bündig mit dem Ortgang abschließen *(T 182 b)*, hinter den Giebel zurücktreten – das „Giebeldach" – oder überstehen *(T 37 c, 188 a, b)*.

Das Giebeldach war früher die vorherrschende Form in den Städten des Herzogtums Bayern-Landshut. Häuser mit vorkragenden Satteldächern – ein Musterbeispiel hierfür ist die Marktstraße von Bad Tölz *(T 188 b)* – kamen aber auch an anderen Orten des Landes vor. Es sei hier nur an die Rottvorstadt in Pfarrkirchen im Rottal erinnert.

*3. Das Walm-, Halbwalm-, Krüppelwalm-
und Schopfwalmdach*

Ein Walmdach entsteht dann, wenn bei einem Satteldach beide Giebel durch je eine weitere Dachfläche ersetzt werden. Der Form nach lassen sich verschiedene Untergruppen feststellen:
Das Halbwalmdach,
das Krüppelwalmdach und
das Schopfwalmdach.

Eine vierte Form, das sogenannte „Fußwalmdach", kommt in Altbaiern eigentlich nirgendwo vor und kann daher hier außer Betracht bleiben.

Ist nur ein Walm vorhanden, so spricht man von einem „Halbwalmdach" *(T 91 a, d)*. In jenen Fällen, wo der obere Teil beider Giebel abgewalmt ist, sprechen wir von einem „Krüppelwalmdach". Diese Dachform erfreute sich früher im süddeutschen Raum größter Beliebtheit. In der Spätgotik finden sich an Speicherbauten Halb- oder Krüppelwalmdächer, wie z. B. am herzoglichen Kasten zu Neumarkt a. d. Rott *(T 151 b)*, der nachweislich im Jahr 1459 errichtet wurde, sowie am sogenannten „Salzstadel" in der Steckengasse zu Landshut *(T 152)*, der erstmals im Jahr 1549 im Steuerbuch der Stadt erwähnt und als „Herzogskasten" bezeichnet wird.[84] Optisch recht eindrucksvoll an diesen beiden Kästen ist die große Steilheit des Halb- bzw. Krüppelwalms, die die Speicherbauten des 15. und der ersten Hälfte des 16. Jahrhunderts prägt. Auf dem von Jakob Sandtner im Jahr 1571 fertiggestellten Stadtmodell von Landshut lassen sich in der Freyung mehrere Häuser mit Krüppelwalmdächern erkennen, die damals allesamt Städel waren.

Auch in der ländlichen Bauweise des 19. Jahrhunderts erfreute sich das Krüppelwalmdach großer Beliebtheit. Im Innviertel, das 1779 mit dem Frieden von Teschen an Österreich abgetreten werden mußte, häufen sich Bauten mit Krüppelwalmdächern. Das Krüppelwalmdach zeigt in diesem Gebiet einen Dachüberstand, der für die Bauweise dieser Gegend typisch ist. In der bürgerlichen Baukunst fand diese spezielle Dachform, wie ein Wohnhaus im Markt Kößlarn *(T 110 a)* beweist, ebenfalls vereinzelt Eingang.

Ein Schopfwalmdach ist schließlich ein Walmdach, bei dem etwa das letzte Drittel beider Giebel abgewalmt ist. Diese Dachform ist im Untersuchungsraum nur sehr selten anzutreffen.

4. Das Mansarddach

Das Mansarddach wird nach dem französischen Baumeister François Mansart benannt. Es handelt sich dabei um ein geknicktes Dach, das in seinem unteren Teil eine steilere Dachneigung aufweist. Der Form nach lassen sich vier verschiedene Arten unterscheiden:
Das Mansardgiebeldach,
das Mansardwalmdach,
das Mansarddach mit Schopf- oder Krüppelwalm und
das Mansarddach mit Fußwalm.

Im 19. Jahrhundert erfreute sich in Altbaiern die dritte Form, das Mansarddach mit Krüppelwalm, einer besonderen Beliebtheit. Es wurde zu dieser Zeit oft an freistehenden Bürgerhäusern, die von Gärten umgeben am Stadtrand standen, angewendet. Als Beispiel hierfür mag ein Handwerkerhaus in Simbach bei Landau angeführt werden. Aber auch in dörfliche Siedlungen drangen Wohnhäuser mit dieser besonderen Dachform vor. Es sei hier nur auf ein Handwerkerhaus in Zorneding, Bucher Straße 22 *(T 34 c)*, hingewiesen.

---

84 Vgl. Herzog 1957, S. 146 (Steckengasse 308)

Abb. 24 Schemazeichnung eines Rosenheimer Innstadthauses mit Grabendach und Vorschußmauer

5. Das Walmdach mit Vorschußmauer

Eine Sonderform, die vor allem einige Häuser in Landshut und in Vilshofen kennzeichnet, stellt das Haus mit Krüppelwalmdach dar, das giebelseitig nach der Straße zu eine Vorschußmauer bringt. Diese Mischform zwischen der Inn-Salzach-Bauweise und der normalen Wohnhausform dürfte erst im 18. Jahrhundert aufgekommen sein. Als Beispiel soll ein Haus am Kirchenplatz in Vilshofen dienen *(T 101 b)*.

6. Das Grabendach mit Vorschußmauer

Das Grabendach *(T 36 b, 37 b, T 38 a, b, c)* ist charakteristisch für das Inn-Salzach-Gebiet. Nachdem Eberhard Schuster in seiner Arbeit über „Das Bürgerhaus im Inn- und Salzachgebiet" bereits eine genaue Beschreibung vorstellt[85], sollen hier nur die wesentlichen Kennzeichen dieses Dachtyps wiederholt werden.

Hauptmerkmal des Grabendachs ist seine Innenentwässerung sowie die Hochziehung der Brand- und Giebelmauern bis über den höchsten Punkt des innenliegenden Daches und die Ausbildung eines waagrechten Abschlusses *(vgl. Abb. 24)*. Die Entwässerung der Dachfläche erfolgt dabei mittels des Legschindels, seit der Mitte des vorigen Jahrhunderts auch mit Hilfe von Blech. Problematisch sind die Dachanschlüsse an das angrenzende Mauerwerk. Stau von Regenwasser durch Winddruck oder durch Vereisung hat des öfteren zu Schäden geführt. Ein weiterer neuralgischer Punkt war die Ausflußstelle des Regenwassers an der Giebelseite. Vorteilhaft war hingegen die bessere Bekämpfungsmöglichkeit von Bränden. Die hochgezogenen Brand- und Giebelmauern boten einen gewissen Schutz vor übergreifenden Flammen. Dies bildete wohl auch den Grund dafür, weshalb das Grabendach in bestimmten Teilen Oberbayerns, wozu insbesondere die längs von Inn und Salzach gelegenen Städte und Märkte zählen, so weite Verbreitung fand.

---

85 Vgl. Schuster 1964, S. 39 f.

VII. DAS BÜRGERHAUS IN SEINEM INNEREN GEFÜGE

A. DIE BAUSTRUKTUR

Bei einem Bürgerhaus war jedem Geschoß eine ganz bestimmte Funktion zugedacht. Im *Kellergeschoß* bewahrte man Vorräte auf, die kühl und bei einer gewissen Luftfeuchtigkeit zu lagern waren. Das *Erdgeschoß* war der Tätigkeit des Handwerkers vorbehalten, der hier seine Werkstatt betrieb und in den meist angrenzenden Vorratsräumen das Rohmaterial der zu verfertigenden Gegenstände stapelte. Da das Erdgeschoß somit für die Existenz des Handwerkers von ausschlaggebender Bedeutung war, legte man hier den größten Wert auf Feuersicherheit. Nicht eine Holzdecke schloß im allgemeinen das Erdgeschoß nach oben hin ab, sondern ein gemauertes Gewölbe, das mehr Schutz im Brandfall bot. Das *erste Obergeschoß* bildete mit seinen Wohn- und Schlafräumen sowie der Küche das Wohngeschoß für den Besitzer des Hauses: Das *zweite* und *dritte Obergeschoß* konnte an andere Gewerbetreibende vermietet sein oder diente als Unterkunft der Eltern, der Schwiegereltern, der ledig gebliebenen Geschwister, des Dienstpersonals, der Gesellen und des Lehrbuben. Im Dachgeschoß wurden meist die Vorräte, die trocken und luftig aufbewahrt werden mußten, gespeichert. Dazu zählten beispielsweise Getreide, Häute, Tee und Flachs.

1. Der Keller

Über die Möglichkeit zur Anlage eines Kellers entschied in erster Linie die Höhe des Grundwasserstandes. In den Bürgerhäusern der sozial unteren Schichten der Bevölkerung fehlte meist ein besonderer Keller. Dies rührt nicht zuletzt daher, daß diese oft in jenen Gebieten der Stadt siedelten, wo der Grundwasserstand das ganze Jahr hindurch hoch war oder die Häuser von den mit gewisser Regelmäßigkeit wiederkehrenden Hochwasserkatastrophen bedroht waren. Da diese Hauseinwohner vorwiegend Taglöhner, Fischer, Weber, Maurer, Steinhauer oder Zimmerleute waren, erlaubte es ihr Gewerbe, auf einen eigenen Kellerraum verzichten zu können.

Die *Teilunterkellerung*, die in vielen altbairischen Städten sehr verbreitet war, stellte eigentlich den Regelfall dar. Meist fanden dabei nur die der Straße oder dem Platz zugekehrten Werkstatträume eine Unterkellerung. Mittels eines Kellerhalses konnte man Vorräte und Waren direkt von der Straße in den Keller einbringen. Des öfteren erscheinen auch zwei verschieden große Kellerräume mit einem Tonnengewölbe, das dicht über dem Fußboden aus gestampftem Lehm oder über dem Ziegelpflaster ansetzt.

Die *vollkommene Unterkellerung* trifft man meist nur in jenen Bürgerhäusern an, die durch ein entsprechendes Gewerbe auf weitläufige Kellerräume angewiesen waren. Hierzu zählten die Gasthöfe, die Weinwirtschaften, Lebzeltereien, Kaufmannshäuser und Krämereien (T 42 b, 43 b, c).

Zweigeschossige oder *doppelstöckige Kelleranlagen* bilden eine Besonderheit. Diese sind in Bürgerhäusern, die an einen Abhang gebaut oder an einem Flußufer erstellt wurden, anzutreffen. Beispiele dieser Art finden sich in Trostberg und in Burghausen. Bei den Schiffsmeister- und den Kaufmannshäusern in Burghausen, die zur Salzach hin lagen, konnten Waren, die auf den Plätten angelandet wurden, direkt über eine zum Fluß hinabführende Treppe ins Innere der Keller gebracht werden.

Der sogenannte *„Bergkeller"* ließ sich nur dort einrichten, wo ein Bürgerhaus oder die Nebengebäude an einen Berg oder Hügel grenzten. Einen Bergkeller benötigten nur die großen Brauereien, die hier ihr Bier einlagern wollten. In Burghausen, wo der nahe Burg- oder Schloßberg die Möglichkeit zur Anlage eines Bergkellers bot, besaß früher der Bauernbräu (Kanzelmüllerstraße 95/96) einen Bergkeller in dem dazugehörigen Haus Stadtplatz 53.[86] Dieser besteht heute noch, besitzt eine Länge von ungefähr 40 m, ist aus Ziegelsteinen gemauert und mit einem Tonnengewölbe versehen. Mit einem weiteren Bergkeller ist auch das Haus In den Grüben 172 ausgestattet;[87] dieser ist jedoch nur von dem Nachbarhaus (In den Grüben 170) aus zugänglich. Ein dritter großer Bergkeller gehört zu dem Haus Stadtplatz 41/42, wo einmal das Gasthaus zum Anker stand.[88] Dieser in den Schloßberg getriebene Bier- oder Bergkeller mißt eine Länge von etwa 50 m und dürfte wohl der größte seiner Art in Oberbayern, wenn nicht gar in ganz Altbaiern, sein. Kleinere Bergkeller zum Lagern von Bier finden sich auch in anderen Städten und Märkten von Ober- und Niederbayern, so beispielsweise in Wasserburg a. Inn. Von den Gasthöfen waren hier in Verbindung

---

86 Vgl. Liedke 1978, S. 130
87 Vgl. Liedke 1978, S. 204
88 Vgl. Liedke 1978, S. 125 f.

mit ihren Bierlagerräumen oft auch sogenannte „Sommerkeller" eingerichtet worden, in denen die Bürger während der warmen Jahreszeit im Schatten von Kastanienbäumen gut gekühltes Bier trinken konnten.

2. Das Fletz und die erdgeschossige Halle

Unter einem „Fletz" versteht man im altbairischen Raum den Hausflur. Das Fletz konnte in unterschiedlicher Form ausgebildet sein. Die Grundform ist das Fletz, das die gesamte Breite eines Hauses einnimmt. Ein gutes Beispiel bietet das Haus In den Grüben 151 zu Burghausen (T 45 a). Diese spätmittelalterliche Form findet sich heute nur noch sehr selten. Häufiger betritt man hingegen Hausflure, die etwa die Hälfte oder ein Drittel eines Hauses einnehmen, wie in den Häusern In den Grüben 122 (T 50 a) und In den Grüben 123 (T 44 a) in Burghausen. Bei stattlicheren Handwerkerhäusern, die mehr als drei Fensterachsen aufweisen, kommt auch ein Hausgrundriß mit Mittelfletz vor, wie bei dem Haus In den Grüben 173 (Abb. 46) zu Burghausen. Erdgeschossige Hallen schmückten nur die Patrizierhäuser, die Stadthäuser des Adels, die Domherrenhöfe sowie die Bauten der öffentlichen und kirchlichen Verwaltung. Es sei hier nur an die hallenartigen Räume im Patrizierhaus der Oberndorfer zu Landshut, Altstadt 300 (T 157 b), in der Propstei von St. Martin, Altstadt 218 (T 47 a), und im Haus Altstadt 81 (T 132 b) sowie im Palais Tauffkirchen zu Burghausen (Stadtplatz 97)[89] erinnert.

3. Die Werkstatt und der Verkaufsraum

Die Werkstatt eines Handwerkers richtete sich maßgeblich nach dem Gewerbe, das derselbe betrieb. Ein Huf- oder Hammerschmied konnte natürlich nur im Erdgeschoß sein Handwerk ausüben. Auch ein Bäcker, Schreiner, Wagner oder Schäffler hatte seine Werkstatt stets zu ebener Erde. Daneben gab es auch Gewerbe, die nicht unbedingt erdgeschossig liegende Räume benötigten. Hierzu zählten die Schuhmacher, Hutmacher, Bortenmacher, Strumpfstricker, Weber, Schneider, Maler, Bildschnitzer, Kupferstecher und dergleichen mehr. Sie wohnten vielfach im „Zins", d. h. zur Untermiete, im Obergeschoß eines Bürgerhauses.

Die Werkstatt war früher in vielen Fällen nicht gleichbedeutend mit dem Verkaufsraum. Für viele Gewerbe war es obligatorisch, ihre Waren auf dem Markt feilzubieten. Die Bäcker mußten ihr Brot im städtischen Brothaus und die Metzger ihr Fleisch in den städtischen Fleischbänken anbieten. Es gab aber auch Handwerkszweige, bei denen es sich von selbst ergab, daß man nicht zum Markt ging, um nach dem Handwerker Ausschau zu halten, sondern sogleich in dessen Haus. Diese „Dienstleistungsbetriebe", wie wir sie heute in unserem Sprachgebrauch nennen würden, waren z. B. die Hufschmiede, Wagner, Sattler und Müller.

4. Die Wohn- und Schlafräume

Die Lage und Anordnung der Wohn- und Schlafräume innerhalb eines Bürgerhauses zählt mit zu den Kernfragen des „Deutschen Bürgerhauswerks" und bedarf deshalb einer besonderen Würdigung.

Wir sind heute gewohnt, daß in einem Haus, sofern im Erdgeschoß nicht günstige Laden- und Verkaufsräume untergebracht werden können, alle Geschosse ziemlich gleichmäßig für Wohnzwecke genutzt werden. Vor 1800 war dies in Ober- und Niederbayern, wie auch sonst in den Städten des deutschen Sprachraums durchaus noch nicht der Fall. Bevorzugtes Wohngeschoß war der 1. Stock eines Hauses, was natürlich bestimmte Gründe hatte. Wegen der mangelhaften Isolierung der Böden im Erdgeschoß, der von den Fundamenten her im Mauerwerk aufsteigenden Feuchtigkeit und der oftmals fehlenden Unterkellerung waren die im Erdgeschoß liegenden Räume für die Zwecke des gehobenen Wohnbedarfs meist ungeeignet. Nur dem Dienstpersonal in den Häusern der reichen Bürger und des Adels wurde es zugemutet, hier in naßkalten Kammern zu hausen. Frühzeitig eintretende Leiden, wie Rheumatismus und Lungenschwindsucht waren häufig die Folge dieser ungesunden Wohnverhältnisse.

Die „Stube", wie früher das Wohnzimmer allgemein bezeichnet wurde, lag meist straßenseitig. Die Himmelsrichtung spielte dabei keine Rolle und richtete sich nach den örtlichen Gegebenheiten. Die Mindestzahl der Fensterachsen betrug zwei, die Regel bildeten jedoch drei, nur in den Wohnhäusern der vornehmen und vermögenden Bürger wies die Stube drei oder mehr Fensterachsen auf. Beliebt war die Anbringung eines Erkers vor der Wohnstube, von wo aus man durch das Eckfenster oder die seitlich angeordneten Spione (T 67 a, b, c) gut das Leben und Treiben auf den Straßen beobachten konnte. In einer Zeit, in der man noch nicht das Fernsehen kannte, war das oft der beliebteste Platz der Familie, um Neuigkeiten zu erfahren. Zudem wurde man von draußen wegen der gewölbten Butzenscheiben nicht gesehen.

---

89 Vgl. Liedke 1978, S. 153 ff. mit Abb. 262

Große Wohnräume bedurften oft zum Tragen der darüberliegenden Holzdecke einer Mittelstütze, die aus Holz, Granit oder Rotmarmor gefertigt sein konnte und manchmal reich verziert war. Die Wände waren stets verputzt und gekalkt. Das Anbringen von Tapeten oder seidenen Wandbespannungen kam erst in der Barockzeit in Mode. Ausbesserungen im Mauerwerk nach Umbauarbeiten, Risse und Sprünge ließen sich dabei vorteilhaft überdecken. Die recht kostspieligen Gobelins konnten sich nur Adelige oder Patrizier leisten.

Der Schlafraum des Hausherrn und seiner Ehefrau befand sich meist nach der Hofseite des Hauses zu und war kleiner als der Wohnraum. Außer dem Ehebett standen hier Truhen, in denen das Gewand abgelegt werden konnte. Schlafzimmerschränke kannte man früher noch nicht, ihre Funktion vertrat die Truhe. Die Schlafräume der Kinder waren meist kleiner. Sie lagen neben dem elterlichen Schlafzimmer, konnten sich aber auch an anderer Stelle des Hauses befinden. Manchmal waren es fast lichtlose Kammern im Inneren des Hauses, die höchstens über einen Lichtschacht eine spärliche Beleuchtung und Belüftung erhielten. Die Kleinkinder schliefen in der ersten Zeit bei der Mutter oder einer Amme. Die halbwüchsigen Knaben im Alter von etwa vierzehn Jahren begaben sich zu einem Lehrmeister in die Lehre und die Mädchen ärmerer Bevölkerungsschichten als Dienstmägde zu vermögenden Bürgern. Die Schlafräume des Lehrjungen und der Gesellen lagen meist im zweiten Obergeschoß oder in ausgebauten Dachkammern.

5. Die Küche und die Vorratsräume

Die Küche eines Handwerkerhauses lag eigentlich nie nach der Straßen-, sondern fast immer nach der Hofseite zu. Nur bei Häusern mit einem langen, handtuchartigen Grundriß war die Küche ziemlich in der Mitte angeordnet, wobei die Belüftung und Belichtung über einen Lichtschacht erfolgte. Die Häuser an der Bergseite der Grüben zu Burghausen zeigen vorwiegend diese Grundrißlösung.

In Verbindung mit der Küche, die meist im 1. Obergeschoß eines Hauses zu finden war, stand auch eine kleine Vorratskammer, die sogenannte „Speiskammer". Als Vorratsraum für Wein und Kraut diente stets der Keller. Mehl und andere trocken zu lagernde Lebensmittel verwahrte man in Truhen im Hausflur des Obergeschosses. Getreide, Zwiebel, Tee und Flachs hob man lieber am Dachboden auf, wo diese luftig und trocken gelagert werden konnten.

Ein großes Problem stellte damals die Mäuse- und Rattenplage dar. Die Haltung von Katzen war daher in den meisten Bürgerhäusern unerläßlich. Ein von der Stadt aufgestellter „Ratzenklauber", in der Regel der örtliche Abdecker (Wasenmeister, Schinder), mußte sich der Rattenbekämpfung widmen.[90] Bei der Lagerung von Mehl und Getreide drohte zusätzlich Gefahr durch den Mehlwurm, der auch Holzteile befallen konnte.

6. Der Dachboden als Lagerraum

Der Dachboden – darunter ist der von der Dachbalkenlage und den Dachflächen begrenzte Raum eines Daches zu verstehen – besaß in einem Handwerkerhaus die wichtige Funktion der Lagerung von Waren und anderen Erzeugnissen.

Der Boden des Dachraums – manchmal als „Dachboden" bezeichnet – bestand aus einem Dielenbelag, einem Ziegelpflaster, wie z.B. bei dem Haus In den Grüben 177 zu Burghausen *(T 38 a)*, oder nur aus einem einfachen Lehmestrich. Ein solches Ziegelpflaster diente sowohl zum Wärmeschutz als auch als feuerhemmende Schicht im Brandfalle.

Die auf dem Dachboden zu verwahrenden Vorräte wurden in der Regel nicht durch das Treppenhaus nach oben geschafft, sondern mit einer einfachen Aufzugsvorrichtung bis zur Höhe des Dachraums hochgezogen und dann im Inneren geborgen. Zu diesem Zweck besaßen viele Handwerkerhäuser unter dem First einen Aufzugsbalken mit Rädchen. Die Ausbildung der Aufzugsluke war meist stichbogig gehalten und konnte nach Gebrauch wieder durch eine einfache Brettertür verschlossen werden. Die beiden seitlichen kleineren Dachraumfenster hatten für eine Belüftung und Belichtung des Dachraums zu sorgen. Der Ausbau des Dachbodens zu Wohnzwecken wurde erst nach der Mitte des 19. Jahrhunderts üblich.

In den Wohnhäusern der Gerber diente der Dachraum, der hier oft in mehrere Böden unterteilt war, vor allem dem Trocknen der Häute. Seitliche Lüftungsschlitze in der Dachhaut sorgten für eine gleichmäßige Belüftung, wie z.B. bei dem Gerberhaus in Ingolstadt, Bei der Schleifmühle 13 *(T 110 b, 179 a, b)*.

7. Die Hauskapellen

Richard Strobel weiß davon zu berichten, daß Regensburg im Mittelalter über eine sehr große Zahl von Hauskapellen verfügte.[91] Diese Einrichtung trifft jedoch nicht auf den altbairischen Raum zu, da in den

---

90 Vgl. Herzog 1957, S. 244
91 Strobel 1976, S. 95

65

dortigen Städten andere soziale Verhältnisse vorherrschten. Hauskapellen stellten im Prinzip immer einen gewissen Luxus dar, den sich nur das Großbürgertum, oder besser gesagt das Patriziat, die reichen Kaufleute und die Schiffmeister, leisten konnten.

Für Burghausen läßt sich nur eine einzige Hauskapelle in einem Bürgerhaus nachweisen. Dem Handelsmann und Ratsherrn Joseph Haitentaler war durch die kirchliche Obrigkeit das Recht eingeräumt worden, an Sonn- und Feiertagen in seiner Hauskapelle am Stadtplatz 116 eine hl. Messe lesen zu lassen.[92] Die Hauskapelle im ersten Stock *(T 51 a)* dieses Hauses ist fensterlos und reicht über zwei Geschosse. Ein kleiner Barockaltar und Kreuzwegtafeln bilden den einzigen Schmuck dieses sakralen Raums, der 1754 geschaffen wurde und in seiner alten Form bestehen blieb.

In Landshut waren ebenfalls höchst selten Hauskapellen eingerichtet worden. In dem Wohnhaus Altstadt 216 soll angeblich früher einmal in dem Raum neben dem Flur im Erdgeschoß, der einen rechteckigen Grundriß und drei Sterngewölbejoche zeigt, eine Hauskapelle existiert haben. Der Raum ist heute ungenutzt, und es gibt auch keinen sichtbaren Hinweis dafür, daß diese Überlieferung wirklich zutrifft.

Interessante Beispiele für eingebaute Hauskapellen bietet Straubing in einigen seiner ehemaligen Patrizierhäuser. Vor allem die Hauskapelle „Heiligkreuz", die wahrscheinlich unter Wilhelm Zeller, einem sehr vermögenden Patrizier, in dessen Haus (Ecke Ludwigsplatz–Fraunhoferstraße) eingerichtet wurde, und der sie noch eigens in seinem im Jahr 1485 abgefaßten Testament erwähnt[93], verdient hier besondere Beachtung. Bei der Hauskapelle handelt es sich um einen rechteckigen Raum in der Nordostecke des Rückgebäudes, der über zwei Geschosse geht. Diese ist von Galerien, die den rückwärtigen Trakt mit dem Hauptbau an der Straßenseite verbinden, in beiden Geschossen betretbar. An der Ostseite des mit einem Kreuzgratgewölbe versehenen Raumes ist eine Empore eingebaut. Die südliche Schmalseite, die dem Innenhof zugekehrt ist, weist ein spitzbogiges, gekehltes Fenster auf, besitzt aber kein Maßwerk. An der Nordseite wurde im Rokoko noch ein geschweiftes Fenster eingebrochen. Der Altar, der an der westlichen Langseite aufgebaut ist, ist barock und darf in das dritte Viertel des 17. Jahrhunderts datiert werden.[94]

Ein weiteres Beispiel einer eingebauten Hauskapelle findet sich in dem Haus Ludwigsplatz 39 in Straubing.[95] Das schmale, handtuchartige Grundstück ist mit einem Vorderhaus und einem Rückgebäude bebaut, die im 17. Jahrhundert durch zweigeschossig angelegte Galerien miteinander verbunden waren. Genau in der Mittelachse über dem rechteckigen Untergeschoß dieser Galerien ist die zweigeschossige Hauskapelle eingebaut worden. Diese zeigt vom Grundriß her einen dem Achteck angenäherten Raum mit einem Spiegelgewölbe. Ein geschweiftes Kuppeldach bildet den oberen Abschluß. Die Beleuchtung erfolgt durch spitzbogige Fenster im Obergeschoß. Der Altar gehört der Erbauungszeit der Kapelle an und ist ebenfalls in das dritte Viertel des 17. Jahrhunderts zu datieren.

Die schönste Straubinger Hauskapelle schmückt jedoch das Haus Ludwigsplatz 30, das sich im Jahr 1645, d.h. zur Zeit der Erbauung der Kapelle, im Besitz des angesehenen Apothekers und Bürgermeisters Simon Höller befand.[96] Dieser ließ die Hauskapelle *(T 51 c)* im Obergeschoß des rückwärtigen Seitenflügels seines stattlichen Wohnhauses einrichten. Der kleine, rechteckige Raum hat zwei Joche. Das Westjoch ist mit einer Spitzkappe gewölbt, über dem östlichen Joch erhebt sich hingegen eine achtseitige Kuppel. Die Belichtung des Raumes erfolgt durch Fenster, die in die östliche Hälfte des Tambours eingebrochen sind. Die Hauskapelle – der Zugang liegt an der Westseite des Raums – zeichnet sich vor allem durch reiche Stuckierung aus, die vielleicht einem italienischen Meister zugeschrieben werden darf.

Recht ungewöhnlich ist die Einrichtung einer Hauskapelle in der ehemaligen Gerichtsschreiberei zu Erding.[97] Hier ist im ersten Obergeschoß des stattlichen Baus im Jahr 1685 eine Kapelle geschaffen worden, die 1698 geweiht und dann 1772 wieder restauriert wurde. Die Hauskapelle besitzt heute einen schönen Rokokoaltar mit reichen Schnitzereien aus der Zeit um 1772, der wohl auf Kosten des damaligen Erdinger Gerichtsschreibers Johann Franz Gscheider (1746–1781, † 1789 in Freising) und seiner Gemahlin aufgestellt wurde.

Kurz erwähnt sollte hier vielleicht auch noch die barocke Hauskapelle St. Bernhard im kath. Pfarrhof von Beutelsbach[98] werden, die sich im Obergeschoß in der Verlängerung des Mittelflurs befindet und eine Art Annex zu dem Wohntrakt bildet *(Abb. 25)*. Die

---

92 Liedke 1978, S. 170f.
93 Rohrmayr 1961, S. 85f.
94 Vgl. KDB, Stadt Straubing, S. 313

95 Vgl. KDB, Stadt Straubing, S. 318
96 Vgl. KDB, Stadt Straubing, S. 324ff.
97 Vgl. KDB, Bezirksamt Erding, S. 1240f.
98 Vgl. KDB, Bezirksamt Vilshofen, S. 112

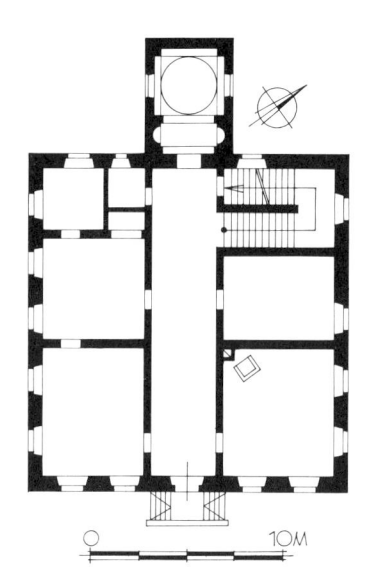

Abb. 25 Beutelsbach (Lkr. Passau), Kath. Pfarrhaus, Grundriß Erdgeschoß

Kapelle ist mit einer Flachkuppel über Zwickeln gewölbt, die über vier Rundbögen mit toskanischen Eckpilastern ansetzt.

B. DIE BAUAUSSENANLAGEN

Die Bauaußenanlagen, wie die Lauben und Arkaden, nehmen am altbairischen Bürgerhaus einen bedeutenden Platz ein. Diesem Kapitel soll daher hier besondere Aufmerksamkeit gewidmet werden. Da die Lauben der ältere Baubestandteil sind, wird mit der Würdigung ihrer baugeschichtlichen Entwicklung der Anfang gemacht.

1. Die Lauben oder Bögen

Unter den „Lauben" ist der überdeckte, erdgeschossige Gang an den Bürgerhäusern von Ober- und Niederbayern zu verstehen, der an der Front der Häuser angebracht sein kann. Das Hauptverbreitungsgebiet dieser Lauben ist das Inntal. Vor allem in jenen Städten längs des Inns, die dem Fernhandel nach Oberitalien angeschlossen waren, kommen solche Lauben gehäuft vor. Es sei hier nur an die Städte bzw. Märkte Rosenheim, Wasserburg a. Inn, Kraiburg a. Inn, Mühldorf a. Inn und Neuötting erinnert. An den Häusern der Salzachstädte fehlen dagegen die Lauben vollkommen. Aber auch in München, Landshut und Pfarrkirchen treten diese Bauformen auf.

Es läßt sich beobachten, daß nicht alle Häuser der genannten Städte Lauben besitzen, sondern in der Regel nur jene, die früher im Besitz von Handelsherren, Schiffmeistern oder Krämern waren, also von Bürgern, die sich dem Handel widmeten. So wird zum Beispiel jener Teil der Altstadt in Landshut, der an den Häusern Lauben besitzt, schon im Jahr 1331 im Salbuch von St. Martin als „unter den Kramen", d.h. unter den Krämern, erwähnt.[99] Heute heißt es im Volksmund „unter den Bögen". Die Lauben hatten demnach eine bestimmte Funktion, und zwar sollten sie die zum Verkauf ausgelegten Waren vor Sonne und Regen schützen. Die in der Regel gewölbten Lauben sind von recht unterschiedlicher Breite und variieren in den Maßen im allgemeinen zwischen drei und fünf Metern. Bei jenen Bürgerhäusern, bei denen die Lauben noch bis ins 15. oder frühe 16. Jahrhundert zurückreichen, zeigen sie oft schöne Kreuzrippen- oder Netzgewölbe mit und ohne Schlußsteinen. Es sei hier nur auf einige Beispiele in Landshut (*T 52 b, 157 a*) und Neuötting (*T 52 a*) verwiesen. In der Renaissance wurden die Lauben mit Kreuzgewölben und in der Barockzeit mit Kreuzgratgewölben – manchmal auch mit Stichkappen – versehen. Die Lauben an der ehemaligen Propstei von St. Martin in Landshut, Altstadt 218 (*T 53 b*), stammen noch aus der Zeit von 1710/12.

Interessant und eigentlich nicht verwunderlich ist ferner die Feststellung, daß die Keller von Bürgerhäusern mit Lauben bis zur Straßenkante reichen, d.h. daß die Lauben unterkellert sind. Über Kellertreppen, die durch Falltüren verschlossen wurden, wie in Wasserburg am Inn, und deren Ausgänge direkt unter den Lauben endeten, konnte man bequem die zu lagernden Waren entladen und in die entsprechend zugerichteten Kellerräume schaffen.

Die Lauben waren nach der Straßen- oder Platzseite zu offen. Der Abstand zwischen den einzelnen Pfeilern ist von Haus zu Haus verschieden. Die Öffnungen sind meist stich- oder segmentbogig, gefast oder profiliert. Zum Ausgleich von Geländeunterschieden sind manchmal auch noch einige Stufen vorgelegt.

2. Die Arkaden

Die Bezeichnung „Arkade" stammt von dem lateinischen Wort „arcus", d.h. Bogen. Die Arkade ist eine Bogenstellung oder anders ausgedrückt ein auf Stützgliedern – seien es Pfeiler oder Säulen – ruhender Bo-

---

99 Herzog 1957, S. 307

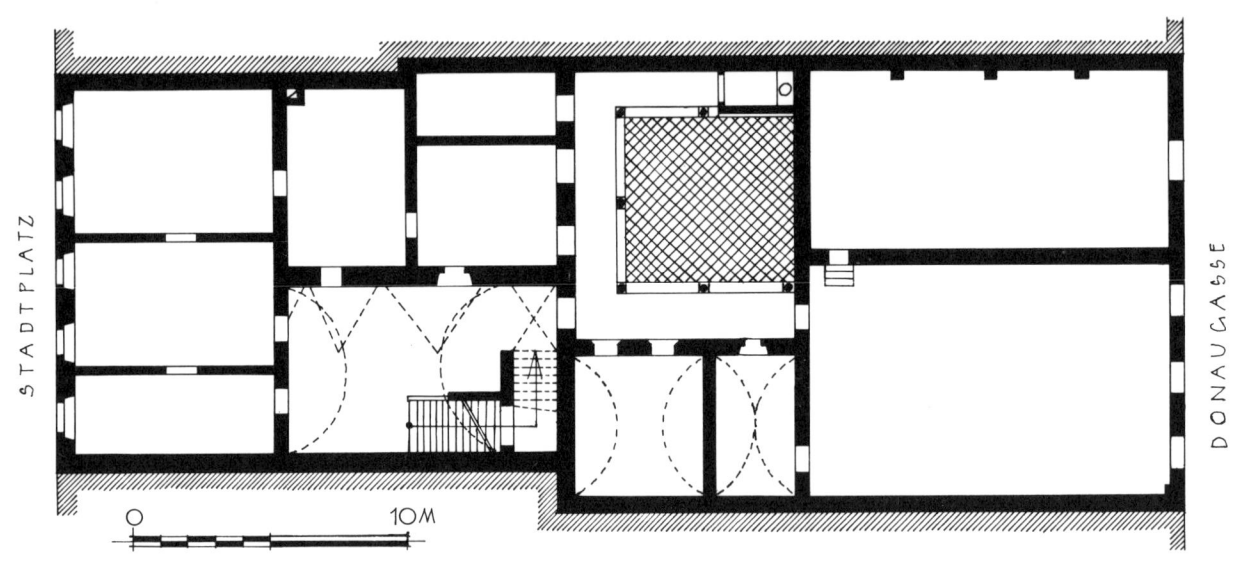

Abb. 26   Vilshofen (Lkr. Passau), Stadtplatz 35, Grundriß erstes Obergeschoß

gen. Arkaden sind eine fortlaufende Reihe von Bogenstellungen, die ein- oder mehrgeschossig sein können. Sie fanden nach 1500 Eingang in die altbairische Bürgerhausarchitektur. Das früheste Beispiel von Renaissancearkaden findet sich an der Residenz zu Freising.[100] Sie wurden von dem Münchner Baumeister Wolfgang Rottaler ausgeführt und mit Rippengewölben, zum Teil in den damals noch neuartigen kurvigen Figurationen, versehen. Sein Vetter, Stephan Rottaler, Bildschnitzer zu Landshut, führte dabei die kunstvoll gemeißelten Stützen aus Rotmarmor aus. In diesem Zusammenhang soll auch noch der Münzhof in München erwähnt werden, der 1563/67 von Wilhelm Egkl errichtet wurde. Diese Beispiele höfischer Baukunst haben mit der Zeit auch auf die bürgerliche Bauweise befruchtend gewirkt. An den Wohnhäusern der Hofbeamten und der Patrizier finden sich ebenfalls ab der Mitte des 16. Jahrhunderts solche Arkaden an der Hofseite der Vordergebäude oder bei den Verbindungstrakten zu den Rückgebäuden.

In Burghausen sind die Häuser Kanzelmüllerstraße 95/96 – früher im Besitz der Adelsfamilie der Offenheimer zu Offenstein (T 58 c) – und Stadtplatz 44 (T 54 a, 55 a) mit mehrgeschossigen Arkaden ausgestattet. Die Stützen sind gemauert, verputzt und weiß gekalkt, und die dahinterliegenden Gänge besitzen Kreuzgratgewölbe. Auch für die Stadt Landshut lassen sich einige schöne Beispiele aufzählen. So zeigt das von dem Ratsherrn Georg Pätzinger um 1570 erbaute Patrizierhaus Altstadt 69 zweigeschossige Arkaden, die an dem langen, schmalen Rückgebäude dem Innenhof zu angeordnet sind. Der Hof öffnet sich im Erdgeschoß mit fünf rundbogigen Arkaden auf toskanischen Säulen vor einem mit Kreuzgewölben versehenen Gang. Die Arkaden des ersten Obergeschosses gleichen jenen des Erdgeschosses, doch mit dem Unterschied, daß letztere eine gemauerte Brüstung mit über Eck gestellten Lisenen aufweisen, die jeweils in der Achse jeder Säule angeordnet sind.

Durch dreigeschossige Arkaden zeichnet sich das frühere Stadthaus des vermögenden und angesehenen Adelsgeschlechts der Grafen von Fraunberg am Dreifaltigkeitsplatz 13 in Landshut aus. Als Bauherr dieses Hauses gilt der fürstliche Rat und Vicedom Hans Georg von und zu Fraunberg.[101] Der Frühzeit des 17. Jahrhunderts gehören auch die Bauformen der Arkaden (T 161 b) an, die heute jedoch größtenteils zugesetzt sind. Die enggestellten stichbogigen Arkaden ruhen auf Rundpfeilern. Davon unterscheidet sich die Arkaden des zweiten Obergeschosses durch in Rauhputzmanier ausgeführte Rustica an den Stichbögen und durch Rosetten in den Achsen der Pfeiler. Ein Zahnschnittband bildet dabei den oberen Abschluß.

Ein weiterer repräsentativer Innenhof mit Arkaden am hofseitigen Flügel schloß sich an das Haus Altstadt 300 in Landshut an. Bauherr dürfte der wohl bei

---

100 Vgl. Liedke 1976, S. 59 ff.

101 Vgl. Herzog 1957, S. 37

Hof beschäftigte Karl Adam Khempinsky zu Berg gewesen sein, der das Haus bis zum Jahr 1658 besaß.[102] Das Erdgeschoß des hofseitigen Flügelbaus öffnete sich mit neun auf kräftigen Pfeilern ruhenden Rundbogenarkaden, wobei der dahinterliegende Gang mit einer Stichkappe gewölbt war. Das erste Obergeschoß war ursprünglich mit Arkaden mit schlanken ionisierenden Säulen und Stichbögen geschmückt. Das zweite Obergeschoß öffnete sich früher ebenfalls in Arkaden mit Stichbögen, doch bestanden hier die Stützen aus sechseckigen Pfeilern. Die Brüstung wurde durch eine Folge enggestellter Rundbogenblenden, getrennt durch die Pfeilersockel, belebt.

Reizvolle Beispiele von Innenhöfen mit Renaissancearkaden finden sich natürlich auch in Straubing. Vor allem in der Gegend des Ludwigsplatzes stehen verschiedene Patrizier- und Stadthäuser des Adels, die solche Bauaußenanlagen zeigen. Es sei hier nur auf das Haus Ludwigsplatz 3 hingewiesen, als dessen Besitzer im Jahr 1573 Albrecht von Schwarzendorf, 1580 Doktor Octavian Schranckh und 1592 Thomas Dürnitzl zum Hienhart und Azlburg, des Inneren Rats und Bürgermeister, genannt werden.[103] In dieser Familie blieb das Haus bis zum Jahr 1775, in dem es Johann Nepomuk Freiherr von Dürnitzl auf Hienhart, Oberschneiding, Ratiszell und Arnschwang, kurfürstlicher wirklicher Kämmerer, an den Handelsmann Joseph Grienberger verkaufte. Der Innenhof mit den dreigeschossigen Arkaden ist leider durch einen Brand in der Mitte unseres Jahrhunderts stark beschädigt worden. Nach Ausweis des Kunstdenkmälerinventars soll er früher folgendermaßen ausgesehen haben:

Um den geschlossenen Innenhof zogen sich an drei Seiten kreuzgratgewölbte Arkaden hin *(T 162 a)*, die sich mit Stichbögen auf toskanischen Säulen öffneten. Die Brüstungen waren aus Backsteinen gemauert und durchbrochen, die Form noch spätgotisch. Es handelte sich dabei um ein Muster mit Zickzacklinien, die durch zwei horizontal verlaufende Bänder gebunden wurden. Das Gewölbe des Arkadengangs war stukkiert, die Formen sprachen für eine Ausführung im frühen 17. Jahrhundert.

In den Landstädten sind an den Häusern der Ratsherren ebenfalls hin und wieder Arkadengänge anzutreffen; einige schöne Beispiele seien hier herausgegriffen:

In diesem Zusammenhang muß vor allem Vilshofen erwähnt werden, wo sich am Stadtplatz verschiedene

Abb. 27 Pfarrkirchen, Stadtplatz, Gasthaus zum Plinganser, Renaissancearkaden an der Hofseite

Häuser mit Innenhöfen und Arkaden finden. So zeigt der Gasthof zur Post, Stadtplatz 22 *(T 55 b)*, einen geschlossenen Arkadengang über rundbogig abgetreppten Konsolen. Auch das Haus Stadtplatz 14 besitzt einen Innenhof mit offenen Arkaden. Über der gemauerten Brüstung bauen sich hier stämmige Rundstützen mit Kämpfern auf, die z. T. quadratische Basen haben. Die Säulen des zweiten Obergeschosses sind dagegen etwas schlanker ausgeführt. Einen Innenhof mit schmückenden Renaissancearkaden kann gleichfalls das Haus Stadtplatz 35 *(Abb. 26, T 121 a)* in Vilshofen aufweisen. Die kreuzgratgewölbten Gänge mit den kandelaberartigen Säulen und den breiten rundbogigen Öffnungen lassen eine gewisse Verwandtschaft mit jenen des Schlosses Ortenburg erkennen.

Reizvolle Arkaden, die meist nach der Hofseite ausgerichtet sind, besitzen nicht zuletzt einige Gasthöfe. Es sei hier nur auf den „Münchner Hof", Lindnerstraße 14 *(T 56 a)*, und das Gasthaus zum Plinganser, Stadtplatz 9 *(Abb. 27)*, in Pfarrkirchen, den Huberbräu, Marktstraße 26 *(T 56 b)*, in Rottenburg a. d. Laaber und den Gasthof Stammler am Stadtplatz von Vilsbiburg *(Abb. 28)* hingewiesen. Letztlich sollte hier auch noch der prachtvolle Innenhof des früheren herzoglichen, dann kurfürstlichen Mautamts in Neuötting, Ludwigstraße 59 *(Abb. 62)*, erwähnt werden. Die an vier Seiten umlaufenden Arkaden bieten ein

---

102 Vgl. Herzog 1957, S. 143
103 Rohrmayr 1961, S. 117

Abb. 28   Vilsbiburg (Lkr. Landshut), Stadtplatz, Gasthof Stammler, Renaissancearkaden an der Hofseite

höchst malerisches Bild. Die gewölbten Gänge ruhen teils auf abgetreppten Kragsteinen, teils auf Säulen. Die Gänge der Ostseite zeigen jedoch Quertonnen über gemauerten Pfeilern. Dieser Wechsel in der Stützenkonstruktion könnte vielleicht auf verschiedene Bauzeiten hinweisen, wobei die ältesten Teile noch in die Mitte des 16. Jahrhunderts zu datieren wären.

3. Lichthöfe und Innenhöfe

Im 16. Jahrhundert kam es infolge einer starken Bevölkerungszunahme mancherorts zu einer Verdichtung der Bebauung. Rückgebäude wurden den Bürgerhäusern angegliedert, die größtenteils mit den an der Straßenfront stehenden Häusern durch Flügelbauten verbunden wurden. Ließ die Größe des zu bebauenden Grundstücks jedoch eine solche Bauweise mit Innenhöfen nicht mehr zu, so blieb nur noch die Möglichkeit der Ausbildung eines Lichthofs. In Burghausen zeigen die Häuser an der Westseite der Grüben in mehreren Fällen solche Lichthöfe, da der angrenzende Burgberg eine weitere Ausdehnung der bebaubaren Zone verhinderte. Diese Anlagen gehen meist durch das ganze Haus, zumindest jedoch bis zum ersten Obergeschoß. Fast immer grenzen sie mit der einen Seite an die Kommunemauer und mit der anderen an den innenliegenden Hausflur. Der Hausflur besitzt meist eine Arkade, die oft nur aus zwei bis drei Bogenstellungen besteht. Auch das Treppenhaus sowie die an der vierten Seite angrenzende Küche erhält von dieser Seite her Licht und Belüftung. In Burghausen haben solche innenliegenden Lichthöfe z. B. die Häuser Stadtplatz 55 *(T 48 b)*, In den Grüben 160 *(T 49 a)* und In den Grüben 177 *(T 48 c)*.

VIII. DIE BAUDETAILS UND ZIERFORMEN AM BÜRGERHAUS

A. DIE MAUERÖFFNUNGEN

1. Der Hauseingang: Haustür und Portal

Der Hauseingang wurde zu allen Zeiten nicht nur als ein rein funktionelles Bauelement, sondern auch als ein besonderes Zierelement der Fassade angesehen. Er machte deshalb im Lauf der Jahrhunderte wie kaum ein zweites Baudetail alle Stilwandlungen mit und konnte sowohl Armut als auch Reichtum eines Hausbesitzers in bezeichnender Weise zum Ausdruck bringen. Der Hauseingang, wenn er noch aus der Erbauungszeit des Hauses stammt, kann mitunter aber auch eine wertvolle Datierungshilfe liefern. In vielen Fällen ist nämlich das Jahr, in dem die Haustür eingesetzt wurde, in den Türsturz eingraviert worden. Auch Hausmarken, Handwerkerzeichen, Initialen oder Wappenschilde finden sich hier und können Auskunft über den Namen und den Stand des Bauherrn geben. Hin und wieder sind sogar fromme Sinnsprüche oder religiöse Symbole an oder über dem Türsturz angebracht.

Die Grundform ist die einflügelige Tür, doch kommen bei Bauten der öffentlichen Verwaltung des öfteren auch zweiflügelige Türen vor; der Zweck bestimmt die Form. Die Übergänge von der einfachen Haustür bis hin zu dem aufwendig gestalteten Portal sind fließend.

Die Haustür eines einfachen Handwerkerhauses beschränkt sich auf seine wesentlichen Elemente: den Türstock und das Türblatt. Hinzu kommt in vielen Fällen ein Oberlicht, das jedoch nicht als Zierelement zu werten ist, sondern die Aufgabe hat, dem dahinterliegenden Flur Tageslicht zu spenden.

Der Hauseingang vor Gasthöfen mußte, da hier viele Leute ein- und ausgehen, zwangsläufig zweiflügelig sein. Von der einfachen Bierwirtschaft bis hin zum vornehmen Weingasthof durchläuft auch die jeweilige Haustür an diesen Gebäuden eine ganze Skala von gestalterischen Möglichkeiten. Der Schritt bis hin zum Hauseingang eines Patrizierhauses oder eines Adelspalais ist dann oft nicht mehr weit. Hier stoßen wir schließlich auf das prunkvoll gestaltete Portal als sichtbarer Ausdruck der Vornehmheit seines Besitzers.

Die einflügelige Haustür war in der Spätgotik in Altbaiern sicher ganz allgemein verbreitet, wenngleich davon heute nur mehr ganz wenige Beispiele zu finden sind. Das Türgewände war aus Tuff oder Granit, mitunter aber auch aus Ziegelsteinen gemauert, in einem Spitzbogen geschlossen und zeigte eine umlaufende Fase.

Eine für jene Zeit gängige Hauseingangsform mit einem gemauerten profilierten Spitzbogen weist beispielsweise ein Haus in Landshut, Altstadt 26 (T 59 a), auf, das sich zu Ende des 15. Jahrhunderts im Besitz des Schneiders Caspar Schwingkhaimer befand.[104] Dieselbe Grundform, jedoch etwas breiter, ist in dem wohl schon vor 1440 ausgeführten Portal des früheren Dingolfinger Kastenhofs, Obere Stadt 15 (T 138), gegeben.

Eine höchst eigenwillige Sonderform eines spätgotischen Hauseingangs, die sich nur an zwei Landshuter Bürgerhäusern von Ratsfamilien findet, ist sonst wohl ohne Nachfolge geblieben. Das ältere Haus davon, das erstmals diese merkwürdige Form eines Hauseingangs bringt, ist das Haus Altstadt 81 (T 133). Es hat einen stichbogigen Hauseingang – früher war es wohl eine Toreinfahrt –, der nach oben hin in Form einer spätgotischen Blende abschließt und daneben einen etwas niedrigeren Hauseingang.

Eine Variante dieser Form bietet das Haus Schirmgasse 268 in Landshut (T 59 b), das sich zur Zeit der Ausführung des Hauseingangs wohl im Besitz der Ratsfamilie Kreidenweis[105] befand. Der Hauseingang ist stichbogig, desgleichen das dicht danebenliegende Fenster. Über dem Stichbogen ist noch jeweils eine Blende angeordnet, die stichbogig schließt. In der Blende über dem Hauseingang ist eine querrechteckige Platte in das Mauerwerk eingelassen, die das bemalte Terrakottarelief eines Markuslöwen mit Spruchband zeigt. Der Markuslöwe, das Stadtwappen von Venedig, könnte möglicherweise auf Handelsbeziehungen eines späteren Besitzers, der Handelsmann war, zu dieser wichtigen oberitalienischen Stadt an der Adria hinweisen.

Spätgotische Türgerüste aus Holz – es wird sie früher wohl an Bürgerhäusern der ärmeren Schichten der Bevölkerung häufig gegeben haben – sind heute, abgesehen von einer solchen Tür im Obergeschoß des Hauses Steckengasse 310 in Landshut, eigentlich nirgendwo mehr feststellbar. Stellvertretend sei hier daher eine Holztür mit kielbogigem Türsturz angeführt, die sich an einer der sogenannten „Pfefferbüchsen" auf der Burg zu Burghausen findet (T 59 c). Der kielbogig ausgeschnittene Türsturz hat im ländlichen

---

104 Vgl. Herzog 1957, S. 42
105 Vgl. Herzog 1957, S. 131 f.

Bauwesen noch bis ins späte 18. Jahrhundert hinein fortgewirkt. Ein kielbogiges, reich profiliertes Portal aus Tuffstein besitzt heute noch das Bürgerhaus Stadtplatz 109 in Burghausen *(T 59 d)*. Es dürfte wahrscheinlich erst nach dem großen Stadtbrand von 1504 ausgeführt worden sein. Der Lage nach zu urteilen, muß es sich hierbei um ein vornehmes Bürgerhaus, vielleicht um das eines Patriziers gehandelt haben. Seit der Mitte des 17. Jahrhunderts war es dann in Händen von Bierbrauern, wobei dieser Gasthof nach 1760 den Namen „Duschlbräu" führte.

In Ingolstadt erscheint an einem Bürgerhaus ein überaus reich verziertes rundbogiges Türgewände aus der Mitte des 16. Jahrhunderts mit ganz typischem Renaissancedekor. Es handelt sich dabei um das Haus Kreuzstraße 4 *(T 60 b)*. Der Hauseingang zeigt eine rundbogige Öffnung und darüber ein segmentbogiges Oberlicht. An den Kämpfern ist jeweils ein Steinmetzzeichen – die Meistermarke des ausführenden Steinmetzen – eingemeißelt. Die Felder der Türumrahmung besitzen Beschlagwerkdekor, und in den Eckzwickeln sind außerdem noch leer belassene Wappenschilde zur Verzierung angebracht worden. Das ganz vortrefflich gearbeitete Türgerüst steht heute einmalig da und gibt Zeugnis von der einstmals recht hochentwickelten Ingolstädter Steinmetzkunst der Renaissance.

In der Tradition dieser Haustür von Kreuzstraße 4 steht ein weiteres kunstvoll gemeißeltes Türgewände an dem Haus Kreuzstraße 2 *(T 60 c)* in Ingolstadt. Es dürfte aber bereits in das frühe 17. Jahrhundert zu datieren sein.

Vor allem in der zweiten Hälfte des 16. Jahrhunderts wurden in den großen Städten von Ober- und Niederbayern kunstvoll gestaltete Renaissanceportale ausgeführt; ein gesteigertes Geltungsbedürfnis der jeweiligen Hausbesitzer wird darin manifestiert. Ein schönes Beispiel bietet hierzu das Rotmarmorportal an dem Haus Max-Josephs-Platz 4 in Rosenheim *(T 61 c)*, das am stichbogigen Türsturz folgende eingemeißelte Inschrift trägt:

Achatzi Hueber · 1568 · Anna Zächnpergerin

Die Hauseingänge des Barock und des Rokoko sind vielfach noch reicher im Dekor. Aus der Vielzahl von Beispielen seien hier nur einige wenige herausgegriffen. Der Zeit um 1700 gehören die Portale von Altstadt 32 und Nahensteig 180 *(T 62 a)* in Landshut an. Aber auch Straubing besitzt eine Reihe von Stadtpalais des Adels mit schönen Hauseingängen aus dem dritten Viertel des 18. Jahrhunderts. Es sei hier nur an die Hauseingänge von Fraunhoferstraße 5 *(T 62 d)* und Fraunhoferstraße 23 *(T 62 c)* erinnert. Ein aus-

nehmend schönes Beispiel für ein Portal an einem Landshuter Bürgerhaus des späten Rokoko bildet das von Altstadt 18, das der dortige Hofmaurermeister Georg Felix Hirschstetter im Jahr 1771 entwarf und ausführen ließ. Hier an diesem Bau wird das wichtige Zusammenspiel von Tür, Fenster und Mauerfläche deutlich. Der noble Stuckdekor an den schmalen hochrechteckigen Fenstern kontrastiert wirkungsvoll mit dem breiten, behäbigen Portal, das seitlich von Pilastern eingefaßt wird *(Abb. 71, T 113 b)*.

Bedeutend schlichter waren dagegen die Hauseingänge an Bürgerhäusern, wie z. B. bei der Hammerschmiede Strasser in Burghausen, Tittmoningerstraße 30/32 *(T 61 b)*. Dieser Hauseingang besitzt zudem ein Türgewände aus Rotmarmor, das mit der Jahreszahl 1763 bezeichnet ist. Eine Tür mit einer Spottmaske kommt andererseits bei dem Hafnerhaus, In den Grüben 122 *(T 61 a)*, in Burghausen vor. Zeitlos in der Form ist schließlich der korbbogige Hauseingang bei dem Burghauser Bürgerhaus In den Grüben 176 *(T 63 c)*.

Aus der Zeit des Klassizismus in Altbaiern (ca. 1780–1830) haben sich ebenfalls noch eine ganze Reihe sehr schön gestalteter Haustüren und Portale erhalten. An die Stelle der Schweifungen tritt nun Geradlinigkeit, der Dekor zeigt die Übernahme antiker Formen. Beliebt werden Körbchen mit Früchten und Blumen, Rosetten, stilisiertes Pflanzenwerk und Girlanden. Seltener erscheinen figürliche Darstellungen mit Göttern aus der griechischen Sagenwelt. Kunstvoll geschmiedet sind auch die Beschläge.

Ein reizvoller Dekor mit Früchtekorb, Rosette und Girlande ziert die Haustür bei Ländgasse 117 *(T 64 b)* in Landshut. Sehr nobel wirkt auch das klassizistische Portal des früheren Bezirksamtsgebäudes von Vilshofen *(T 140 a)*, das am Oberlicht die Jahreszahl 1797 und die verschlungenen Initialen „C T" (= Carl Theodor, Kurfürst von Bayern) trägt. Das Gebäude wurde demnach nach dem großen Stadtbrand von 1794 errichtet. Nicht unerwähnt darf in diesem Zusammenhang auch die schöne zweiflügelige Haustür bleiben, die einst am kurfürstlichen Bräuhaus in Vilshofen, Stadtplatz 6 *(T 64 d)*, angebracht war. Die Felder dieser gestemmten Tür haben reiche Schnitzereien mit den Bildnissen zweier griechischer Götter.

Schnitzereien mit figürlichen Szenen an einer Haustür bringt – was zu Ende des 18. Jahrhunderts für Altbaiern sehr selten gewesen sein muß – die Haustür von Altstadt 78 in Landshut *(T 64 c)*. Die um 1790 ausgeführte zweiflügelige Tür zeigt in den beiden oberen Feldern Apollo und Merkur. Das Oberlicht besitzt ein geschmiedetes Gitter. Davor kauert auf einem Warenballen ein geschnitzter bayerischer Löwe. Diese Darstellung nimmt wohl darauf Bezug, daß der damalige Besitzer des Hauses, Christoph Adam von Pakkenreith, kurfürstlicher Zolleinnehmer war.

Zuletzt seien hier noch zwei Beispiele von Haustüren aus der Zeit um 1825 angeführt, die sich an altbairischen Gasthöfen finden. Gemeint ist damit zum einen der Hauseingang an einem Gasthof in Vilshofen, Stadtplatz 35 *(T121b)*, der, wie die darüber angebrachte Inschrifttafel für den Bierbrauer Johann Baptist Unverdorben angibt, im Jahr 1824 ausgeführt worden sein dürfte, und zum anderen der Hauseingang an dem Gasthof Unterwirt in Kraiburg a.Inn, Bahnhofsstraße 12 *(T120b)*, der von 1821 stammt. Im Gegensatz zu dem erstgenannten Beispiel, wo das Türgerüst aus einer ganz einfach gearbeiteten Granitsteinumrahmung besteht, ist der Eingang des Kraiburger Gasthofs mit Kämpfer und Keilstein sowie sparsamem Dekor versehen.

2. Die Toreinfahrt

Toreinfahrten an Bürgerhäusern sind keine Seltenheit gewesen. In einer Zeit, in der man noch mit der Kutsche oder zu Pferd reiste und mit dem Wagen Waren von einem Ort zum anderen beförderte, ergab sich die Notwendigkeit, beim Bau eines Hauses auch eine Toreinfahrt vorzusehen, um in der Durchfahrt oder im Hofraum Waren abladen und anschließend Pferd und Wagen in den zugehörigen Nebengebäuden abstellen zu können *(T34b)*.

Große Toreinfahrten kommen daher insbesondere an Gasthöfen vor. Aber auch an Ackerbürgerhäusern durften sie natürlich nicht fehlen *(T111a)*. Der Beispiele sind zu viele, als daß sie hier alle einzeln aufgeführt werden könnten. Erwähnt müßte aber wohl noch werden, daß manche Toreinfahrten früher mit dem Hauseingang kombiniert wurden und daher manchmal einen besonderen Einschnitt im Türblatt des zweiflügeligen Hoftores aufweisen. An den beiden Fußpunkten des Torgewändes finden sich übrigens häufig eingesetzte Prellsteine zum Schutz vor den Wagenrädern der Kutschen und Fuhrwägen.

3. Die Fenster

Die Größe, Form, Durchbildung, Lage und Gruppierung der Fenster in der Mauerfläche bestimmt das äußere Erscheinungsbild eines Hauses in entscheidendem Maße. Auch die Fensterteilung durch Sprossen ist von großer Wichtigkeit und kann bei einem Fehlen das Gesicht eines Hauses grundlegend verändern.

Der Aufbau eines Fensters gliedert sich folgendermaßen: Die Fensteröffnung wird oben im allgemeinen durch den waagrechten Fenstersturz abgeschlossen; daneben kommen natürlich auch rundbogige oder

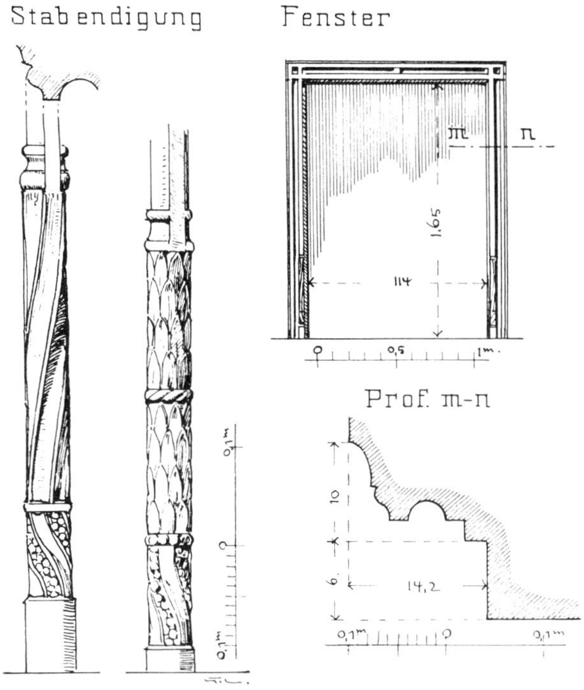

Abb. 29 Straubing, Albrechtsgasse 24, Fenster mit Details, datiert 1518

stichbogige Abschlüsse vor. Die untere Begrenzung wird durch die waagrechte Sohlbank gebildet. Den seitlichen Abschluß begrenzt die gerade Fensterlaibung oder das schräg eingeschnittene Fenstergewände. Der Fensterstock ist der fest mit dem Mauerwerk verbundene Rahmen eines Fensters. An diesem sind die Fensterflügel, die im allgemeinen noch durch Fenstersprossen unterteilt sind, mit Beschlägen befestigt. Das Fensterbrett ist hingegen die innere Abdeckung der Brüstung eines Fensters.

Der Fensterstock ist aus Holz gearbeitet, seine Form war im Laufe der Jahrhunderte mannigfachen Wandlungen unterworfen, wenngleich seine Grundform im Bürgerhausbau nahezu unverändert blieb. Fensterstöcke aus der Zeit der Spätgotik sind an Bürgerhäusern heute nirgendwo mehr feststellbar. Vereinzelt erscheinen jedoch noch Fensterstöcke aus der Spätzeit der Renaissance und des Barock. In der Barockzeit waren die Fensterstöcke meist auffallend schlicht und die Holzstärke der Fensterflügel verhältnismäßig gering.

Besondere Aufmerksamkeit verdienen Fenstergewände, die aus Sandstein, Granit oder Rotmarmor gehauen sind. Ein kunstvoll gestaltetes Fenstergewände findet sich am ersten Obergeschoß des Hauses Albrechtsgasse 24 in Straubing *(Abb. 29)*. Die aus Stein gemeißelten Gewände zeigen Stabkreuzungen.

Abb. 30
Straubing, Zollergasse 3,
Fassade

Die einzelnen Stäbe ruhen auf Sockeln, die teils gewunden, teils mit Ornamenten in der Formensprache der Renaissance geschmückt sind. Eines der Gewände ist am Sturz mit der Jahreszahl „1518" versehen.

Die Fenster des Hauses Stadtplatz 111 *(T66b)* in Burghausen zeigen an der Fassade zum Platz hin Rotmarmorgewände. Eines davon, das sich im ersten Obergeschoß befindet, trägt am Sturz die eingravierte Jahreszahl „1550", die sicher auf das Jahr der Ausführung Bezug nimmt, und an der Sohlbank ist ein Wappenschild mit der Hausmarke des damaligen Bauherrn zu erkennen. Das Haus zählt zu den vornehmen Bürgerhäusern von Burghausen und war im 18. Jahrhundert durchgehend im Besitz von vermögenden Lebzeltern, die alle dem Inneren Rat der Stadt angehörten. Vielleicht erklärt sich aufgrund der gehobenen sozialen Stellung seiner Besitzer das Vorkommen der sicher einst recht kostspieligen Fensterumrahmungen an diesem Haus.

4. Die Innentüren

Gute Beispiele von Innentüren aus der Zeit vor 1800 sind in Bürgerhäusern heute leider eine große Seltenheit geworden. Dies hat mancherlei Gründe. Die Innentüren eines Hauses, die modischen Strömungen unterworfen waren, wurden im Laufe der Zeit durch ihren häufigen Gebrauch stark abgenützt. Auch die Beschläge und Türschlösser hatten begreiflicherweise nur eine begrenzte Lebensdauer. Vor allem die Innentüren vor den Wohn- und Schlafräumen sowie der Küche sind im zeitlichen Abstand von etwa hundert Jahren immer wieder ausgewechselt und erneuert worden. Nur vor den weniger benutzten Räumen finden sich heute gelegentlich noch Türen, die aus der Zeit der Renaissance und des Barock stammen.

In öffentlichen Verwaltungsbauten, wie z. B. in den Rathäusern, aber auch in den Palais des Adels und der hohen Geistlichkeit zeigen sich dagegen noch häufiger schön geschnitzte Innentüren an den Zugängen zu den Repräsentationsräumen. Stellvertretend mögen hier zwei Innentüren des Landshuter Rathauses erwähnt werden, die noch aus der Spätzeit der Renaissance stammen. Die eine von ihnen *(T65c)* weist eine gefelderte Lisenenrahmung mit Rundscheiben in der Mitte auf. Das Karniesprofil, das zum Türsturz überleitet, ist mit einem geschnitzten Laubstab geschmückt. Die Umrahmung ist von einem Gebälkgesims bekrönt. Das Türblatt selbst ist in zwei Felder, gerahmt von Profilleisten, gegliedert. Die zweite Tür *(T65d)* des Landshuter Rathauses besitzt eine Umrahmung aus schräggestellten Pilastern, die ein Gebälk mit hohem Fries tragen. In diesem Fries sind zur Dekoration Rosetten und Rautenfelder aufgeleimt. Das Türblatt ist wiederum in zwei hochrechteckige Felder aufgeteilt. Das obere Feld rahmen Kandelabersäulchen, die einen Segmentbogen tragen, und das untere Feld schmale Pilaster. Auch hier ist wieder ein Laubstab an der Innenkante der Umrahmung zu erkennen.

5. Die Fensterbank

Der Begriff „Fensterbank" ist doppeldeutig. Zum einen kann damit die untere Begrenzung des Fensters, die „Sohlbank", und zum anderen eine Sitzbank in einer Nische gemeint sein.

Sitzbänke in Fensternischen gab es früher in den Bürgerhäusern Altbaierns sicher allenthalben, vor allem in den Erkernischen vor den Wohnräumen. Da sie jedoch schon vor langer Zeit außer Mode gekommen sind, wurden sie inzwischen fast überall beseitigt. Um so bemerkenswerter ist daher eine Sitzbank, die sich noch im ersten Obergeschoß des sogenannten „Ecker-Binder-Hauses" in Burghausen, In den Grüben 177 *(T 66 a)*, erhalten hat.

Die Sohlbänke waren bis zur Mitte des 16. Jahrhunderts in den Salzachstädten – sofern es sich um das Haus eines wohlhabenden Bürgers gehandelt hat – des öfteren aus Rotmarmor gefertigt. Man vergleiche dazu die Fenstergewände an dem Lebzelterhaus in Burghausen, Stadtplatz 111 *(T 66 b)*, die im Jahr 1550 ausgeführt wurden.

In der Regel waren die Sohlbänke äußerst schlicht gearbeitet. Figürliche Darstellungen, wie sie am Rathaus in Deggendorf *(Abb. 31)* zu bemerken sind, bildeten eine Ausnahme. Hier sind die Sohlbänke mit Fratzenköpfen und Fabelwesen geschmückt. Die Sohlbänke dürften etwa gleichzeitig mit dem Rathaus von 1555 ausgeführt worden sein.

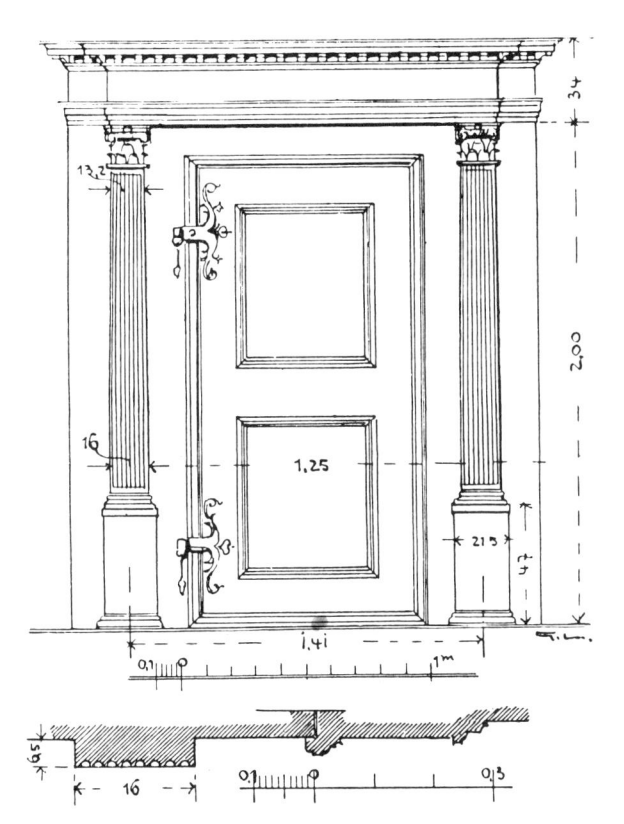

Abb. 32   Straubing, Rathaus, Innentür, Ansicht und Schnitt

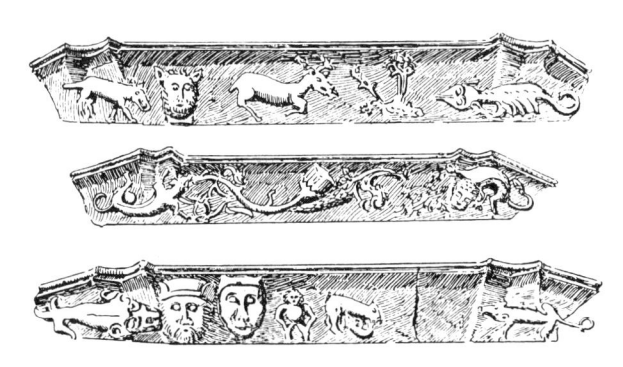

Abb. 31   Deggendorf, Fensterbänke am Rathaus, um 1555

B. DIE ZIERFORMEN

1. Die Mauervorsprünge

Dem Sockel, gemeint ist damit der Unterbau eines Hauses, kommt bei der Gestaltung einer Fassade große Bedeutung zu. Rein bautechnisch gesehen soll er das Mauerwerk vor der Feuchtigkeit des auf das Pflaster spritzenden Regenwassers schützen.

Die Dachtraufe ist das Bindeglied zwischen einer Dachfläche und der darunterliegenden Hauswand; ihre Ausbildung kann sehr vielgestaltig sein. In der ländlichen Bauweise, insbesondere im Raum nördlich von München bis in die Holledau, ist das sogenannte „Greddach" bekannt. Dies ist eine besondere Dachform, wobei meist an der Längsseite des Hauses das Dach um etwa einen Meter über die Hauskante vorkragt. Beispiele dieser Art lassen sich vereinzelt aber auch in den Städten und Märkten feststellen, so etwa an einem Haus in der Ländgasse zu Landshut *(T 174 c)*, das früher als die kurfürstliche Pfistermühle bekannt war.

2. Die Erker

Der Erker ist eine besondere, meist repräsentative Schmuckform der Fassade eines Hauses und kommt in der Regel straßenseitig vor. Er dürfte sich von der höfischen Baukunst, dem Burgenbau des Hochmittelalters, ableiten. Wir unterscheiden ein- oder mehrgeschossige Erker und nach ihrer Form z. B. Kasten-, Eck- und Bodenerker. An einem Haus konnten in Ausnahmefällen auch mehrere Erker angebracht sein.

Abb. 33 Neuötting (Lkr. Altötting), Ludwigstraße, Häuser mit flachen Kastenerkern

muß dazu geführt haben, daß auch Erker an Häusern nicht zugelassen wurden. In diesem Zusammenhang verdient ein Schreiben von Bürgermeister und Rat der Stadt Landshut an den herzoglichen Kastner Stephan Schleich eine besondere Erwähnung, in dem darauf hingewiesen wird, daß es in der Stadt ein uralter Brauch sei, das Anbringen von Erkern an den Hausfronten nicht zu gestatten. Selbst dem Bürgermeister Georg Pätzinger, einst Besitzer des Hauses Altstadt 69, wurden in dieser Hinsicht keine Sonderrechte eingeräumt. Es heißt, man habe sich in Landshut bisher so strikt an dieses Verbot gehalten, daß sogar Herzog Ludwig X. auf die Ausführung eines Erkers an seiner Stadtresidenz verzichtete, als er von diesem alten Herkommen erfuhr.

Flache eingeschossige Kastenerker mit profiliertem Erkerfuß und mit Satteldach- oder Pultdachabdeckung kommen in Landshut nur an einigen Häusern außerhalb des Altstadtkerns vor, so etwa an zwei Häusern an der Alten Bergstraße, die an der Auffahrt zur Burg Trausnitz stehen. Es sei hier auf die Häuser Alte Bergstraße 171 *(T79a)* und Am Graben 17 *(T78a)* hingewiesen. Diese besondere Erkerform mit

Der Wanderker wurde mit einem Pult-, Sattel- oder Walmdach abgedeckt, der Eckerker mit einem polygonalen Zeltdach oder einer barocken Zwiebel. Der Erker war dabei in seiner Ausbildung im Laufe der Jahrhunderte den verschiedensten Wandlungen unterworfen.

Bei einem Gang durch die Straßen von Landshut läßt sich die Beobachtung anstellen, daß die Bürgerhäuser fast nie einen Erker aufweisen. Der Grund dafür ist eine Bauvorschrift aus dem Jahr 1405, nach der alle vor die Häuser hinausstehenden Anbauten, wie z. B. Pfeiler, Notställe vor den Schmieden, Kellerhälse und Faßrutschen abgebrochen werden mußten.[106] Auf dem Stadtmodell Jakob Sandtners aus dem Jahr 1571 läßt sich erkennen, daß schon damals auffallend wenig Häuser einen Erker zeigten. Diese Verordnung

Abb. 34 Burghausen (Lkr. Altötting), In den Grüben 177, spätgotischer Erker an der Hofseite des Hauses (jetzt entfernt)

106 Vgl. Herzog 1964, S. 67

Abb. 35 Burghausen (Lkr. Altötting), Fassadendetails sowie verschiedene Erkerformen

dem reich profilierten kelchförmigen Erkerfuß findet sich daneben auch noch an einigen anderen Bürgerhäusern in Städten, die einstmals zum Rentamt Landshut gehörten, so in Dingolfing, Steinweg 4 *(T78b)* und Bruckstraße 2 *(T78c)*, ferner in Moosburg, Auf der Plan 8 *(T79b)*, und in Kraiburg a. Inn.

Die am häufigsten in den altbairischen Städten anzutreffende Form des Erkers ist die des *einachsigen Kastenerkers*; er kann ein- oder mehrgeschossig sein *(vgl. Abb. 33).* Über profilierten Konsolen sitzt ein rechteckiger Aufbau von geringer Tiefe, der im allgemeinen in der Mittelachse ein großes Fenster und seit-

Abb. 36 Wasserburg a. Inn (Lkr. Rosenheim), Häuser mit verschiedenen Erkerformen

lich zwei kleinere, sehr schmale Fenster, die sogenannten „Spione", aufweist, wie z.B. in Traunstein, Schützenstraße 3 *(Abb. 38)*. Man kennt schlichte, ungegliederte Kastenerker und solche, die durch Gurt- oder Sohlbankgesims gegliedert werden. Noch vielfältiger sind die Möglichkeiten der Ausbildung des Sockelfußes.

Hin und wieder erscheinen an einem Haus auch gleich mehrere flache Kastenerker. Es handelt sich dabei meist um stattliche Wohnhäuser der bürger-

Abb. 37
Vilshofen (Lkr. Passau), Häuser mit Kastenerkern an der Donaulände, Ausschnitt aus einem Kupferstich von Michael Wening aus der Zeit um 1723

lichen Oberschicht oder um Gasthöfe. Zwei eingeschossige Kastenerker besitzt so beispielsweise der Gasthof Stegerbräu in Pfaffenhofen a. Ilm, Ingolstädter Straße 13 *(T 114 a)*. *Paarige, zweigeschossige Kastenerker* sind eigentlich nur höchst selten anzutreffen; man vergleiche hierzu das vornehme Bürgerhaus in der Ledererzeile zu Wasserburg a. Inn (Ledererzeile 19, T 82 b). *Zweigeschossige, zweiachsige Kastenerker* sind bereits eine ausgesprochene Seltenheit. An einem Ingolstädter Bürgerhaus in der Schrannenstraße 14 *(T 71 a)* kommt diese Erkerart vor, doch hier übernimmt sie fast schon die Funktion eines Überschusses zur Raumerweiterung der Obergeschosse des schmalbrüstigen Hauses.

Die in Ingolstadt vorherrschende Kastenerkerform nimmt anscheinend von der höfischen Architektur ihren Ausgang. Am herzoglichen Schloß ist nämlich ein Kastenerker *(T 70 b)* zu beachten, der über abgetreppten Konsolen ansetzt. Nur wenige Jahre nach der Ausführung dieses Erkers muß daraufhin zu Anfang des 16. Jahrhunderts bei einigen begüterten Ingolstädter Bürgern der Wunsch erwacht sein, diese Mode mitzumachen. So stößt man in der Hieronymusgasse 9 auf einen mit der Jahreszahl „1518" datierten Kastenerker *(T 70 c)*, der im Zweiten Weltkrieg zerstört, aber später in alter Form wiederhergestellt wurde. Er zeigt an den beiden äußeren Konsolenfüßen außerdem noch zwei Wappenschilde, die auf die Geschlechterwappen der damaligen Besitzer des Hauses zurückgehen. Weitere gute Beispiele lassen sich an zwei Häusern in der Theresienstraße anführen, und zwar ein „1511" datierter an dem heutigen Hotel Adler, Theresienstraße 22 *(T 71 c)*, und ein unbezeichneter an einem Bürgerhaus, Theresienstraße 5 *(T 70 d)*.

Eine Sonderform ist der *kastenförmige Eckerker*. Die frühesten Beispiele dieser Art finden sich in Eichstätt. Von hier aus dürfte dann diese Erkerform im 16. Jahrhundert in die hochstiftischen Städte und Märkte vorgedrungen sein. So erscheinen gedrungene kastenförmige Eckerker am Hochstift Eichstättischen Brauhaus zu Beilngries, an einem Bürgerhaus zu Langquaid *(T 72 c)* und am Gasthof zur Post in Neustadt a. d. Donau *(T 25 a)*. Einen Eckerker, jedoch nicht über Konsolen vorkragend, sondern über einem profilierten Erkerfuß ansetzend, weist auch das Erdinger Bürgerhaus, Am Rätschenbach 12 *(T 72 a)*, auf.

In der Renaissance kam auch die Form des *polygonalen Erkers* mit Zeltdachabdeckung oder halbierter welscher Haube auf. Nur drei Beispiele seien hier aus dem einst so reichen Bestand herausgegriffen, die an Bürgerhäusern in Erding, Lange Zeile 15 *(Abb. 40)*, am Stadtplatz zu Pfarrkirchen *(T 80 a)* und in Straubing, Ludwigsplatz 25 *(T 81 a)*, vorkommen.

Reizvoll kann auch die Kombination von flachem Kastenerker im Wechsel mit polygonalem Erker sein. Ein Beispiel dieser Spielart erscheint am Ganserhaus in Wasserburg a. Inn, Schmidzeile 8 *(T 84 d)*, verwirklicht. Der polygonale Erker geht dabei auf eine Form zurück, die vor allem in Innsbruck häufig anzutreffen ist.

79

Abb. 38 Traunstein, Schützenstraße 3, Kastenerker an einem ehem. Gerberhaus

Der Runderker ist ebenfalls ein Kind der Renaissance. Flache *Halbrunderker* kommen eigentlich so gut wie gar nicht vor. Daß es sie jedoch überhaupt einmal gegeben hat, verbürgt ein Beispiel, das sich in Aidenbach *(T 80 b)* findet. Diesem Haus gegenüber steht ein ehemaliger Edelsitz (Marktplatz 1), der einen ganz ungewöhnlich hohen Runderker aufweist, der noch dazu bis über die Traufhöhe hinausgeführt wurde und einen Aufsatz mit Zwiebelhaube besitzt. Ein *eingeschossiger Runderker* läßt sich andererseits am früheren Zollhof in Pfaffenberg, Zollhof 1 *(T 81 b)*, feststellen.

Auch der *Bodenerker* kommt in den mannigfachsten Ausprägungen vor. Die Grundform ist der *einachsige, erdgeschossige Bodenerker* mit Satteldach- oder Zeltdachabdeckung. Er ist in der Regel vor der Wohnstube des Bürgers angebracht und hat nicht die Funktion eines „Stüberlvorbaus" wie bei den Bauernhäusern im Raum um Wasserburg a. Inn oder um Ingolstadt. Eine etwas reichere Form bringt der *einachsige, zweigeschossige Bodenerker,* der beispielsweise an Bürgerhäusern in Erding, Friedrich-Fischer-Straße 10 *(T 75 a)*, und in Vilsbiburg, Stadtplatz 15/16 *(T 74 b)*, zu finden ist. Kastenförmige Eckerker, die bis zum Boden reichen, also auch zur Kategorie der Bodenerker zu zählen sind, waren an sich unüblich, wenngleich sie auch an einem Haus In der Bürg zu Straubing auftreten.

An den einfachen Handwerkerhäusern erscheint manchmal auch die Sonderform des *Kastenerkers mit Erkerfuß*. Als Beispiel dafür kann ein Mühlgebäude in Kraiburg a. Inn *(T 111 b)* angeführt werden. Eine weitere Sonderform, die hier noch am Rande erwähnt werden soll, ist die Kombination eines Erkers mit einem Tür- oder Portalvorbau. Solche Erfindungen gab es jedoch erst zu Ende des 18. Jahrhunderts. Ein recht reizvolles Beispiel bietet hierzu das ehemalige Palais der Freiherren von Widmann – heute Landratsamt – in Erding, Lange Zeile 10 *(T 169 b)*, sowie in bedeutend einfacherer Form ein Bürgerhaus in Fürstenfeldbruck.

3. Der Überschuß

Der Überschuß kommt in Altbaiern ausgesprochen selten vor. Das liegt wohl daran, daß sich der Steinbau zur Vorziehung der Außenmauer nicht eignet. Schon aus statischen Gründen wird man in der Regel auf die Ausbildung eines Überschusses verzichtet haben.

Ein seltenes Beispiel für ein Bürgerhaus mit Überschuß bietet eine ehemalige Wagnerei in Ingolstadt, Bei der Schleifmühle 4 *(T 178 a, b)*. Dieser zweigeschossige Putzbau zeigt an der Traufseite einen typischen Überschuß, der über Konsolen getreppt vorspringt. Es wäre denkbar, daß das Obergeschoß aus verputztem Fachwerk besteht.

Von einem Überschuß an einem Landshuter Bürgerhaus (Neustadt 452, bis 1802 „Gasthof zur Sonne") weiß Theo Herzog zu berichten. Er schreibt darüber in seiner Häuserchronik: „Johann Ignaz Klueghamber, Bürger und Lebzelter, macht sich in einem Schreiben vom 4. Juni 1710 an den Stadtmagistrat erbötig, gelegentlich der vorzunehmenden Bauarbeiten den „unförmlichen Überschuß" des Hauses im oberen, aus Holz erbauten Stockwerk beseitigen zu lassen, wenn sich der Stadtmagistrat bereit erklärt, ihm „ad dies vitae aller Steuer und service exempt zu halten". Seinem Vorfahren sei schon anläßlich der Stadtbesichtigung durch den Kurfürsten Ferdinand Maria die Beseitigung dieses „Fürschusses" aufgetragen worden, welche er aber „Unvermögenheit halber nit ins Werkh sezen khönnen". Man dürfe von ihm aber nicht verlangen, daß er unentschädigt die Veränderung vornehme, nachdem dadurch die „Zimmer umb ein Merkliches clainer und khürzer als selbige vorhero gewesen und ihre vorig gehabte Proportion verliehren mießten."[107]

Höchst merkwürdig mutet auch der Überschuß an, der an einem Haus in Schongau a. Lech (Lkr. Weilheim-Schongau) an der Längsseite dicht unter der Traufe zu sehen ist *(T 72 a)*. Welchem Zweck er eigentlich diente, bleibt unklar. Vielleicht sollte er nur zur Verschönerung der sonst recht schlichten Fassade beitragen.

Abb. 40 Erding, Lange Zeile 15, Gasthaus Glaserwirt

4. Die Fassadenmalerei

Die Fassadenmalerei spielt in der ländlichen, bürgerlichen und höfischen Baukunst Altbaierns eine bedeutende Rolle.[108] Die sonst glatten, schmucklosen Putzfassaden eigneten sich vorzüglich für die Technik der Freskomalerei. Durch das Hilfsmittel der Fassadenbemalung gewannen sie vielfach erst Struktur und Form. Schon im Mittelalter wurden im süddeutschen Raum die Fassaden von öffentlichen Bauten und Türmen allenthalben mit Malereien geschmückt, doch die Blütezeit dieser Mode war erst das 16. Jahrhundert.

Die schwarz-weißen Sgraffiti, so wie sie in den österreichisch-böhmischen Ländern verbreitet vorkommen, treten in den altbairischen Ländern eigentlich kaum auf. Zur Technik der Sgraffiti wäre zu sagen, daß bei ihnen über einem schwarzen Grund gleichmäßig Weiß gelegt wird. In einem zweiten Arbeitsgang wird dann das Weiß wieder so weit abgekratzt – daher auch die Bezeichnung „Kratzputz" für die Sgraffiti –, bis die beabsichtigte Schwarzzeichnung

Abb. 39 Rosenheim, Häuser mit polygonalen Eckerkern am Max-Josephs-Platz

---

107 Herzog 1957, S. 190

108 Vgl. M. Baur-Heinold, Süddeutsche Fassadenmalerei vom Mittelalter bis zur Gegenwart, München 1952

Abb. 41   Landshut, Altstadt, Ostseite der Bebauung, Kupferstich von Michael Wening, 1723

wieder zum Vorschein kommt. Die Sgraffiti sind gegenüber Witterungseinflüssen verhältnismäßig unempfindlich.

Noch widerstandsfähiger gegenüber Sonne, Frost und Regenwasser ist die Freskomalerei. Hierbei erfolgt die Malerei auf dem frischen Kalkbewurf, von dem jedoch stets nur so viel aufgetragen werden darf, wie noch am gleichen Tag gemalt werden kann. Man nimmt dazu Wasserfarben. Die Farbe verbindet sich nach dem Farbauftrag mit dem Kalk zu einer feinen und wasserunlöslichen Schicht. Eine altbaierische Eigenart, die aber auch im angrenzenden Tirol bekannt war, ist die Käsekalktechnik, wobei dem Kalk noch Topfen (= Quark) beigemischt wurde. Diese besondere Technik kam erst im 18. Jahrhundert zur Ausübung.

Die Bürgerhäuser in den großen Städten und Märkten Altbaierns, soweit sie an den Hauptstraßen und Plätzen standen und sich im Besitz wohlhabender Handwerker, Patrizier oder Adeliger befanden, waren früher, wie alte Ansichten erkennen lassen, vielfach mit Fassadenmalereien geschmückt (vgl. Landshut, *Abb. 41, 42*). Die ganze Pracht, die heute gar nicht mehr vorstellbar ist, ist längst vergangen. In einigen Fällen konnten jedoch in den Jahren nach dem Zweiten Weltkrieg Fresken des 16. Jahrhunderts wieder freigelegt und restauriert werden. Zwei Beispiele dieser Art finden sich in Wasserburg a. Inn. Hier zeigt

Abb. 42   Landshut, Altstadt, Westseite der Bebauung, Kupferstich von Michael Wening, 1723

das sogenannte „Ganserhaus" in der Schmidzeile 8 *(T 84 d)* eine Fassadenmalerei mit zierlichem Rankenwerk an den aufgemalten Fensterumrahmungen. Die Malereien wurden im Jahr 1555 aufgetragen. Bei einem anderen Handwerkerhaus in Wasserburg a. Inn *(T 84 c)*, das am Marienplatz steht, erscheint eine ganz andere Art der Fassadengestaltung mittels Freskomalerei. Hier ist die Fassade flächig mit einem Quadermuster überzogen worden. An den Hauskanten sind Fialen und an der gezinnten Vorschußmauer verschiedene Wappen aufgemalt. Diese Fresken, die noch auf spätgotische Formen zurückgreifen, dürften wohl bis ins erste Viertel des 16. Jahrhunderts zurückreichen. Die Malereien, die erst in jüngster Zeit wiederentdeckt und restauriert wurden, sind natürlich stark erneuert und in ihrer Farbigkeit ziemlich aufgefrischt worden.

Ein ehemaliges Schlosserhaus in Dingolfing, Steinweg 4 *(T 84 a)*, hat ebenfalls nach Spuren eines Befunds nun wieder seine alte Bemalung mit einem Rautenmuster zurückerlangt. Dieses Rautenmuster ist eine Ableitung der bayerischen Rauten, die das Wittelsbachische Herrscherhaus in seinem Wappen führt.

Öffentliche Bauten erhielten häufig besonders reiche und in ihrem Programm sorgfältig ausgewählte Malereien. Ein schönes Beispiel ist hierfür die Fassadenmalerei am Landschaftsgebäude in Landshut, Altstadt 28 *(T 137 b, Abb. 84)*, die im Jahr 1599 von dem Maler Hans Georg Knauf nach einem Entwurf des Landshuter Malers Hans Pachmayr ausgeführt wurde.[109]

Die sogenannte „Lüftlmalerei" kam im bayerischen Oberland im 18. Jahrhundert zu einer besonderen Blüte. Sie blieb nicht nur auf Bauten der Städte und Märkte beschränkt, sondern drang auch in die ländliche Baukunst vor. Die vorherrschenden Motive sind religiösen Inhalts. Zentren dieser Art von Fassadenmalerei waren Oberammergau, Garmisch, Mittenwald, Tölz und die Miesbacher Gegend.

5. Der Rauhputzdekor

Eine Landshuter Eigenart sind die dort seit dem 17. Jahrhundert vorkommenden Fassaden mit Rauhputzdekor. Über den genauen Zeitpunkt der Entstehung dieser Mode gibt es keine Aufzeichnungen, doch läßt sich die Beobachtung anstellen, daß diese besondere Technik erstmals am Torhaus der Burg Trausnitz erscheint.[110] Dieser Bau, der im Kern noch frühgotisch ist, erhielt in der Renaissance bei der Erneuerung des Außenputzes erstmals einen Rauhputzdekor, wovon sich die Partien an der Hofseite des Torhauses erhalten haben. Demnach dürfte es sich um eine höfische Eigenart gehandelt haben, die möglicherweise der welsche Hofmaurermeister Francesco Franculos aus seiner Heimat mitbrachte. Franculos war im Jahr 1589 Landshuter Bürger geworden.[111]

Außerhalb des höfischen Bereichs zeigt sich eine Rauhputzfassade erstmals an dem Haus Dreifaltigkeitsplatz 12 *(T 161 c)* in Landshut. Es fällt auf, daß sich dieses Haus, als es gebaut und mit diesem Dekor versehen wurde, im Besitz der Freiherren resp. Grafen von Preysing befand, die zu jener Zeit kurfürstliche Räte bei Hof waren.[112] Bemerkenswert ist auch, daß die von Rauhputz gerahmten Fenster die gleiche Gliederung wie bei dem Torhaus der Burg Trausnitz aufweisen.

Weitere Rauhputzfassaden schmücken in der Folgezeit auch Landshuter Bürgerhäuser, wie z. B. das Haus Regierungsstraße 570 *(T 87 a)*, das damals Johann Georg Fürbaß, des Inneren Rats und Bürgermeister, gehörte.[113] Der nur zweigeschossig angelegte Bau mit dem schmucken Renaissancegiebel besitzt einen sehr ornamental angelegten Rauhputzdekor. Zwischen den einzelnen Fensterachsen sind phantasievoll geformte Rauhputzfelder eingesprengt. Die Kanten des Hauses werden durch vertikale Putzbänder, die durch Nuten in kleine Felder zerlegt sind und ein Binnenmuster aufweisen, betont. Gegenüber den älteren Landshuter Rauhputzfassaden mit ihren strengen Gliederungen ist hierbei eine formale Weiterentwicklung in Richtung zum Barock schon deutlich spürbar.

Ein drittes Beispiel, das hier anzuführen wäre, betrifft das Haus Kirchgasse 234 *(T 86 c)*. Hier trägt die Scheitelzinne des dreigeschossigen Hauses eine Datierung. Die heute hier zu lesende Jahreszahl „1667" ist jedoch falsch, denn sie beruht auf einer Verwechslung bei der letzten Renovierung des Hauses, wobei der alte, brüchig gewordene Putz völlig abgeschlagen und dann in ähnlichen Formen wieder erneuert wurde. Nach Theodor Herzog muß hier früher aber die Jahreszahl „1677" zu lesen gewesen sein.[114] Diese zeitliche Verschiebung ist bedeutsam, denn aufgrund dieser richtigen Zeitangabe können wir feststellen, wer die Fassade ausgeführt hat. Dies kann demnach nur der Hofmaurermeister Georg Stainacher gewesen sein, der im Jahr 1675 durch Heirat der Witwe des Maurermeisters Wolf Hirschstetter in den Besitz des Hauses Kirchgasse 234 gelangt war. Auch hier ist also wieder der Bezug zur höfischen Kunst nachweisbar.

Die einzelnen Putzbänder, die in Geschoßhöhe und an den Kanten des Hauses die Fassade umziehen, sind alle einheitlich in gleich große Felder zerlegt. Das Muster wurde ähnlich wie bei Backwaren mit einem Model ausgestochen. Es erscheinen dabei nur zwei verschiedene Motive, wodurch leider viel von der sonst so lebendigen Frische solcher Rauhputzfassaden verlorengeht.

Noch bedeutend einfacher im Detail ist der Rauhputzdekor an dem Haus Altstadt 86 *(T 86 b)* gehalten, das sich von 1541 bis 1665 im Besitz der Adelsfamilie von Widerspach zu Grabenstätt befand.[115]

Aber nicht nur an Häusern, die zur Zeit der Renaissance neu erbaut wurden, wurde dieser Rauhputzdekor angebracht, sondern es gibt auch Beispiele dafür, daß Bauten aus der Zeit der Spätgotik noch im 17. Jahrhundert bei Fassadenrenovierungen diese Mode mitmachten. Dazu gehören beispielsweise die Häuser Obere Länd 49 und 49½ *(T 183 b, Abb. 117)*. Die beiden dreigeschossigen Häuser zeigen gestaffelte Giebelzinnen, die gleichfalls mit einem Rauhputzdekor versehen sind. Die Muster variieren etwas bei den beiden Häusern, wobei der Putzauftrag an dem Haus Obere Länd 49 etwas älter zu sein scheint. Letzteres

---

109 Vgl. KDB, Stadt Landshut, S. 446
110 Vgl. KDB, Stadt Landshut, S. 326 f. mit Abb. 26
111 Vgl. Anmerkung 51
112 Vgl. Herzog 1957, S. 37
113 Vgl. Herzog 1957, S. 234

114 Herzog 1957, S. 118
115 Vgl. Herzog 1957, S. 65

gehörte im 17. Jahrhundert fast durchwegs Beamten, die in der benachbarten kurfürstlichen Hofkanzlei beschäftigt waren.[116]

Ein schönes Beispiel für die Verwendung von Rauhputz wäre schließlich auch noch das dreigeschossige Haus Altstadt 26 *(T 86 d)* mit seinem hohen Treppengiebel. Dieses war von 1661 bis 1680 im Besitz des Regimentsratsdieners Michael Forster.[117] Der Putz mußte im Jahr 1955 durchgehend erneuert werden, wobei einzelne Partien völlig frei hinzuerfunden wurden. Der sonst recht gute Gesamteindruck wird dadurch leider in seinem baugeschichtlichen Aussagewert erheblich gemindert.

Nicht zuletzt wäre auch noch die schöne Rauhputzfassade des Wernstorfferhauses (Altstadt 81, *(T 133)* zu nennen, die jedoch an anderer Stelle noch näher beschrieben und gewürdigt werden soll.

Zusammenfassend läßt sich die Feststellung treffen, daß der Rauhputzdekor an Landshuter Häusern eine im Prinzip höfische Modeerscheinung war, die wohl in erster Linie von den Beamten der Regierung mitgemacht bzw. nachgeahmt wurde. Als deren ausführende Meister lassen sich die kurfürstlichen Hofmaurermeister ermitteln.

6. Die Dachaufbauten

Dach- und Giebelreiter kommen an bürgerlichen Wohnbauten Altbaierns eigentlich nirgendwo vor. Vereinzelt treten sie jedoch auch bei Tortürmen und Spitälern auf. Besondere Bedeutung hatten solche Dachreiter, die hier als Glockentürme dienten, bei den Kirchen der Bettelorden.

Dachfenster in Form von Schleppgauben, die für die Belüftung und Belichtung des Dachraums notwendig waren, wurden meist an Speicherbauten mit hohen Dachstühlen eingesetzt. Dachhäuschen und Dacherker stellen in der bürgerlichen Baukunst eine Seltenheit dar. Erst nach 1800, mit dem Vordringen der Mansarddächer, werden stehende Gauben oder Dachhäuschen an Handwerkerhäusern allgemein üblich.

7. Geschmiedete Gitter

Geschmiedete Gitter vor Fenstern oder an Balkonen erfreuten sich seit dem 17. Jahrhundert zum Schutz vor Einbrechern, ungebetenen Gästen oder nur aus dekorativen Gründen steigender Beliebtheit. Vieles hat der Rost im Laufe der Zeit wieder zerfressen, so

116 Vgl. Herzog 1957, S. 51
117 Vgl. Herzog 1957, S. 42

Abb. 43   Straubing, Theresienplatz 7, Gittertür vom Treppenhaus des ehemaligen Gasthofs Sollerbräu

daß heute nur noch wenige Beispiele dieser Art an Bürgerhäusern anzutreffen sind.

Sehr dekorativ sind die sogenannten „Fensterkörbe", das sind Fenstergitter, die in ihrem unteren Teil nach außen schwingen, um den Bewohner des Hauses, der hinausschauen will, nicht zu behindern. Solche Fensterkörbe wurden vorzugsweise an den erdgeschossigen Fenstern angebracht.

Geschmiedete Fenstergitter mit kunstvoll gestaltetem Dekor im Stil des Klassizismus kommen noch am

Gasthof Kuchlbauer in Abensberg, Stadtplatz 2 *(T105b)*, vor. Einst müssen solche Gitter sicher in großer Zahl vorhanden gewesen sein. Ein geschmiedetes Brüstungsgitter aus der Zeit um 1793 ist noch am Wildbräu in Grafing, Marktplatz 2 *(T105c)*, zu sehen. Auch ein geschmiedetes Türgitter im früheren Sollerbräu in Straubing, Theresienplatz 7 *(Abb. 43)*, soll hier kurz erwähnt werden.

Ein besonderes Kapitel wäre eigentlich auch dem geschmiedeten Geländer an Außentreppen zu widmen. Es sei hier nur auf entsprechende Arbeiten am ehemaligen Rentamt in Pfaffenhofen a. d. Ilm, Hauptplatz 20 *(T104b)*, und in Hals bei Passau, Marktplatz 8 *(T104a)*, hingewiesen.

Bei Amtsbauten, wie z. B. bei dem früheren Bezirksamt am Stadtplatz von Vilshofen *(T140a)*, konnte es mitunter geschehen, daß die Initialen des Landesherrn – hier ein „C.T." für Kurfürst Carl Theodor von Bayern – kunstvoll in das Oberlichtgitter über der Tür einbezogen wurden. Aber auch Handwerkszeichen, wie etwa das der Brauer an einem Gasthof in Vilshofen, Stadtplatz 8 *(T105a)*, sind vor Fenstern hin und wieder anzutreffen.

8. Die Ausleger

Handwerkszeichen wurden früher gerne in Form von geschmiedeten Auslegern an der Fassade eines Hauses angebracht. Es ist anzunehmen, daß Handwerkszeichen einst häufig auftraten. Im Laufe der Zeit sind sie verrostet und nicht wieder erneuert worden. Nur vor Gasthöfen haben sich Ausleger zum Teil bis heute erhalten, wie das schöne Wirtshausschild am früheren Gasthof Wildbräu in Grafing, Marktplatz 2 *(T106c)*, zeigt, das noch auf das Jahr 1793 zurückgeht.

9. Die Bauinschriften

Besondere Bauinschriften[118] kommen an Bürgerhäusern in der Regel nicht vor. Beliebt war aber früher die Datierung der Türstürze an den Hauseingängen, die meist kurz vor der Fertigstellung eines Hauses eingebaut wurden. Hin und wieder wurden auch Inschrifttafeln an Adelspalais, Domherrenhöfen, Stadttoren oder Bauten der öffentlichen Verwaltung angebracht. Eine der ältesten Bauinschriften im Bereich des Profanbaus wurde erst kürzlich wiederentdeckt und von Siegfried Hofmann publiziert.[119] Sie läßt sich noch auf das Jahr 1376 zurückführen und war vormals in dem von Ruger Aycher gestifteten und von seinem Sohn Seyfried Aycher vollendeten Pfründehaus der Aichermesse zu Ingolstadt angebracht.

Wohl noch spätgotisch ist eine Bauinschrift an dem Gasthof Stegerbräu zu Pfaffenhofen, Ingolstädter Straße 13 *(T108e)*, die einen geharnischten Ritter als Wappenschildhalter bringt. Eine Tafel mit dem Handwerkszeichen der Metzger an dem Haus Untere Länd 116 *(T108c)* in Landshut enthält einen kurzen Sinnspruch, der dort von dem Metzger Franz Feirer im Jahr 1671 festgehalten wurde:

„Weren der Neider noch so vill
So Gshicht Doch was Gott haben will"

In diesem Zusammenhang ist auch eine Bauinschrift an einem Haus in Landsberg a. Lech, Hauptplatz 147 *(T108a)*, bemerkenswert, die folgendermaßen lautet:

ANNO 1687 IST DURCH IGNATZ
GENZINGER APOTECKEREN AVCH
DES RATHS VND SPITELVERWA
LDREN ZVEM HEIL. GEIST · DISE BE
HAVSVNG GANCZ AVF DEN GRVND NIDER
GERISEN VND GANCZ NEV AVF GE-
-BAVT WORDEN DVRCH DEN STAT
MAVRMEISTER MICHAEL NADER

10. Die Hochwassermarken

Eine Hochwassermarke mit Rollwerkrahmung, die auf die Hochwasserkatastrophe vom 11. März 1595 Bezug nimmt, ist am Obergeschoß eines Hauses in der Donaugasse 25 *(T108b)* zu Vilshofen angebracht. Sie zeigt folgende Inschrift:

A(nn)o d(omin)i den · 11 Marti Anno
· 1 · 5 · 95 · Jar ist ein Eysgis
gewesen welche als hoch
gangen wie dise hand vnd
Creytz hieünden gezaichnet
anweist Gott sey ferner dafier

Eine andere Hochwassermarke aus dem Jahr 1598 ist am ersten Obergeschoß des Hauses In den Grüben 192 in Burghausen zu sehen. Da aber in Burghausen die vorbeifließende Salzach mit ziemlicher Regelmäßigkeit Hochwasser brachte, registrierte man nur noch besonders hohe Fluten, die dann in der dortigen Spitalkirche einfach an einem Grabstein, der dem Adelsgeschlecht der Mautner zu Katzenberg gesetzt worden war, eingemeißelt wurden.

---

118 Eine Sammlung von Hausinschriften bringt jedoch Hans Roth (H. Roth, Alte Hausinschriften, München 1975)
119 S. Hofmann, Eine aufgefundene Hausinschrift von 1376, in: Sammelblatt des Hist. Vereins Ingolstadt, 86. Jg., 1977, S. 85 ff.

IX. DIE ENTWICKLUNG DES HAUSGRUNDRISSES UND DER FASSADE VON DER ROMANIK BIS ZUM ENDE DES KLASSIZISMUS

Die Spuren der bürgerlichen Baukunst der Romanik bis 1230 sind so gut wie vollkommen getilgt. Dies liegt vor allem daran, daß die Handwerkerhäuser zu dieser Zeit noch fast durchwegs aus Holz gezimmert waren. Die später wegen der damit verbundenen großen Brandgefahr erlassenen Bauverordnungen sorgten dafür, daß diese Bauten nach und nach durch Steinbauten ersetzt wurden.

Nur Landshut besitzt noch einen gemauerten Profanbau aus der ersten Hälfte des 13. Jahrhunderts. Dabei handelt es sich um jenes Haus, das die Ordensfrauen des Zisterzienserinnenklosters Seligenthal vor dem Bau ihrer Ordensniederlassung kurze Zeit bewohnten.[120] Aufgrund einer historischen Überlieferung läßt sich dieses schlichte Haus in der Schwestergasse Nr. 8 (T 89 a, b) in seiner Erbauungszeit ziemlich genau um 1232 datieren. Beim Abschlagen des Verputzes im Jahr 1937 entdeckte man hier vermauerte rundbogige romanische Fenster und den ursprünglichen Hauseingang.

Dem 14. Jahrhundert dürfte noch der ehemalige Adelssitz, der heute in das Burghauser Rathaus einbezogen ist, angehören. Der Bau war von rechteckigem Grundriß und besaß ungewöhnlich starke Mauern. Im Kellergeschoß (Abb. 44, T 42 a) hat sich noch ein Kreuzrippengewölbe zu zwei Jochen erhalten, das über Konsolen ansetzt und durch einen kräftigen Gurtbogen unterteilt wird. Nach der Flußseite zu ist ein Portal und ein vermauerter Aufgang zu erkennen.

In die Zeit des frühen 15. Jahrhunderts sind zwei Bauten der öffentlichen Verwaltung zu datieren, und zwar das Wernstorffer-Haus in Landshut (Altstadt 81, T 133) und der Kastenhof in Dingolfing, Obere Stadt 15 (Abb. 90–94, T 138). Da diese beiden Bauten jedoch später noch ausführlich gewürdigt werden (vgl. Kapitel XI), kann hier auf ein näheres Eingehen verzichtet werden.

In der Zeit der Spätgotik (1380–1520) überwiegt bei den einfachen Handwerkerhäusern der dreiachsige Typ. Die Werkstatträume sind tonnengewölbt, desgleichen die Vorratsräume und der Hausflur. Diese Bauform hat sich mancherorts, wie z. B. das Haus Spitalgasse 212 in Burghausen (Abb. 45) ausweist, oft

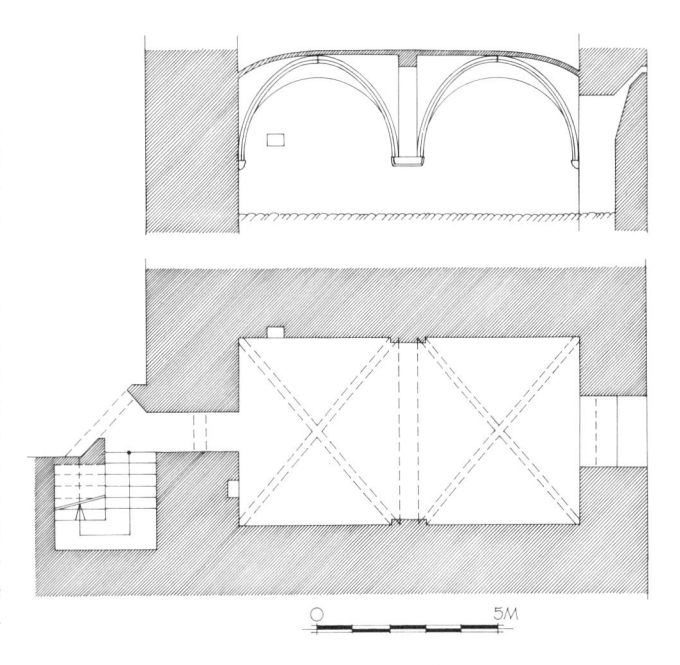

Abb. 44 Burghausen (Lkr. Altötting), Stadtplatz 114, Rathaus, Grundriß Kellergeschoß und Schnitt

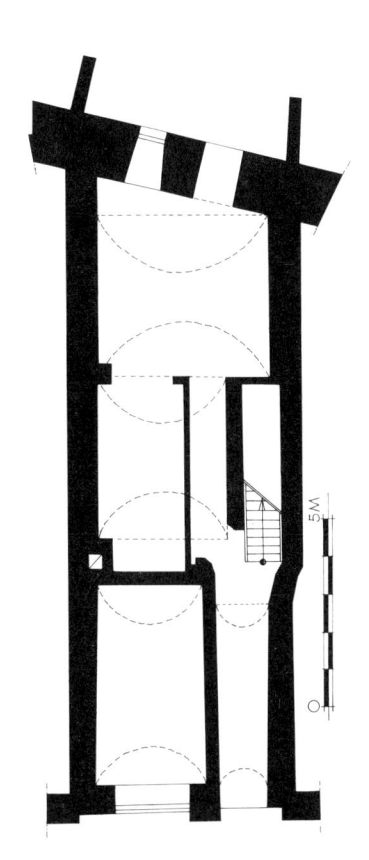

Abb. 45 Burghausen (Lkr. Altötting), Spitalgasse 212, Grundriß Erdgeschoß

---

120 Vgl. Th. Herzog, Landshuter Häuserchronik, Teil II für den Stadtteil links der Isar, Neustadt a.d. Aisch 1971, S. 293 mit 2 Abb.

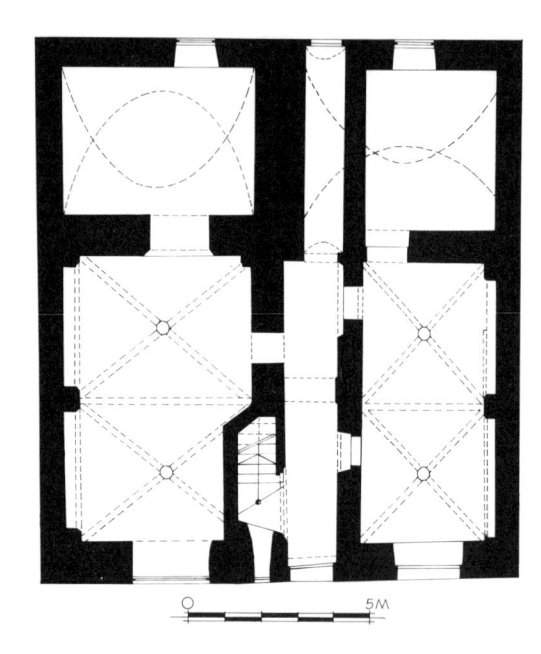

Abb. 46 Burghausen (Lkr. Altötting), In den Grüben 173, Grundriß Erdgeschoß

noch bis ins 17. Jahrhundert hinein gehalten. Neben den Bürgerhäusern mit drei Fensterachsen kommen vereinzelt aber schon solche mit vier oder fünf vor. Auch hierfür kann ein Beispiel – das Haus In den Grüben 173 in Burghausen *(Abb. 46)* – nachgewiesen werden. Dieses Handwerkerhaus hat einen Mittelflur mit einer seitlich eingefügten einläufigen Treppe. Zu beiden Seiten schließen sich die Werkstatträume mit spätgotischen Kreuzrippengewölben an. Bemerkenswert ist, daß die Vorratsräume im rückwärtigen Teil des Hauses nur einfache Tonnengewölbe besitzen. Diese Differenzierung in der Wölbetechnik zeichnet auch das Handwerkerhaus Steinweg 4 in Dingolfing *(Abb. 47)* aus. Die reichen Netzgewölbe lassen hier eine Datierung in das erste Viertel des 16. Jahrhunderts zu.

Im 15. Jahrhundert hat es bei den Bürgerhäusern in den einzelnen Städten und Märkten des Landes bereits ganz unterschiedliche Giebelformen gegeben. In Landshut, wo das giebelständige Handwerkerhaus vorherrschte, waren steile Giebel mit bündig abschließendem Ortgang neben getreppten Giebeln mit und ohne Zinnenaufsätze vertreten. Auch Vorschußgiebel mit waagrechtem Abschluß und aufgesetzten Zinnen müssen, wie das Stadtmodell Jakob Sandtners von 1571 zeigt, bei einigen Häusern in der Altstadt vorhanden gewesen sein. Heute sind sie jedoch dort im Stadtbild restlos verschwunden. Gestäbte Giebel kamen nur ganz vereinzelt vor, so z. B. an den Häusern von Altstadt 299 und 336. Das Haus Altstadt 196 *(T 9)* befand sich damals im Besitz der Patrizierfamilie der Glabsperger[121], und das Haus Altstadt 299 *(T 8)* war Eigentum des Patriziers und Bürgermeisters Oswald Oberndorfer.[122] Wie man sieht, schmückten solch schöne Giebel damals in Landshut nur die Häuser der vermögenden Bürgerschicht.

Gestäbte Giebel, die sich in Landshut nur wenige reiche Bürger leisten konnten, waren dagegen in Ingolstadt früher einmal sehr verbreitet *(T 25 c, 29 a, 91 c)*. Fast jedes größere Bürgerhaus in der Theresien- oder Ludwigstraße *(T 19 b, 20 a)* besaß einen solch schmucken Giebel. Selbst die Häuser der einfacheren Handwerker in den Nebengassen der Stadt lassen gestäbte Giebel erkennen. Von dieser ganzen Pracht ist heute bis auf einige ganz bescheidene Reste alles verschwunden. Ingolstadt muß einmal wohl eine der schönsten Städte in Altbaiern gewesen sein, doch ihr einstiger Glanz ist längst erloschen.

In Straubing, das sich ganz an der Münchner Bauweise orientierte, dominierten traufständige Häuser an den Plätzen und Gassen *(T 11 b, 12 a, b)*. Beliebt waren hier auch Häuser mit getreppten Halbgiebeln und Pultdächern sowie solche mit „Ohrwascheln". Eine Besonderheit der Straubinger Bürgerhäuser sind die mitunter recht hohen und steilen getreppten

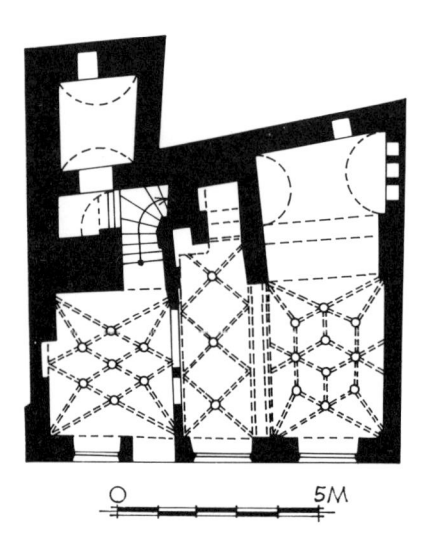

Abb. 47 Dingolfing, Steinweg 4, Grundriß Erdgeschoß, Umzeichnung nach einer Maßaufnahme von Dipl.-Ing. Fritz Markmiller

121 Vgl. Herzog 1957, S. 105
122 Vgl. Herzog 1957, S. 143

Brandmauern, wie sie heute noch bei verschiedenen Häusern am Ludwigsplatz *(T22c, 185a)* vorkommen.

In Burghausen herrschten im Straßenbild, ähnlich wie in Landshut, giebelständige Bürgerhäuser vor *(T15a, b)*. Die Giebel waren meist sehr schlicht und getreppt gehalten.

Gestäbte Giebel hat es auffallenderweise sogar vereinzelt im Inn–Salzach-Gebiet gegeben. Ein schönes Beispiel war dafür früher ein Haus in Altötting *(Abb. 49)*, das bedauerlicherweise erst in der Mitte dieses Jahrhunderts ohne wichtigen Grund abgebrochen worden ist.

Glatte Steilgiebel mit bündigem Ortgang erschienen im 15. Jahrhundert an Bürgerhäusern in allen Teilen Altbaierns. Stellvertretend mag hierfür der an einem Haus in Spötting bei Landsberg a. Lech *(Abb. 50, 51; T151a)* wiedergegeben werden. Das Innere dieses spätgotischen Hauses ist leider im 19. Jahrhundert weitgehend verändert worden.

Abb. 49 Altötting, spätgotischer Giebel an der ehemaligen Propstei (jetzt abgebrochen)

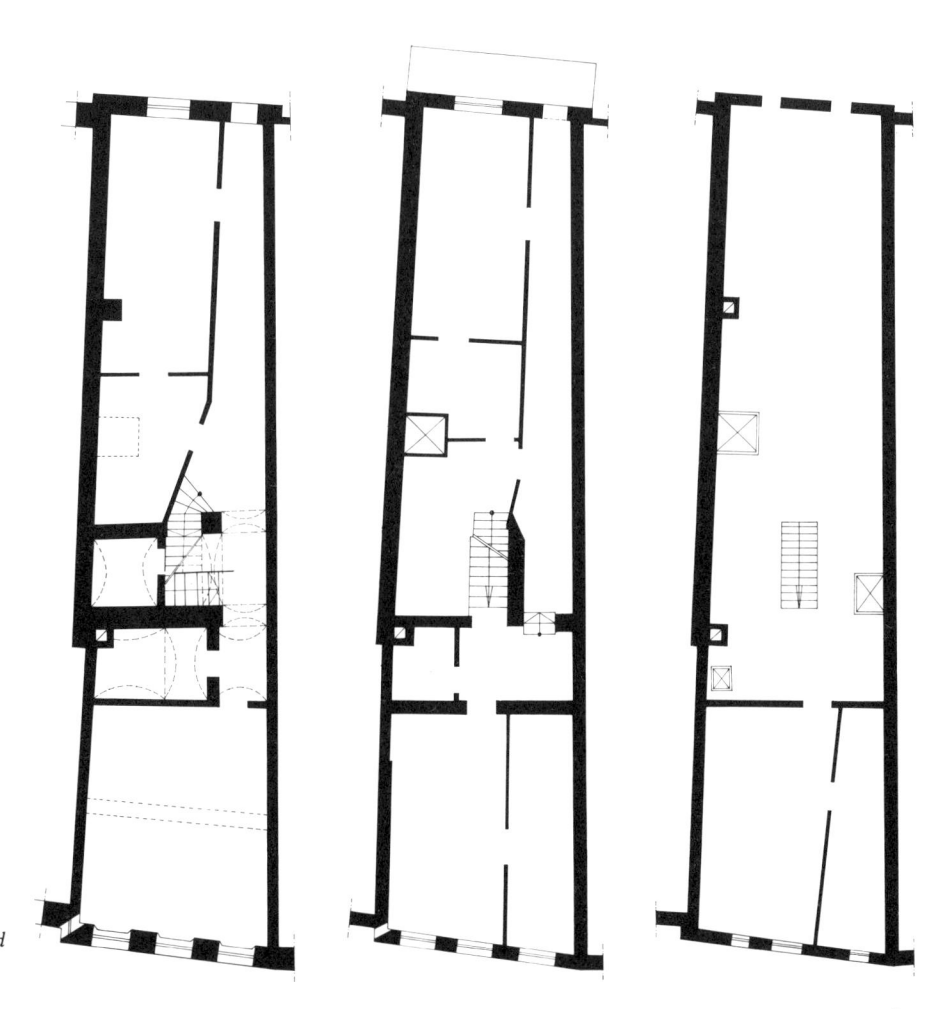

Abb. 48 Burghausen (Lkr. Altötting), Spitalgasse 208, Grundrisse Erd-, erstes und zweites Obergeschoß

In der Zeit der Renaissance (1520–1630) verschwinden die Kreuzrippen- und Netzgewölbe und machen den Kreuzgratgewölben Platz. Bei den einfachen Handwerkerhäusern in den Nebengassen ändert sich am Hausgrundriß anfangs noch wenig. Die Baugrundstücke bleiben handtuchartig schmal und langgestreckt. Die Treppe ist meist noch einläufig, wie z.B. das Haus Obere Länd 49¹/₂ in Landshut *(Abb. 52)* beweist. Das Fletz ist hier schon kreuzgratgewölbt. Im Obergeschoß befindet sich nach der Straßenseite zu der große Wohn- und nach der Hofseite zu der Schlafraum mit der Kammer. Im Mittelteil des Hauses sind die Küche, lichtlos und ohne ausreichende Belüftungsmöglichkeit, sowie das Privet (Abort) angeordnet.

Bei den Wohnhäusern der vornehmen und vermögenden Bürgerschaft tritt in der Mitte des 16. Jahrhunderts aufgrund gehobener Wohnansprüche ein bedeutsamer Wandel ein. Den an der Straßen- oder Platzseite stehenden Häusern wurden Rückgebäude angefügt, die gewinnbringend an Inwohner vermietet werden konnten. Die wachsende Bevölkerungszahl, mit der meist keine Ausweitung der Mauern der mittelalterlichen Stadtbefestigung einherging, machte diese Verdichtung der Bebauung notwendig. Überhaupt ist allenthalben ein gewisser Bauboom zu beobachten, der letzten Endes dazu geführt hat, daß Bürgerhäuser, die noch aus dem 14. und frühen 15. Jahrhundert stammten, nach und nach ausgewechselt wurden. Eine genaue Untersuchung des noch erhaltenen Baubestandes in den altbairischen Rentamtsstädten läßt erkennen, daß nahezu zwei Drittel der heute noch hier anzutreffenden Bürgerhäuser im 16. Jahrhundert neu erbaut wurden.

Vor allem in Straubing gibt es einige Bürgerhäuser, die den oben angesprochenen Bautyp mit Vorderhaus und Rückgebäude augenfällig verkörpern. Der freie Hofraum wird dabei meist, wie bei dem Haus Ludwigsplatz 39 *(Abb. 54, 56)* zu sehen ist, durch einen schmalen Langflügel mit Arkaden eingeengt.

Auch die größeren Bürgerhäuser in den Landstädten, insbesondere die Gasthöfe, leisten sich seit der zweiten Hälfte des 16. Jahrhunderts gewölbte Arkadengänge an der Hofseite *(T 56 a)*, die sie den Bauten der Patrizier und Adeligen in den Rentamtsstädten nachahmten. Diese Bauweise hat sich gerade im Beherbergungsgewerbe als recht sinnvoll erwiesen. Gute Beispiele liefern hierfür der Gasthof Höltl, Stadtplatz 35 *(Abb. 26; T 121 a)*, und der Gasthof zur Post *(T 55 b)* in Vilshofen. Renaissancearkaden werden darüber hinaus auch an den Bauten der fürstlichen Verwaltung, wie etwa dem Mauthaus in Neuötting, Ludwigstraße 59 *(Abb. 62)*, ausgeführt.

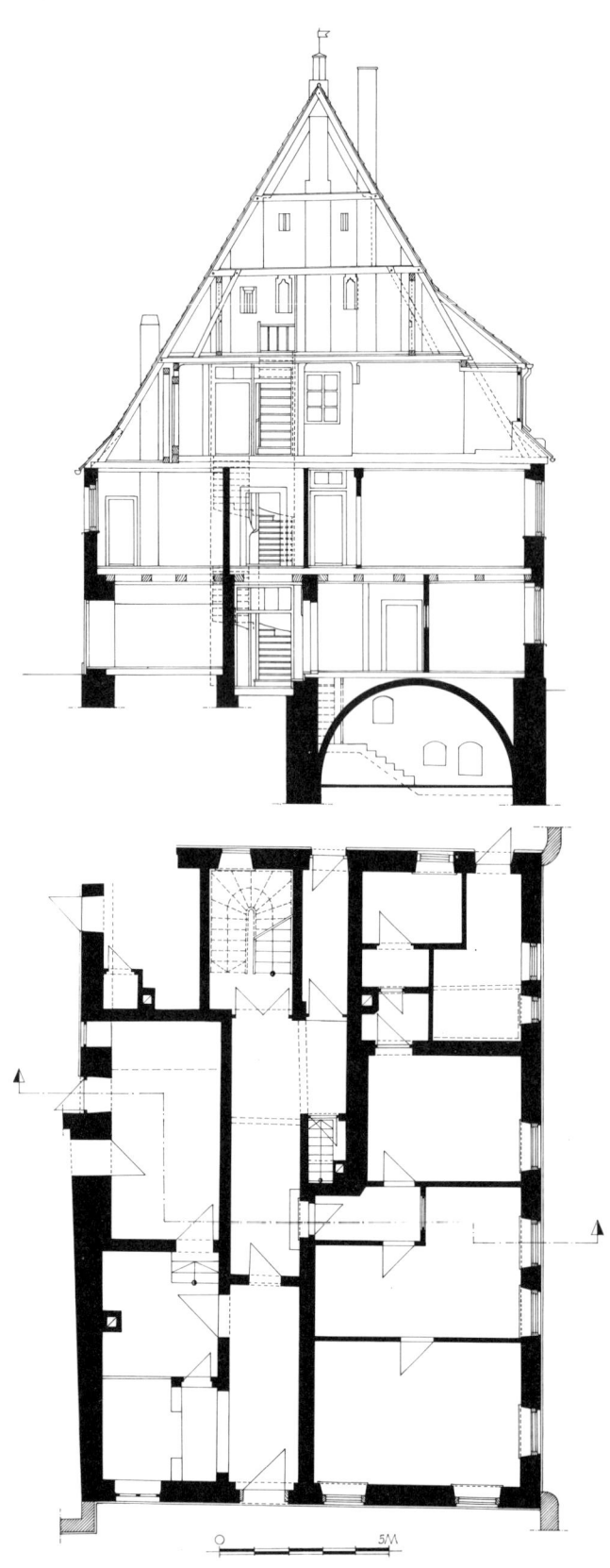

Abb. 50 und 51   Landsberg a. Lech, spätgotisches Haus in Spötting, Grundriß Erdgeschoß und Schnitt

Abb. 52
Landshut, Obere Länd 49½,
Grundrisse Erd- und erstes Obergeschoß

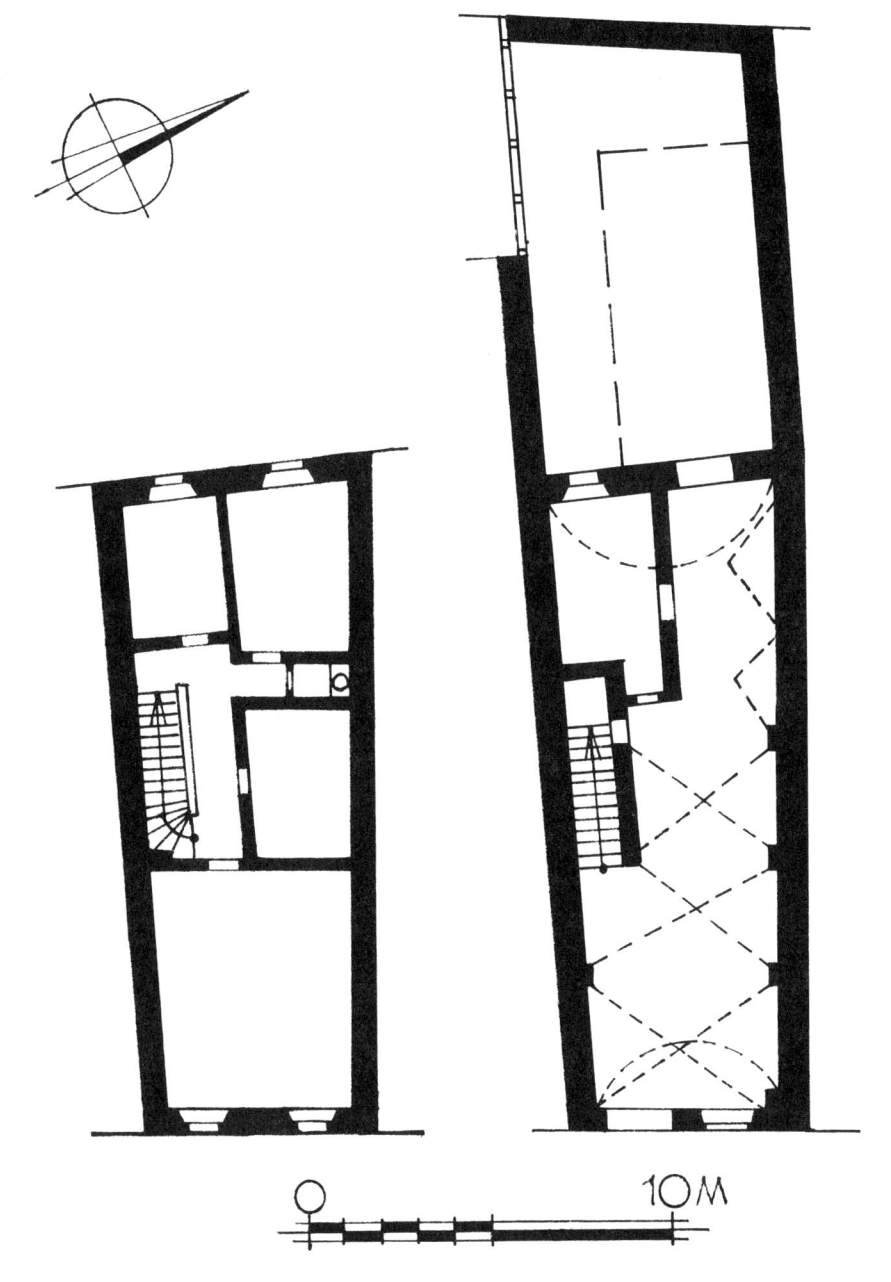

In der zweiten Hälfte des 16. Jahrhunderts lassen sich mit einem Mal in Landshut, Straubing und Ingolstadt sowie an einigen Bürgerhäusern in den Landstädten und Märkten getreppte Giebel mit rundbogig abschließenden Zinnen feststellen. Einer der frühesten Giebel dieser Art dürfte dabei das Alte Feldkirchner Tor beim Schloß zu Ingolstadt besitzen; dieser läßt sich jedoch leider nicht genau datieren. Eindrucksvoll ist der hohe Giebel an dem sogenannten „Loichinger-Haus" in Geiselhöring, Stadtplatz 18 (T 94), das wohl das stattlichste und schönste dieser Art in Altbaiern ist. Der Bau ist in seinem Inneren ebenfalls von großem Interesse, da sich die alte Raumaufteilung weitgehend erhalten hat. Vor allem das Obergeschoß des Hauses bedarf hier einer kurzen Würdigung (Abb. 57, 58).

Die Treppe vom Erd- zum Obergeschoß ist eingebaut, einläufig und gekrümmt. Im Fletz hat sich noch ein altes Bodenpflaster aus Ziegelplatten erhalten. Die Wohn- und Schlafräume sowie die Kammern haben

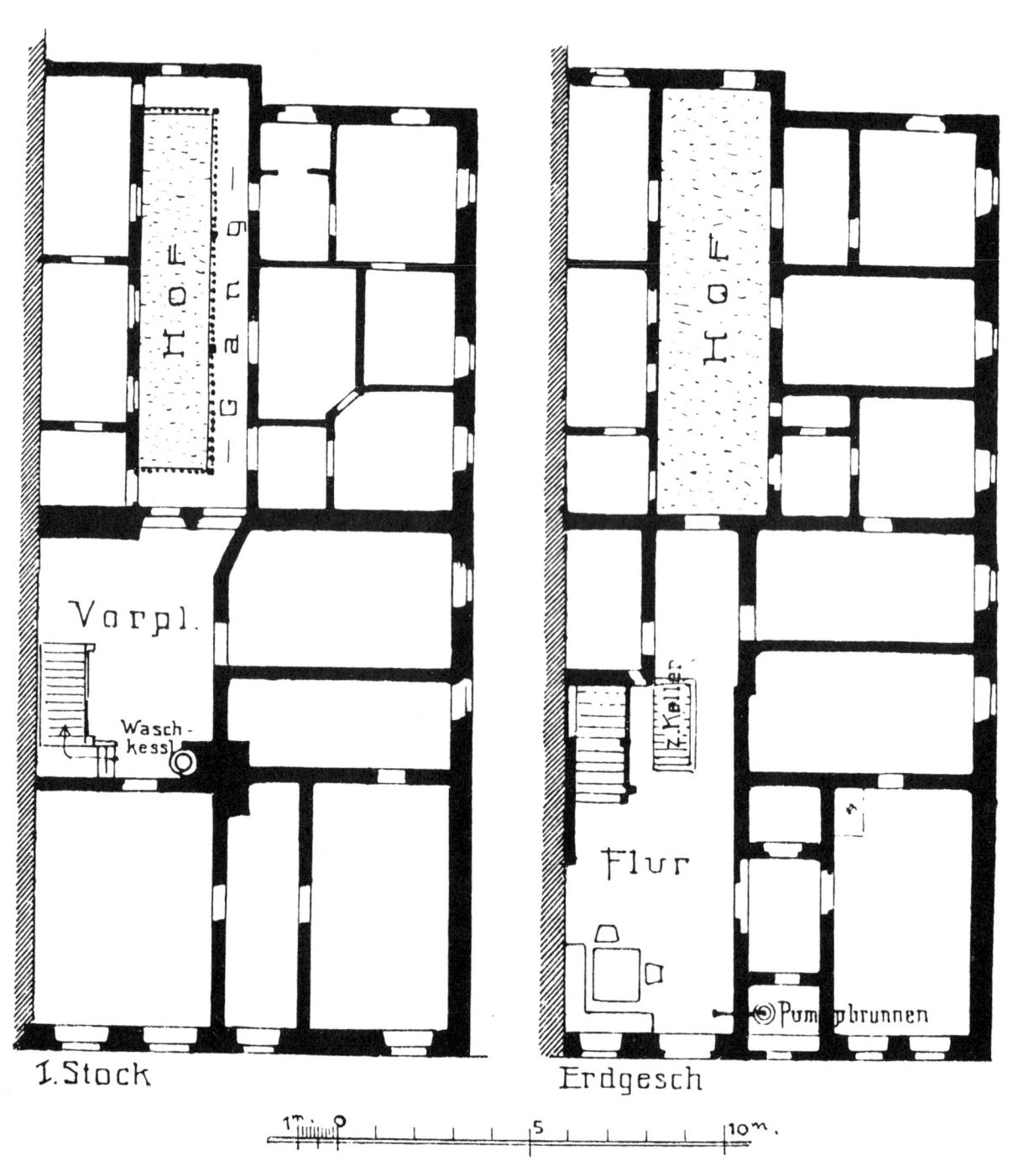

Abb. 53   Straubing, Schmidlgasse 6, Grundrisse Erd- und erstes Obergeschoß

durchwegs Holzböden. Der große Raum an der Südostecke des Hauses, der heute durch eine Trennwand unterteilt ist, war einst die Wohnstube. Der Ofen konnte von der anschließenden Küche aus beheizt werden. Die Schlafräume lagen nach Osten bzw. nach Norden hin. Der hohe Dachraum war in vier Böden unterteilt. Eine Aufzugswinde sorgte dafür, daß Waren hochgeschafft werden konnten. Das Haus ist teilunterkellert. Leider ist nicht zu ermitteln, welchem Zweck der Bau zur Zeit seiner Errichtung diente, doch wäre es denkbar, daß er ein Gast- oder Handelshaus war.

Kapellen-Schnitt   Kapellen-Ansicht

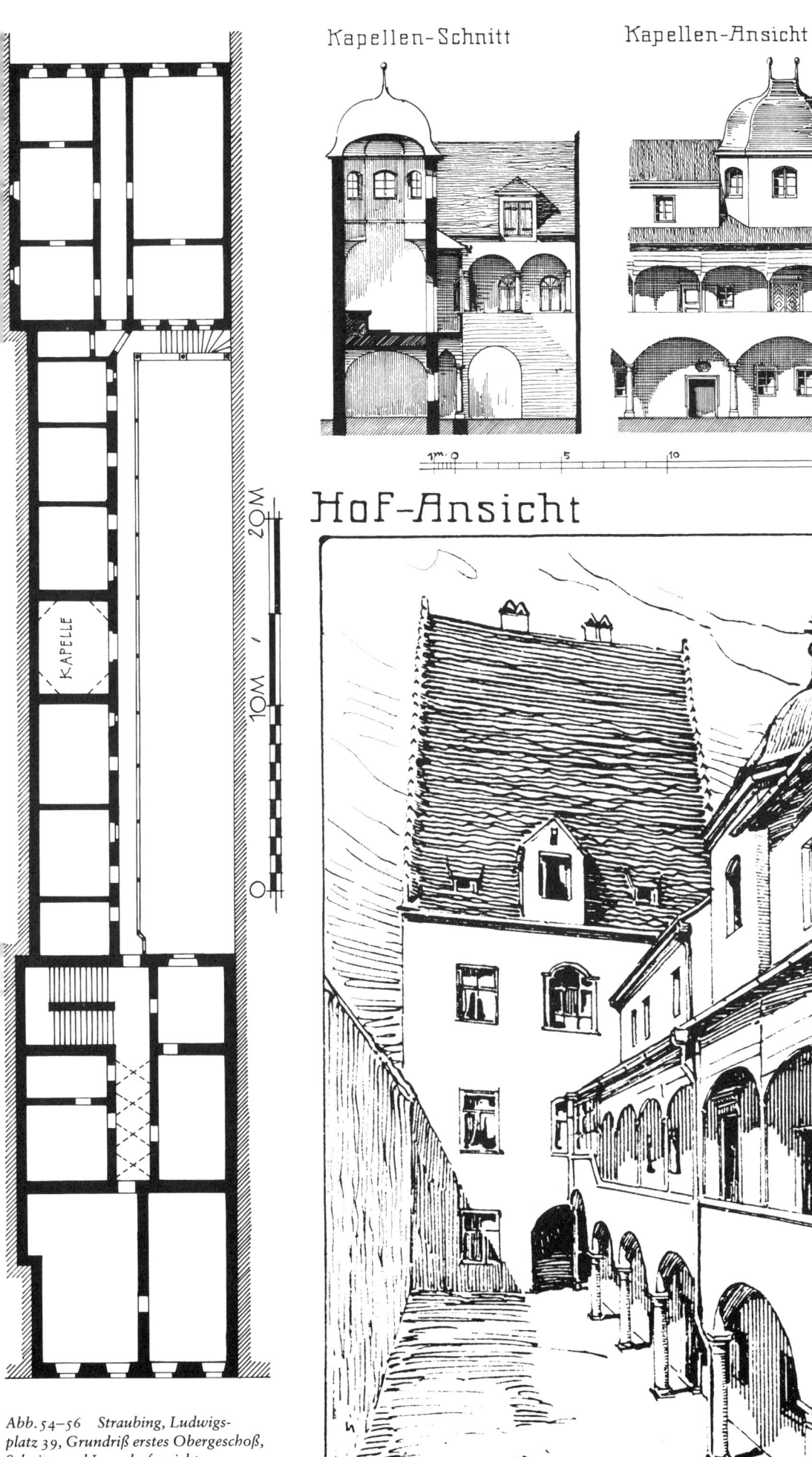

Hof-Ansicht

Abb. 54–56   Straubing, Ludwigsplatz 39, Grundriß erstes Obergeschoß, Schnitte und Innenhofansicht

Rundbogig abschließende Zinnen lassen sich am Giebel in den mannigfachsten Formen darstellen. So sind Beispiele bekannt, bei denen am Giebel neben den Eckzinnen nur noch eine Scheitelzinne (Erding, Lange Zeile 15, Abb. 40) vorkommt. Giebel mit fünf Zinnen hat es vor allem in Landshut mehrfach gegeben, z. B. Regierungsstraße 570 *(T 87 a)* und Wagnergasse 2 *(T 97 a)*. Solche, die getreppt waren und rundbogige Abschlüsse aufwiesen, treten in Ingolstadt und Umgebung, wie die Häuser Roseneckstraße 1 *(T 97 b)*, der Mohrbräu in Gaimersheim, Untere Marktstraße 2 *(T 96 a)*, und ein früheres Bürgerhaus in Neustadt a. d. Donau *(T 95 b)* belegen, auf.

Auch das 17. Jahrhundert hindurch hielten sich in Landshut diese Formen, doch wurden dann die Giebelstücke zwischen den Zinnen geschweift oder gekrümmt. Man vergleiche dazu die Bürgerhäuser Neustadt 457 *(T 97 c)*, Neustadt 497 *(T 99 b)*, Neustadt 503 sowie Altstadt 258 *(T 99 c)*.

In der Zeit der Renaissance haben sich in Altbaiern aber auch noch andere Giebelformen, wie beispielsweise der „geschweifte Knickgiebel", herausgebildet. Auf den von Jakob Sandtner gefertigten Stadtmodellen der Rentamtsstädte Landshut und Ingolstadt lassen sich bereits ganz vereinzelt Bürgerhäuser mit derartigen Giebeln ermitteln. So zeigt die Obere Apotheke in Ingolstadt, Theresienstraße 2 *(T 29 c)*, die um 1560/70 erbaut wurde, bereits einen Vorschußgiebel mit geknickten Schweifungen und einem bekrönenden Dreiecksgiebelchen, der jedoch noch auffallend steil ist.

In der Grundrißdisposition tritt in der Zeit des Barock und des Rokoko (1630–1780) vor allem bei den freistehenden Bürgerhäusern eine grundlegende Wandlung ein. Nunmehr ist man bemüht, das Treppenhaus aufwendiger zu gestalten. Es entstehen oft weitläufige Fletze und zweiläufige Treppen mit Podest und Treppenauge, wie etwa die Landshuter Häuser Altstadt 217 und 218 *(Abb. 64)* dokumentieren. Die Geländer sind mit gedrechselten Balustern versehen. Die Wohnräume in den Obergeschossen werden komfortabler. Große Kachelöfen erscheinen, und die dunkelbraunen, mit Ochsenblut gestrichenen Holzdecken müssen geweißten Putz- und Stuckdecken weichen.

In einigen Fällen ist auch die Zusammenlegung von mehreren kleineren Häusern zu einem größeren Gebäudekomplex zu beobachten. Für Landshut gibt es hier ein typisches Beispiel. So entstand das Haus Altstadt 369 aus der Vereinigung dreier ursprünglich separater Grundstücksparzellen *(Abb. 60)*. Auf dem Stadtmodell Jakob Sandtners von 1571 lassen sich an dieser Stelle sogar noch vier verschiedene Häuser nachweisen. Nach Auskunft der Landshuter Häuserchronik ließ im Jahr 1683 David Oppenrieder, des

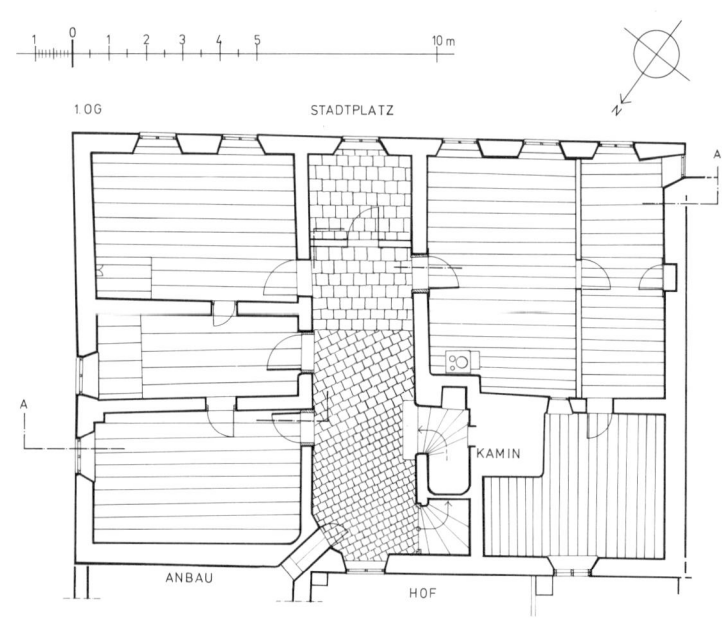

Abb. 57, 58 Geiselhöring (Lkr. Straubing-Bogen), Stadtplatz 18, sog. „Loichingerhaus", Grundriß erstes Obergeschoß und Schnitt

Abb. 59, 60 Landshut, Altstadt 369, Grundriß Erdgeschoß und Arkaden im Innenhof

Inneren Rats und Handelsmann, die Häuser Altstadt 369a, b und c zusammenlegen.¹²³ Er brachte nach Abschluß der baulichen Vereinigung der drei Häuser sein Ehewappen und sein Handelszeichen mit den Initialen an einem Pfeiler im Erdgeschoß an.

In der Form der Giebelgestaltung waren den Maurermeistern des 18. Jahrhunderts in Altbaiern, wie die Vielfalt der noch erhaltenen Formen erkennen läßt, keine Grenzen gesetzt. Man vergleiche dazu nur Giebel an einigen Häusern in Landshut *(T 102 c)*, Plattling *(T 35 a)*, Ingolstadt *(T 71 a)*, Tüßling *(T 36 a)*, Neuötting *(Abb. 61)* und Burghausen *(T 102 a)*.

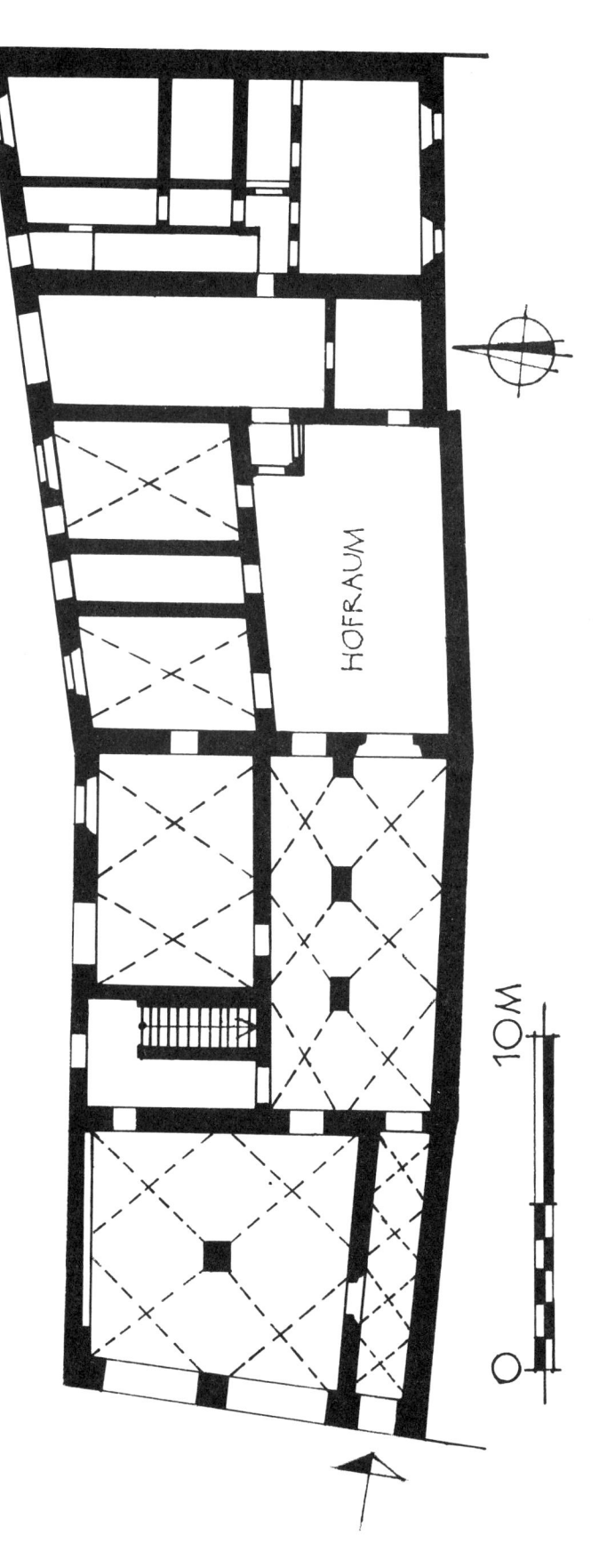

123 Vgl. Herzog 1957, S. 166

In der Zeit des Klassizismus (1780–1830) kam es bei den Bürgerhäusern in der Grundrißgestaltung zu keinen wesentlichen Neuerungen mehr. Der Unterschied zu der vorhergehenden Stilperiode bestand vielmehr im Dekor der Fassade, wie Bürgerhäuser und Amtsbauten in Neuötting *(T 103 d)*, Hengersberg *(T 103 a)* und Vilshofen *(T 121 c)* dokumentieren.

Abb. 61 Neuötting (Lkr. Altötting), Haus Nr. 7 in der St.-Sebastiani-Vorstadt

*Abb. 62
Neuötting (Lkr. Altötting), Ludwigstraße 59, Renaissancearkaden im Innenhof des früheren herzoglichen Mauthauses*

Abb. 63 Landshut, Häuser in der Kirchgasse, südliche Straßenseite, Nr. 228–232

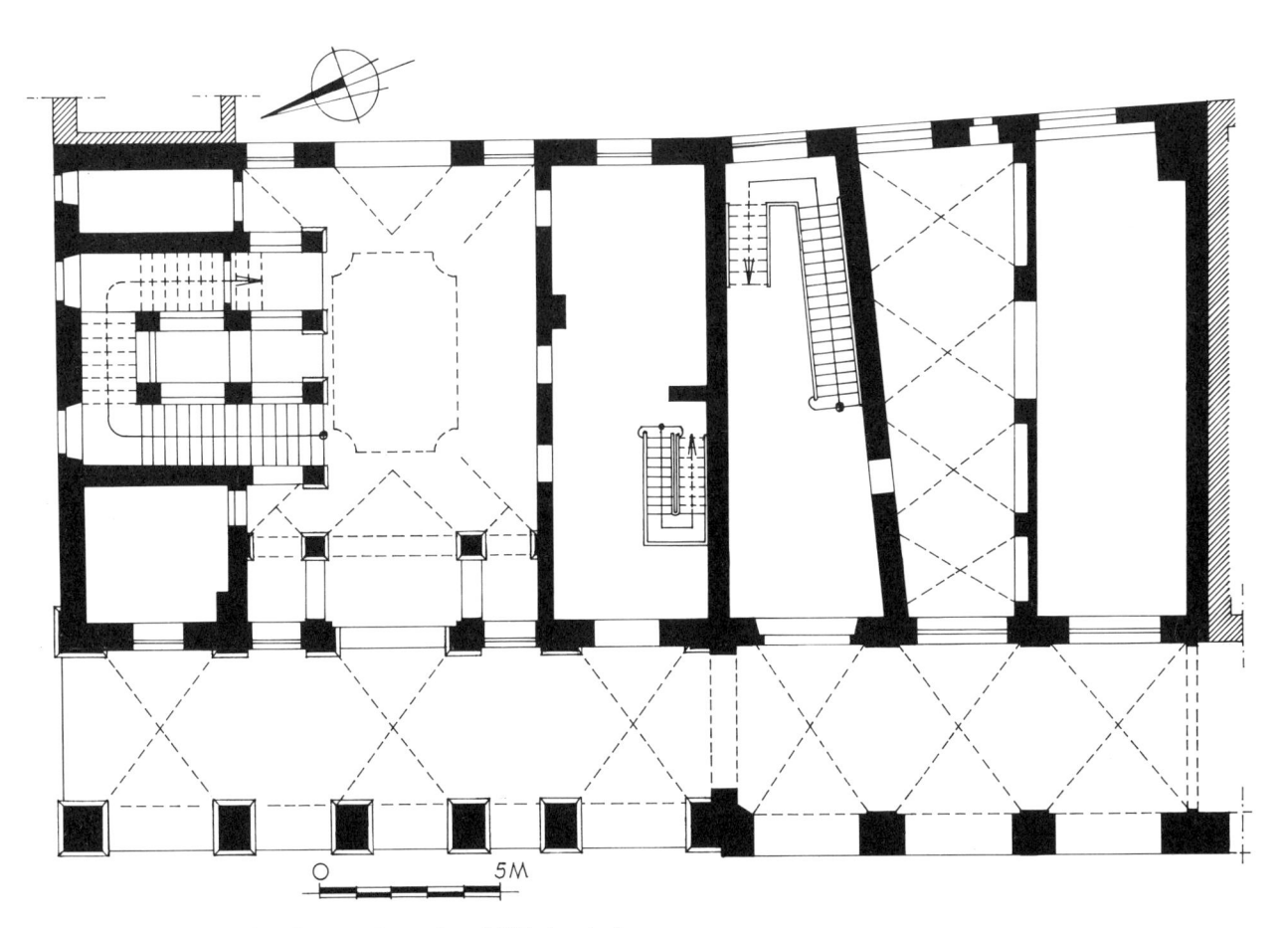

Abb. 64 Landshut, Altstadt 217 und 218, Grundriß Erdgeschoß

X. AUSGEWÄHLTE BEISPIELE VON BÜRGERHÄUSERN

A. NAHRUNGSMITTELGEWERBE

1. Die Ackerbürgerhäuser und Schwaigen

Der Typ des Ackerbürgerhauses – so wie er in Franken häufig anzutreffen ist – findet sich im altbairischen Raum verhältnismäßig selten und fehlt in manchen Städten und Märkten sogar völlig. Das altbairische Gegenstück ist eigentlich die „Schwaige". Hierbei handelt es sich um Bauerngüter im Bereich des Burgfriedens einer Stadt, die früher meist vermögenden Bürgern oder Patriziern gehörten. Die Schwaigbauern besaßen jedoch im Gegensatz zu den Bauern auf dem Land das Bürgerrecht.

Ackerbürgerhäuser sind in Altbaiern in größerem Maße eigentlich nur in Ingolstadt anzutreffen. Sie stehen bevorzugt im südwestlichen und nordöstlichen Teil dieser Stadt und noch innerhalb des mittelalterlichen Berings. Da Ingolstadt seit alters als uneinnehmbare Feste galt – und im Jahr 1804 sogar noch förmlich als Landfeste deklariert worden war – kam hier den Ackerbürgern bei feindlichen Angriffen eine wichtige Aufgabe zu. Im Belagerungsfall hatten sie die Bevölkerung mit frischer Milch und notfalls auch mit Schlachtvieh zu versorgen.

Die Ingolstädter Ackerbürgerhäuser sind in der Regel gemauert und ein- oder zweigeschossig. Auffallend ist das steile Satteldach, wie es z.B. noch recht gut an dem Haus Sommerstraße 15 (T111a) zu sehen ist. Dem Wohnhaus des Bauern ordnet sich ein kleiner Hofraum zu, um den sich die mehr oder minder großen Stallungen für die Kühe und die Pferde sowie die Kleintiere anschließen. Eine große Hofeinfahrt und ein Stadel für die Futtervorräte darf natürlich nicht fehlen. Die Felder des Bauern liegen nicht innerhalb, sondern außerhalb der Stadtmauern. Auf den Wiesen stehen dabei noch Feldstädel für die Unterbringung weiterer Heuvorräte.

In Landshut kommen Ackerbürgerhäuser zwar nicht im Stadtkern, aber doch im Bereich des Burgfriedens vereinzelt vor. Auch in den stadtnahen früheren Hofmarksbezirken Seligenthal und Berg finden sich noch einige Bauernhäuser, die zwar streng genommen keine Ackerbürgerhäuser waren, aber dennoch den Typ dieser Häuser verkörperten.

2. Die Fischer- und die Gärtnerhäuser

Die Wohnhäuser der Fischer und Gärtner stehen des öfteren in Gassen in der Nähe des Flußufers bzw. des Stadtrandes. Das Gewerbe der Fischer bedurfte für die Ausübung einer besonderen Erlaubnis. Eine solche Gerechtsame war meist an ein bestimmtes Haus gebunden. Bei den größeren Flüssen des Landes, wie z.B. der Donau und der Isar, gab es sogenannte „Fischlehen", die teils herzoglich, teils klösterlich waren. Diese Lehen wurden oft über Jahrhunderte hinweg in ein und derselben Familie vererbt. Daneben gab es aber auch noch das Recht zum Fischen, das „Herrengunst" war. Dieses konnte also jederzeit widerrufen werden. Das geminderte Fischrecht wurde meist auch nicht hauptberuflich, sondern im Nebenerwerb und nur zu bestimmten Zeiten des Jahres ausgeübt. Häuser mit einem Fischrecht, das Herrengunst war, sind in Burghausen z.B. Spitalgasse 212 und Spitalgasse 224 gewesen; ein „reales" Fischrecht war hingegen mit dem Haus Spitalgasse 205 verbunden. Doch selbst auch die Besitzer dieses Hauses übten die Fischerei nur nebenbei aus und verdienten sich ihren Lebensunterhalt als Schiffsknechte.

Die von den Fischern gefangenen Flußfische wurden bis zum Markttag in Fischbehältern, die meist in den Fluß eingehängt waren, gehalten. Die Teichwirtschaft, die heute in der Oberpfalz und im fränkischen Aischgrund so hochentwickelt ist, war hingegen früher in Altbaiern kaum bekannt. Hier lieferten vielmehr die zahlreichen großen Seen, die im Besitz des Landesherrn waren, sowie die Fischweiher der Klöster die begehrte Fastenspeise.

Die Gärtnerei war in Altbaiern ein freies Gewerbe und konnte von jedermann betrieben werden, der entsprechende Grundstücke besaß oder pachten konnte. Die wohlhabenderen Bürger hatten meist eigene Gärten im Burgfrieden oder im Umland der Städte, die sie von entsprechenden Hilfskräften bzw. Söldnern (= Kleinbauern) bewirtschaften ließen.

Die Anlage stadtinterner Gärten kann im Rahmen dieser Untersuchung nur gestreift werden. Der Anbau von Blumen und Zierhölzern, so wie uns das heute zur Gewohnheit geworden ist, kannte man früher eigentlich nur im höfischen Bereich. Der Bürger konnte sich im allgemeinen diesen Luxus nicht leisten und hatte sich auf den Anbau von nutzbringenden Pflanzen, Sträuchern und Bäumen zu beschränken. Die Ausgestaltung der Gärten war dabei selbstverständlich der Mode unterworfen. Die symmetrisch ausgerichteten Gartenanlagen der Barockzeit sind uns zwar von alten Planrissen her allgemein bekannt, doch in situ sind sie fast alle längst verschwunden bzw. einer zeitgemäßeren Umgestaltung zum Opfer gefallen.

Die Wohnhäuser der Fischer und Gärtner sind im Grundriß und im Aufriß meist recht bescheiden. Es überwiegt der erd- und der zweigeschossige Typ, dreigeschossige Bauten – wie sonst bei Handwerkerhäusern üblich – sind selten vertreten.

3. Die Mühlen

Für die Versorgung der Bevölkerung mit Mehl waren Mühlen für jedes städtische Gemeinwesen unerläßlich. Die Mühlen konnten sich jedoch, da sie zum Mahlen der Wasserkraft bedurften, nicht an beliebigen Stellen der Stadt ansiedeln, sondern suchten Standorte längs eines reichlich fließenden Bachlaufes. Die Ansiedlung von Mühlen an Flüssen war stets nur ein Notbehelf, da ein kontinuierliches Mahlen wegen der sich ständig verändernden Höhe des Wasserspiegels oder gar des Hochwassers höchst schwierig war. In Ingolstadt standen so beispielsweise die Mühlen nicht längs der wasserreichen Donau, sondern entlang der Schutter, die den südwestlichen Teil der stark befestigten Stadt durchzog.

Die Hofmühle (Wöhrgasse 260) und die frühere Spitalmühle (Spitalgasse 200) in Burghausen waren längs des Abflußgrabens des Wöhrsees angelegt. Daneben gab es aber auch noch eine Mühle in der Vorstadt St. Johann (Kunstmühle St. Johann, Mühlenstraße 1). In Landshut, wo die Verhältnisse weniger günstig lagen und ein Stadtbach fehlte, ordnete man die Mühlen auf der sogenannten Mühleninsel an einem Seitenarm der oft starkes Hochwasser führenden Isar an.

Auch Mühlgebäude in ländlichen Bereichen *(vgl. T 41 b)* verkörpern in der Regel den bürgerlichen Wohnhaustyp. Es gilt hier wiederum der Satz, daß die Funktion und nicht der Standort den Bautyp und sein äußeres Erscheinungsbild prägt.

Andererseits sind aber auch Beispiele bekannt, wie Mühlen im Stadtbereich den ländlichen Bauernhaustyp aufgenommen haben. Dabei sei auf das Haus Untere Länd 120 in Landshut hingewiesen, ein zweigeschossiger verputzter Bau mit traufseitigem Greddach. Das Gebäude war früher die kurfürstliche „Pfistermühle" *(T 174 c)*.

4. Die Bäckereien und die Brothäuser

Da die Bäcker zur Ausübung ihres Gewerbes besondere Einrichtungen benötigten, hielt sich dieser Handwerkszweig oft über Jahrhunderte hindurch auf einem Haus. Auf dem „Beckenhaus" Schirmgasse 278 in Landshut ist so beispielsweise vom Jahr 1493 bis zum heutigen Tag eine Bäckerei nachweisbar.

In manchen Städten Altbaierns besaßen die Beckenhäuser zur besseren Unterscheidung sogar eigene Hausnamen. So unterschied man früher in Burghausen zwischen einem „Mautbeck" – er hatte sein Haus gegenüber dem kurfürstlichen Mautamt –, dem „Spitlbeck" (Spitalgasse 201) – sein Haus stand schräg gegenüber dem Heiliggeist-Spital – und einem „Kapuzinerbeck" (Kapuzinergasse 237), dessen Beckenhaus sich in der Nähe des Kapuzinerklosters befand. Die Hersteller von Kuchen und anderen süßen Backwaren nannte man Zuckerbäcker. Sie betrieben ihr Gewerbe oft nur in angemieteten Räumlichkeiten und hatten meist keinen eigenen Hausbesitz.

Das Brot, die Semmeln und Bretzen durfte man jedoch nicht im Beckenhaus selbst verkaufen, sondern die Backerzeugnisse mußten in dem der Stadt gehörenden Brothaus feilgeboten werden. Hier hatte jeder zur Zunft zählende Bäcker seinen eigenen festen Platz.

Das Landshuter Brothaus war ein eigener Bau (Altstadt 334), der schon im Jahr 1478 als „Gemeiner stadt brothaus" urkundlich nachweisbar ist.[124] Im gleichen Bau war damals auch die Stadtwaage untergebracht. Es soll ein zweigeschossiges, lagerhausähnliches Eckhaus mit breiter Einfahrt nach der Altstadtseite zu gewesen sein. Außerdem besaß dieser Bau noch vier Tore nach der Grasgasse zu und war in seiner Tiefe durch die Zusammenziehung zweier, ursprünglich getrennter Grundstücke entstanden. Im Jahr 1805 ist das Landshuter Brothaus noch im dortigen Rathaus untergebracht gewesen. Eine ähnliche Einrichtung läßt sich für Burghausen und Wasserburg a. Inn nachweisen. In der letztgenannten Stadt hat man heute zur allgemeinen Freude der Touristen die alte Tradition des Brothauses wieder aufleben lassen.

5. Die Metzgereien und die Fleischbänke

Der Beruf des Metzgers wird in Deutschland und in Österreich mit den verschiedensten Bezeichnungen belegt. In Norddeutschland kennt man dafür den Ausdruck „Knochenhauer" oder „Fleischhauer", in Österreich „Fleischhacker", doch hier in Altbaiern im allgemeinen nur den Ausdruck „Metzger". Die Metzger zählten in den kleineren Städten und in den Märkten aufgrund ihres allgemeinen Wohlstandes zur gehobenen Bürgerschicht, und ihre Vertreter saßen meist im Rat. In den großen Rentamtsstädten spielten sie in der städtischen Selbstverwaltung hingegen eine geringere Rolle.

---

124 Vgl. Herzog 1957, S. 154

Die Handwerkerhäuser der Metzger unterscheiden sich in ihrem äußeren Erscheinungsbild eigentlich nicht von jenen anderer Berufszweige. Das Fleisch der geschlachteten Tiere und die davon hergestellten Wurstwaren durften früher auch nicht in der eigenen Behausung zum Kauf angeboten, sondern mußten in einer städtischen „Fleischbank" zum Kauf ausgelegt werden.

In Landshut kannte man früher die sogenannten „Inneren Fleischbänke" hinter dem Rathaus, die anscheinend im Jahr 1409 laut einer vormals am Tor angebrachten Jahreszahl erbaut worden waren. Dieser Bau ist heute nicht mehr vorhanden. Die „Äußeren Schlachtbänke" mit dem Schlachthaus standen bis zum Jahr 1809 in der heutigen Zweibrückenstraße. Sie wurden zu Beginn des 20. Jahrhunderts aufgelassen und abgebrochen.

In Burghausen unterschied man zwischen den „Oberen Fleischbänken" in der Bruckgasse und den „Unteren Fleischbänken" (In den Grüben 194). Sie sind heute ebenfalls verschwunden.

Die frühere Dingolfinger Fleischbank ist eine der ganz wenigen Bauten dieser Art, von der wir noch ein genaues Bild ihres Aussehens besitzen. Es handelt sich dabei um einen zweigeschossigen Putzbau mit großer Einfahrtsöffnung in der Mittelachse des Hauses sowie einem reizvoll abgestuften Steilgiebel mit halbkreisförmigen Aufsätzen. Dieser verkörpert den Landshuter Baustil des 16. Jahrhunderts.

Von besonderem kulturhistorischem Interesse ist vor allem die frühere Straubinger Fleischbank, die bereits in einer Urkunde aus dem Jahr 1551 erwähnt wird. Bürgermeister und Rat kauften damals die Fleischbänke, die sich bis dahin noch im Besitz verschiedener Eigentümer[125] befunden hatten, auf. Der jüngere Bau der ehemaligen Fleischbänke (T 129 b) befand sich östlich des Spitals im Norden des mittelalterlichen Berings der Stadt. Er bestand aus zwei parallel zueinander angeordneten Gebäudeflügeln, die zusammen mit einem Querbau einen kleinen Marktplatz umschlossen. Im Untergeschoß des Südtrakts befanden sich einst die Verkaufsläden und im Untergeschoß des Nordtrakts ehemals die Schlachträume.

6. Die Lebzelterhäuser

In einer Zeit, in der die Gewinnung von Zucker aus Zuckerrohr und Rüben hierzulande noch unbekannt war, kam der Bienenzucht und dem dabei gewonnenen Honig große Bedeutung zum Süßen der Speisen zu. Den Lebzeltern fiel dabei die Aufgabe zu, aus Wachs allerlei Kerzen und gegossene Figuren zu formen. Mit Hilfe von Honig stellten sie Lebkuchen und die verschiedensten Sorten von Gebäck her. Die Lebzelter gelangten dabei meist zu großem Wohlstand und rückten in den mittelgroßen Städten oft bis in den Inneren Rat auf. Ihre Häuser zählen zu jenen der gehobenen Bürgerschicht.

In Burghausen war das Haus Stadtplatz 111 (T 185 b) seit alters ein Lebzelter- und Wachszieherhaus. Es ist dreigeschossig, dreiachsig und fügt sich harmonisch in die Zeilenbebauung zwischen dem Rathaus und dem Stadthaus einer Adelsfamilie ein. Bemerkenswert sind vor allem die noblen Fenstergewände aus Adneter Marmor. Ein Fenster am Obergeschoß ist mit der Jahreszahl „1550" bezeichnet und zeigt zudem einen Wappenschild mit Hausmarke (T 66 b). Letzteres dürfte wohl dem Bauherrn aus der Mitte des 16. Jahrhunderts angehören. Die Räume im Erdgeschoß sind modern verändert, doch der Keller (T 43 c) hat noch sein altes Kreuzkappengewölbe bewahrt. In einem rückwärtigen Raum des Erdgeschosses sind außerdem noch spätgotische Kreuzrippengewölbe vorhanden. Doch dieser Bauteil ist älter und wurde in den Neubau von 1550 integriert. Am Aufgang zum ersten Obergeschoß ist noch ein eingebauter Wandschrank zu sehen. Der große Raum im Obergeschoß nach der Platzseite zu besitzt eine schlichte Holzbalkendecke.

In Landshut war im 18. Jahrhundert das Haus Altstadt 89 und das Haus Grasgasse 317 bis zum Jahr 1662 im Besitz von Lebzeltern. Im Grunde genommen unterscheiden sich jedoch diese Bauten kaum von anderen der gehobenen Bürgerschicht. Der einzige Unterschied bei den Lebzelterhäusern scheint gewesen zu sein, daß auf den Ausbau eines weiträumigen Vorratskellers, wie das Burghauser Beispiel lehrt, großer Wert gelegt wurde.

7. Die Gasthöfe, Brauereien und Bierschenken

Ein interessantes Kapitel der bürgerlichen Baukunst stellen zweifelsohne die Gasthäuser und Gasthöfe dar; zwischen beiden besteht natürlich ein grundlegender Unterschied. Ein Gasthaus besaß vielfach nur einen Gastraum im Erdgeschoß, in dem Getränke ausgegeben wurden. Die übrigen Teile des Hauses dienten zu Wohnzwecken für die Wirtsfamilie, wobei oft noch ein weiteres Wohngeschoß an einen Handwerker vermietet wurde.

Ein Gasthof war dagegen in seiner Einrichtung ganz auf den zu bewirtenden Gast eingerichtet, der auch hier speisen, zur Nacht bleiben und seinen Reisewa-

---

125 Vgl. KDB, Stadt Straubing, S. 306

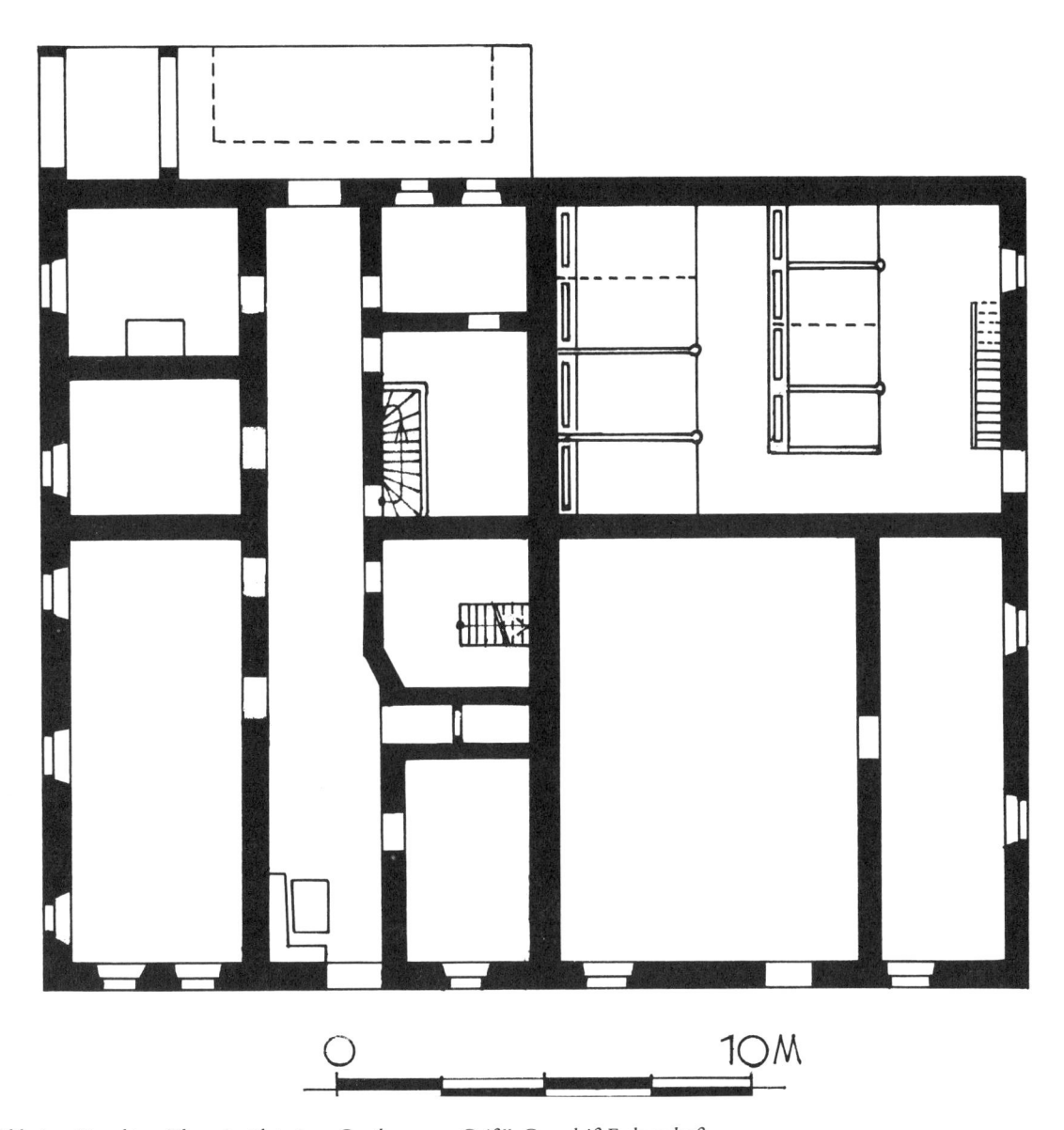

Abb. 65   Straubing, Theresienplatz 8a, „Gasthaus zum Geiß", Grundriß Erdgeschoß

gen mit den Pferden einstellen konnte. Gasthöfe besitzen daher in den meisten Fällen diverse Nebengebäude, die oft mit dem Hauptbau zusammen um einen Innenhof gruppiert sind; wichtig ist stets die große Hofdurchfahrt. Zu einem Gasthof gehörten natürlich auch noch Brauereigebäude, die manchmal von ersterem getrennt in der Vorstadt standen.

Nach der Art der Getränke, die früher in einem Gasthaus oder Gasthof ausgeschenkt wurden, unterschied man zwischen einem Weinwirtshaus und einem Bierwirtshaus bzw. einem Weingasthof und einem Biergasthof. In einigen Wirtshäusern gab es nur Braunbier, in anderen nur Weißbier.

Die großen Bierbrauer, die „Praxatores", lieferten mit ihren Fuhrwerken Bier nach auswärts, insbesondere an die kleineren Bierschenken in den Dörfern. Die bierbrauenden Wirte, die „Cerevisiarii", brauten hingegen nur Bier für den eigenen Betrieb. Bevor das Bier ausgeschenkt wurde, mußte der Sud noch von einem eigens vom Rat der Stadt aufgestellten Bierbeschauer begutachtet werden, ob es auch „pfennigvergeltlich" war.[126]

126   Vgl. Rohrmayr 1961, S. 26

Unter der Vielzahl der noch erhaltenen Gasthäuser und Gasthöfe können hier nur einige signifikante Beispiele herausgegriffen werden, wie etwa das Gasthaus zum Geiß – nicht nach einer Ziege, sondern nach einem früheren Besitzer namens Geiß benannt – in Straubing, Theresienplatz 8a *(Abb. 65, T 115 a)*. Dieser zweigeschossige Bau fällt vor allem durch seinen ungewöhnlich hohen Treppengiebel auf, der nach der Schmidlgasse ausgerichtet ist. Der Grundriß des Hauses ist klar und logisch konzipiert. Zu seiten des breiten Mittelfletzes liegen nach Osten zu der langgestreckte Gastraum und die Küche und nach Westen hin verschiedene Vorratsräume. Der westliche Bauteil war früher der Brauerei und den Stallungen vorbehalten. Die Räume im Obergeschoß des Hauses sind ohne baugeschichtliches Interesse. Zur Datierung wäre noch anzumerken, daß der Bau wohl bis in die Mitte des 16. Jahrhunderts zurückreichen dürfte.

Der Gasthof der Brauerei Dietl in Straubing, Theresienplatz *(Abb. 66)*, kann ebenfalls als ein Musterbeispiel für einen altbairischen Gasthof angesehen werden. Der Gasthof entstand aus der Zusammenlegung zweier Grundstücke bzw. Häuser und geht in seiner Anlage auf das 17. Jahrhundert zurück. Neben der kreuzgratgewölbten Durchfahrt liegen einerseits der große Gastraum und die Küche mit den Vorratsräumen und andererseits die Brauerei. Ein Saal im Obergeschoß diente zur Abhaltung festlicher Veranstaltungen. Die Zimmer für die Reisenden befanden sich ebenfalls im Obergeschoß des Hauses und konnten über eine Galerie erreicht werden.

Als „singuläre Erscheinung" der Barockzeit bezeichnet Felix Mader mit Recht die Fassade des Gasthofs Goldene Gans am Ludwigsplatz in Straubing[127] *(T 116 a)*. Sie ist im Aufbau dreigeschossig und besitzt eine Dachstirn. Das Besondere daran ist jedoch, daß sie im Segmentbogen geschweift ist. Schmale toskanische Pilaster teilen die einzelnen Fensterachsen. Gurt- und Sohlbankgesimse sorgen außerdem für eine starke horizontale Gliederung. Die Dachzone wird durch ein besonderes Konsolengesims und zusätzlich noch durch drei Risalitvorsprünge betont. Die Erdgeschoßzone, wie sie auf dem alten Foto noch zu erkennen ist, wurde mittlerweile durch Ladeneinbauten störend verändert.

Ein Wort wäre hier schließlich noch zu den früheren Hausnamen der Gasthöfe zu sagen. In Franken kennt man beispielsweise vielerorts ein „Gasthaus zum Lamm" oder ein „Gasthaus zum Roß" und in Schwaben einen „Weißhahnenwirt" oder einen „Rot-

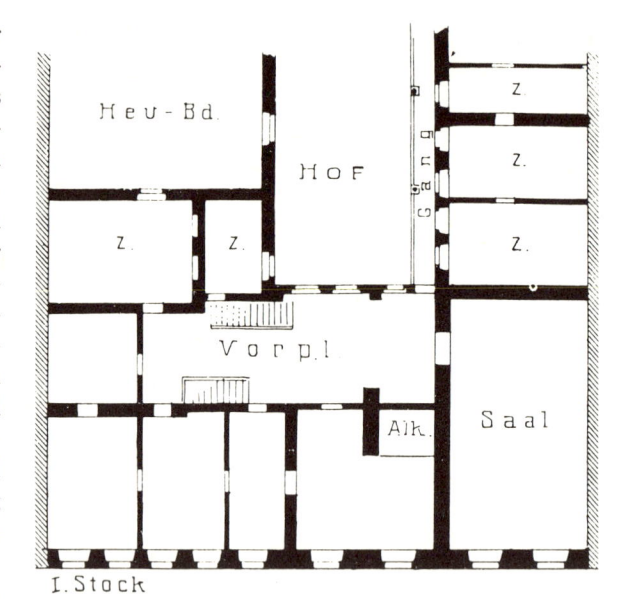

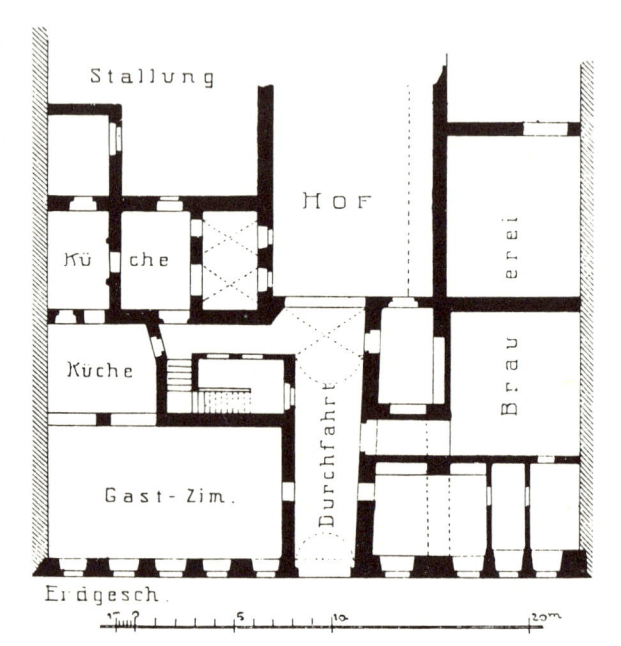

[127] Vgl. KDB, Stadt Straubing, S. 336

Abb. 66 Straubing, Theresienplatz, Grundrisse Erd- und erstes Obergeschoß

hahnenwirt". Solche Bezeichnungen waren früher in Altbaiern unüblich; hier wurden die Gasthöfe nach den Familiennamen ihrer Besitzer benannt. So gab es bzw. gibt es noch in Bad Tölz einen „Grünerbräu" (Marktstraße 8), einen „Kolberbräu" (Marktstraße 29) und einen „Klammerbräu" (Marktstraße 30) sowie in Wolfratshausen einen „Humplbräu" (Obermarkt 2) und einen „Scherenbräu" (Untermarkt 1). Bezeichnungen wie Gasthaus „Salzburger Hof"

(Burghausen, In den Grüben 190) oder „Österreicher Hof" (Burghausen, In den Grüben 133) sind bereits ausgesprochene Wortschöpfungen des 19. Jahrhunderts.

8. Die Weingasthöfe

Vom bürgerlichen Mittelstand wurde früher nicht Bier, sondern vorwiegend Wein getrunken. Hierin versuchte man es den Patriziern, dem Adel und der Geistlichkeit gleichzutun. Es ist deshalb nicht verwunderlich, daß es manche „Weingastgeben" zu einem ansehnlichen Wohlstand brachten.

In Burghausen standen die Weingasthöfe am Stadtplatz (Stadtplatz 39, früher Weingasthof zur Krone; Stadtplatz 58, Stadtplatz 100), in der Bruckgasse (Bruckgasse 102) sowie In den Grüben 198 (einst Weingasthof zur blauen Traube). Von den hier aufgezählten Beispielen möge der frühere Weingasthof Stadtplatz 100 (T 119) herausgegriffen und im Hinblick auf seine Bauform näher untersucht werden; er war früher der schönste und stattlichste unter den Weingasthöfen der Stadt.

Der dreigeschossige Putzbau besitzt fünf Obergeschoßachsen, Fassadenstuck und Schweifgiebel sind von barocker Ausformung. Die tonnengewölbten Kellerräume (T 43 b) sind teils mit Bachkiesel-, teils mit Rotmarmorpflaster versehen. Die Treppenstufen bestehen aus Granit. Im Erdgeschoß beeindruckt die breite Durchfahrt mit Stichkappentonne. Der alte Aufgang zum ersten Obergeschoß ist heute jedoch vermauert. Einige Räume des Erdgeschosses weisen Kreuzgratgewölbe mit Gurten auf. Bemerkenswert ist aber vor allem ein kleiner, fast quadratischer Innenhof mit dreigeschossigen Renaissancearkaden, der der zweiten Hälfte des 16. Jahrhunderts angehört.

In Landshut gab es verschiedene Weingasthöfe an der Westseite des Straßenzugs der Altstadt. Es seien davon nur die von Altstadt 24 (früher „die alte Post" genannt), Altstadt 84 und Altstadt 89 erwähnt.

Von besonderem baugeschichtlichen Interesse ist das frühere Gasthaus Weidmüller in Dingolfing (T 92 b), das im Jahr 1643 errichtet wurde. Der zweigeschossige Bau besitzt fünf Obergeschoßachsen und ein Satteldach sowie einen getreppten Giebel mit fialenartigen Aufsätzen. Die stichbogigen Aufzugsluken im Giebelfeld sitzen merkwürdigerweise außermittig, hier in der Achse der großen Hofeinfahrt.

9. Die Tafernen

Die großen Landgasthöfe in den hofmärkischen Dörfern und Märkten Altbaierns bezeichnete man einst als „Tafernen". Daneben dienten die Tafernen der Klosterhofmarken der einheimischen Bevölkerung nicht nur zur Einkehr, sondern hatten darüber hinaus vielfach die Funktion von Gästehäusern des Klosters.

Das ehemalige „Hofwirtshaus" in Ebersberg, Marienplatz 1 (Abb. 67, T 114 b), wurde wohl im Jahr 1529, wie eine Jahreszahl an der Holzdecke der großen Stube angibt, erbaut bzw. fertiggestellt. Es handelt sich dabei um einen überaus stattlichen zweigeschossigen Putzbau mit hohem Krüppelwalmdach. Im Gegensatz zu dem schlichten äußeren Erscheinungsbild steht der innere Ausbau des Bauwerks. Das in Firstrichtung angelegte breite Fletz ist mit ungewöhnlich reich figurierten Netzgewölben versehen, wobei vor allem die gewundenen Reihungen besondere Beachtung verdienen. In der südöstlichen Ecke des Baus ist die „große Stube" angeordnet, die noch eine Holzdecke mit reichen Flachschnitzereien in spätgotischen Formen zeigt. Eine Treppe, die früher von diesem Raum direkt zum Keller mit dem Wein- und Bierlager hinabführte, ist heute vermauert. Der Raum über der großen Stube besitzt einen über Eck gestellten Erker, an dessen Ansätzen zwei eingemauerte Kopfbüsten zu erkennen sind.

Die Taferne des Benediktinerklosters Seeon (Niederseeon, Altenmarkter Straße 10, jetzt „Gasthaus zum Alten Wirt" (Abb. 68, T 115 b), ließ Abt Sigismund anstelle eines älteren Baus im Jahr 1616 errichten. Eine Bauinschrift links vom Eingang des Gasthofs besagt:

SI LVBET LEGITO. SIGISM. ABB. SEONENS.
HANC TABERNAM VINARIAM VETVSTATE
CORRVPTAM A RVINA ET INTERITV
VINDICAVIT TVRRIBVS ORNAVIT COLVMNIS
ET CONCAMERATIONIB(VS) MVNIVIT
DILECTAE POSTERITATI DICAVIT TV
QVICVNQVE HOSPES CAVE NE SVPREMI
NVMINIS HINC IRAM PROVOCES SED
CORPORIS MAGE VIRES PIVS REFICIAS.
BENE VIVE BONVS HOSPES BENE ETIAM
MORITVR. MDCXVI

Diese Platte aus Solnhofer Stein sitzt in einer Rahmung aus Rotmarmor mit Kartuschornament; in den beiden unteren Ecken sind die Wappen des Klosters und des Abtes Sigismund angebracht.

Bei der Seeoner Klostertaferne handelt es sich um einen ungewöhnlich weitläufig angelegten zweigeschossigen Putzbau von annähernd quadratischem Grundriß. Hinter den drei mittleren Fensterachsen erstreckt sich das die ganze Haustiefe einnehmende breite Fletz, das über Rundstützen gewölbt ist. Nach Osten zu liegen die große Gaststube mit dem Rund-

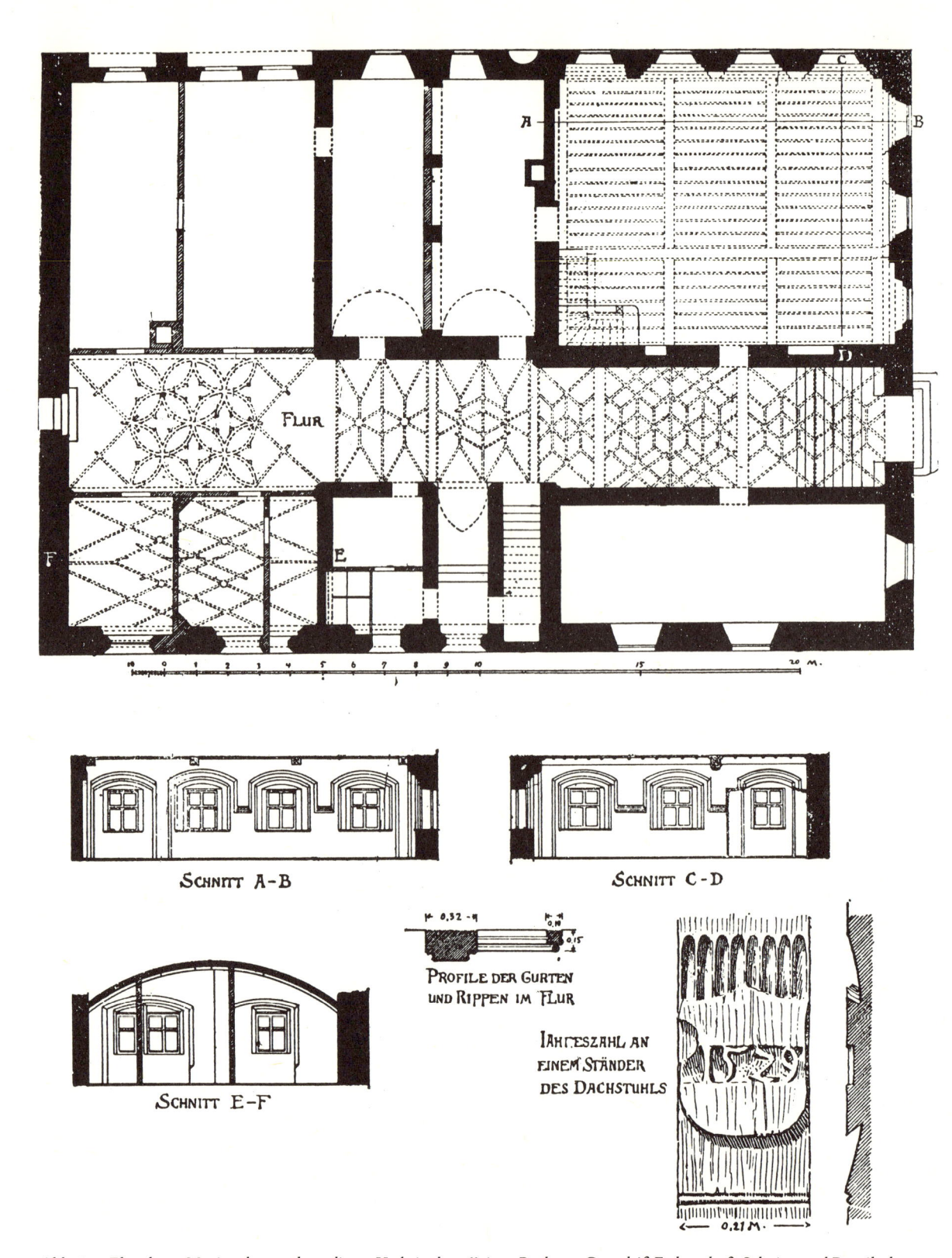

Abb. 67 Ebersberg, Marienplatz 1, ehemaliges „Hofwirtshaus", jetzt Rathaus. Grundriß Erdgeschoß, Schnitte und Details der Holzdecke von 1528

104

OBERGESCHOSS

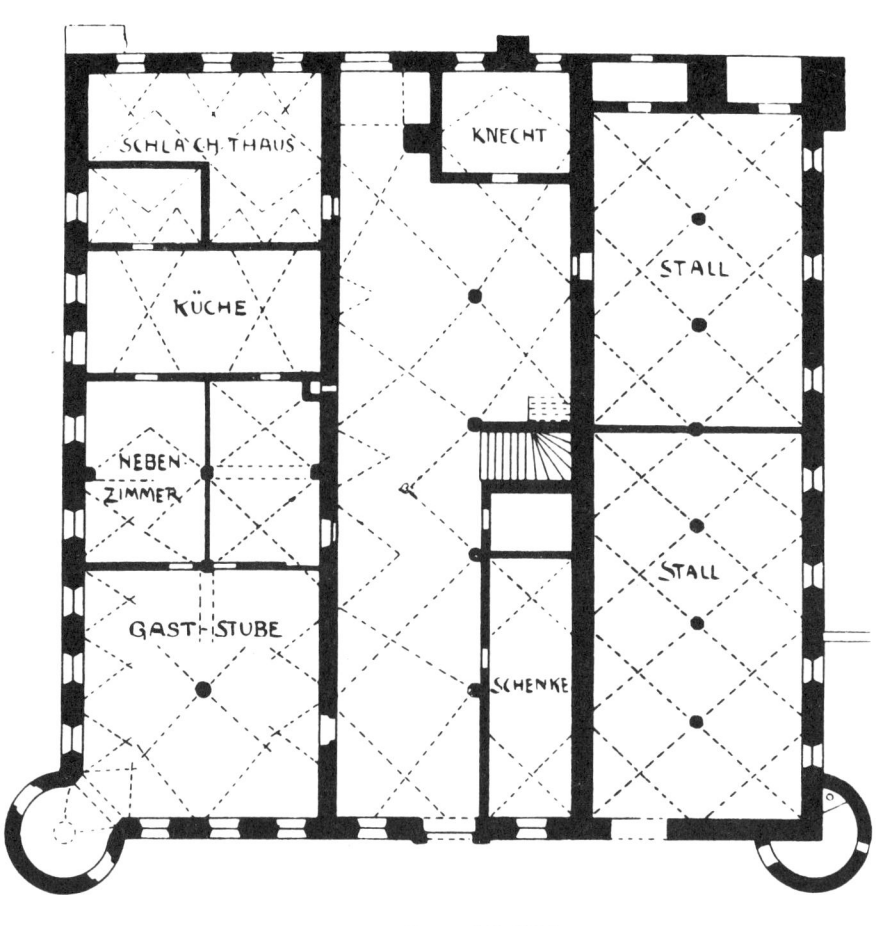

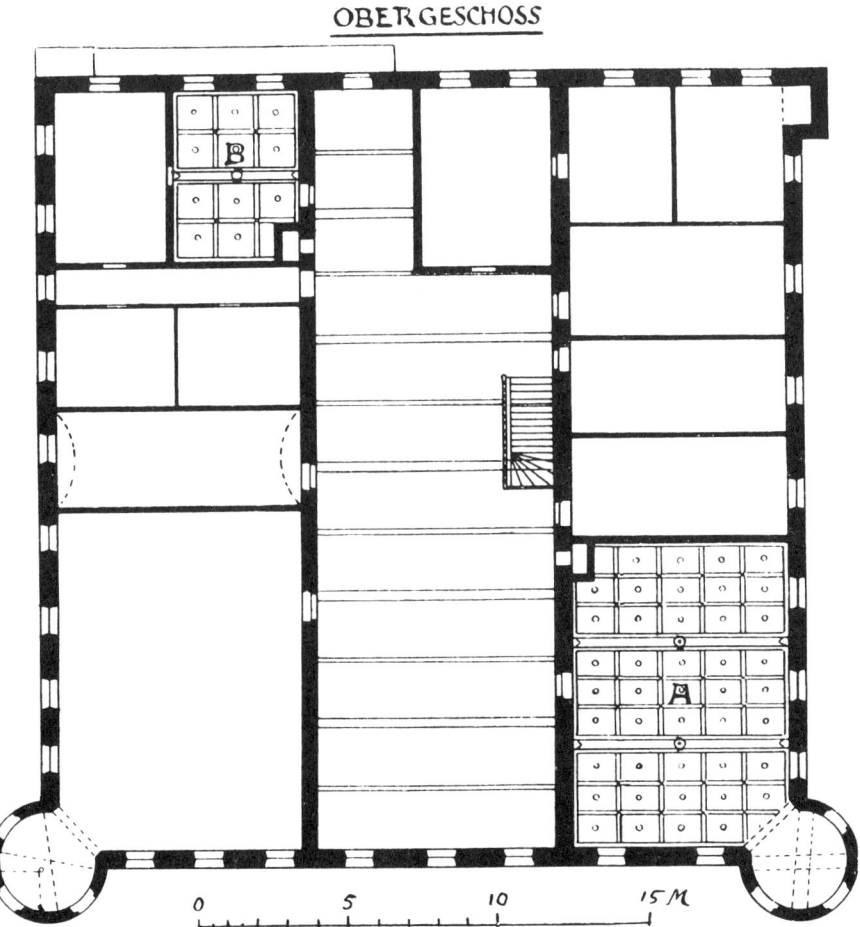

Abb. 68 Seeon (Lkr. Traunstein), Altenmarkter Straße 10, ehemalige Taferne des Benediktinerklosters Seeon, jetzt „Gasthaus zum Alten Wirt", Grundrisse Erd- und erstes Obergeschoß

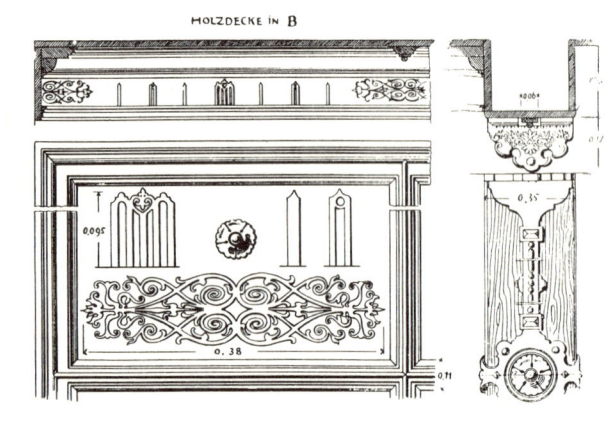

Abb. 69 Seeon, Klostertaferne, Details und Ausschnitt der früheren Holzdecken im ersten Obergeschoß

turm, die Nebenzimmer, die Küche und die Vorratsräume. An der Westseite war der Stall angeordnet, der aus zwei langgestreckten, über Stützen gewölbten Räumen bestand. Die Schenke war einst ein vom Fletz abgetrennter eigener Raum.

Im Obergeschoß der Klostertaferne befanden sich früher zwei Räume mit Kassettendecken *(Abb. 69)*, die kunstvoll geschnitzte Renaissanceornamente aufwiesen. Von den vier Rundtürmen, die einstmals die Ecken des Gasthauses schmückten, haben sich noch zwei erhalten, doch fehlt an ihnen heute der Oberbau. Das ursprüngliche Aussehen vermittelt noch eine Ansicht in der unter Abt Honorat von Seeon im Jahr 1636 angelegten Klosterchronik. In diesem Zusammenhang soll hier vielleicht noch angemerkt werden, daß die einstige Hofmarkstaferne an der Hauptstraße von Stein a. d. Traun (jetzt „Gasthof zur Post") ebenfalls einmal Ecktürme besaß.

B. HANDEL, VERKEHR UND DIENSTLEISTUNG

1. *Die Krämereien, Fragner- und Melberhäuser*

Nach der Art und dem Umfang des betriebenen Handels unterschied man früher in Altbaiern zwischen einem Händler (Handelsmann, Kaufmann), einem Schiffmeister, Krämer, Lemonikrämer (Früchtehändler), Eisenkrämer (Eisenhändler), Melber (Mehlhändler) und einem Fragner. In Burghausen gab es z.B. in den genannten Handwerkszweigen

vier Gerechtsame für Händler,
drei Gerechtsame für Schiffmeister,
zwei Gerechtsame für Krämer,
eine Gerechtsame für Lemonikrämer,
eine Gerechtsame für Eisenkrämer,
vier Gerechtsame für Melber und
drei Gerechtsame für Fragner.

Die Berufe des Leinwandhändlers, des Federhändlers sowie des Kunst- und Musikalienhändlers wurden hingegen zum „Personalgewerbe" gerechnet und bedurften somit zu ihrer Ausübung keiner realen Gerechtsame. Auch der Viktualienhandel galt als freies Gewerbe. Wenden wir uns hier zunächst den Behausungen der Krämer und Fragner zu.

Krämer, Fragner und Melber saßen in allen Städten und Märkten des Landes. In den größeren Städten standen ihre Behausungen in der Regel in den Nebengassen und in den Vorstädten, d. h. dort, wo die ärmeren Bevölkerungsschichten hausten. So waren einst in Burghausen In den Grüben 188 ein Krämer- und Mautnerstraße 267/268 ein Fragnerhaus. Melberhäuser waren In den Grüben 150, In den Grüben 176 und Spitalgasse 210.

Von baugeschichtlichem Interesse ist hier besonders das Melberhaus In den Grüben 176, ein dreigeschossiges Pultdachhaus mit Vorschußmauer und zwei Obergeschoßachsen. Der Raum hinter der stichbogigen Fensteröffnung im Erdgeschoß *(T 63 c)* diente früher als Verkaufsraum des Melbers. Ein Raum im Obergeschoß weist eine schlichte Stuckrahmendecke auf. Die Melber konnten mit ihrem Gewerbe nur wenig verdienen und übten dieses daher oft nur nebenberuflich aus. Die niedere soziale Stellung dieses Mehlhändlers kommt in der Zweiachsigkeit der Fenster dieses schlichten Handwerkerhauses sinnfällig zum Ausdruck.

Unter den Krämern gab es viele, die einen italienischen Namen trugen. Diese „welschen Krämer", wie sie im Volksmund genannt wurden – es sei in diesem Zusammenhang nur auf die Krämerfamilien der Morassi, de Crignis, del Moro, Pusteto, Guizetti und Zenetti verwiesen –, stammten größtenteils aus der Carnia, einem gebirgigen Landstrich nördlich von Udine in der damaligen Provinz Venetien. Sie zogen im Frühjahr mit ihren Waren über die Alpen nach Bayern und kehrten im Herbst wieder in ihre Heimat zurück. Jene welschen Krämer, die durch Kauf oder Einheirat in den Besitz einer Gerechtsame gelangen konnten, siedelten sich in Altbaiern an. Sie zogen oft noch weitere Familienangehörige nach, die sich gleichfalls auf den Handel verlegten. Im 18. Jahrhundert war im südlichen Teil Altbaierns fast ein Drittel der Krämer welscher Abstammung.[128]

2. Die Häuser der Handelsherren und Eisenkrämer

Die Häuser der Handelsherren und Eisenkrämer – es gab sie nur in den Städten und den großen Märkten des Landes – standen fast ausschließlich an den besonders bevorzugten Plätzen und Straßenecken. Es versteht sich von selbst, daß sie stattliche mehrgeschossige Bauten in guter Geschäftslage bevorzugten. Auch die Ausschmückung der Fassaden mit reichem Stuckdekor ergibt sich eigentlich von selbst.

Für Burghausen liegen genaue Untersuchungen über den Standort der dortigen Handelshäuser vor:[129]

Objektbezeichnung:	Besitzerfolge im 18. Jahrhundert:
Stadtplatz 47	Um 1762 Johann Batist Vital, Handelsmann
Stadtplatz 100	Ab 1765 Claudius Stephan Passi, Handelsmann (aus Savoyen stammend) – ab 1785 Philipp Jakob Mayr
Stadtplatz 105	Ab 1708 Johann Menabria, Handelsmann (aus Savoyen stammend) – ab 1740 Niklas Kann, Handelsmann (aus Brixen in Südtirol stammend) – ab 1784 Joseph Gasteiger, Handelsmann – ab 1792 Franz Xaver Ruprecht, Handelsmann
Stadtplatz 116	1690 Peter Galiart, Handelsmann – ab 1696 Philipp Rainer, Handelsmann – ab 1736 Joseph Haitenthaler, Handelsmann – ab 1759 Franz de Paul Schmalz, Handelsmann (1762 auch des Äußeren Rats) – 1801 Guiseppe Gassenmayr, Handelsmann

Das als Weinwirtshaus erbaute Haus Stadtplatz 100 (T 119) wurde im Jahr 1765 von dem Handelsmann Claudius Stephan Passi erworben, wobei er die „Vitalsche Handelsgerechtigkeit" von Haus Stadtplatz 47 auf ersteres übertrug. Das geräumige dreigeschossige Satteldachhaus mit seinen fünf Obergeschoßachsen eignete sich anscheinend noch besser für den Handel als jenes von Stadtplatz 47. Es hatte vor allem den Vorteil, daß es mit seiner Rückfront zur Salzach lag und somit die angelandeten Waren mit geringem Aufwand in die Vorratsräume im Keller (T 43 b) und im Erdgeschoß geschafft werden konnten.

In ähnlich guter Lage zum Fluß stand das Handelshaus Stadtplatz 105. Es handelt sich dabei um ein dreigeschossiges Satteldachhaus mit Vorschußmauer und vier Obergeschoßachsen, das im Kern noch dem Anfang des 16. Jahrhunderts angehört. Die Erdgeschoßzone, die seit alters die Verkaufsgewölbe beherbergte, dient bis zum heutigen Tag als Laden. Im gewölbten Hausflur hat sich stellenweise noch ein altes Rotmarmorpflaster, ein Kennzeichen vornehmer Bürgerhäuser der Inn–Salzach-Gegend, erhalten. Außerdem besitzt eine Tür ein kunstvolles Rotmarmorgewände. Ein Wohnraum im ersten Obergeschoß ist mit einer Stuckdecke ausgeschmückt, und das Fletz wies früher ein spätgotisches Kreuzrippengewölbe auf, das jetzt leider abgeschlagen ist.

Mit seinen sechs Obergeschoßachsen zählt das Haus Stadtplatz 116 zu den stattlichsten Handelshäusern von Burghausen. Es steht in nächster Nähe des Rathauses und der Stadtpfarrkirche St. Jakob. Auch die Rückfront dieses weitläufig angelegten Baus ist wiederum zur Salzach ausgerichtet. Die noble Fassade im Louis-Seize-Stil wurde von dem Hof- und Stadtmaurermeister Anton Glonner entworfen. Die Keller, die früher als Lagerraum für Waren dienten, weisen zum Teil noch ein altes Rotmarmorpflaster auf. Die Ladenräume im Erdgeschoß sind tonnengewölbt. Eine Tür, die zu einem Lagerraum führt, ist mit Eisenblech beschlagen. Die Hauseingangstür, die seit dem Umbau des Hauses um 1970 in den Arkadengang zurückversetzt wurde, befand sich früher an der Straßenfront; sie trägt die Bezeichnung „S 1824 B" (= Stephan Barbarino). Die Treppe, die vom Ladenraum zum ersten Obergeschoß führt, ist tonnengewölbt und kann an ihrem oberen Ende mit einem schmiedeeisernen Gitter der Barockzeit verschlossen werden. Auf diese Weise wollte man früher wohl erreichen, Kunden den Zugang zu den privaten Wohnräumen im

---

128 Vgl. V. Liedke, Welsche Krämer in Bayern, in: Blätter des Bayerischen Landesvereins für Familienkunde, 29. Jg., Heft 1, 1966, S. 70–82
129 Vgl. Liedke 1978, S. 127 f., 156 f., 161 f., 170 f.

Obergeschoß zu verwehren. Eine Holztüre mit Brandmalereien ist mit „D. BARBARINO DA SAVIGNAO" bezeichnet. Hier im Flur hängt auch noch ein Porträt des Handelsmanns Giuseppe Gassenmayr. Verschiedene Räume des ersten und zweiten Obergeschosses zeigen noch schlichte Rahmenstuckdecken.

Eine Besonderheit stellt die im ersten Obergeschoß eingebaute Hauskapelle (T 51 a) dar. Dieses Privatoratorium wurde im 18. Jahrhundert eingerichtet. Am 5. September 1794 wurde dem Handelsmann Giuseppe Gassenmayr gleich seinem Vorgänger Joseph Haitenthaler, Handelsmann und des Rats zu Burghausen, der bereits schon im Jahr 1754 die Erlaubnis erhalten hatte, das Recht eingeräumt, in seiner Hauskapelle an Sonn- und Feiertagen eine hl. Messe lesen zu lassen.[130]

Das vierte Burghauser Handelshaus steht an der Westseite des Straßenzugs der Grüben. Bemerkenswert an ihm war vormals eine recht aufwendig gestaltete Fassade, wie sie noch gut auf dem Kupferstich (Abb. 70) des Michael Wening vom Jahr 1721 zu erkennen ist. Auf diese Weise wollte der damalige Besitzer des Hauses wohl erreichen, daß die Vorübergehenden auf dieses aufmerksam wurden und es nicht in der langen Reihe schlichter Handwerkerhäuser übersahen.

Zuletzt wäre hier noch das Eisenkrämerhaus am Stadtplatz 51 in Burghausen zu erwähnen. Sozialgeschichtlich gesehen, standen die Eisenkrämer den Handelsherren kaum nach. In Burghausen gehörten die Eisenkrämer des öfteren dem Inneren oder dem Äußeren Rat der Stadt an. Das Eisenkrämerhaus ist viergeschossig, besitzt eine Vorschußmauer und geht im Kern noch auf das 16./17. Jahrhundert zurück. Nach Ausweis des Sandtnermodells von 1574 wies das Haus früher einen getreppten Giebel und am ersten Obergeschoß einen Erker auf. Der Keller läßt einen Tuffsteinsockel – ein ziemlich seltenes Baudetail, das in seiner Bedeutung nicht ohne weiteres zu erklären ist – und ein aus Ziegelsteinen ausgeführtes Tonnengewölbe erkennen.

3. Die Häuser der Schiffmeister

Schiffmeisterhäuser finden sich nur in den Städten und Märkten längs der schiffbaren Flüsse, wozu in Altbaiern der Inn, die Salzach und die Donau zählen. In den Städten längs der Isar, die nur mit Flößen befahrbar war, gibt es deshalb keine Schiffmeisterhäuser.

Stattliche Schiffmeisterhäuser häufen sich vor allem in den Innstädten. Die durch dieses Gewerbe zu ansehnlichem Wohlstand gelangte Patrizierfamilie der Kern zu Zellerreit in Wasserburg a. Inn wollte ihren Reichtum auch nach außen hin zum Ausdruck bringen. Sie besaß ein dreigeschossiges Grabendachhaus, Marienplatz 7/9 (T 159 c), mit neun Obergeschoßachsen und einer waagrecht abschließenden Vorschußmauer. Johann Baptist Zimmermann stuckierte in den Jahren 1738/40 die Fassade im Stil des Rokoko. Das Innere des Hauses, das im Prinzip dem eines Patrizierhauses geglichen haben dürfte, wurde erst vor wenigen Jahrzehnten völlig ausgekernt und durchgreifend erneuert.

In Burghausen säumten zwei Schiffmeisterhäuser die Ostseite des Stadtplatzes. Auch auf dem Weinwirtshaus In den Grüben 195b ruhte eine Schiffmeistergerechtsame, und das Haus Stadtplatz 115 (T 142 a), das spätere Landschafts- bzw. Rentamtsgebäude, dürfte früher ebenfalls ein Schiffmeisterhaus gewesen sein. Bemerkenswert sind an dem Haus Stadtplatz 115 die beiden Kellereingänge zum Flußufer hin, durch die die mit Plätten angelandeten Waren gut ins Innere der Keller geschafft werden konnten. Die tonnengewölbten Keller weisen ein Katzenkopf- bzw. ein Ziegelplattenpflaster auf. Das Rotmarmorpflaster im Erdgeschoß mit dem eingelegten Laufbrett läßt zusätzlich auf eine Verwendung des Hauses als Schiffmeisterhaus schließen. Das Einlegen dieser Laufbretter war eine Schutzmaßnahme, um die Bodenplatten vor dem Zerbrechen zu bewahren, wenn schwere Lasten auf den einrädrigen Schubkarren über sie hinweggerollt wurden. Der heute noch im Erdgeschoß vorhandene und nach der Salzach zu ausgerichtete, über drei Stützen gewölbte saalartige Raum könnte früher als Warenlager gedient haben. Einige Bauteile des Hauses dürften jedoch möglicherweise erst in jener Zeit angelegt worden sein, als es zu einem Amtsgebäude umgewandelt wurde. Sehr bemerkenswert ist vor allem die weiträumige Eingangshalle (T 47 b) im Erdgeschoß mit einem herrschaftlich anmutenden Treppenaufgang, der zu den Wohnräumen in den beiden Obergeschossen führt. Die Bedeutung des dreigeschossigen Amtsgebäudes wurde durch die schöne Fassade, die auf einen Entwurf des Burghauser Hof- und Stadtmaurermeisters Anton Glonner zurückgeht, unterstrichen (T 142 a–d).

4. Die Posthaltereien

Die Entwicklung des Postwesens ist ein hochinteressantes Kapitel unserer Geschichte. Im Jahr 1615 erhielt Lamoral von Thurn und Taxis ein Privileg zur

---

130 Vgl. Liedke 1978, S. 171

Organisation und Durchführung der Postbeförderung. Diese Taxische Post hat sich in Altbaiern bis zum Jahr 1808 erhalten. Eine grundlegende Neuordnung erfolgte dann am 1. Juli 1850 durch den deutsch-österreichischen Postvereinsvertrag.[131]

Die Posthaltereien bzw. die Gasthöfe zur Post, wie man sie hier nennt, wurden nicht nur in den Städten und Märkten eingerichtet, die an wichtigen Handels- oder Reisewegen standen, sondern mitunter auch in bestimmten Dörfern, wenn der Abstand bis zur nächsten Posthalterei zu groß geworden wäre.

Dem Typ nach sind diese Posthaltereien, sofern die Bauten frei stehen, nach einem ziemlich einheitlichen Schema erbaut. Meist sind es zweigeschossige Putzbauten mit hohem Walmdach und einer größeren Zahl von Fensterachsen. Bevorzugt wurden Eckgrundstücke gewählt. Wichtig ist vor allem auch das große Einfahrtstor zum Hofraum, wo die Reisekutschen abgestellt und die Pferde gewechselt werden konnten.

Gasthöfe zur Post hat es in Altbaiern vielerorts gegeben. Als typische Beispiele seien hier nur die Posthaltereien in Erding, Friedrich-Fischer-Straße 6 (T117b), in Garching, Freisinger Landstraße 1 (T116b), in Pilsting, Marktplatz (T118a), und in Burghausen, Stadtplatz 53, angeführt.

5. Die Huf- und Nagelschmieden

Der Huf- und Nagelschmied war in früheren Zeiten unentbehrlich. Sein Berufsstand ist daher sowohl in städtischen als auch in dörflichen Ansiedlungen vertreten. Die „Ehaftschmiede" spielte in den Dörfern bei der bäuerlichen Bevölkerung eine wichtige Rolle. Die Häuser der Hufschmiede in den Städten standen nicht in engen Nebengassen, sondern in der Regel an verkehrsgünstigen Plätzen und Straßeneinmündungen. Dabei wurde vor allem ein größerer Freiraum zum Abstellen der Pferde und zum Wenden und Rangieren der Wagen benötigt.

In Burghausen bestand seit alters eine Huf- und Nagelschmiede in dem Haus Stadtplatz 98. Auf der Radierung von Joseph Lutzenberger, die den dortigen Stadtplatz um das Jahr 1860 zeigt (T176a), ist links im Vordergrund das genannte Anwesen und davor eine abgedeckte Arbeitsbühne für den Hufschmied zu erkennen. Das Beschlagen der Pferde erfolgte demnach im Freien. Zum Vermeiden eines Ausgleitens der manchmal beim Beschlagen scheu gewordenen Tiere

Abb. 70 Burghausen (Lkr. Altötting), Kaufmannshaus In den Grüben 126. Ausschnitt aus einem Kupferstich von Michael Wening, 1721

war der Boden mit Bohlen ausgelegt. Die Esse, an der die Hufeisen glühend gemacht, und der Amboß, an dem sie geschmiedet wurden, befanden sich in einem erdgeschossigen Raum im Innern des Hauses. Die Arbeitsbühne beim Haus Stadtplatz 98 ist erst im Jahr 1889 verschwunden. Der Schmiedemeister Johann Loher mußte sie auf Weisung der Stadtgemeinde entfernen, wofür ihm Entschädigung bewilligt wurde.[132] Die Lage dieser Hufschmiede war besonders günstig, da sie sich am Fuße der Auffahrt zum steilen Hofberg und schräg gegenüber der Posthalterei befand.

Die zweigeschossige Hufschmiede in dem Markt Velden (T57a) besaß ein mit Arkaden durchbrochenes Erdgeschoß, so daß die Pferde gut ein- und ausgeführt werden konnten.

Auffallend ist, daß in Landshut gleich drei Hufschmieden dicht nebeneinander in der Neustadt stan-

---

131 Vgl. Meyers Großes Konversations-Lexikon, 6. Auflage, Bd. 16, S. 209 ff.

132 Vgl. Liedke 1978, S. 155

den; es hat sich dabei um die Häuser Neustadt 438, Neustadt 442 und Neustadt 447 gehandelt. Auf dem erstgenannten Haus läßt sich eine Hufschmiede vom Jahr 1475 bis 1846, auf dem nächsten seit der Mitte des 16. Jahrhunderts bis etwa 1930 und auf dem letztgenannten von 1518 bis 1932 nachweisen.[133]

6. Die Tagwerkerhäuser und Herbergen

Tagwerkerhäuser – in Altbaiern nach der Hoffußeinteilung auch als „Leersölden" bezeichnet – gab es nicht nur in den Städten und Märkten, sondern auch in den Dörfern des Landes. Es hat sich kein ausgesprochener Bautyp herausgebildet, doch lassen sie sich meist rasch an ihrem bescheidenen Äußeren erkennen. Vorherrschend ist der erdgeschossige Typ mit Satteldach. Im Erdgeschoß befinden sich oft nur die Wohnküche, die „Speis" und eine Kammer. Die Schlafräume liegen dagegen im Dachraum.

Herbergen in größerer Zahl gab es früher eigentlich nur am Rand der Residenzstadt München, und zwar vor allem in der des öfteren vom Hochwasser der Isar überschwemmten Au. Die Au gehörte damals nicht zur Stadt München, sondern zum Gericht Wolfratshausen. Die Bewohner der Herbergen waren demzufolge auch keine Bürger im strengeren Sinn. Ihre Anwesenheit wurde geduldet, da man in den Haushaltungen der Beamten und der Gewerbetreibenden billige Arbeitskräfte benötigte. Nachdem die Herbergen bereits von Erdmannsdorffer in seinem Bürgerhausband über München[134] eingehend gewürdigt wurden, kann hier auf eine weitere Ausführung verzichtet werden.

C. BEKLEIDUNG UND LEDERVERARBEITUNG

1. Die Weberhäuser und die Tuchmacherhäuser

Die Armut der Weber ist fast sprichwörtlich geworden. Es überrascht somit nicht, daß sie ihre Häuser meist nur dort errichten konnten, wo der Baugrund billig war. Dies war vor allem in den Vorstädten oder in den vom Hochwasser überschwemmten Stadtteilen „Am Gries" der Fall. In Burghausen standen die Häuser der Leinweber in der Spitalvorstadt (Kapuzinergasse 238, Mautnerstraße 239, 243, 245, 248) dicht beisammen. In ihre Nachbarschaft begaben sich auch verschiedene Tuchmacher (Mautnerstraße 254 und 255).

Das Weberhaus Mautnerstraße 248 in Burghausen ist mit seinen drei Geschossen und vier Fensterachsen auffallend stattlich. Im Erdgeschoß ist ein langgestreckter Vorratsraum untergebracht, der ebenso wie der Hausflur ein Tonnengewölbe besitzt. Nach rückwärts schließt sich ein großer Raum – er dient heute als Waschküche – mit Mittelstütze und Kreuzgratgewölben an. Die beiden Obergeschosse des Hauses wurden nach einem Brand vom 11. Februar 1894 erneuert.

Ein weiteres bemerkenswertes Weberhaus in Burghausen ist das von Mautnerstraße 239 *(T 102 b)*. Es ist jedoch weniger wegen seines inneren Ausbaus als vielmehr wegen seiner reizvollen barocken Fassadengestaltung von Interesse. Am zweiten Obergeschoß der Nordseite des Hauses sind nämlich Pilaster angeordnet, die durch profilierte Gesimse mit Dreiecks- und Rundbögen verbunden werden.

Die Tuchmacher bedurften zur Ausübung ihres Gewerbes einer eigenen Tuchwalke, die man als „Walchhaus" bezeichnete. Solche Walchhäuser waren in der Regel städtischer oder kurfürstlicher Besitz und konnten von allen ortsansässigen Tuchmachern gegen Entgelt benützt werden. In Burghausen stand früher in der Wöhrgasse 259 und in Landshut in der Badstraße 3 (früher Haus Nr. 634) ein Walchhaus.

2. Die Häuser der Rotgerber und der Weißgerber

Ein recht interessantes, jedoch bisher kaum beachtetes Kapitel der Bürgerhausforschung stellt die Untersuchung der Gerberhäuser dar.[135] Grundsätzlich hat man dabei zwischen einem Rotgerber (= Lohgerber), den man früher hier als den „Lederer" bezeichnete, und dem Weißgerber – in Altbaiern „Weißircher" genannt – zu unterscheiden. Der Rotgerber benötigte zur Gerbung der von ihm zu verarbeitenden Felle die Lohe, d.h. kleingestoßene Rinde junger Eichen. Das Gewerbe der Rotgerberei konnte sich aus diesem Grund nur in jenen Orten ansiedeln, wo es in der Nähe große Wälder mit einem ausreichenden Bestand an Eichen gab. Für das Weißgerben verwendete man dagegen Alaun. Der Rotgerber erzeugte festes und strapazfähiges Leder, das sowohl für Sättel und das

---

133 Vgl. Herzog 1957, S. 184 f., 186, 187 f.

134 Vgl. K. Erdmannsdorffer, Das Bürgerhaus in München, Tübingen 1972, S. 114 ff. (= Das deutsche Bürgerhaus, begründet v. A. Bernt, hrsg. v. G. Binding, Bd. XVII)

135 Vgl. J. Cramer, Gerberhaus und Gerberviertel in der mittelalterlichen Stadt, in: architectura, Zeitschrift für Geschichte der Baukunst, Bd. 9, 1979, S. 132 ff.

Zuggeschirr der Pferde als auch für Gürtel, Schuhe und dergleichen mehr verwendet werden konnte. Die Erzeugnisse des Weißgerbers dienten dagegen mehr für die Herstellung von Handschuhen, Lederjacken und -hosen, also mehr für die Bekleidung.

Die Gerber siedelten sich im Mittelalter noch meist außerhalb der Städte an, denn die Häute, die sie verarbeiteten, verbreiteten oft einen unerträglichen Geruch. In Burghausen saßen daher die Rotgerber außerhalb des Berings vor dem Spitaltor. Erst im Zuge der Stadterweiterung von 1335 wurden dort die Gerberhäuser am Wöhrgraben zusammen mit der Spitalvorstadt in den neuen Bering einbezogen. Die Rotgerber von Burghausen besaßen übrigens zur Ausübung ihres Gewerbes eine eigene „Lohstampfhütte", die im 18. Jahrhundert auf dem Grundstück von Mautnergasse 257 stand.

Da die Rotgerber zum Betreiben ihres Gewerbes ebenso dringend fließendes Wasser benötigten, konnten sie sich nur dort ansiedeln, wo durch einen Bach- oder einen Flußlauf diese Voraussetzungen gegeben waren (vgl. T 40 a). In Burghausen benutzten so die Rotgerber den Abfluß des Wöhrsees, den sogenannten „Wöhrgraben". Ihre Häuser fanden sich dicht gedrängt in der „Lederergasse" zusammen. Die Gestelle zum Trocknen der Häute reihten sich nicht hinter ihren Häusern auf, sondern am Abhang des Burgbergs. Sie sind auf dem von Jakob Sandtner im Jahr 1574 ausgeführten Modell der Stadt Burghausen (T 16 a) gut zu erkennen.

In Ingolstadt hatten die Rotgerber ihre Behausungen vor allem längs des Flußlaufes der Schutter, also im Südwestteil der Stadt. Hier ist heute noch ein ganz typisches Gerberhaus, Bei der Schleifmühle 13 (T 110 b), mit einem belüfteten Dachraum zum Trocknen der Häute zu sehen.

Für Landshut, wo uns eine gedruckte Häuserchronik[136] vorliegt, können wir feststellen, daß die Gerberhäuser früher vorwiegend auf der sogenannten „Hammerinsel" standen. Nachstehende Übersicht mag verdeutlichen, in welchen Häusern hier früher Gerber ihr Gewerbe betrieben:

Straßen- bezeichnung:	Art des Gewerbes:	Dauer der Ausübung:
Mühlenstraße 651	Weißgerberei	Anfang 16. Jh.–1848
Mühlenstraße 652	Rotgerberei	Mitte 16. Jh.–1908
Zweibrückenstraße 653	Weißgerberei	Mitte 16. Jh.–1809
Fischergasse 670	Weißgerberei	Ende 16. Jh.–1659
Leukstraße 12	Weißgerberei	um 1563–1581
Leukstraße 13	Weißgerberei	2. Hälfte 15. Jh. bis 1698 (mit Unterbrechungen)
Zweibrückenstraße 691	Weißgerberei	1493–1840
Zweibrückenstraße 692	Weißgerberei	1493–1848
Zweibrückenstraße 693	Weißgerberei	1623–1746
Zweibrückenstraße 697	Weißgerberei	1493–1611
Litschengasse 709	Rotgerberei	1549–1739
Litschengasse 710	Rotgerberei	1570–1746
Isargestade 728	Rotgerberei	1. Hälfte 16. Jh. bis 1729
Isargestade 729	Weißgerberei	1608–1677
Isargestade 731	Rotgerberei	Mitte 16. Jh.–1801
Isargestade 732	Rotgerberei	1570–1870
Isargestade 734	Rotgerberei	1549, 1563
Isargestade 736	Rotgerberei	1493
Isargestade 742	Rotgerberei	1552

3. Die Färberhäuser

Das Färberhandwerk durfte nur von jenen betrieben werden, die sich im Besitz einer entsprechenden realen Gerechtsame befanden. In Burghausen ruhte eine solche auf dem Haus Mautnerstraße 249; sie war die einzige in der ganzen Stadt. Der Beruf des Schönfärbers und auch der des Schwarzfärbers zählten hingegen zum „Personalgewerbe".

Es fällt auf, daß das Burghauser Färberhaus mitten unter den Häusern der dort angesiedelten Weber und Tuchmacher steht, eine Tatsache, die an sich logisch ist, da diese ja das zu färbende Rohmaterial lieferten. Rein äußerlich sind die Färberhäuser nicht von anderen Handwerkerhäusern zu unterscheiden. Die besonderen Vorrichtungen, die früher im Inneren solcher Häuser vorhanden gewesen sein müssen, lassen sich heute nicht mehr ergründen, da durch die Industrialisierung des 19. Jahrhunderts längst die barocken Anlagen dieser Art beseitigt worden sind.

---

136 Th. Herzog, Landshuter Häuserchronik, Teil I, Neustadt a. d. Aisch 1957. – Ders., Teil II, Neustadt a. d. Aisch 1971

D. HOLZ- UND METALLVERARBEITUNG

1. *Die Häuser der Kistler, Drechsler, Schäffler und Wagner*

Mit der Holzverarbeitung befaßten sich früher vor allem die Schäffler (= Binder), Wagner, Drechsler und Schreiner (= Kistler, Tischler). Die Schreiner stellten nicht nur Treppen, Fenster- und Türstöcke, Kästen, Truhen und dergleichen mehr her, sondern besorgten auch die Ausstattung der Kirchen und Kapellen mit Altären, Kirchengestühl und Kommunionschranken. Die Handwerker der holzverarbeitenden Betriebe zählten sozial gesehen meist nur zur Mittelschicht der Bürger einer Stadt oder eines Marktes.

Ein interessantes Beispiel für ein Wagnerhaus, das im Kern noch auf das 16./17. Jahrhundert zurückgeht, findet sich in Ingolstadt, Bei der Schleifmühle 4 (T 178 a, b). Die Werkstatt, die heute nicht mehr betrieben wird, war im Erdgeschoß eingerichtet. Die Wohnräume des Meisters und seiner Familie waren im Obergeschoß. Bemerkenswert ist der Überschuß an der Westseite des Hauses, der in dieser Form nur vereinzelt in Ingolstadt auftritt.

2. *Die Häuser der Schlosser sowie der Uhr- und Büchsenmacher*

Zu diesem Wirtschaftszweig zählten beispielsweise die Huf-, Nagel-, Kupfer-, Messer-, Sichel- und Segenschmiede, ferner die Schlosser, Sporer, Schwertfeger sowie die Uhr- und Büchsenmacher. Letztlich wären hier aber auch noch die „Geschmeidemacher" zu nennen. Dies sind keine Juweliere, wie man vielleicht annehmen könnte, sondern Hersteller von Eisenwaren. Den Handel mit solchen Erzeugnissen betrieb der sogenannte „Eisenkrämer".

Es läßt sich die Beobachtung anstellen, daß die Handwerker, die sich mit der Metallverarbeitung beschäftigten, in ganz bestimmten Gassen einer Stadt wohnten. So haben sich z. B. in Burghausen in der Messerzeile und am Hofberg im 18. Jahrhundert folgende Handwerker angesiedelt:[137]

Messerzeile 3	Schlosser
Messerzeile 6	Kleinuhrmacher
Messerzeile 7	Schlosser
Messerzeile 8	Goldschmied
Messerzeile 10	Uhrgehäusemacher
Hofberg 63	Messerschmied
Hofberg 65	Zinngießer
Hofberg 67	Großuhrmacher
Hofberg 68 A	Schlosser
Hofberg 75	Sporer

Alle diese hier genannten Handwerker – mit Ausnahme des Kleinuhrmachers Leopold Reicheneder, der es schaffte, bis in den Inneren Rat der Stadt aufzurücken – gehörten der mittleren Bürgerschicht an. Ihre fast durchwegs dreigeschossigen Häuser zu drei Achsen nehmen sich äußerlich recht bescheiden aus.

Das baugeschichtlich interessanteste der in der Messerzeile und am Hofberg genannten Häuser war jenes von Messerzeile 6. Es ist im Kern noch spätgotisch und dürfte nach dem großen Stadtbrand vom 10. November 1504 errichtet worden sein. Im Erdgeschoß des Hauses hat sich im Flur noch ein spätgotisches Kreuzrippengewölbe mit Schlußstein erhalten. Die Werkstatträume, die sicher früher ebenfalls Kreuzrippengewölbe gehabt haben dürften, sind heute verändert.

Das Handwerkerhaus in Dingolfing, Steinweg 4, war früher eine Schlosserei (Abb. 47; T 78 b). Hier hat nicht nur im Mittelflur, sondern auch noch in den beiden seitlich angeordneten Werkstatträumen ein spätgotisches Netzgewölbe die Jahrhunderte überdauert. Die rückwärtigen Räume mit einfachen Tonnengewölben dienten zur Lagerung der zu verarbeitenden Werkstoffe.

Der Eisenkrämer gehörte in der Regel zur gehobenen Bürgerschicht. So stand sein Haus meist nicht in einer Nebengasse, sondern am Hauptplatz in guter Geschäftslage. In Burghausen ließ sich beispielsweise ein Eisenkrämer am Stadtplatz 51 in einem viergeschossigen Grabendachhaus mit Vorschußmauer nieder.

E. KUNST UND KUNSTHANDWERK

1. *Die Häuser der Bauhandwerker*

Zum Bauhandwerk sind vor allem die Steinmetzen, Steinhauer, Maurer, Mörtelrührer, Ziegler und Zimmerleute zu rechnen. Sie siedelten meist in Gassen, die in der Nähe eines Flusses lagen, denn Bauholz, Kalk, Bausand und Steine wurden im allgemeinen auf Flößen herbeigeschafft. Zu dem Haus des Zimmermanns zählten neben einer einfachen Wohnbehausung meist auch noch ein eigener Stapelplatz für das herangeführte Bauholz sowie ein Holzstadel. Oft wohnten die Zimmerleute auch im Zins, wie z. B. der Stadtzimmer-

---

137 Vgl. Liedke 1978, S. 99 ff.

meister Anton Stuber, der im letzten Viertel des 18. Jahrhunderts in Burghausen tätig war. Das Haus (Spitalgasse 225), das er bezogen hatte, gehörte der Stadtgemeinde und war gleichzeitig an Zimmergesellen vermietet. Der Stadel des Zimmermeisters stand auf dem Grundstück von Spitalgasse 223.

In Landshut wirkte im 17. und 18. Jahrhundert über drei Generationen die Hofmaurermeisterfamilie der Hirschstetter. Wolf Hirschstetter, dem das Wohnhaus Kirchgasse 234 gehörte, war aus der Oberpfalz zugewandert. Des weiteren wird von ihm überliefert, daß er bei Renovierungsarbeiten an seinem eigenen Haus am 6. September 1674 vom Baugerüst stürzte und sofort tot war.[138] Seine Witwe heiratete am 8. Januar 1675 Georg Stainacher, dem daraufhin die Hofmaurerstelle übertragen wurde. Das Haus Kirchgasse 234 beansprucht wegen seiner schönen Rauhputzfassade (T 86 c) unser besonderes Interesse; sie wurde um 1970 restauriert. Der dreigeschossige Putzbau zu drei Obergeschoßachsen besitzt im Giebelfeld zwei segmentbogig schließende Aufzugsluken. Die beiden Eckzinnen und die Giebelzinne schließen rundbogig ab und sind durchbrochen. An der Giebelzinne war früher die Datierung „1667" angebracht, die leider bei der Renovierung mit „1677" falsch erneuert wurde. Der Rauhputzdekor variiert die Schmuckformen, die sonst in Landshut beispielsweise auch noch an den Häusern Altstadt 26 (T 86 d), Regierungsstraße 570 (T 87 a) sowie Obere Länd 49 (Abb. 117) erscheinen. Hier in der Kirchgasse umziehen Horizontalbänder in Geschoßhöhe und Vertikalbänder mit eingedrückten Mauresken an den Kanten des Hauses die Fassade. Die segmentbogigen Fensterumrahmungen sind rustiziert.

In der zweiten Generation wohnte der Hofmaurermeister Johann Georg Hirschstetter in dem äußerlich unscheinbaren Haus Kirchgasse 238. Sein Sohn Georg Felix Hirschstetter, der wiederum die Hofmaurerstelle zu Landshut innehatte, bezog zunächst das ererbte väterliche Haus, konnte aber im Jahr 1766 das vornehme Adelshaus der Grafen von Preysing-Moos, Altstadt 17 und 18 (T 113 b), erwerben.[139] Felix Hirschstetter gestaltete im Jahr 1776 die beiden Häuser nach einem eigenen Plan (T 113 a) – die Originalpläne befinden sich heute im Besitz des Hauseigentümers von Altstadt 18 – völlig um, wobei er das Haus Altstadt 17 abtrennte. Die Fassade ist im Stil des Rokoko stuckiert.

Das Haus Altstadt 18 gehört im Kern, wie ein Vergleich mit dem Sandtnermodell zeigt, der Mitte bis ersten Hälfte des 16. Jahrhunderts an. Die Anlage besteht aus einem dreigeschossigen traufständigen Hauptbau zu sechs Obergeschoßachsen und einem Flügelbau nach der Hofseite zu. Das Portal mit der zweiflügeligen geschnitzten Tür wird von ionischen Säulen flankiert, die ein Architrav tragen. Die Fenster des ersten Obergeschosses haben gefelderte Sohlbänke und unter den waagrechten Verdachungen stuckierte Muschelwerkaufsätze, die des zweiten Obergeschosses Muschelwerkdekor unter der Sohlbank und über dem Sturz. Das Traufgesims ist leicht profiliert. Ein Gurtgesims trennt die beiden Obergeschosse von der Erdgeschoßzone ab, wo die Fenster keine profilierten Rahmungen mit Stuck, dafür aber geschmiedete Gitter aufweisen. Die Fassaden der benachbarten Häuser Altstadt 19 und 20 wurden im Jahr 1855 der Fassade von Altstadt 18 angeglichen.

Im Jahr 1777 kam Anton Glonner nach Burghausen und erhielt dort die kurfürstliche Hof- und Stadtmaurerstelle übertragen[140], wobei er das Haus In den Grüben 147 erwarb. Das in die Zeilenbebauung der Grüben eingefügte Wohnhaus (T 112 b) steht nach der Bergseite zu und geht im Kern noch auf das 16./17. Jahrhundert zurück. Die heute recht unscheinbar wirkende Fassade trug noch bis in die Zeit um 1960 einen reizvollen Stuck im Louis-Seize-Stil (T 112 a), wobei Anton Glonner als der entwerfende Meister gelten darf. Das Haus ist viergeschossig, hat sechs Obergeschoßachsen und besitzt eine Vorschußmauer. Die zweite und sechste Achse waren früher im rustizierten Erdgeschoß durch Architekturelemente betont. Es handelte sich dabei um den Eingang und einen blinden Zugang. Die Fenster des ersten Obergeschosses besaßen waagrechte, die des zweiten Obergeschosses segmentbogige und die des dritten Obergeschosses geschweifte Verdachungen. Der reizvolle Wechsel belebte die klassizistische Fassade in großer Harmonie. Die Brustfelder unter den Sohlbänken waren im zweiten Obergeschoß mit Girlandenschmuck versehen. Der Verlust dieser für ein Handwerkerhaus äußerst noblen Fassade ist sehr zu bedauern. Im Inneren öffnet sich ein großer Vorraum (T 112 c), von dem die Treppe zum Obergeschoß und ein Gang zum rückwärtigen Hof führen. Die hier eingemauerte Rotmarmorgrabplatte aus der Zeit um 1500 – Rest eines Wappengrabsteins aus der Werkstatt des Burghauser

---

138 Vgl. Herzog 1957, S. 118. – Pfarrarchiv Landshut St. Martin: Heirats- und Sterbematrikeln
139 Herzog 1957, S. 39

140 Liedke 1978, S. 19

Steinmetzen Franz Sickinger[141] – ist eine verschleppte Spolie und gehörte ursprünglich nicht zu diesem Haus. Der Flur im ersten Obergeschoß besitzt einfaches Tonnengewölbe, und einige Räume weisen einfache Stuckrahmendecken auf. Die Zimmertüren gehören zum Teil noch dem ausgehenden 18. Jahrhundert an.

Vor den Toren der Stadt erwarb Anton Glonner außerdem noch ein kleines Landgut, das heute unter dem Namen „Reisergütl zu St. Johann", Mühlenstraße 10 (T 172 b), bekannt ist. Es ist für den Bürgerstolz der Biedermeierzeit bezeichnend, daß sich ein bürgerlicher Maurermeister einen von Gärten umgebenen Sommersitz zulegte, wie es sonst nur bei Adeligen üblich war. Eine Rotmarmortafel an der Traufseite des freistehenden zweigeschossigen Putzbaus mit abgeknicktem Satteldach gibt über die Besitzerfolge Auskunft:

Franz Anton Glonners zu Burghausen
frey aigenthomliches Landgut zu St. Johann
erkauft von seiner Excellenz Reggierungs
director Herrn Baron von Schönbron und dieser
von Herrn Baron von Hofmühle dan iener von
Herrn von Höcke gewester Regierungs Rat
und Haupt Mautner von Burghausen

Unter den Fenstern des ersten Obergeschosses sind stuckierte Felder mit figürlichen Reliefs nach Motiven der bildenden Künste angebracht. Vier zu vier Obergeschoßachsen und schmucke Ziergiebel in spätbarocken Formen gliedern die Nord- und die Südseite. Im rückwärtigen Teil des Gartens rundet ein kleines Gartenhäuschen den herrschaftlichen Besitz ab.

2. Die Werkstätten der Maler, Bildhauer, Glaser und Seidensticker sowie der Goldschmiede und Plattner

Die Künstler und Kunsthandwerker zählten oft nicht gerade zu der vermögendsten Bevölkerungsschicht. Eigener Hausbesitz blieb ihnen meist versagt, und so mußten sie im Zins, d.h. zur Untermiete wohnen. Finanziell etwas besser gestellt waren mitunter die Maler, Seidensticker, Plattner und Goldschmiede, da der Materialwert ihrer Erzeugnisse allein schon eine höhere Entlohnung ihrer Arbeiten erforderte.

Im 15. Jahrhundert ist zu beobachten, daß die Landshuter Goldschmiede gerne in Kaufmannshäusern zur Miete wohnten. So werden z.B. in dem Patrizierhaus der Leitgeb (Altstadt 72) für das Jahr 1493 der Goldschmied Weilkircher und der Seidensticker Hans Wurm als Inwohner genannt.[142] Zwei Häuser weiter wohnte im Jahr 1493 der Maler Hans Puecher in dem Haus Altstadt 74 im Zins.[143] Daneben gab es natürlich auch Künstler mit eigenem Haus- und Grundbesitz in Landshut, die sich in der Kirchgasse ansiedelten. Von den 21 Häusern dieser Gasse werden für das Jahr 1493 folgende Künstler als deren Besitzer bzw. Inwohner genannt:[144]

Kirchgasse 226	Peter von der Schuer, Goldschmied
Kirchgasse 227	Jörg Mairstorffer, Goldschmied (Inwohner)
Kirchgasse 231	Wolfgang von Werd, Maler Heinrich Helmschrot, Bildschnitzer (Inwohner)
Kirchgasse 232	die Witwe des Goldschmieds Peter Euchendorffer Lienhard Pirner, Goldschmied (Inwohner)
Kirchgasse 234	Lienhard Sauler, Goldschmied und Abenteurer
Kirchgasse 235	Hans Rätzler, Beutler
Kirchgasse 237	Meister Wolfgang, Bildschnitzer
Kirchgasse 238	Lienhard Löbel, Goldschmied
Kirchgasse 239	Mang Schwenck, Maler

Es wäre dabei zu erwähnen, daß früher die Ansässigmachung eines Künstlers wie bei den anderen Handwerkern von dem Erwerb einer Gerechtsame abhängig gemacht wurde, die durch Kauf, Übernahme vom Vater oder durch Einheirat möglich war. Für die Goldschmiede ergab sich dabei die besondere Schwierigkeit, daß sie sich nur in Häusern niederlassen konnten, die ein sogenanntes „Essenrecht", d.h. eine Feuergerechtigkeit, besaßen. Der Rat der Stadt erteilte eine solche nur dann, wenn bestimmte Sicherheitsmaßnahmen gegeben waren. In Ausnahmefällen kam es aber auch vor, daß Wohnung und Werkstatt des Künstlers voneinander getrennt in verschiedenen Häusern untergebracht waren.

---

141 Vgl. V. Liedke, Die Burghauser Sepulkralskulptur der Spätgotik, Teil I, Zum Leben und Werk des Meisters Franz Sickinger, S. 77 f. mit Abb. 64

142 Vgl. Herzog 1957, S. 60
143 Vgl. Herzog 1957, S. 60 f.
144 Vgl. Anmerkung 136

Abb. 71   Landshut, Altstadt 18, Fassadenausschnitt

Das Plattnerhandwerk war vor allem in Landshut von der zweiten Hälfte des 15. Jahrhunderts bis zum Ausgang des 16. Jahrhunderts in voller Blüte. Die von den dort ansässigen Meistern geschmiedeten Harnische erlangten Weltruf. Die Häuser der Plattner standen dicht beisammen in der Neustadt. Ihre Werkstätten waren in den Häusern Neustadt 470, Neustadt 472 und Neustadt 473 eingerichtet.[145]

145   Vgl. Herzog 1957, S. 196f.

3. Die Häuser der Zinn- und Glockengießer

Glockengießer gab es in Altbaiern nur in den Rentamtsstädten, d. h. also in München, Burghausen, Landshut und Straubing sowie in der Universitätsstadt Ingolstadt. Zum Betreiben des Handwerks bedurfte es selbstverständlich einer Konzession oder Gerechtsame. Ein Glockengießer, der im Besitz einer solchen Genehmigung war, durfte mit seinen Erzeugnissen nicht nur die betreffende Stadt, sondern auch den ganzen zugehörigen Rentamtsbezirk (= Regierungsbezirk) beliefern. Darüber hinaus fand sich in der Residenzstadt noch ein herzoglicher Büchsenmeister, der in der herzoglichen Gießhütte Kanonen und anderes Kriegsgerät zu gießen hatte. In diesem Zusammenhang wäre vielleicht auch noch anzumerken, daß die Glockengießer vor etwa 1530/40 noch nicht als eigener Berufsstand auftraten, sondern daß die Glocken bei Bedarf von den Zinngießern gegossen wurden.

In Burghausen war früher das Haus In den Grüben 118 – es ist im Zuge eines Straßendurchbruchs im Jahr 1969 abgebrochen worden – das „Glockengießerhaus". Es diente seit dem Jahr 1842 dem Glockengießer Strasser und seiner Familie als Wohnung. Es unterschied sich dabei weder im Äußeren noch im Inneren von anderen Handwerkerhäusern der mittleren Bevölkerungsschicht. Dies erklärt sich daraus, daß der eigentliche Gießvorgang nicht in diesem Haus, sondern in einer besonderen „Gießhütte" stattfand. Wegen der großen Feuergefährlichkeit, die mit dem Gießen von Glocken und Kanonen verbunden war, wählte man als Standort für die Gießhütte stets einen abseits vor den Mauern der Stadt gelegenen Platz aus.

Die Burghauser Gießhütte war früher in der Vorstadt St. Johann in der nach ihr benannten Glockenstraße. Leider wurde der zweigeschossige Putzbau mit Satteldach im Jahr 1956 abgebrochen.

In Landshut kannte man früher eine herzogliche und eine städtische Gießhütte. Der Zinngießer Andre Marnsteiner bewohnte zu Ende des 15. Jahrhunderts[146] das Haus Alte Bergstraße 146. Von ihm ist überliefert, daß er auch Glocken gegossen hat.[147] Seine Werkstatt bzw. die herzogliche Gießhütte stand bis im Jahr 1601 im benachbarten Gießgarten (Alte Bergstraße 149). Ab 1677 bewohnten dann die Rotschmiede bzw. die Glockengießer das Haus Alte Bergstraße 159. Der letzte hier hausende Glockengießer war Joseph Stern, der noch bis zum Jahr 1824 sein Handwerk ausübte. Daneben gab es in Landshut auch noch eine städtische Gießhütte auf dem Grundstück von Maximilianstraße 575. In den städtischen Steuerbüchern wird sie in der Zeit von 1587 bis 1648 aufgeführt. Für das Jahr 1587 ist hier ein Lienhard Dänndl als Rotgießer nachweisbar.[148] Bei Erdarbeiten wurde übrigens hier im Jahr 1939 in der Mitte der heutigen Maximilianstraße eine größere Zahl von gegossenen Gegenständen, wie z.B. Gürtelschnallen und Zierstücke gefunden, wobei es sich um Abfallstücke der früheren Gießhütte handeln dürfte. Der Fund wird heute im Landshuter Stadtmuseum aufbewahrt.

Ein altes Zinngießerhaus war Grasgasse 320 in Landshut, wo dieses Gewerbe seit dem Jahr 1493 nachweislich ausgeübt wurde.[149] Da hier jedoch heute ein unbedeutender Bau aus unserer Zeit steht, läßt sich keine Bauuntersuchung mehr anstellen. Ähnlich liegen die Verhältnisse bei einem weiteren Zinngießerhaus in Landshut (Neustadt 459), das aber schon seit der Mitte des 16. Jahrhunderts nicht mehr im Besitz von Bürgern dieses Handwerkszweigs war.[150] Der jetzige Bau an dieser Stelle dürfte aus dem 18. Jahrhundert stammen.

4. Die Hafnerhäuser

Bei den Hafnerhäusern lassen sich in Altbaiern baugeschichtlich gesehen zwei große Gruppen unterscheiden, und zwar das Hafnerhaus in den Städten und Märkten sowie das Hafnerhaus in den Dörfern oder den Streusiedlungen.[151]

Der Hafner brauchte zum Betreiben seines Handwerks vor allem Tonerde. Da dieser Rohstoff nicht überall zu finden ist, unterliegt die Ansiedlung von Hafnern gewissen Beschränkungen. Nur dort, wo natürliche Vorkommen von Tonerde vorhanden sind, entstanden größere Hafnersiedlungen, die von der Forschung als „Hafnerzentren" bezeichnet werden. Große wirtschaftliche Bedeutung kam den Hafnern auf dem Kröning zu, die sich bereits im Jahr 1428 eine eigene Ordnung gaben.[152] Ihre Behausungen unterscheiden sich kaum von denjenigen der Bauern.

---

146 Vgl. Herzog 1957, S. 86
147 Meister Andre Marnsteiner goß 1466 und nochmals 1488 Glocken für die kath. Kirche St. Maria in Götzdorf, Lkr. Landshut (vgl. KDB, Bezirksamt Landshut, S. 105).
148 Vgl. Herzog 1957, S. 236
149 Vgl. Herzog 1957, S. 150
150 Vgl. Herzog 1957, S. 192
151 Vgl. L. Grasmann, Hafnerorte im Bereich des Kröninger Hafnerhandwerks, in: Der Storchenturm, Geschichtsblätter für den Landkreis um Dingolfing und Landau, hrsg. v. Fritz Markmiller, 10. Jg., Heft 20, 1975, S. 13 ff. – F. Markmiller, Die Hafner in der Stadt Dingolfing, in: Der Storchenturm, 10. Jg., Heft 20, 1975, S. 33 ff. – L. Grasmann, Die Hafner im Markt Vilsbiburg, in: Der Storchenturm, 10. Jg., Heft 20, 1975, S. 44 ff. – F. Markmiller, Die Hafner in Baumgarten, Pischelsdorf und Teisbach, in: Der Storchenturm, 10. Jg., Heft 20, 1975, S. 56 ff. – I. Bauer, Hafnergeschirr aus Altbayern, München 1976. – V. Liedke, Die Straubinger Hafnerzunft vom ausgehenden Mittelalter bis zum Ende des 18. Jahrhunderts und das Hafnerzentrum „um Wolferszell", in: Ars Bavarica, Bd. 9, München 1978, S. 51 ff.
152 Vgl. F. Markmiller, Zur Textüberlieferung und Datierung der Kröninger Hafnerordnung von 1428, in: Der Storchenturm, 16. Jg., Heft 31, 1981, S. 1 ff.

Die Hafner siedelten darüber hinaus auch wegen des guten Absatzes in den Städten und Märkten des Landes, wobei die Produktion dieser Werkstätten den örtlichen Bedarf deckte, während die Landhafner für die Bauern im Umland sowie hin und wieder auch für den Export arbeiteten. Die Tonwaren wurden dann auf den großen Flüssen verschifft oder mit Ochsenkarren und Kraxentragern weitertransportiert.

In Burghausen war früher das Haus In den Grüben 122 ein Hafnerhaus.[153] Das dreigeschossige Satteldachhaus mit Trapezgiebel geht im Kern noch auf das 16. Jahrhundert zurück. Eine querrechteckige Tontafel, die neben dem Hauseingang in das Mauerwerk eingelassen ist, bezieht sich auf die Tonerde und das Hafnerhandwerk. Die Tontafel ist in vier Felder unterteilt und zeigt folgende Darstellungen:

1. Erschaffung des Adam
2. Hafner bei der Arbeit
3. leeres Feld
4. verschiedene keramische Erzeugnisse

Von der Werkstatt des Hafners, die im Obergeschoß des Hauses eingerichtet war, sind nur noch Reste der Ausstattung sowie eine größere Zahl von Modeln vorhanden. Das Gewerbe der Hafnerei wurde auf diesem Haus urkundlich nachweisbar schon mindestens seit dem Anfang des 18. Jahrhunderts betrieben. Die tonnengewölbten Keller boten reichlich Raum für die Lagerung des Rohmaterials sowie der fertiggestellten Waren. Die Haustüre ist zweiflügelig und trägt eine Spottmaske (T 61a). Das Fletz im Erdgeschoß (T 50a) und der Flur im ersten Obergeschoß besitzen Tramdecken mit kräftigen Unterzügen.

In Landshut sind die Hafnerhäuser über die ganze Stadt verstreut anzutreffen. So waren früher beispielsweise die Häuser Obere Länd 49½ (T 183b) (von 1582 bis 1628 mit Unterbrechungen), Mittlere Länd 129 (vom Ende des 16. Jahrhunderts bis 1677), Mittlere Länd 131 (von etwa 1570 bis 1597), Maximilianstraße 577 (von 1603 bis 1625) und Regierungsstraße 574 (von 1666 bis 1819) im Besitz von Hafnern.[154]

F. GESUNDHEITSPFLEGE

1. Die Apotheken

Im 18. Jahrhundert gab es in Altbaiern nur in einigen wenigen größeren Städten des Landes Apotheken.

Nach den Untersuchungen von Hans Weindl[155] lassen sich in Niederbayern vor 1800 – wenn man hier einmal von den Klosterapotheken absieht – nur Apotheken in folgenden Orten nachweisen:

Abensberg, Dollingerstr. 6	Stadtapotheke, ab 1749
Landshut, Altstadt 68	Martins-Apotheke (ehemalige Hofapotheke), seit etwa 1350
Altstadt 93	Löwen-Apotheke (ehemalige Stadtapotheke), seit etwa 1387
Altstadt 74	Einhorn-Apotheke, seit dem 27.1.1716
Deggendorf, Oberer Stadtplatz 5	Sellsche Apotheke, vor 1496
Dingolfing, Marienplatz 19	Stadt-Apotheke[156], vor 1441
Kelheim, Donaustraße 16	Stadt-Apotheke, ab 1620
Straubing Theresienplatz 18	Einhorn-Apotheke (Obere Stadt-Apotheke), ab 1461
Ludwigsplatz 11	Löwen-Apotheke (Untere Stadt-Apotheke), ab 1492
Vilshofen, Stadtplatz	Stadt-Apotheke, ab 1645

Die Klosterapotheken mußten aufgrund der Erlasse vom 9. Juni 1766 und 14. Januar 1785 große Einschränkungen hinnehmen. In den Garnisonsorten mußten daraufhin, sofern dort bürgerliche Apotheken existierten, die Klosterapotheken aufgelöst werden. In den übrigen Städten und Märkten des Landes wurde es den Klosterapotheken untersagt, Medikamente zu verkaufen, wenn die Entfernung zur nächsten bürgerlichen Apotheke weniger als zwei Wegstunden betrug. Von dieser Maßnahme waren z.B. die Klosterapotheken von Niederviehbach und Seemannshausen[157] betroffen.

---

153 Vgl. Liedke 1978, S. 176
154 Vgl. Herzog 1957, S. 51, 236f.
155 H. Weindl, Die Apotheken in Niederbayern in ihrer historischen Entwicklung, in: Verhandlungen des Hist. Vereins für Niederbayern, Bd. 90, Landshut 1964
156 Vgl. F. Markmiller, Die Dingolfinger Stadtapotheke und ihre Besitzer, in: Der Storchenturm, 14. Jg., Heft 27, 1979, S. 94 ff.
157 Vgl. H. Blank, Kloster Seemannshausen und seine Apotheke, in: Der Storchenturm, 14. Jg., Heft 27, 1979, S. 105 ff.

Die Apotheken stehen meist in guter Geschäftslage. Bevorzugt wurden Eckgrundstücke, wie z.B. bei der Oberen Apotheke, Theresienstraße 2 *(T 29 c)*, in Ingolstadt. Die Inhaber der Apotheken saßen häufig im Äußeren Rat der Stadt, und ihre Häuser gehörten zu jenen der gehobenen Bürgerschicht.

Baugeschichtlich bemerkenswert ist unter anderem die Stadt-Apotheke von Burghausen[158], Stadtplatz 40 *(T 122 b)*. Auf den ersten Blick würde man nicht vermuten, daß sich hinter der reizvollen Rokokofassade ein im Kern zum Teil bedeutend älterer Bau verbirgt. Der Keller mit den gekreuzten Wulstrippen *(T 42 c)* gehört jedenfalls noch dem 14. Jahrhundert an. Früher besaß dieser Kellerraum, der auch zur Lagerung von Waren benutzt wurde, einen heute vermauerten Zugang vom Platz her. Der Verkaufsraum der Apotheke im Erdgeschoß hat ein barockes Kreuzgratgewölbe, der anschließende rückwärtige Raum dagegen ein schlichtes Tonnengewölbe. Die Treppe zum Obergeschoß weist Baluster auf, der Flur im ersten Obergeschoß eine Stichkappentonne. Die Apotheke mit ihrer geringen Raumtiefe benötigt noch diverse Nebenräume, die vorwiegend im Rückgebäude untergebracht sind. Hier findet sich auch die Tinkturenkammer, ein Raum mit zwei eingemauerten Stützen und einer Stichkappentonne.

Für Landshut besitzen wir dank der von Theo Herzog bearbeiteten Häuserchronik recht gute Unterlagen über den Standort und die Besitzerfolge der Apotheken. Einer der frühesten Apotheker, der sich hier nachweisen läßt, ist der Apotheker Hans Kray gewesen, der im zweiten Viertel des 15. Jahrhunderts das herzogliche Haus Altstadt 252 bewohnte oder besaß.[159] Dieser dürfte auf Veranlassung des Herzogs nach Landshut geholt worden sein, wo er sich vor allem um die Versorgung des Landesherrn und seiner Hofbeamten mit Arzneien zu kümmern hatte. In der Nachfolge Krays wird der Apotheker Valentin Angerbeck im Jahr 1493 als Besitzer dieses Eckhauses zum Martinsfriedhof hin genannt.

Als Besitzer des Hauses Altstadt 67 wird bereits im Jahr 1475 ein Valentin (Angerbeck) als Apotheker erwähnt.[160] Die Gerechtsame wurde dann um oder nach 1600 auf das Nachbarhaus, Altstadt 68, übertragen. Die Apotheker auf diesem Haus führten später den Titel „Hofapotheker". Diese Apotheke, die zu Beginn des 19. Jahrhunderts als „Apotheke beim schwarzen Bären" bezeichnet wurde, besteht heute noch unter dem Namen „Martinsapotheke".[161] Die alte Apotheke mußte im Jahr 1878 einem Neubau weichen.

Baugeschichtlich interessanter ist das Haus der Einhorn-Apotheke (Altstadt 74) in Landshut. Der Apotheker Johann Matthias Müller erwarb dieses um 1720 von dem kurfürstlichen Regierungsrat Wolfgang Johann Joseph von Mändl zu Pfettrach.[162] Bemerkenswert an diesem Haus sind vor allem die mit einer Stichkappentonne gewölbten hofseitigen Arkaden im ersten Obergeschoß. Diese öffnen sich mit fünf weitgesprengten Arkaden. Sie ruhen auf toskanischen Pfeilern. Die Brüstungsfelder sind querrechteckig.

In dem Haus Altstadt 95 in Landshut war seit der Mitte des 16. Jahrhunderts die „Stadtapotheke" eingerichtet.[163] Die Gerechtsame wurde nach 1600 auf das Nachbarhaus (Altstadt 94) übertragen, wo dann die Apotheke bis 1694 verblieb.[164] Johann Christoph Stubenpöck, des Inneren Rats und Stadtapotheker, konnte schließlich das Haus Altstadt 93 erwerben und die Apotheke in dieses Haus verlegen. Hier wird die Apotheke auch heute noch unter dem Namen „Löwen-Apotheke" *(T 123)* betrieben. Es handelt sich dabei um einen sehr stattlichen dreigeschossigen Putzbau zu sechs Obergeschoßachsen. An der Fassade ist noch deutlich ablesbar, daß darin ein älterer Baukern steckt. Im Jahr 1475 werden an dieser Stelle zwei weitere Häuser genannt. Der hohe Giebel mit den Schwalbenschwanzzinnen in gotischen Formen geht möglicherweise erst auf einen Umbau aus der zweiten Hälfte des 19. Jahrhunderts zurück.

In Wasserburg a. Inn besitzt die Apotheke (Marienplatz 1) einen Innenhof mit Renaissancearkaden aus dem ersten Viertel des 16. Jahrhunderts. Im äußeren Erscheinungsbild ist der dreigeschossige Putzbau mit seiner Vorschußmauer und dem Erker jedoch recht schlicht und hebt sich kaum von anderen Häusern dieser Stadt ab.

Zusammenfassend läßt sich sagen, daß die Apotheken keinen besonderen Bautyp vertreten, das Gewerbe sich aber meist auffallend lange auf einem Haus hält.

2. Die Wohnungen der Ärzte und die Badhäuser

Ärzte – der Arzt wurde früher in Altbaiern als „Stadtphysikus" bezeichnet – gab es vor 1800 nur in den

---

158 Vgl. Liedke 1978, S. 125
159 Vgl. Herzog 1957, S. 125
160 Vgl. Herzog 1957, S. 58

161 Vgl. Herzog 1957, S. 59
162 Vgl. Herzog 1957, S. 60 f.
163 Vgl. Herzog 1957, S. 68
164 Vgl. Herzog 1957, S. 68

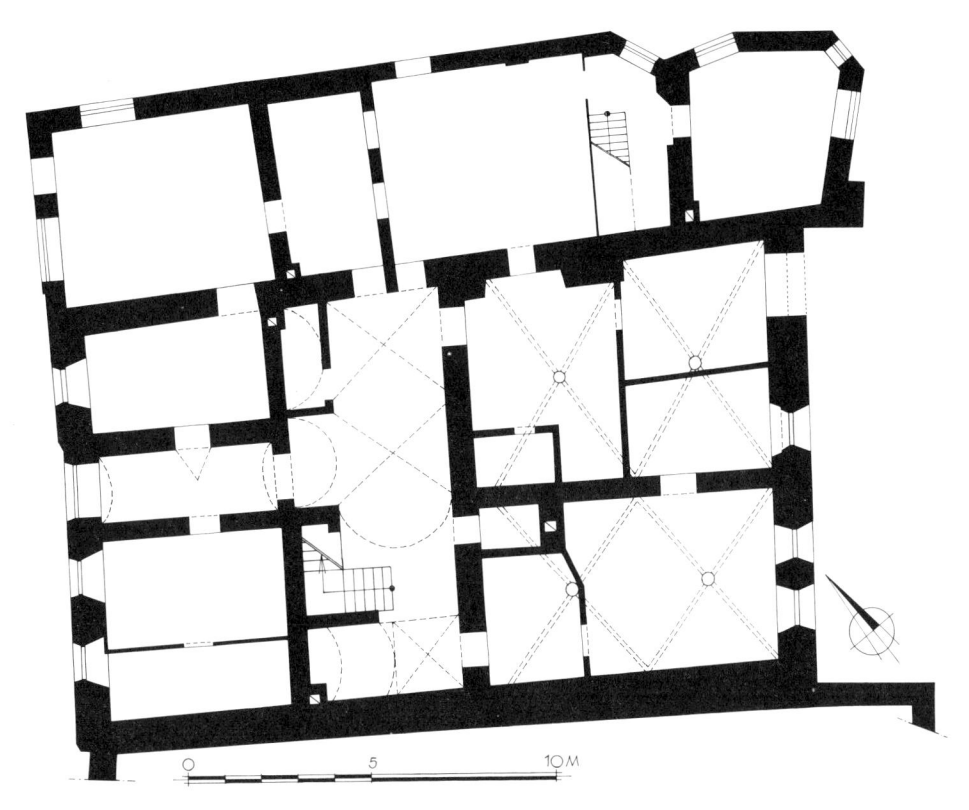

Abb. 72   Burghausen (Lkr. Altötting), Platzl 199, Spitalbad (abgebrochen), Grundriß Erdgeschoß

größeren Städten. Sie hatten selten eigenen Besitz und wohnten deshalb meist zur Miete in einem vornehmen Bürgerhaus. Neben den Ärzten, von denen sich nur die vermögende Bevölkerungsschicht behandeln lassen konnte, praktizierte aber auch noch der Bader, der alle einfacheren Verrichtungen im Gesundheitsdienst der Bevölkerung versah.

Eine feste Einrichtung jedes Stadtbildes waren die Badhäuser. Ihre Zahl war begrenzt und örtlich an das Vorkommen von Quellwasser gebunden. Meist besaßen die Badhäuser bestimmte Namen. So kannte man vormals in Landshut beispielsweise ein Schiltlbad (Untere Länd 117), ein Judenbad (Nahensteig 182), ein Schergenbad (Neustadt 468), ein Pichlbad (Neustadt 504) und ein Spitalbad (Zweibrückenstraße 684). Weitere Badhäuser standen noch beim Ländtor (Mittlere Länd 142) und in der Freyung (Obere Freyung 606). Diese Badhäuser wurden erst zu Beginn des 19. Jahrhunderts aufgelöst.

In Burghausen war ebenfalls ein Spitalbad[165], Platzl 199 *(T 82 c)*, vorhanden. Der zweigeschossige Bau mit Treppengiebel und einem flachen Kastenerker, der zu den malerischsten Häusern der Altstadt zählte, wurde bedauerlicherweise 1969 abgebrochen. Nach Norden war ein jüngerer Anbau mit abgeschlepptem Dach angegliedert. Von dem Grundriß des Hauses existiert noch ein altes Aufmaß, das hier nachstehend in einer Umzeichnung *(Abb. 72)* wiedergegeben werden soll. Die Baugeschichte des Burghauser Spitalbades ist demnach etwas kompliziert. Der rückwärtige Teil nach der Flußseite zu muß ursprünglich über langgestreckte Räume mit spätgotischen Kreuzrippengewölben und Schlußsteinen verfügt haben. Das Einziehen der dünnen Trennwände dürfte erst im 19. Jahrhundert erfolgt sein. Im mittleren Teil war ein breites Fletz ausgebildet, das wohl eine barocke Stichkappentonne überspannte. Von hier aus führte auch eine abgewinkelte Treppe zu den Räumen im Obergeschoß des Hauses. Die Räume nach der Straßenseite zu dürften ebenfalls erst auf den barocken Umbau zurückzuführen sein, die der Nordseite gehörten jedoch der jüngsten Bauphase, d. h. dem späten 18. oder 19. Jahrhundert an. Merkwürdig nimmt sich der Grundriß des Raumes an der Nordostecke des Hauses aus. Hierbei könnte es sich möglicherweise um die Einbeziehung eines Befestigungsturmes der alten Stadt-

165 Vgl. Liedke 1978, S. 220f.

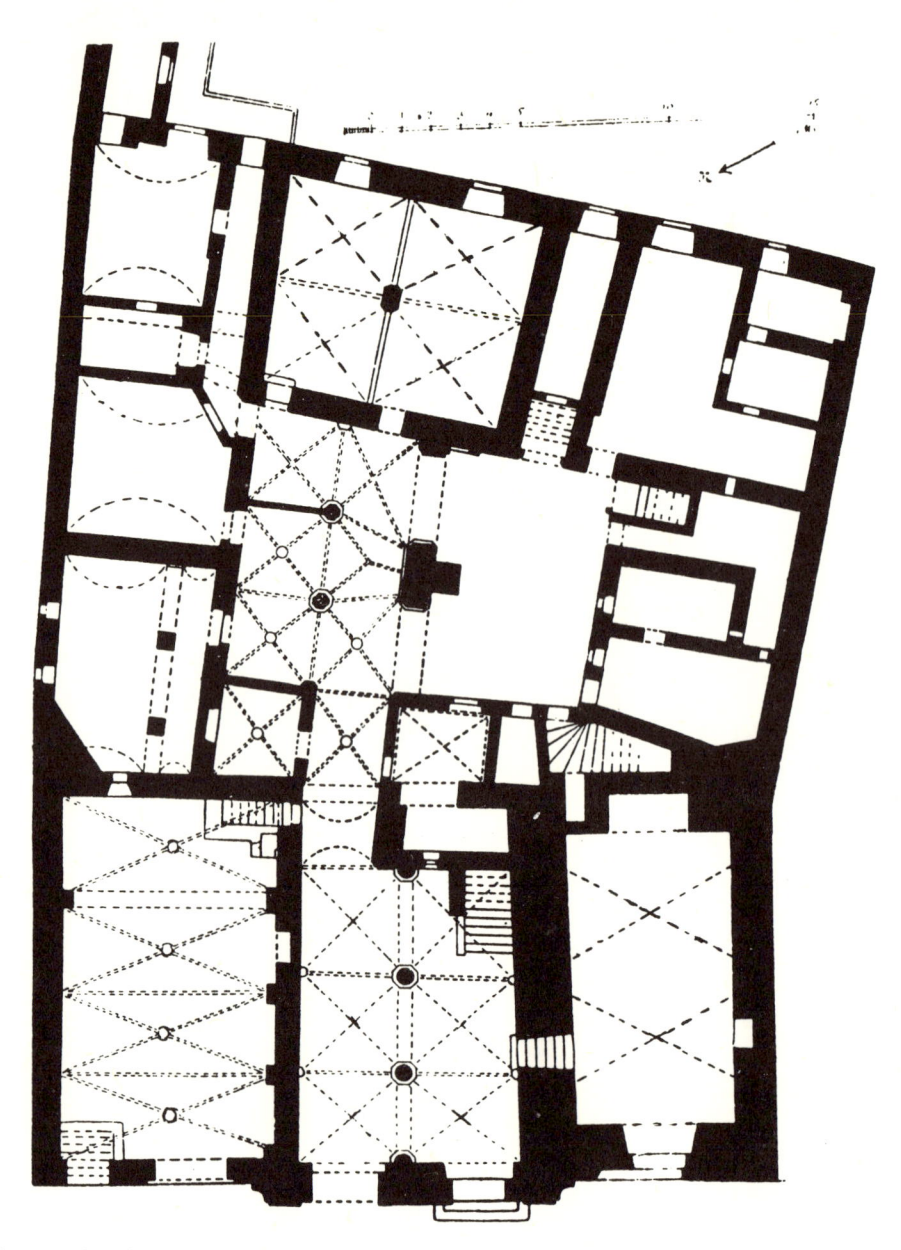

Abb. 73 Burghausen (Lkr. Altötting), Stadtplatz 112–114, Grundriß Erdgeschoß

mauer gehandelt haben. Die Badstube des Spitalbads wird sich wohl im Untergeschoß des Hauses nach der Flußseite zu befunden haben, doch hiervon ist uns leider kein Grundrißplan überliefert. Diese Annahme begründet sich darauf, daß das einst dem Kloster Raitenhaslach gehörende Badhaus am Bichl[166] zu Burghausen (In den Grüben 162) seine Badstube ebenfalls im Untergeschoß besaß. Auch hier wird eine Quelle, die am Schloßberg entsprang, bis in das Badhaus geführt worden sein. Das Bichlbad war ein gewölbter Raum mit Rotmarmorstützen, wovon die eine die Jahreszahl „1628" trug *(T 43 a)*. Der Boden der Badstube war nicht gepflastert. Das Bichlbad wurde um 1973 abgebrochen, so daß eine genauere Untersuchung der dort einst vorhandenen Badstube leider nicht mehr möglich ist.

166 Vgl. Liedke 1978, S. 199

XI. DIE AMTSBAUTEN

A. DIE BAUTEN DER STÄDTISCHEN VERWALTUNG

1. Die Rathäuser und Stadtschreibereien

Es bleibt hier nicht Raum, ausführlich auf den Rathausbau in Altbaiern einzugehen – es würde den Rahmen dieser Untersuchung über die Entwicklung des Bürgerhauses sprengen und muß somit einer eigenen Studie vorbehalten bleiben –, doch sollen zu diesem eminent wichtigen Thema der bürgerlichen Baukunst wenigstens einige Marginalien erlaubt sein. In den altbairischen Städten lassen sich zwei Grundtypen des Rathauses feststellen, und zwar das in die Zeilenbebauung eingefügte Rathaus und das freistehende Rathaus in der Platzmitte.

In den Teilherzogtümern Bayern-München, Bayern-Landshut und Bayern-Ingolstadt herrscht ersterer Fall vor, wobei für die Standortwahl verschiedene Faktoren von Bedeutung sind. Bevorzugt werden Eckgrundstücke, wobei in der Regel die Hauptfront nach der Platzseite und die Seitenfront einer Gasse zu liegt. Die Nähe zur Pfarrkirche wird hin und wieder gesucht, ist jedoch nicht zwingend erforderlich. Auffallend ist, daß die meisten Rathäuser, vor allem wenn sie in ihrem Baubestand noch bis in die Zeit vor 1500 zurückreichen, von Anfang an fast immer zu klein geplant wurden. Erst die Bauten der Renaissancezeit genügten den Ansprüchen der städtischen Verwaltung und erfüllten ihren Zweck häufig bis in die Mitte des 19. Jahrhunderts. Oft wurde die notwendige Erweiterung eines Rathauses durch den Zukauf benachbarter Häuser bewerkstelligt, wobei aus Gründen der Sparsamkeit in vielen Fällen nur die Fassade vereinheitlicht wurde. Im Inneren sind diese Rathäuser der größeren Städte vielfach ein Labyrinth von Gängen und ohne System aneinandergefügter Räume. Die Niveauunterschiede zwischen verschiedenen Bauten werden durch Differenztreppen überwunden.

In Burghausen, Stadtplatz 112–114 *(Abb. 73; T131)*, besteht das Rathaus[167] im Kern, wie schon mehrere Hausnummern erkennen lassen, aus der Zusammenfügung dreier Bauten, auf deren komplizierte Baugeschichte hier nicht näher eingegangen werden kann. Es sei nur soviel angemerkt, daß der älteste Teil, Stadtplatz 114 *(T42a)*, einst ein turmartiger Bau (vielleicht ein ehemaliger gefreiter Sitz?[168]) gewesen sein muß. Dem Mittelbau (Stadtplatz 113) mit der erdgeschossigen Halle und dem Innenhof fügen sich die beiden Bauten von Stadtplatz 112 und 114 an, wobei der Bau von Stadtplatz 112 im Kern noch auf das 15. Jahrhundert zurückgeht. Die im Winkel zueinander angelegten Bauteile nach der Salzach zu, die sich um den heute überdachten Innenhof gruppieren, sind hingegen etwas jüngeren Datums. Es ist interessant zu beobachten, daß man erst in der Mitte dieses Jahrhunderts, als das Burghauser Rathaus wiederum zu klein geworden war, in althergebrachter Weise ein Nachbarhaus (Stadtplatz 111) hinzuerwarb.

In Landshut steht das Rathaus in der Altstadt[169], Altstadt 315 *(Abb. 74, T126b)*, und kann eine ganz ähnliche Baugeschichte wie das Burghauser Rathaus aufweisen. Den Kern bildete hier der mittlere Bau *(vgl. Abb. 75)*, der im Jahr 1380 um 230 Pfund Pfennige von dem Adeligen Albrecht von Staudach erworben wurde.[170] Für das Jahr 1385 ist überliefert, daß im Erdgeschoß der Tuchmarkt abgehalten worden ist. Im Obergeschoß des Baus befindet sich der große Rathaussaal. Die erste Erweiterung erfolgte durch den Zukauf des nördlich anschließenden Hauses im Jahr 1452, das damals dem herzoglichen Zollner Martin Klughammer, also wiederum einem Adeligen, gehört hatte. Dieser Flügel diente als Stock- und Amtshaus (= Gefängnis) und wurde in den Jahren 1570/71 durchgreifend verändert. In diesem Bau wurde in der Eckstube und dort, wo auch der schöne Renaissanceerker angebracht ist, die Bürgertrinkstube eingerichtet. Im Erdgeschoß nach der Grasgasse zu waren bis zum Ersten Weltkrieg Verkaufsläden eingerichtet. Die dritte Erweiterung erfolgte im Jahr 1503 durch Zukauf des südlich angrenzenden Hauses, das damals dem Patrizier Wilhelm Scharsacher gehörte. In diesem Haus, das im Jahr 1475 noch im Besitz des Patriziers Hans Altdorfer war, wohnte Herzog Georg während seiner berühmten Hochzeit im Jahr 1475.[171] In die-

---

167 Vgl. Liedke 1978, S. 166 ff.

168 Nach den Forschungen von Studiendirektor Dr. Johann Dorner (Burghausen) soll es sich bei diesem turmartigen Bau um den einstmaligen Sitz des Adelsgeschlechts der Mautner zu Burghausen gehandelt haben.

169 Vgl. KDB, Stadt Landshut, S. 451 ff.

170 Vgl. Herzog 1957, S. 147 f.

171 Vgl. S. Hiereth, Herzog Georgs Hochzeit zu Landshut im Jahre 1475, 3. erweiterte Auflage, Landshut o. J.

*Abb. 74
Landshut, Altstadt mit Rathaus und dem Turm von St. Martin*

sem Bauteil des Rathauses wurde später die Stadtschreiberei eingerichtet. Auch in der Folgezeit wurde am Rathaus noch des öfteren gebaut. Eine der letzten größeren Maßnahmen war die Regotisierung der Fassade.

Die Rathäuser von Wasserburg a. Inn und Ingolstadt sind mehr oder weniger freistehende Baukomplexe, die ebenfalls an bevorzugten Plätzen der Stadt errichtet wurden. Ein charakteristischer Bau aus der Zeit um 1500 ist das stattliche Rathaus von Neustadt a. d. Donau *(Abb. 77)*, das mit seinem hohen gestäbten Giebel und dem markanten quadratischen Eckerker ein wichtiges Dokument der Ingolstädter bürgerlichen Baukunst des ausgehenden Mittelalters darstellt. Das Erdgeschoß des zweigeschossigen Baukörpers öffnet sich an der Giebelseite in Lauben. Die Öffnungsbögen sind rund und tief geschrägt und ruhen auf geschrägten Rechteckpfeilern. Am Obergeschoß sitzen fünf Fenster in profilierten Steinrahmen. Der bekrönende Dachreiter gehört der Barockzeit an.

Im Inneren des Rathauses ist vor allem der große Sitzungssaal im ersten Obergeschoß wegen seiner spätgotischen Balkendecke *(Abb. 77)* von baugeschichtlichem Interesse. Felix Mader beschreibt sie im Kunstdenkmälerinventar mit folgenden Worten: „Der Saal hat eine sehr bemerkenswerte spätgotische Bohlendecke. Ein Durchzug in ost-westlicher Richtung teilt sie in zwei Hälften. Der Durchzug ist am Dachgebälk aufgehängt. Er ist auf drei gleiche Intervalle keilförmig zugeschnitten, die Seitenflächen der Keillängen begleiten frei gearbeitete Stäbe. Die Untersicht ist an den beiden Kopfenden und zwischen den Intervallen mit Blendmaßwerk geschmückt. Die Bohlen kragen alternierend mäßig vor. Die tieferliegenden blieben schmucklos, die vorkragenden sind kanneliert und an den Kopfstücken mit Tartschen und wechselndem Dekor geschmückt."[172]

Das Alte Rathaus von Pfarrkirchen ist, wie Anton Eckardt im Jahr 1923 schrieb, ein „beachtenswerter Bau aus der Übergangszeit von der Spätgotik zur Frührenaissance"; seine Datierung „um 1500, mit späteren Veränderungen".[173] Es handelt sich dabei um einen dreigeschossigen Baukörper mit unregelmäßig viereckigem Grundriß *(Abb. 76)*. Diesem schließt sich an der Südseite ein rechteckiger Vorbau an, der noch spätgotische Bauteile aufweist, wozu insbesondere im Erdgeschoß eine Halle zu drei Jochen mit Netzgewölbe zählt. Die Birnstabrippen wachsen aus teilweise abgeschlagenen Rübenkonsolen heraus und die Gewölbescheitel zieren Schlußsteine. Ursprünglich

172 KDB, Bezirksamt Kelheim, S. 150 f.
173 KDB, Bezirksamt Pfarrkirchen, S. 160 ff.

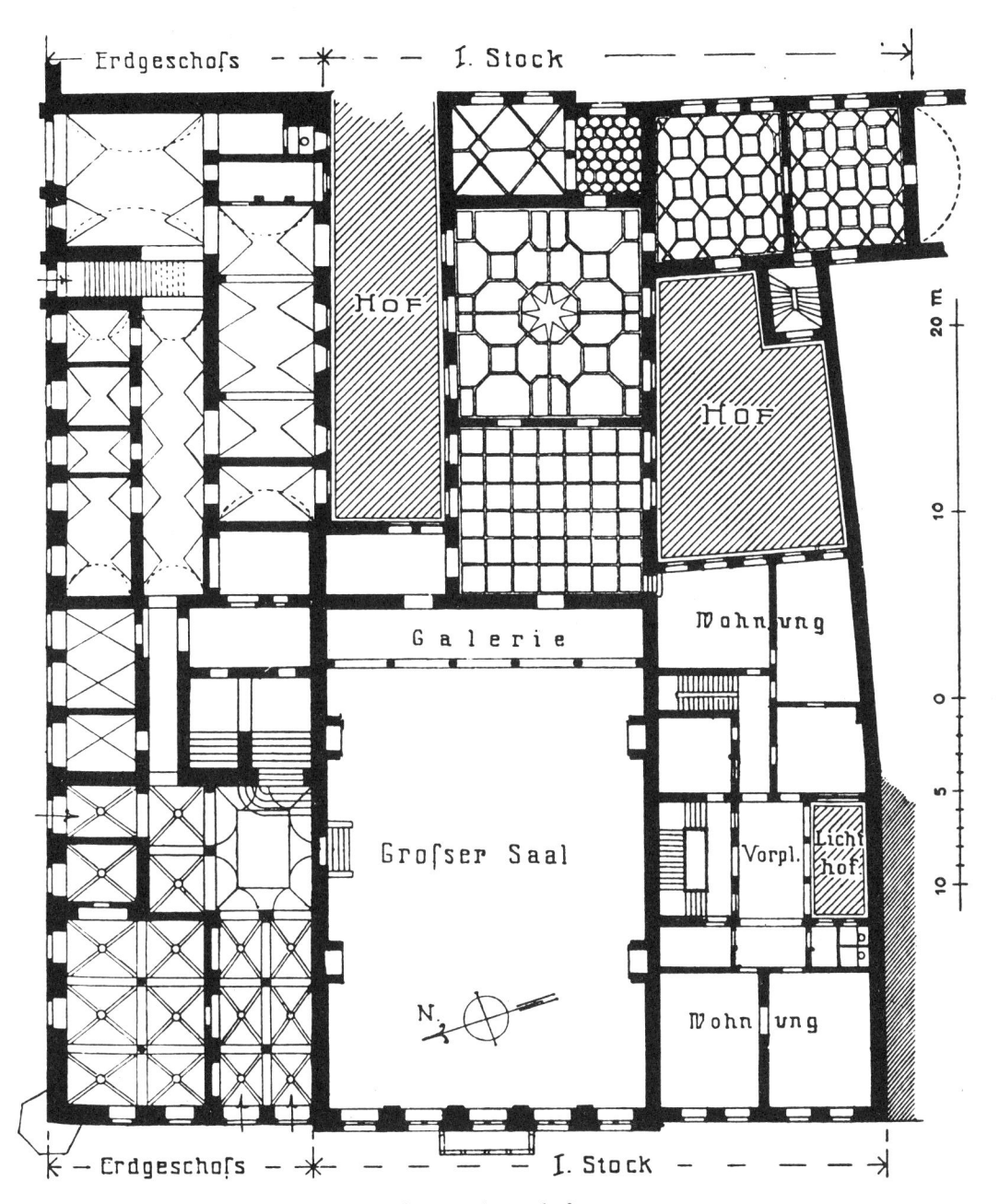

Abb. 75 Landshut, Altstadt 315, Rathaus, Grundriß erstes Obergeschoß

waren an der Ost- und an der Westseite spitzbogige Einfahrtstore vorhanden, von denen das westliche jetzt zugesetzt ist. Der große Raum diente früher als Stadtwaage.

Der Hauptbau weist im Grundriß eine Dreiteilung auf: In der Mitte ein breites tonnengewölbtes Fletz und seitlich davon verschiedene Räume. Der große Saal im Obergeschoß mit einer flachen Balkendecke wurde einst für die Ratssitzungen verwendet.

Auch das äußere Erscheinungsbild des Alten Rathauses *(T 124 b)* ist reizvoll. Das ganze Untergeschoß von Haupt- und Vorbau ist rustiziert. Am ersten Obergeschoß der Südseite kragt ein Erker über einer Konsolengliederung vor. Über dem Erker ist ein großes stuckiertes Wappen des bayerischen Kurfürsten Carl Theodor zu sehen, das von zwei Löwen, den Wappenschildhaltern, sowie Kriegstrophäen flankiert wird. Die Stukkatur trägt die Bezeichnung „1787,

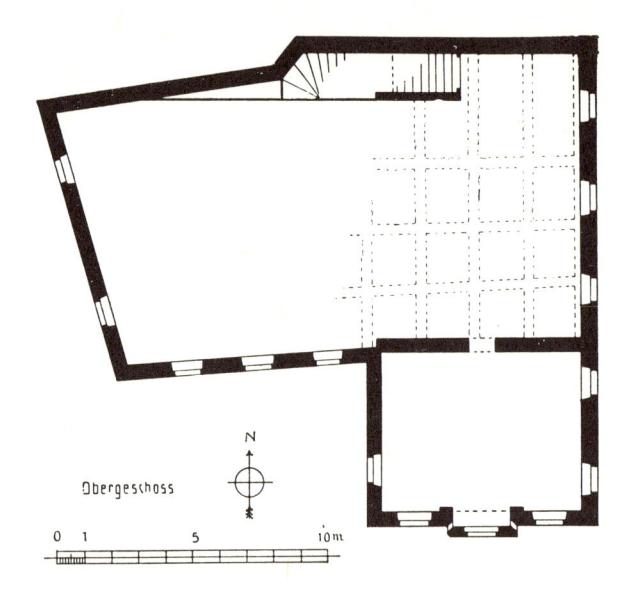

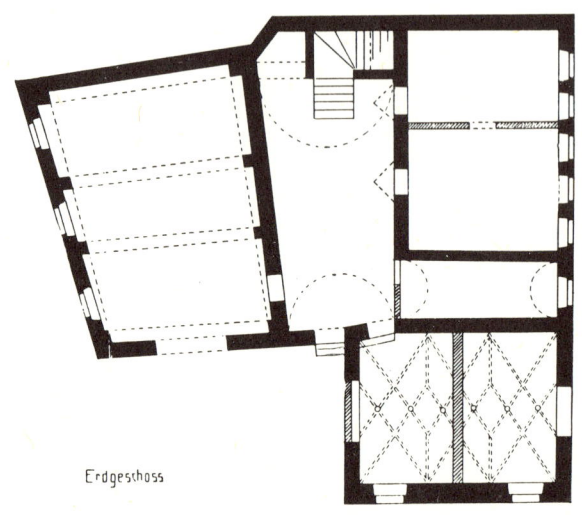

Abb. 76 Pfarrkirchen, Stadtplatz 1, Rathaus, Grundrisse Erd- und erstes Obergeschoß

Renov. 1866". Eine achtseitige Kuppel mit Eckpilastern und Laterne wurde wohl erst im 17. Jahrhundert dem Vorbau aufgesetzt.

Ein völlig anderer Rathaustyp fand sich hingegen früher in Straubing:[174] das rundum freistehende Rathaus in der Platzmitte am Kreuzungspunkt der Straßen *(T 125, 127 b)*. An dieses Rathaus war außerdem noch ein hoher Stadtturm angebaut, von dem aus man weit ins Land hinausblicken konnte. Dieser Rathaustyp könnte auf ein flandrisches Vorbild zurückgehen. Wenn man bedenkt, daß Straubing bis zum Aussterben seiner Herzogslinie zum Herzogtum Straubing-Holland gehörte, erscheint diese Theorie wohl gar nicht so unwahrscheinlich. Eine auffallende Verwandtschaft besteht jedenfalls zum Rathaus von Gent, einer Stadt, die damals zum gleichen Herrschaftsgebiet wie Straubing (Herzogtum Straubing-Holland) gehörte.

Das in der Mitte des Platzes stehende Rathaus kommt auch in Deggendorf vor *(T 126 a, Abb. 78)*. Diese Stadt war einst beim Rentamt Straubing; das Rathaus wurde im Jahr 1535 erbaut.[175] Das frühere Kelheimer Rathaus war ganz ähnlich situiert, denn die Stadt gehörte ebenfalls zum Rentamt Straubing.

Dieser Straubinger Rathaustyp brachte jedoch wegen seiner exponierten Lage im Falle der Erweiterung unüberwindliche Schwierigkeiten mit sich. Ein Anbau war nur bedingt möglich. Die Straubinger Ratsherren umgingen aber elegant dieses Problem, indem sie einfach ihr Rathaus verlegten. Bürgermeister und Rat der Stadt kauften zu diesem Zweck im Jahr 1382 die Häuser von Erhart Hartlieb und Michael dem Kramer an.[176] Das neue Rathaus *(T 127 a)* entstand auf einem Eckgrundstück. Diese Maßnahme dürfte mit einem Seitenblick auf Landshut geschehen sein, wo nur zwei Jahre zuvor das Problem in ähnlicher Weise gelöst worden war.

2. Die Bürgertrinkstuben und Tanzhäuser

Seit dem Mittelalter sind in den süddeutschen Städten sogenannte „Bürgertrinkstuben" bekannt. Sie wurden auf Kosten der Stadtkammer erbaut und hatten etwa die Funktion der „Ratsstuben" oder „Ratskeller", also von Gastwirtschaften, in denen sich die Herren vom Inneren und Äußeren Rat nach den Sitzungen oder bei besonderen Anlässen zu einem fröhlichen Trunk treffen konnten.

In München stand vormals eine solche Trinkstube an der Ecke des Marienplatzes zur Dienerstraße hin. Sie wurde durch Wolfgang Rottaler in den Jahren von 1513 bis 1517 erbaut. Ein kunstvoll gestalteter polygonaler Eckerker, den der Steinmetz Lienhard Zwerchsfeld ausführte, zierte den Bau.[177]

In Landshut befand sich die Bürgertrinkstube in einem Teil des Rathauses an der Ecke Altstadt und Grasgasse. Bürgermeister und Rat der Stadt hatten im Jahr 1452 durch Zukauf von dem herzoglichen Zoll-

---

174 Vgl. KDB, Stadt Straubing, S. 285 ff.

175 Vgl. KDB, Stadt und Bezirksamt Deggendorf, S. 67 ff.
176 Vgl. Rohrmayr 1961, S. 130 ff.
177 Vgl. Liedke 1976, S. 56 ff.

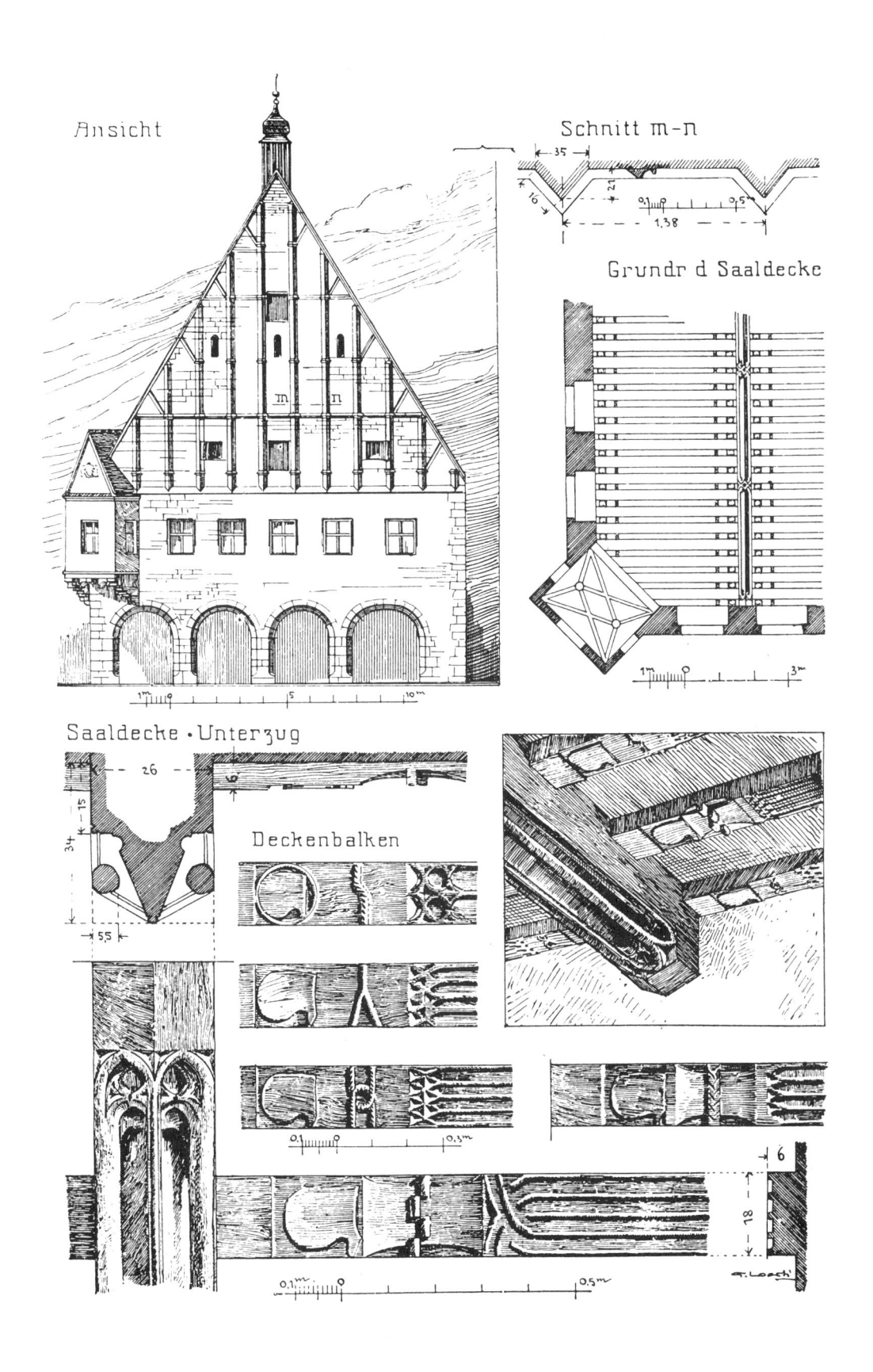

Abb. 77   Neustadt a. d. Donau (Lkr. Kelheim), Rathaus, Ansicht und verschiedene Details der Holzdecke

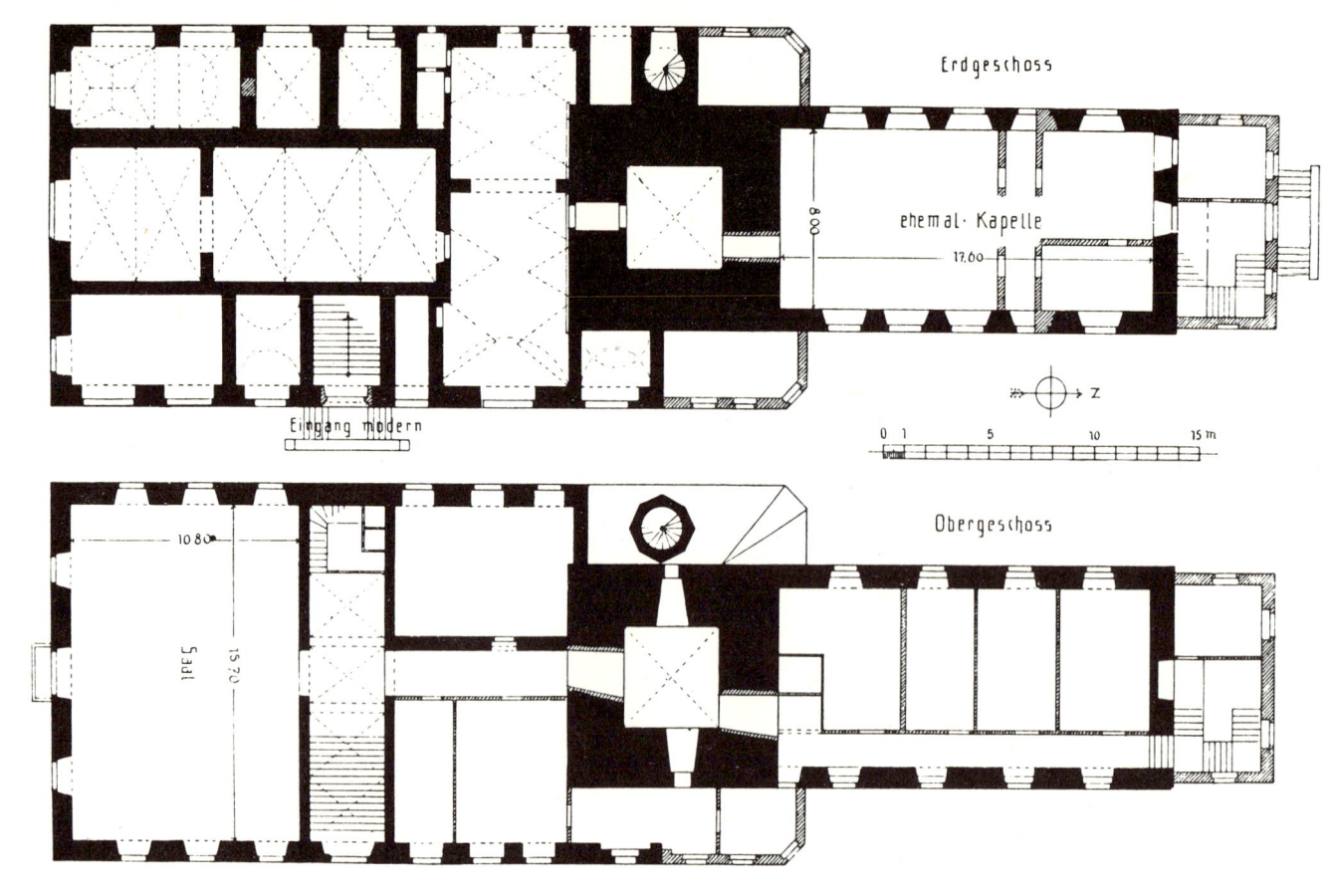

Abb. 78   Deggendorf, Stadtplatz, Rathaus, Grundrisse Erd- und erstes Obergeschoß

ner Martin Klughammer[178] das Grundstück samt dem daraufstehenden Haus erworben. Um 1570/71 wurde der Bau durchgreifend verändert und ein schön verzierter polygonaler Eckerker (T77) angebracht. Nach dem Umbau wurde hier die Bürgertrinkstube eingerichtet.

Auch in Ingolstadt hatte man für den Bau der Bürgertrinkstube einen verkehrsgünstig gelegenen Platz in der Nähe des Rathauses ausgewählt, und zwar an der Ecke Moritzgasse und Ludwigstraße. Nach Ausweis des Stadtmodells von Jakob Sandtner aus dem Jahr 1572 war die Bürgertrinkstube das zweite Haus vom Schliffelmarkt her und stand direkt neben dem etwas kleineren Bau der Weingred. Auf dem stattlichen dreigeschossigen Bau mit getrepptem Giebel ruhte einst ein Asylrecht, das vermutlich auf jene Zeit zurückging, als das Haus noch zum Kloster Niederaltaich gehörte.[179]

3. Die Schulen

Ein interessantes Kapitel im Gefüge einer Stadt stellen die Schulen dar. In Altbaiern war es früher üblich, daß in den größeren Städten jede Pfarrei eine eigene Schule besaß. Das St.-Martin-Schulhaus in der Spiegelgasse (Haus Nr. 201) wird schon im Jahr 1411 urkundlich erwähnt.[180] Dem Steuerbuch von 1661 ist zu entnehmen, daß das von der Stadt genutzte, jedoch dem Stift St. Martin und Kastulus gehörende Haus Spiegelgasse 214 als Schulhaus diente; dort ist vermerkt: „Das Schulhaus, in dessen oberen Gaden die Herrn Patres Soc. Logicam und die Casus docirn, unten aber der Stiftsmesner (dermahlen Gusterers) wohnt, ist allerdings guet (erbaut)."[181] Das andere Schulhaus der Pfarrei St. Jodok, das sogenannte „St.-Jobst-Schulhaus", war in der Oberen Freyung (anfangs in Haus Nr. 268, ab 1677 dann in dem Haus Untere Freyung

178 Vgl. Herzog 1957, S. 148
179 Vgl. v. Reitzenstein 1967, Teil Ingolstadt, S. 16
180 Vgl. Herzog 1957, S. 107
181 Vgl. Herzog 1957, S. 111

Abb. 79 Landshut, Altstadt 81, Giebel

Nr. 630 a) untergebracht.¹⁸² Den Schuldienst versah der Chorregent.

Eine staatliche Schule, die sogenannte „kurfürstliche Trivialschule", wurde erst im Jahr 1786 in dem Haus Neustadt 460 *(T 103 b)* eingerichtet.¹⁸³ Die neue protestantische Gemeinde in Landshut besaß in den Jahren von 1856 bis 1874 ihre Schule in dem Haus Neustadt 529.¹⁸⁴ Darüber hinaus existierten seit alters natürlich noch die Schulen in den Klöstern der Stadt und des Umlandes.

4. Sonstige Bauten der städtischen Verwaltung

Zu den ältesten und wohl auch bedeutendsten Profanbauten auf altbairischem Boden zählt zweifelsohne das Haus Altstadt 81 *(Abb. 79; T 133)* in Landshut; es ist noch in die Zeit vor 1408 zu datieren. Der Bau dürfte während der Amtszeit des städtischen Kammermeisters Hans Wernstorffer errichtet worden sein, der von 1399 bis 1408 diese Funktion innehatte.¹⁸⁵ Wozu das so aufwendig gestaltete Haus eigentlich diente, ist heute nicht mehr zu ergründen, doch soviel ist sicher, daß es für die städtische Verwaltung benutzt wurde.

Bei dem Wernstorffer-Haus handelt es sich um einen größeren Gebäudekomplex, der von der Altstadt bis zur Unteren Länd reicht.¹⁸⁶ Ihm schließt sich ein weiträumiger Innenhof mit einem großen Rückgebäude an *(Abb. 80)*.

Abb. 80 Landshut, Altstadt 81, Innenhofansicht

---

182 Vgl. Herzog 1957, S. 258 f.
183 Vgl. Herzog 1957, S. 192
184 Vgl. Herzog 1957, S. 220

185 Vgl. Herzog 1957, S. 63 f.
186 Vgl. KDB, Stadt Landshut, S. 461 ff.

Schnitt durch Hofraum u Vorderhaus

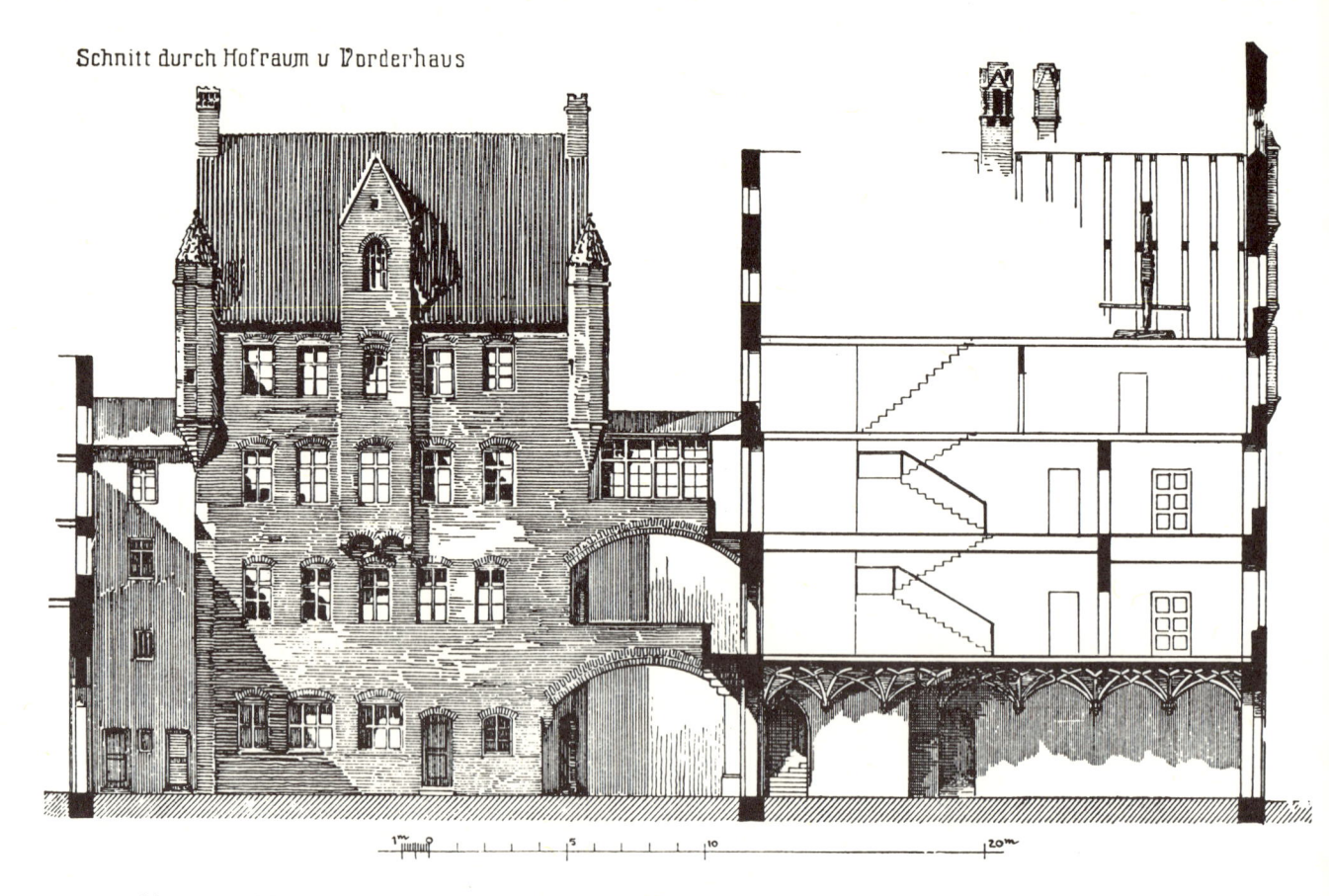

Abb. 81   Landshut, Altstadt 81, Schnitt und Ansicht des Rückgebäudes

Der Hauptbau zeigt im Erdgeschoß noch einen spitzbogigen profilierten Torbogen – die frühere Durchfahrtsöffnung – und daneben einen stichbogigen Einlaß. Die einstigen Erdgeschoßfenster sind beim Einbau einer Bankfiliale eliminiert worden. Die beiden Obergeschosse weisen hochrechteckige Fenster zu fünf Achsen auf. Der Giebel baut sich treppenartig in Zinnen (Abb. 79) auf, die von maßwerkgeschmückten Spitzbogenöffnungen durchbrochen werden. Zwischen den Zinnen erheben sich außerdem noch erkerartige Zierglieder auf gestufter Vorkragung. Das Motiv scheint von Erkern ähnlicher Form am Rückgebäude dieses Baus abgeleitet zu sein. Es ist sehr zweifelhaft, ob diese Giebelgestaltung ursprünglich ist, doch scheint sie wenigstens im 18. Jahrhundert schon vorhanden gewesen zu sein, wie der Stich von Michael Wening aus der Zeit um 1723 (Abb. 42) ausweist. Die Rauhputzdekoration ist auf jeden Fall eine spätere Zutat, sie dürfte vermutlich erst im Jahr 1681 aufgetragen worden sein, als sich das Haus im Besitz der Grafen von Portia befand. Eine entsprechende Jahreszahl am Portal deutet jedenfalls darauf hin.

Das Erdgeschoß durchzieht eine Einfahrt, die jedoch heute unterteilt ist und teils als Bankraum, teils als Hausflur dient. Ein ungewöhnlich reich gestaltetes Netzgewölbe zu fünf Jochen überzieht den Raum (T 132 b). Die vierpaßförmigen Schlußsteine zeigen verschiedene Wappen; das bestimmende darunter ist das der Wernstorffer. Die weiteren Wappen in der Mittelreihe sind in Ost-West-Richtung:

1. Bayern
2. Wernstorffer
3. Bindenschild (Österreich?)
4. Schmatzhauser
5. Scharsacher

Ferner in der jüngeren Haushalle:

6. Hochhut

Nördliche Reihe:

1. Spannagel
2. von Asch
3. Kröner

Südliche Reihe:

1. Kettner
2. Weiß
3. Plank

128

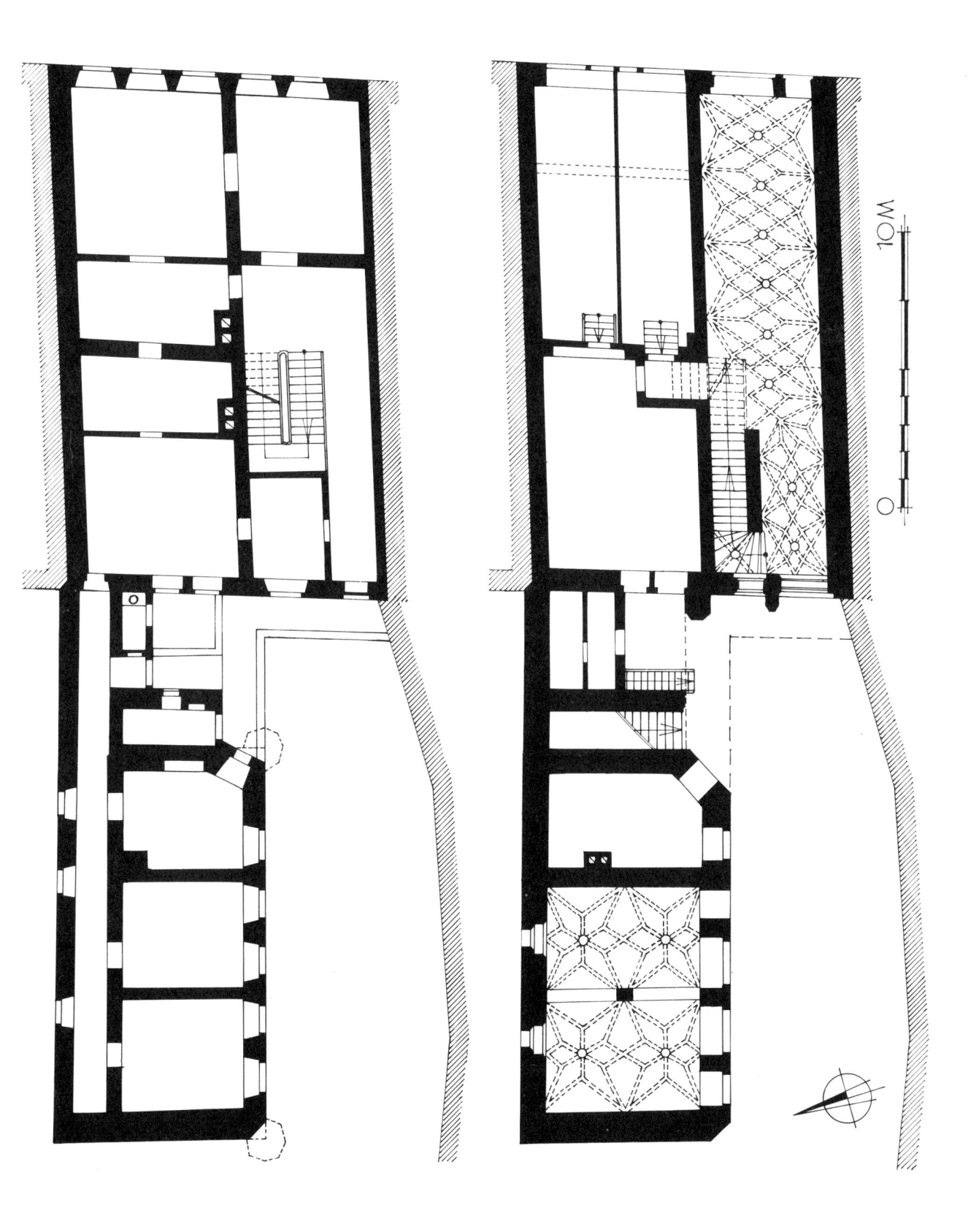

Abb. 82   Landshut, Altstadt 81, Grundrisse Erd- und erstes Obergeschoß

129

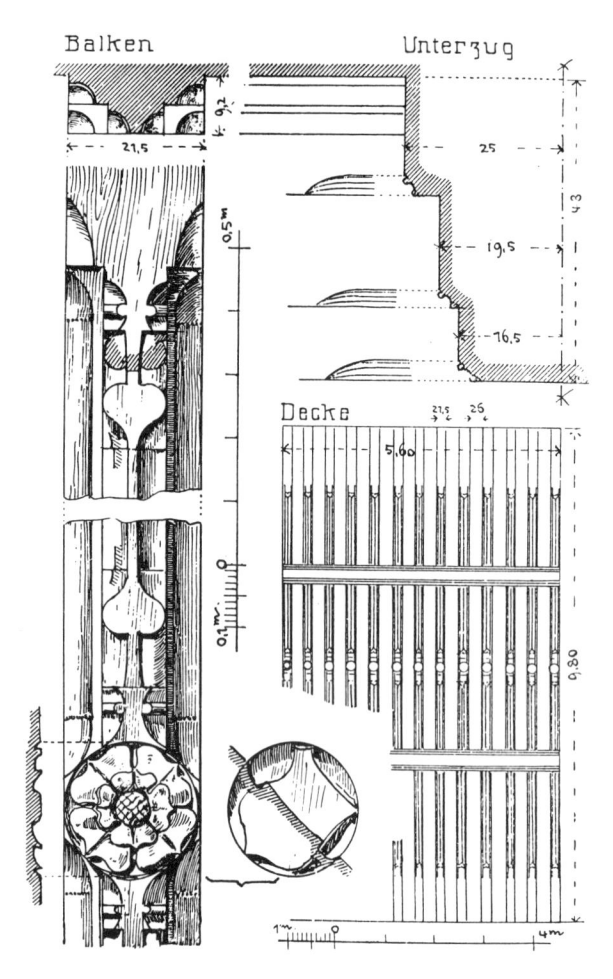

Abb. 83 Landshut, Altstadt 81, Details der spätgotischen Holzdecke

Die Anbringung dieser Wappenschilde läßt darauf schließen, daß es sich hierbei um einen Bau der öffentlichen Verwaltung und nicht um das private Wohnhaus des Kammermeisters Hans Wernstorffer gehandelt hat, das wohl eher das Haus Altstadt 252 gewesen sein dürfte. Das Haus Altstadt 81 gehörte seit 1508 zu den sechs privilegierten Häusern in Landshut, die von allen Abgaben befreit waren. Zu jener Zeit, als die Freistellung erfolgte, befand es sich im Besitz der Patrizierfamilie der Leitgeb.[187]

Zu der Stiege im rückwärtigen Teil des Hauses führt ein profilierter Spitzbogen (T 132 c). Der Antritt ist dabei mit einem einfachen Kreuzrippengewölbe überspannt. Im Gegensatz zu dem Netzgewölbe der Haushalle fehlen hier jedoch die dort zu sehenden profilierten Konsolen. Der Aufgang erhält sein Tageslicht durch ein spitzbogiges Fenster mit profiliertem Gewände, das nach der Hofseite zu orientiert ist. Eine profilierte Wandnische ist neben der Treppe angeordnet.

Neben der früheren Durchfahrt war einst im Erdgeschoß ein großer saalartiger Raum mit einer heute noch vorhandenen spätgotischen Holzdecke, die sich in drei Felder gliedert *(Abb. 83)*. Ein kräftiger profilierter Unterzug trägt zur Verringerung der großen Spannweite bei. Die Räume im Obergeschoß des Hauses sind modernisiert worden.

Das viergeschossige Rückgebäude *(Abb. 81)*, ein Backsteinbau, ist noch wie in alter Zeit unverputzt. Bemerkenswert ist hier vor allem ein zweischiffiger Raum mit Netzgewölbe. Rundbogige Arkaden, die auf einem ungegliederten Mittelpfeiler und entsprechenden Wandpfeilern ruhen, trennen die beiden Schiffe. Im Obergeschoß verläuft nach der Nordseite zu ein langer Gang und nach der Hofseite zu eine Art Veranda. Der Außenbau wird von polygonalen Eckerkern über gestufter Auskragung, die weit über die Traufkante hinausragen, sowie von einem über Kragsteinen ansetzenden Flacherker mit früherer Aufzugsöffnung geschmückt. Der Ost- und der Westgiebel werden durch einen durchbrochenen Kamin betont.

B. DIE BAUTEN DER LANDESFÜRSTLICHEN VERWALTUNG

1. Die Zentralbehörden

Im ersten Viertel des 15. Jahrhunderts war Altbaiern noch in verschiedene Teilherzogtümer aufgeteilt, und zwar in Bayern-München, Bayern-Landshut, Bayern-Straubing und Bayern-Ingolstadt. Die Zentralbehörden dieser Territorien waren demgemäß in den zugehörigen Residenzstädten eingerichtet.

Mit dem Aussterben der Linie Bayern-Straubing im Jahr 1425 wurde das Gebiet unter die drei noch verbliebenen Teilherzogtümer aufgeteilt, wobei die Stadt Straubing an Bayern-München fiel. Die Zentralbehörden in München waren von nun an auch für den Straubinger Landesteil zuständig. Ein ähnliches Schicksal wurde Ingolstadt zuteil, als mit dem Tod Herzog Ludwigs des Gebarteten dessen Landshuter Vetter sich das Territorium der Linie Bayern-Ingolstadt einverleibte. Jetzt waren für Ingolstadt die Zentralbehörden in Landshut maßgebend. Als dann schließlich noch mit Herzog Georg dem Reichen im Jahr 1503 die wittelsbachische Seitenlinie Bayern-Landshut erlosch, gelangte das Land – jedoch mit Ausnahme jener Landesteile, aus denen die Junge

187 Siehe Anmerkung 185

Pfalz mit der Hauptstadt Neuburg a.d. Donau gebildet wurde und jener, die König Maximilian für sich beanspruchte – zum Herrschaftsgebiet Herzog Albrechts IV., der damals in München residierte.

2. Die Mittelbehörden

In Burghausen waren die Bauten der herzoglichen Verwaltung des gleichnamigen Rentamtsbezirks auf der Burg, die eine Ausdehnung von etwa einem Kilometer hat, vereinigt. Hierzu zählten beispielsweise folgende Dienststellen und Bauten:[188]

Rentmeisterei
Kanzlei
Bauschreiberamt
Rentschreiberei
Hofzimmermeisterei
Wohnhaus des Hofkaminkehrers
Hofkastenamt
Forstmeisterei
Gerichtsschreiberei
Kastengegenschreiberhaus
Eisenamtshaus (= Gefängnis)
Fronfeste mit Arbeits-, Zucht- und Spinnhaus
Kornmesserturm
Haberkasten
Kornkasten bzw. Zeughaus
Zeugwart- oder Büchsenmeisterbehausung
Brauhaus und Pfisterei
Hofbinderei
Marstall

Es würde im Rahmen dieser Untersuchung über das Bürgerhaus natürlich zu weit führen, auf all die genannten Bauten näher einzugehen, zumal sie im Fall von Burghausen mehr der Burgenbaukunst zuzurechnen sind. Die Mehrzahl der Verwaltungsbauten war hier auf der Burg in die Festungsbauten integriert. Unser Interesse beanspruchen jedoch jene Bauten der herzoglichen Verwaltung, die in den Städten und Märkten des Landes standen und die in die Wohnbebauung der Bürger miteinbezogen waren. Diese Bauten unterscheiden sich von den Häusern der gehobenen Bürgerschicht meist nur dadurch, daß im Erdgeschoß statt der Arbeitsstätten für Handwerker Amtsräume angeordnet waren. Die beiden Obergeschosse dienten hingegen wie bei Bürgerhäusern rein zu Wohnzwecken.

Das Gebäude der kurfürstlichen Regierung in Burghausen[189], Stadtplatz 108 (T 135), gehört zu den schönsten des Inn-Salzach-Gebiets. Der viergeschossige Bau hat sechs Obergeschoßachsen. Das Grabendach verbirgt sich hinter einer hohen Vorschußmauer, die mit geschweiften und mehrfach getreppten Giebelchen verziert ist. An den beiden Ecken und in der Mittelachse sind außerdem noch Kuppeltürmchen aufgesetzt. Auf seine frühere Funktion als Bau der staatlichen Verwaltung weist noch das große stukkierte Wappen von Kurbaiern im Giebelfeld hin. Das Innere des Gebäudes ist heute weitgehend umgestaltet. Bemerkenswert ist aber der Innenhof mit den mehrgeschossigen Renaissancearkaden. Das Bauwerk dürfte nach dem großen Stadtbrand von 1504 errichtet worden sein. Auf dem Sandtnermodell aus dem Jahr 1574 ist das Regierungsgebäude schon zu erkennen, doch fehlt der einst am zweiten Obergeschoß vorhanden gewesene Erker.

Das Landshuter Regierungsgebäude[190], Altstadt 29 (T 134 b), ist im Kern noch spätgotisch und wurde nach Ausweis der Schlußsteine im Flurgewölbe des Erdgeschosses von dem herzoglichen Kanzler Doktor Martin Mair und seiner Gemahlin Katharina, geborene von Imhoff, erbaut.[191] Da Mair von 1459 bis zu seinem Tod im Jahr 1481 in Landshut weilte, muß der stattliche dreigeschossige Bau mit den sieben Obergeschoßachsen und dem traufseitigen Satteldach in dieser Zeit erstellt worden sein. Der Bau entstand, wie anhand einer starken Innenmauer noch ablesbar ist, durch die Zusammenziehung zweier Bürgerhäuser. Herzog Georg der Reiche soll das private Wohnhaus des Kanzlers angeblich im Jahr 1485 von den Erben erworben und das Bauwerk dann als herzogliche Kanzlei weiterverwendet haben. Als fürstliche, später kurfürstliche Regierungskanzlei diente der Bau noch bis zum Jahr 1799. Er wurde nach dem Tod des Kurfürsten Carl Theodor von Bayern von dem Regierungskanzler Herr von Adam erworben, der ihn schon kurz darauf an den Kaffeeschenken und Bierwirt Leonhard Schuhmacher wieder mit Gewinn veräußerte. Die klassizistische Fassade wurde wohl um 1780 ausgeführt, wobei die Fresken des Malers Hans Bocksberger aus dem Jahr 1555 zerstört worden sein dürften. Meidinger notiert dazu in seiner Beschreibung der Stadt Landshut im Jahr 1785: „Dieses Gebäude wurde in diesen Jahren in den ietzig schönen Stande gesetzt und zugleich das kurf. Zahlamt dahin verlegt. – vorhin war es ein schwarzes Gebäude, wo man auf der eralteten Mauer halb erloschene Figuren aus dem toskanischen Kriege genommen, bemerk-

---

188 Vgl. Liedke 1978, S. 47 ff.
189 Vgl. Liedke 1978, S. 162 f.

190 Vgl. KDB, Stadt Landshut, S. 474 f.
191 Vgl. Herzog 1957, S. 43 f.

te ..."¹⁹² Das Haus besaß wie das Nachbargebäude Altstadt 28 eine Kapelle, die bereits im herzoglichen Salbuch von 1583 erwähnt wird; hier heißt es: „Die vorder und hindter canzley mit derselben ingepeüen, darin auch ain kürchen und paumgärtl, alles herrlich wol zuegericht."¹⁹³ Auf den Flügeln des Portals *(T134a)* sind übrigens noch die Porträtmedaillons des Kurfürsten Carl Theodor von Bayern (1777–1799) und seiner Gemahlin zu erkennen und darüber unter dem segmentbogigen Portalgitter das Wappen des Herrschers. Die Buchstaben „K.F.R.L." am Portalgitter lassen sich mit „Kurf. Regierungs-Kanzlei Landshut" auflösen.

Sitz der Regierung in Straubing¹⁹⁴ war früher das Haus Fürstenstraße 9 *(T136)*, das unweit der Herzogsburg steht. Es handelt sich dabei um einen dreigeschossigen Baukomplex mit Innenhof. Besonders reizvoll ist die Südfassade, die im Stil des Rokoko stukkiert ist und einen geschweiften Knickgiebel besitzt. Bei den Umbaumaßnahmen von 1739, wobei auch dieser Stuck aufgetragen wurde, werden die Münchner Hofmaurermeister Effner und Gunetzrhainer genannt. Letzterer dürfte auch die im Stil des Rokoko stuckierte Fassade ausgeführt haben. Das Erdgeschoß ist rustiziert. Die Fenster des ersten Obergeschosses haben Aufsätze mit bekränzten Masken unter geschweiften Verdachungen. Die Fensterumrahmungen des zweiten Obergeschosses sind schlichter gehalten, doch läuft über ihnen ein breiter Fries, den in der Achse der Fenster die Köpfe der vier Weltteile in Kartuschen gliedern. Der geschweifte Knickgiebel dürfte bereits aus der Zeit vor 1739 stammen. Bemerkenswert ist auch ein großes Fresko mit Immakulatadarstellung *(T69a)*, das darunter in einer Kartusche das folgende Chronostichon erkennen läßt: „Insta Vra VIt DefLVXIs bInIs saeCVLIs CarolVS ALbertVS ELeCtor pIVS sapIens fortIs fortIbVs natVs proteCtor VInDeX IVstItIae." Neben der Regierung standen früher das Mautamt und das Renthaus.

Das großartige herzogliche Amtshaus in Ingolstadt¹⁹⁵, das sich einst in der Ludwigstraße befand, wurde der Spitzhacke geopfert, was einen sehr bedauerlichen Verlust darstellt. Auf dem Stadtmodell von Jakob Sandtner aus dem Jahr 1572 ist es noch gut zu erkennen. Es war demnach ein stattlicher dreigeschossiger Bau mit hohem rustiziertem Sockelgeschoß. Da der Bau im Winkel angelegt war, gab es eine Überschneidung der Satteldächer, so daß ein Teil traufständig, der andere giebelständig zur Straße stand. Belebt wurde die zwölfachsige Fassade durch einen zweigeschossigen Erker, der über profilierten Konsolen vorkragte. Das Amtshaus erweckte ganz den Eindruck eines vornehmen Palazzo.

Das Landshuter Landschaftshaus¹⁹⁶, Altstadt 28 *(Abb. 84, T137b)*, grenzt südlich an die ehemalige Regierungskanzlei. Auch dieses Haus ist ein traufständiger Bau mit hohem Satteldach. Mit seinen elf Obergeschoßachsen ist er neben der Stadtresidenz Herzog Ludwigs X. (Altstadt 79) der stattlichste Profanbau in der Landshuter Altstadt.

Unter der Landschaft sind die drei Stände: der Adel, die Geistlichkeit und die Bürger zu verstehen. Diese schickten ihre Vertreter zu den Landtagen, die hier für den Bezirk des Rentamts Landshut in diesem Gebäude von Zeit zu Zeit tagten. Wegen der Prälaten, die hier vertreten waren, war auch der Einbau einer besonderen Hauskapelle notwendig, die im Jahr 1682 eingerichtet wurde. Auf die reizvolle Fassade mit den Fresken von Hans Georg Knauf aus dem Jahr 1598 wurde bereits im Rahmen des Kapitels über die Fassadenmalerei näher eingegangen.

Auch das Ingolstädter Landschaftshaus, Theresienstraße 25 *(T141a)*, hat sich noch erhalten. Siegfried Hofmann hat erst in jüngster Zeit diesem schönen Bau eine ausführliche Studie gewidmet.¹⁹⁷ Es ist demnach ein Werk des kurfürstlichen Maurermeisters Veit Haltmayr aus den Jahren von 1771 bis 1774. Hofmann bezeichnet den Bau als das „aufwendigste Ingolstädter Haus aus der zweiten Hälfte des 18. Jahrhunderts".

Das Landschaftshaus ist ein dreigeschossiger Bau mit fünf Obergeschoßachsen, Mittelrisalit und Giebelgaube mit Segmentbogenverdachung und seitlichen Voluten. Die horizontale Gliederung der Fassade wird durch Lisenen bewirkt. Das Erdgeschoß ist rustiziert. Man sieht dem Bau heute nicht mehr an, daß er eigentlich durch einen Umbau eines früheren Weinwirtshauses entstanden ist.

Das Burghauser Landschaftshaus¹⁹⁸, Stadtplatz 115 *(T142a)*, ist im Jahr 1783 aus dem Umbau eines älteren Schiffmeisterhauses hervorgegangen. Die Fassade im Louis-Seize-Stil wurde von dem Burghauser Hof- und Stadtmaurermeister Anton Glonner entwor-

---

192 F.S. Meidinger, Historische Beschreibung der kurfürstl. Haupt- und Regierungsstädte in Niederbaiern, Landshut und Straubing, Landshut 1787, S. 99
193 Vgl. Herzog 1957, S. 43
194 Vgl. KDB, Stadt Straubing, S. 277 f.
195 Vgl. v. Reitzenstein 1967, Teil Ingolstadt, S. 44

196 Vgl. KDB, Stadt Landshut, S. 445 ff.
197 S. Hofmann, Das Ingolstädter Landschaftshaus, ein Werk Veit Haltmayrs, in: Ars Bavarica, Bd. 3, 1975, S. 82 ff.
198 Vgl. Liedke 1978, S. 169 f.

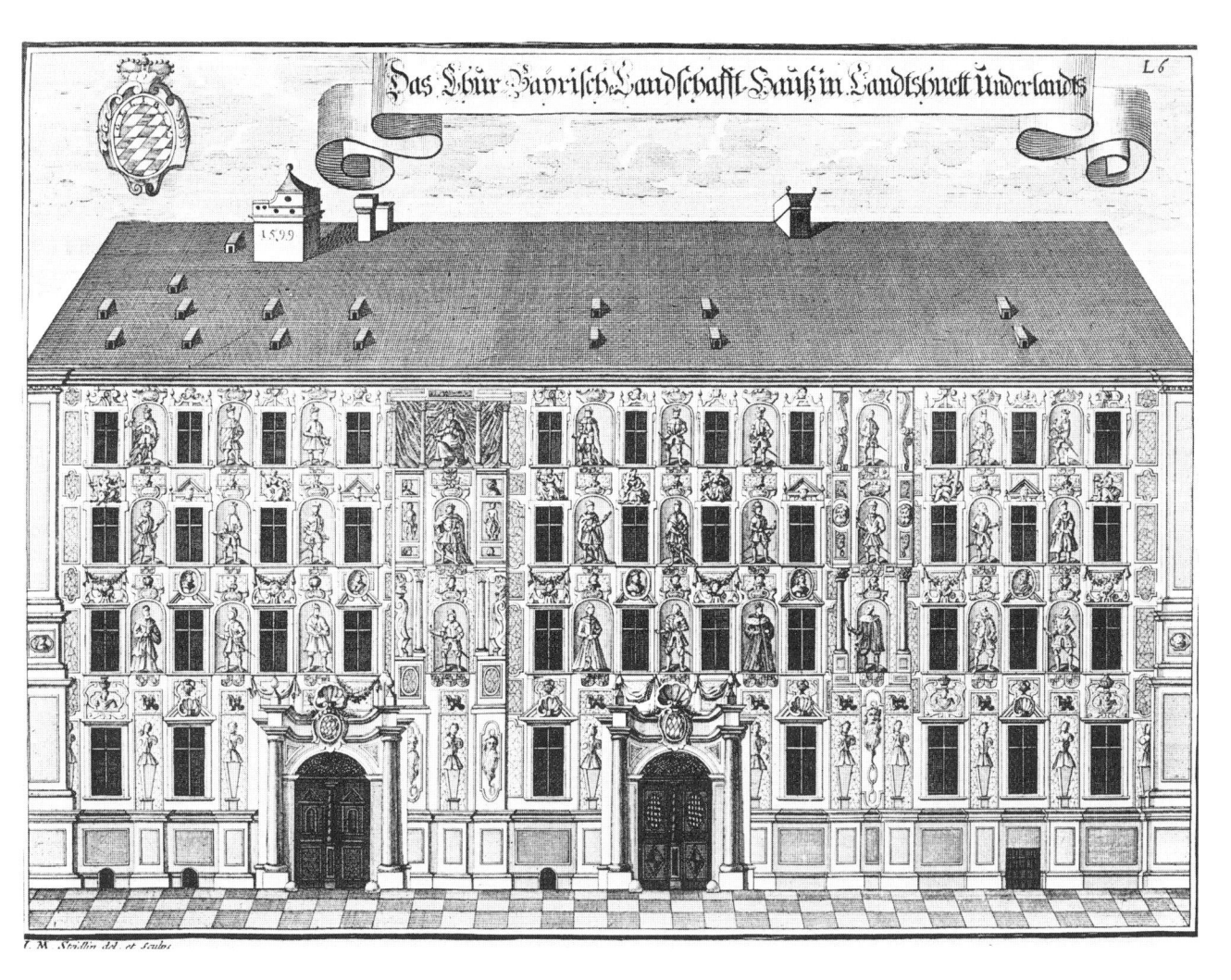

Abb. 84 Landshut, Altstadt 28, ehemaliges Landschaftshaus mit Fresken von 1599. Kupferstich von Michael Wening aus der Zeit um 1723

fen. Die Umbaupläne haben sich bis auf den heutigen Tag erhalten (*T 142 b, c, d*).

3. Die Unterbehörden

An der Spitze eines Pfleggerichts stand der herzogliche bzw. später der kurfürstliche Pfleger. Er bewohnte als Amtssitz eine Burg, ein Schloß oder ein eigenes Pfleghaus in der Stadt bzw. im Markt. Dem Pfleger unterstellt waren der Landrichter, der meist ein eigenes Richterhaus bezog, sowie der Pfleggerichtsverwalter. Die weiteren Beamten der Verwaltung stellten der Kastner, der im allgemeinen im Kastenhof seinen Sitz hatte, sowie der Gerichts- und Kastengegenschreiber dar, der in einigen Fällen eine eigene Amtsbehausung besaß. An einigen Orten des Rentamts war darüber hinaus noch ein Maut- oder Zollamt sowie ein Forstamt eingerichtet. Die Funktion eines Gerichtsdieners versah der Amtmann, dem ein bestimmtes „Schergenamt" unterstand.[199] Der Amtmann am Gerichtsort führte den Titel „Eisenamtmann", denn er hatte die Aufsicht über das Gefängnis – früher „Eisenfronfeste" genannt – zu führen. Aus der Vielzahl der noch erhaltenen Amtsbauten seien hier nur einige wenige signifikante Beispiele herausgegriffen.

Über die Erbauung des Pflegerhauses (*Abb. 85*) bzw. des „Pflegschlosses" zu Neumarkt a.d. Rott (Lkr. Mühldorf a. Inn) wissen wir aufgrund eines Eintrags in der Rentmeisterrechnung des Rentamts Landshut von 1478 genauestens Bescheid, hier heißt

---

[199] Vgl. V. Liedke, Amt und Amtmann im Gericht Dingolfing, in: Der Storchenturm, 2. Jg., Heft 4, 1967, S. 28 ff.

Abb. 85
Neumarkt a. d. Rott
(Lkr. Mühldorf a. Inn),
ehemaliges Pfleghaus resp.
Pflegschloß, Westansicht

es nämlich: „Item nach geschäft meins gnedigen herrn hertzog Ludwigs ec. hat man das gsloss zum Newenmarkgt den merern tayl abprochen und hinwider aufpawt, wan das innerpew nymer besteen mocht, darzw kawft 14000 mawrstain, aintausend umb 7 ß 10 dl, und kawft 44 mutt kalichs, ain mutt umb 4 ß dl, und 43000 flachs zigeldachs, aintausend umb 12 ß dl, und sönst umb ander zewg, von holtz und nagelen, auch eysengeschirr, dem zymermeister sein soldt 20 gulden und allen andern arbaytern, tut alles nach der leng von item zw item, als das dan des zollners puch nach der leng von item zw item inhalt und ausweyst, tut in ainer summa 269 Pfd. 7 ß 22 dl."²⁰⁰

Das herzogliche Pfleghaus bzw. Pflegschloß von Neumarkt a. d. Rott (Lkr. Mühldorf) hat sich noch erhalten. In der Rentmeisterrechnung des Rentamts Landshut ist dazu unter dem Jahr 1509 vermerkt:

„Item nachdem das slos und pfleghaws zum Newmarckht im vergangen bairischen krieg als [= ganz] ausgeprennt worden ist, nachdem aber das gemeyr daran noch gut gewesen ist, haben mein genedig herrn, die vormünder ec., verschafft, das angetzaigt slos mit ingepeien, ainem pfleger darin zu wonen, pawen und machen zu lassen. Auf das ist dasselb haws an ainen mawrer, auch an ainen zimerman zu furgeding gelassen worden, nemlich dem mawrer gibt man von der arbait, so er mit maurberch machen sol, laut seiner ausgeschniten zetl, darin sein arbait antzaigt ist, gibt man zu furgeding 51 Pfd. 2 metzen waitz, dargegen mus man ine den zeug für die hant antworten. Umb berürten zeug hat castner hewr ausgeben, nemlich umb maurstain, gwelbstain, dachziegl, umb kalich, pflasterstain, kreytzpögn, kreytzfenster, umb preter, lattn und anders zum paw notturftig tut, mitsambt etlichen taglonen, so auf di prugkn ins slos gangen sein, alles in ainer summa 107 Pfd. 61 Landshuter Pfennige."²⁰¹

Das Neumarkter Pfleghaus²⁰², das einst von einem Wassergraben umgeben war, ist ein stattlicher freistehender Putzbau zu zwei Geschossen mit Walmdach. An zwei Ecken des Gebäudes sind am Obergeschoß Erker angebracht, die über abgetreppten Konsolen

---

200 Bayer. Staatsarchiv Landshut: Rentmeisterrechnung des Rentamtes Landshut von 1478, sine folio

201 Bayer. Staatsarchiv Landshut: Rentmeisterrechnung des Rentamtes Landshut von 1509, fol. 108′

202 Vgl. KDB, Stadt und Bezirksamt Mühldorf, S. 2228

Abb. 86
Bad Aibling (Lkr. Rosenheim), Kirchzeile 10, ehemaliges Marktschreiberhaus

ansetzen. Das Pfleghaus wurde im Jahr 1608 an die Freiherren von Neuhaus verkauft; heute trägt das Pfleghaus die Bezeichnung „Schloß Adlstein".

Der Baugeschichte des Pflegschlosses Teisbach *(Abb. 87),* dem Sitz des herzoglichen – später kurfürstlichen – Pflegers im gleichnamigen Pfleggericht wurde vom Verfasser bereits früher eine ausführliche Studie gewidmet.²⁰³ Da das Pflegschloß, wie sein Name bereits erkennen läßt, jedoch mehr dem Burgenbau zuzurechnen ist, soll hier nicht näher darauf eingegangen werden. Der bürgerlichen Baukunst kann dagegen eher der Bau des Teisbacher Kastenhauses²⁰⁴ zugerechnet werden.

Über die Erbauung dieses Wohn- und Amtshauses des herzoglichen Kastners, das im Markt Teisbach (Lkr. Dingolfing-Landau) am Marktplatz (Haus Nr. 11) steht, besitzen wir genaue Baunachrichten. Es wurde nach Ausweis eines Eintrags in der Teisbacher Kastenamtsrechnung nach Plänen des Landshuter Hofmaurermeisters Georg Ha[a]s errichtet; hierin heißt es außerdem: „Item als man am Montag Georgi, den 25. Aprilis [1594], bey dem fürstlichen Chastenhauß angefangen die grundtfest ze grabm." Die Neubaukosten betrugen insgesamt 843 Gulden. Das Kastenhaus von Teisbach ist ein sehr schlichter dreigeschossiger Satteldachbau, der traufständig zum Marktplatz steht. Die einzige Zierde der Fassade bildet der über einem profilierten Erkerfuß ansetzende Kastenerker am ersten Obergeschoß vor der früheren Wohnstube des Kastners.

Neben der älteren Form, wo der Pfleger eine herzogliche Burg oder ein herzogliches Schloß bewohnte, läßt sich seit dem 16. Jahrhundert in Altbaiern die Feststellung machen, daß dieser hohe Beamte des Landesherrn ein eigens zu diesem Zweck erbautes bzw. hergerichtetes Amtsgebäude in einer Stadt oder einem Markt bewohnte. Da diese Pflegerhäuser in ihrem äußeren und inneren Erscheinungsbild in auffallender Weise jenen der gehobenen Bürgerschicht gleichen, bedarf es hier wohl einer kurzen Würdigung solcher Beispiele.

203 Vgl. V. Liedke, Baugeschichte des Schlosses Teisbach in sieben Jahrhunderten, in: Der Storchenturm, 1. Jg., Heft 2, 1966/67, S. 1 ff.
204 Vgl. V. Liedke, Der Neubau des Teisbacher Kastnerhauses im Jahre 1594, in: Der Storchenturm, 1. Jg., Heft 2, 1966/67, S. 16 ff.

Abb. 87
Teisbach (Lkr. Dingolfing-Landau), ehemaliges Pflegschloß mit Kasten, Ausschnitt aus einem Kupferstich von Michael Wening aus der Zeit um 1723

Das Pflegerhaus in der Marktstraße von Bad Tölz, Haus Nr. 59 *(T 139 a)*, wurde im Jahr 1485 erbaut. Es ist ein stattlicher dreigeschossiger Eckbau mit dem für die alpenländische Bauweise so typischen vorkragenden Satteldach. Die Südfassade ziert ein zweigeschossiger Kastenerker, der über profilierten Konsolen ansetzt. Das Erdgeschoß des Hauses ist weitgehend verändert worden. Im zweiten Obergeschoß ist jedoch noch ein großer Wohnraum vorhanden, der über Geschoßhöhe geht.

Einen anderen Bautyp vertritt das Pflegerhaus des Gerichts Reichenberg, das in Pfarrkirchen (Lkr. Rottal-Inn) in der Pflegstraße Nr. 18 *(T 139 b)* steht.[205] Dieser Bau des 17. Jahrhunderts ist nur zweigeschossig konzipiert und besitzt eine große Durchfahrt mit Stichbogen und einen getreppten Vorschußgiebel. Auch an dem Pflegerhaus ist wiederum ein Kastenerker mit Pultdachabdeckung zu erkennen, der hier aber über einem getreppten Segmentbogen ansetzt. Die Räume des Obergeschosses weisen zum Teil Stuckrahmendecken auf. Das Fletz ist mit einer Balkendecke versehen.

Unter den Gerichtsschreiberhäusern verdient vor allem das von Erding[206], Schrannenplatz 5 *(T 141 b)*, besondere Beachtung, denn es ist eines der stattlichsten im altbairischen Raum. Der rundbogige Giebel mit seinen Voluten wird durch Pilaster am zweiten Obergeschoß betont. Merkwürdig mutet der Erker an, der im Giebelfeld sitzt und für den es sonst keine Vergleichsbeispiele gibt. Im Inneren ist vor allem eine Kapelle von baugeschichtlichem Interesse, die laut einer Inschrifttafel im Jahr 1685 erbaut und im Jahr 1698 geweiht wurde. Diese besitzt einen Rokokoaltar von 1772. Im ersten Obergeschoß befindet sich auch ein großer Raum mit Rokokostuck und Ölporträts des Erdinger Gerichtsschreibers Johann Franz Gscheider (1746–1781, † 1789 in Freising) sowie seiner Gemahlin Cordula, geborene Stainhauser.

Durch seine schönen Erker beeindruckt das ehemalige Marktschreiberhaus in Aibling[207], Kirchzeile 10 *(Abb. 86)*, das im Kern noch auf das 17. Jahrhundert zurückgeht. Reizvoll ist der Wechsel zwischen dem polygonalen Eckerker und den flachen Kastenerkern. Das vorkragende Satteldach entspricht der alpenländischen Bauweise des einstigen Marktfleckens.

Ein schönes Beispiel für ein ganz aus Holz gebautes Gerichtsschreiberhaus bot das des Pfleggerichts Natternberg *(T 143 a)*, das heute jedoch nicht mehr besteht.

Viel bewundert wurde schon des öfteren das Mauthaus von Wasserburg a. Inn[208], Marienplatz 25 *(T 83)*, und zwar weniger wegen seines großen ungegliederten Bauvolumens, sondern vielmehr wegen seiner reizvollen Erker an der Ostseite. Diese besitzen

---

205 Vgl. KDB, Bezirksamt Pfarrkirchen, S. 168
206 Vgl. KDB, Bezirksamt Erding, S. 1240 f.

207 Vgl. KDB, Stadt und Bezirksamt Rosenheim, S. 1569
208 Vgl. KDB, Stadt und Bezirksamt Wasserburg, S. 2118 f.

Abb. 88
Vilshofen (Lkr. Passau), ehemaliges kurfürstliches Weißbräuhaus an der Donau, Ausschnitt aus einem Kupferstich des Michael Wening aus der Zeit um 1723

Abb. 89
Burghausen (Lkr. Altötting), ehemaliges kurfürstliches Mauthaus. Im Hintergrund die Heiliggeist-Spitalkirche, Ausschnitt aus einem Kupferstich von Michael Wening, von 1699

kunstvoll gemeißelte Rotmarmorstützen aus der Zeit um 1520.

Zuletzt sei hier auch noch auf ein Amtshaus im früheren Markt Dorfen[209] hingewiesen, das vormals von dem dortigen Amtmann bewohnt wurde. Anläßlich eines vorgesehenen Umbaus im Jahr 1740 zeichnete Johann Georg Hirschstetter, kurfürstlicher Hofmaurermeister zu Landshut, einen Umbauplan (T 143 b), nachdem ein diesbezüglicher Neubauplan (T 143 c) von Georg Mayr, Bürger und Maurermeister zu Wartenberg (Lkr. Erding), vom Jahr 1720 nicht

[209] Vgl. V. Liedke, Das ehemalige Amtshaus zu Dorfen, ein Mittertennhaus, wohl noch aus der Zeit vor dem Dreißigjährigen Krieg, in: Freundeskreisblätter, hrsg. v. Freundeskreis Freilichtmuseum Südbayern e.V., Großweil 1975, S. 59 ff.

Abb. 90 Dingolfing, Obere Stadt 15, ehemaliger herzoglicher Kastenhof, Westfassade mit getrepptem Giebel

zur Ausführung gelangt war. Das Dorfener Amtshaus wurde in der Mitte des 18. Jahrhunderts abgebrochen. An dessen Stelle hatte man dann damals ein Metzgerhaus im Markt angekauft und durch Georg Felix Hirschstetter, kurfürstlicher Hofmaurermeister zu Landshut, in entsprechender Weise umbauen lassen.

Ein baugeschichtlich sehr interessantes Amtsgebäude ist der einstige Kastenhof in der Oberstadt von Dingolfing[210], Obere Stadt 15 (T 138). Er diente als Amtssitz des Kastners im Gerichtsbezirk Dingolfing und beherbergte hin und wieder auch den Landesherrn oder andere hohe Gäste auf der Durchreise. Im Volksmund wird das Haus als „Herzogsburg" bezeichnet.

Der Kastenhof ist ein zweigeschossiger Ziegelbau mit Satteldach und Treppengiebel (Abb. 90). Das Mauerwerk der Westfassade ist nicht verputzt, sondern nur geschlemmt. Das Portal ist korbbogig und profiliert, das Tor zweiflügelig. Über den Fensterstür-

zen sind Blendbogen in Form von Kleeblättern ausgeführt. Ungewöhnlich reich ist vor allem der Giebel gegliedert. Er zeigt Lisenen, die sich bis über den Ortgang hinaus fortsetzen. In der Abtreppung zwischen den Lisenen sind rundbogige, zweigeteilte, maßwerkgeschmückte Durchbrechungen sichtbar. Dreipässe aus gebrannten Formsteinen beleben die Mauerflächen zwischen den Lisenen und erscheinen ebenfalls im Maßwerk der Durchbrechungen. Die Annahme Anton Eckardts, daß es sich bei dieser Fassade um ein „prächtiges, seltenes Beispiel der spätgotischen Landshuter Bauweise" handelt, trifft jedoch, wie bereits auch Fritz Markmiller bei seinen Untersuchungen über den Kastenhof festgestellt hat, nicht zu. Der Bau hat im Gegenteil mit der Landshuter Bauweise der Spätgotik nicht das geringste zu tun.

Der Zeitpunkt der Erbauung des Kastenhofs ist nicht bekannt, doch weisen die aus der zweiten Hälfte des 15. Jahrhunderts stammenden Kastenamtsrechnungen darauf hin, daß der Bau schon vor dieser Zeit erfolgt sein muß. Von Wichtigkeit ist in diesem Zusammenhang die Tatsache, daß das Gericht Dingolfing vor 1425 zum Herzogtum Bayern-Straubing gehörte und mit dem Spruch vom 29. Juni 1429 dem Territorium Herzog Ludwigs des Gebarteten von der Linie Bayern-Ingolstadt zugeschlagen wurde. Da die Fassade des Dingolfinger Kastenhofs große Ähnlichkeit mit den später für die Ingolstädter Bauweise der Spätgotik so typischen gestäbten Giebeln hat – wenngleich er bedeutend urtümlicher wirkt –, könnte man daraus vielleicht den voreiligen Schluß ziehen, daß das Bauwerk in der Zeit um etwa 1430/40 entstand, als Dingolfing noch zum wittelsbachischen Teilherzogtum Bayern-Ingolstadt gehörte. Dieser Annahme stünde jedoch entgegen, daß bei dem Kastenhof bereits im Jahr 1421 von kleineren Reparaturen „an den fenstern meines herrn" die Rede ist. Daraus ergibt sich also eindeutig, daß der Kastenhof schon zur Zeit der Zugehörigkeit zum Herzogtum Bayern-Straubing entstanden sein muß. Den Plan zu diesem Bauwerk dürfte auf jeden Fall der zuständige Werkmeister [= Hofmaurermeister] des Herzogs entworfen haben, wobei die Ausführung wahrscheinlich dem Dingolfinger Stadtmaurermeister überlassen wurde.

Im Inneren des Kastenhofs haben sich die Räume noch weitgehend in ihrer ursprünglichen Anordnung erhalten. Hinter dem großen Portal öffnet sich ein weites, mit Ziegelplatten belegtes Fletz (Abb. 92) mit Holzbalkendecke. Von hier führt auch der Aufgang, eine beidseitig eingebaute einläufige Treppe, zu den Räumen des Obergeschosses ab. Nördlich des durch die ganze Haustiefe reichenden Fletzes liegen zwei große Räume. Der vordere Raum nach der Platzseite zu, die „untere Stube", war das Wohnzimmer, und

---

210 Vgl. F. Markmiller, Die Herzogsburg in Dingolfing und die zugehörigen Baulichkeiten, Dingolfing 1975

Abb. 91
Dingolfing, Obere Stadt 15, ehemaliger herzoglicher Kastenhof, Längsschnitt

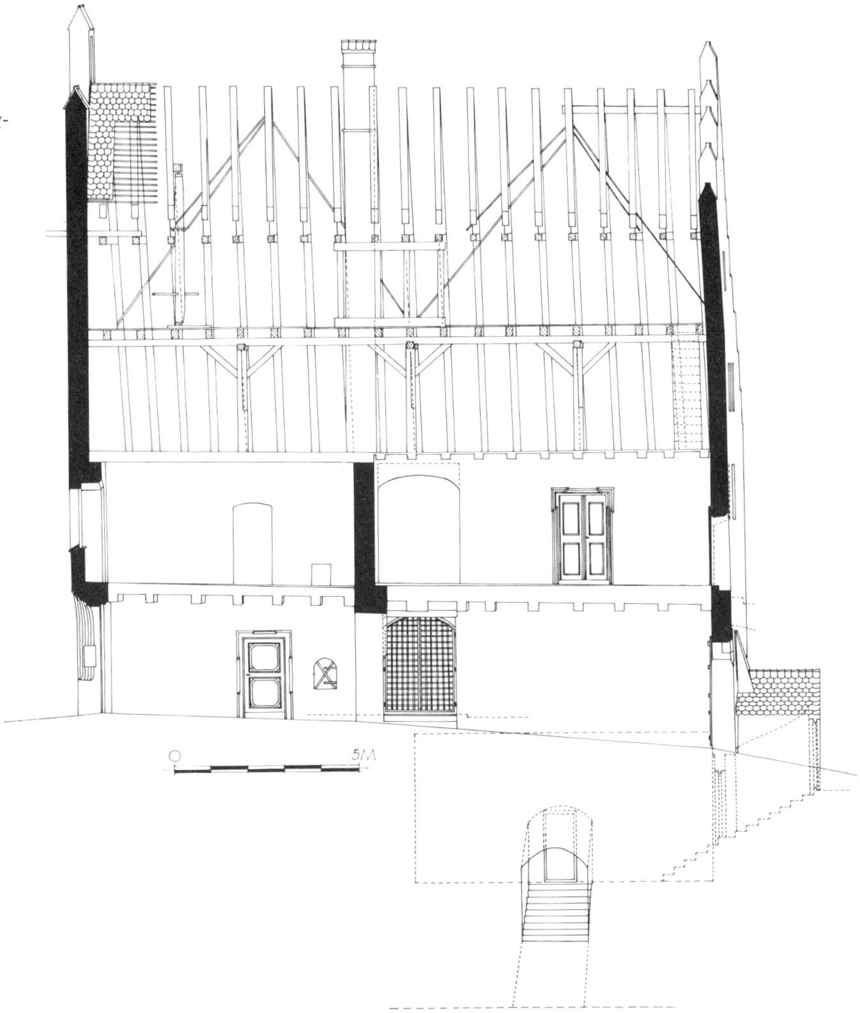

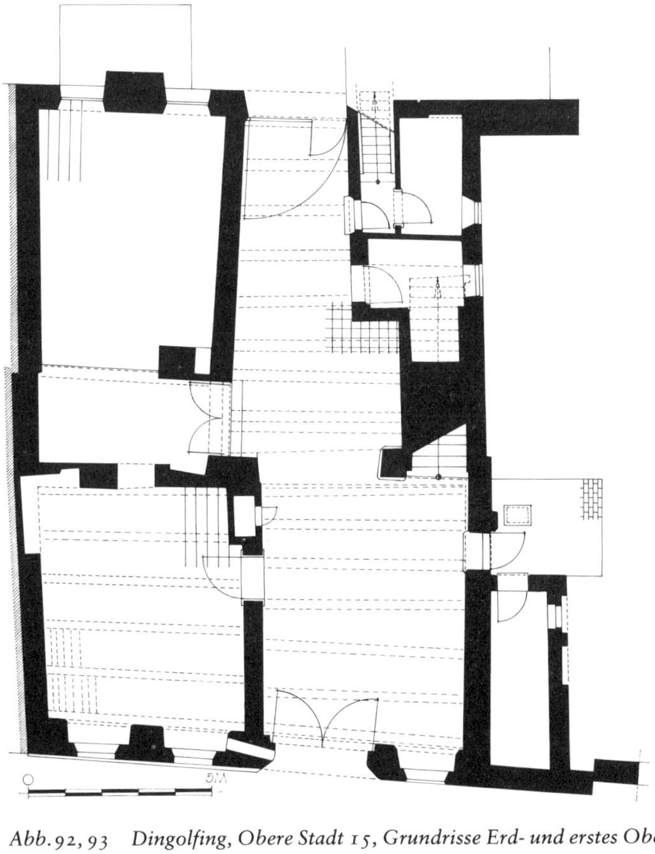

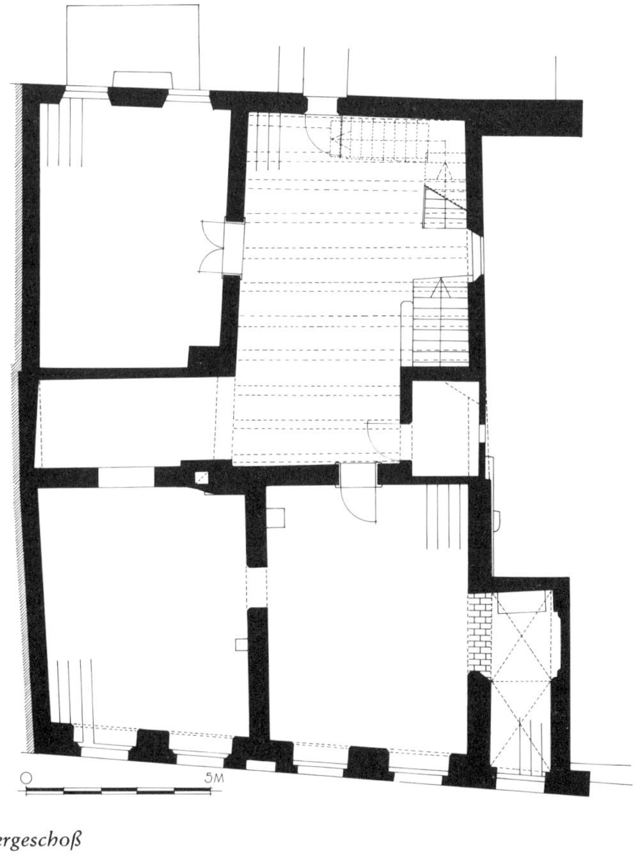

Abb. 92, 93   Dingolfing, Obere Stadt 15, Grundrisse Erd- und erstes Obergeschoß

der hintere Raum nach der Hofseite zu, die „Stubenkammer", also das Schlafzimmer des Kastners.

Im Obergeschoß *(Abb. 93)* lag zum Platz hin die große Stube des Herzogs und daneben sein Schlafgemach. Durch einen Gang getrennt, der in den angrenzenden Pfleghof hinüberführte, schloß sich daran eine geräumige Küche an, die von der Hofseite her ihr Licht erhielt. Die Kapelle, die erst nach 1603 in den Baurechnungen genannt wird, dürfte in dem 1477 errichteten Anbau an der Südseite des Kastenhofs untergebracht gewesen sein, und zwar in dem kleinen Raum des Obergeschosses. Die Badstube des Herzogs, das sogenannte „Bädlein", könnte sich schließlich in der winzigen Kammer über der Treppe befunden haben.

C. DIE BAUTEN DER KIRCHLICHEN VERWALTUNG

Der bürgerlichen Baukunst sind im allgemeinen auch die Bauten der kirchlichen Administration zuzurechnen. Sie bilden einen festen Bestandteil der Bebauung einer jeden Stadt und eines jeden Marktes.

Der Standort des Pfarrhauses ist meist durch die Nähe zur zugehörigen Pfarrkirche bestimmt. Im ländlichen Bereich sind dabei, was den Bau selbst anbetrifft, die unterschiedlichsten Formen zu finden. Typisch für Altbaiern sind die sogenannten „Ökonomiepfarrhöfe", d.h. Pfarrhöfe, zu deren Ausstattung auch ein größerer landwirtschaftlicher Betrieb gehört. Das Wohnhaus des Pfarrherrn und seiner Kapläne ordnet sich dabei in der Regel der bürgerlichen Baukunst unter, doch die Ställe und die Scheunen entsprechen jenen eines Bauern- bzw. Gutshofes. Ein gutes Beispiel hierfür ist der Pfarrhof von Loiching.[211] Solche Ökonomiepfarrhöfe können manchmal weit abgerückt vom Pfarrhof stehen, wie das Beispiel des Pfarrhofs von Peterskirchen (Lkr. Traunstein) oder desjenigen von Schönau (Lkr. Rottal-Inn) lehrt.

Pfarrhäuser, wie sie z.B. noch in Walkertshofen (Lkr. Kelheim) *(T 145)* oder in Waldhof (Lkr. Rottal-Inn) zu sehen sind, sind bereits recht selten geworden. Sie orientieren sich auch mehr an der ländlichen als an der bürgerlichen Baukunst.

Die Mehrzahl der Pfarrhöfe wurde jedoch in der Barockzeit anstelle älterer Vorgängerbauten errichtet. Typisch ist hier für Altbaiern der zweigeschossige Putzbau mit fünf bis sieben Obergeschoßachsen, einem prächtigen Portal in der Mittelachse des Hauses und einem hohen Walmdach. Der Pfarrhof, der oft einem adeligen Sitz zum Verwechseln ähnlich sieht, setzt im Ortsbild des Pfarrdorfes einen wichtigen Akzent. Das mit Ziegeln gedeckte Dach hob sich auch rein farblich gesehen von den mit Holzschindeln oder Stroh gedeckten Bauernhäusern konsequent ab. Die Bestrebungen der einzelnen Ordinariate, die weitläufigen Pfarrhöfe abzubrechen oder zu verkaufen und stattdessen den Pfarrherrn in einem Bungalow mit Flachdach in einer neuen Siedlung am Ortsrand unterzubringen, ist eine sehr bedenkliche Entwicklung. Mit der Aufgabe des optisch gesehen meist recht imponierenden Bauwerks in der Ortsmitte *(vgl. T 144b)* wird nicht nur ein im Unterhalt sicher oft kostspieliges Bauwerk, sondern zugleich auch ein Autoritätsanspruch preisgegeben.

In den größeren Städten ist es im Laufe der Jahrhunderte des öfteren zur Ausbildung ausgesprochener Pfarrzentren gekommen. Neben dem Pfarrhaus ordnen sich hier um die Kirche Kaplan-, Priester- und Benefiziatenhaus. Nicht fehlen darf dabei natürlich ein Mesnerhaus, ein Chorregenten-, ein Cantor- und mitunter ein Schullehrerhaus. In Landshut finden wir so im Pfarrbezirk von St. Martin folgende Verhältnisse vor:

Pfarrhaus bzw. Kollegiatstift St. Martin und Kastulus	bis 1563 Spiegelgasse 204, ab 1596 Kirchgasse 232
St. Johanns- und der Frühmeßhaus	Martinsfriedhof 247
Meßstiftungshaus der St.-Achazi-Messe	Spiegelgasse 198
Wohnhaus des Kirchenbaumeisters Hans von Burghausen	Spiegelgasse 208
St.-Lorenz-Meß-Haus	Spiegelgasse 210
Pfarrkirche St. Martin	Spiegelgasse 214
Mesnerhaus zu St. Martin	Martinsfriedhof 222
Kapitelhaus	Spiegelgasse 213
Stiftskasten	Spiegelgasse 215
zum Kollegiatstift gehörig	Spiegelgasse 211
zum Kollegiatstift gehörig etc.	Spiegelgasse 212

Spätgotische Pfarrhöfe sind bereits recht selten geworden. Eines der schönsten Beispiele dürfte hier der Pfarrhof von Taubenbach[212] (Lkr. Rottal-Inn) aus

---

211 Vgl. KDB, Bezirksamt Dingolfing, S. 83

212 Vgl. KDB, Bezirksamt Pfarrkirchen, S. 235

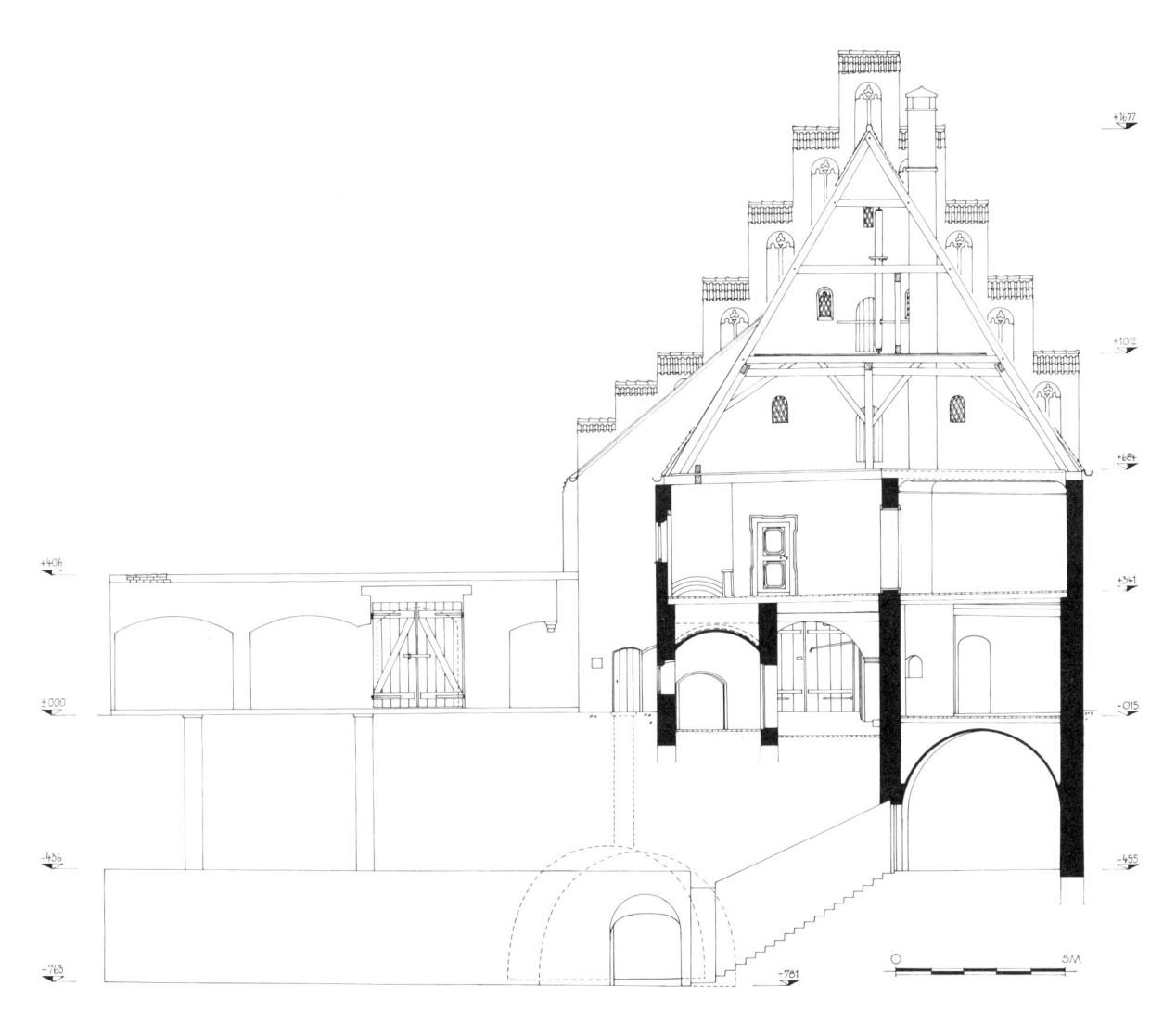

Abb. 94   Dingolfing, Obere Stadt 15, ehemaliger herzoglicher Kastenhof, Längsschnitt

dem ersten Viertel des 16. Jahrhunderts sein. Zusammen mit der benachbarten Pfarrkirche und der Taufkapelle bildet er eine malerische Baugruppe.

In einigen Fällen läßt sich beobachten, daß in den Pfarrhof eine Hauskapelle eingebaut ist. Der Pfarrhof von Pang in Oberkaltbrunn[213] (Lkr. Rosenheim) besitzt an der Nordseite eine solche Hauskapelle, die folgende Bauinschrift in gotischen Minuskeln zeigt: „Anno domini 1463 fundata et constructa est hec presens Capella per dominum Ulricum Prandt plebanum in pang in honore sancti Jeronymi."

Baugeschichtliches Interesse beansprucht ebenso der Pfarrhof von Elbach in Dürnbach[214] (Lkr. Miesbach). Hier ist die Hauskapelle in der Nordostecke des Baus *(Abb. 95)* untergebracht. Diese ist nach der Art von Schloßkapellen in Tirol mit dem westlich angrenzenden Fletz durch einen offenen Rundbogen verbunden.

Die achsiale Ausrichtung der Hauskapelle in bezug auf den Grundriß des Pfarrhauses ist hingegen eine Bauform des Barock. Das Pfarrhaus von Beutelsbach[215] (Lkr. Passau), das im Jahr 1792 vom Kloster

213   Vgl. KDB, Stadt und Bezirksamt Rosenheim, S. 1640

214   Vgl. KDB, Bezirksamt Miesbach, S. 1438f.
215   Vgl. KDB, Bezirksamt Vilshofen, S. 111f.

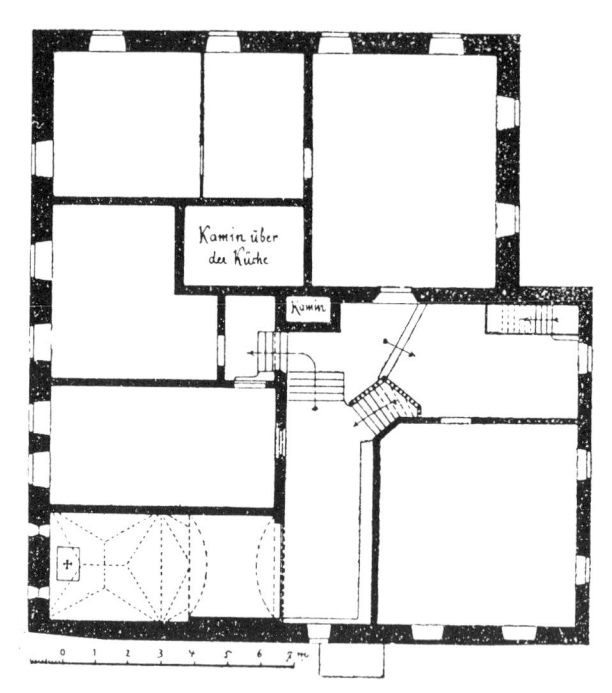

Abb. 95 Pfarrhaus von Elbach in Dürrnbach (Lkr. Miesbach), Grundriß Erdgeschoß

Diamantrustika bildet die Einfassung der Hauskanten im Erdgeschoß. Aufwendig ist das Treppenhaus *(Abb. 96)* gestaltet. Die einarmige Podesttreppe ist um einen oblongen Treppenschacht angeordnet. Sie wird von Pfeilern getragen. Marmorierte Holzbaluster bilden die Brüstung bzw. tragen das Treppengeländer. Bemerkenswert sind auch die Stuckdecken in verschiedenen Räumen der Obergeschosse des Hauses, die der Frühzeit des 18. Jahrhunderts angehören. Zu nennen wäre hier ein Raum mit Mittelmedaillon und seitlichen Kartuschen, die die vier Elemente darstel-

Fürstenzell erbaut wurde, zeigt in der Verlängerung des Hausflurs eine Hauskapelle, die hier über zwei Geschosse reicht *(Abb. 25)*. Es hat den Anschein, daß Hauskapellen in Pfarrhöfen dann vorgesehen wurden, wenn diese abseits der zugehörigen Pfarrkirche – meist sogar erst in einem Nachbarort des Pfarrdorfes – standen. Der Pfarrhof von St. Martin in Landshut[216] *(T 146b)* ist in der Kirchgasse Nr. 232. Der dreigeschossige Bau dürfte in der Zeit um 1700 errichtet worden sein. An den Hauptstock schließen sich hofseitig zwei schmale Rückflügel an. Die Hausbreite mit drei Achsen entspricht der eines normalen Handwerkerhauses. In seinem äußeren Erscheinungsbild hebt es sich aber durch sein aufwendig gestaltetes Portal *(T 146c)* sowie durch die Stuckierung deutlich ab. Das in der Mittelachse des Hauses angeordnete Portal wird von zwei Atlanten flankiert, die das Gebälk tragen. Die zweiflügelige Tür mit dem verglasten Oberlicht ist geschnitzt, der Dekor ist jedoch zurückhaltend. Als besonderer Schmuck dient eine über dem Gebälk angebrachte Muschel mit der Büste des heiligen Johann von Nepomuk. Die Fenster des ersten Obergeschosses zeigen Aufsätze mit Muscheln, die des zweiten hingegen profilierte Rahmungen. Eine

Abb. 96 Landshut, Kirchgasse 232, kath. Pfarrhaus St. Martin, Treppenhaus

---

216 Vgl. KDB, Stadt Landshut, S. 493 ff.

*Abb. 97
Binabiburg (Lkr. Landshut), kath. Pfarrhof, erbaut 1686–90, Ausschnitt aus einem Kupferstich von Michael Wening, 1723*

*Abb. 98
Bockhorn (Lkr. Erding), kath. Pfarrhaus, stattlicher Bau mit Mansard-Walmdach, von 1775*

len. Des weiteren ist ein Raum vorhanden, dessen Decke ein ovales Mittelfeld, umgeben von Akanthus und Palmetten, aufweist. In einem dritten Raum, der nach dem Innenhof zu liegt, zeigt die Decke ein stukkiertes Relief. Es handelt sich dabei um Herkules mit den Pferden des Diomedes (T 146a). Im zweiten Obergeschoß befindet sich außerdem noch ein Saal, dessen Decke mit Akanthusranken und Muscheln um ein geschweiftes Mittelfeld geschmückt ist. In einem kleinen rückwärtig gelegenen Raum sind noch eine Decke mit Diana und ihren Hunden zu sehen.

Einen schönen barocken Pfarrhof besitzt auch Vilsbiburg[217] *(T 148 a)*. Die stattliche Anlage erhebt sich nordöstlich der katholischen Stadtpfarrkirche Mariä Himmelfahrt und weist mit ihren Firsten in Ost-Westrichtung. Der Wohnbau ist ein zweigeschossiger Putzbau von fünf zu sieben Fensterachsen mit geschweiften Giebeln. Parallel dazu steht ein erdgeschossiger Wirtschaftstrakt, der gleichfalls einen Schweifgiebel aufweist und mit dem Hauptbau durch eine übermannshohe Mauer verbunden ist. Das Pfarrhaus hat an seiner Ostseite ein Pilasterportal, über dem eine Barockkartusche aus Rotmarmor angebracht ist. Hier ist in der Bauinschrift ein Wappen mit den Initialen MASV (= Marianus Abbas Sancti Viti) zu erkennen. Dies erklärt sich daraus, daß die Pfarrei früher dem Benediktinerkloster St. Veit bei Neumarkt a.d. Rott inkorporiert war. Bauherr war der Abt Marianus Wiser, der den Vilsbiburger Pfarrhof im Jahr 1718 von Grund auf neu erbauen ließ. Die am Portal eingemeißelte Jahreszahl M · D · CC · XX · (= 1720) dürfte sich auf die Fertigstellung des Bauwerks beziehen. Über den Steinmetz, der Kartusche und Wappen ausführte, gibt der Schluß der Bauinschrift Auskunft: JOSEPHUS ZINS SCULPSIT · AD 1718 · CIVIS ET SCULPTOR · Joseph Zins dürfte Steinmetz im damaligen Markt Vilsbiburg gewesen sein.

D. STÄDEL, KÄSTEN UND SONSTIGE SPEICHERBAUTEN

Zur Versorgung der Bevölkerung mit Nahrungsmitteln, insbesondere mit Getreide und Salz, war die Errichtung großer Speicherbauten erforderlich. Da zum anderen die Abgaben der Bauern in der Regel nicht mit Geld, sondern in Form von Naturalien erfolgten, ließ der Landesherr an verschiedenen Orten, die zugleich Gerichtsbezirk waren, große „Kästen", d.h. Getreidespeicher, erstellen. Man unterscheidet hier zwischen dem sogenannten „Haberkasten" (Haferkasten), der die Futtermittel für die Pferde enthielt, und dem „Traid- oder Troadkasten" für die Lagerung von Weinen und Roggen. Die Gerste wurde meist für die Herstellung des Bieres benötigt. Durch Anbau von

Abb. 99 Erding, St. Paul 3, Mesnerhaus mit Erker, von 1567

Hopfen – gleichfalls eine notwendige Zutat zum Bierbrauen – gab es vor allem in den Märkten der Holledau Hopfenspeicher.

Der Salzhandel war ein staatliches Regal, das nur in einigen Fällen gegen die Leistung einer größeren Abfindungssumme vom Landesherrn einer Adelsfamilie übertragen wurde. In Burghausen gelang es so beispielsweise dem Geschlecht der Mautner, in den Besitz des einträglichen Salzhandels zu gelangen. Darüber hinaus hatten natürlich auch die Kaufleute, die den Fernhandel betrieben, ihre besonderen Speicher und Vorratsgewölbe. Für die Lagerung von Waren der unterschiedlichsten Art sorgten die Schiffmeister, die ihre Speicher in den Städten längs der schiffbaren Flüsse Donau, Inn und Salzach besaßen. Auf der Isar war nur die Floßfahrt möglich. Dort wurden vor allem Bauholz und die Erzeugnisse der berühmten Tölzer Kistler, wie bemalte Truhen, Schränke und Tische, befördert.

Die größten landesherrlichen Kästen standen in den Rentamtsstädten München, Landshut, Straubing und Burghausen sowie in Wasserburg a. Inn und Ingolstadt. Der Landshuter Hofkasten[218], Dreifaltigkeitsplatz 177 *(T 150 b)*, wurde in den Jahren von 1468 bis 1470 erbaut. Er wird in einem Salbuch von 1583 als der „groß Haubtcasten bey unserm Herrn, sechs pö-

---

217 Vgl. KDB, Bezirksamt Vilsbiburg, S. 281

218 Vgl. Herzog 1957, S. 96

*Abb. 100
Burghausen (Lkr. Altötting), Ansicht des früheren herzoglichen Hofkastens auf der Burg (im Bild mit dem Buchstaben „I" bezeichnet). Ausschnitt aus einem Kupferstich von Michael Wening, 1721*

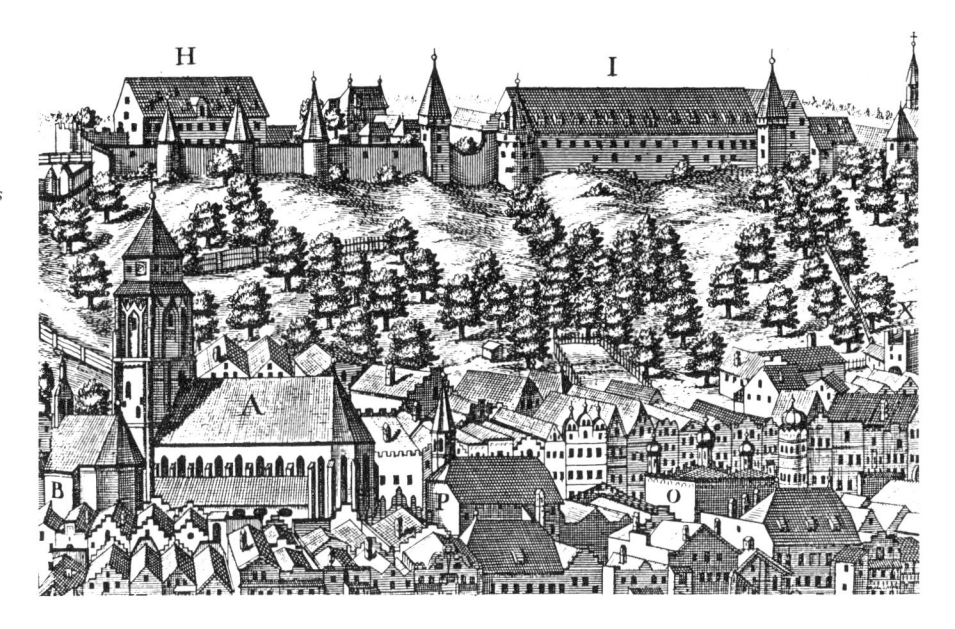

den hoch und gemaurt" bezeichnet. Der stattliche langgestreckte Baukörper mit den Treppengiebeln an den beiden Schmalseiten wurde im Jahr 1857 für das neuerrichtete Bezirksgericht ausersehen. Heute ist hier ein Kaufhaus untergebracht.

Der Burghauser Hofkasten[219], der „Haberkasten", stand auf der Burg (Burg 27b) und wurde im Jahr 1886 abgebrochen. Auf dem Sandtnermodell von 1574 *(T15a)* und dem Weningstich von 1721 *(Abb. 100)* ist er jedoch noch gut zu erkennen. Der Kasten zu Wasserburg a. Inn befindet sich bei der dortigen Burg.

Den Typ eines landesherrlichen Kastens an einem Pfleggerichtsort vertritt z. B. der herzogliche Kasten zu Neumarkt a. d. Rott *(T151b)*. Aufgrund eines Eintrags in der Rentmeisterrechnung des Rentamtes Landshut von 1459 erfahren wir, daß in diesem Jahr der Kasten neu errichtet wurde; an dieser Stelle heißt es: „Item nach geschafft meins herrn genaden [= Herzog Ludwig von Bayern-Landshut] ain newen casten zum Newmarckt gepawt, umb zyeglstain, hagken, preys, kalch, umb eysen, preter, latten, maurärn, zymerleiten, tagwerchern, dem smid von gätern, hagken, riegel, pänter ze machen, botenlon u. a. 249 Pfund 70 Landshuter Pfennige".[220]

Der Neumarkter Kasten dürfte somit der älteste noch erhaltene Herzogskasten auf altbairischem Boden sein. Er ist durchgehend gemauert und besitzt ein hohes Halbwalmdach mit mehreren Getreideböden. Das Erdgeschoß ist durch den Einbau eines großen Kinosaals nach dem Zweiten Weltkrieg verändert worden.

Der Ingolstädter Herzogskasten[221] *(T149b)* ist erst im 15. Jahrhundert durch die Umwandlung des alten Schlosses entstanden. Dabei wurden nur die alten Umfassungsmauern belassen und der hohe gestäbte Westgiebel aufgemauert. Der Anbau an der Südseite, so wie er noch auf dem Sandtnermodell von 1572 zu sehen ist *(T20b)*, ist inzwischen verschwunden.

Der Herzogskasten in der Steckengasse zu Landshut[222] (Steckengasse 308, *Abb. 101–104, T152, 198a*) ist in der Mitte des 16. Jahrhunderts errichtet worden und wird erstmals im Jahr 1549 urkundlich erwähnt. Er diente zur Lagerung von Brotgetreide, das an die ortsansässigen Bäcker und Melber (= Mehlhändler) verkauft wurde. Später diente dieser Bau als Salzstadel und in der zweiten Hälfte des 19. Jahrhunderts als Hopfenhalle. Heute gehört er zum städtischen Bauhof.

Der unverputzte Ziegelbau steht mit seiner hohen Giebelfront zur Straßenseite hin. Der Bau ist dreigeschossig und birgt außerdem noch drei weitere Böden im Dachgeschoß. Die Holzkonstruktion im Inneren ist – abgesehen von einigen geringfügigen Auswechslungen späterer Jahrhunderte – aus der Bauzeit erhalten geblieben.

---

219 Vgl. Liedke 1978, S. 66 (Burg 27 B)
220 Bayer. Staatsarchiv Landshut: Rentmeisterrechnung des Rentamtes Landshut von 1459, fol. 6′
221 P. Jaeckel, Herzogskasten und Neues Schloß, in: Ingolstadt ... (vgl. Anm. 27), S. 221 ff.
222 Vgl. KDB, Stadt Landshut, S. 450. – Herzog 1957, S. 146

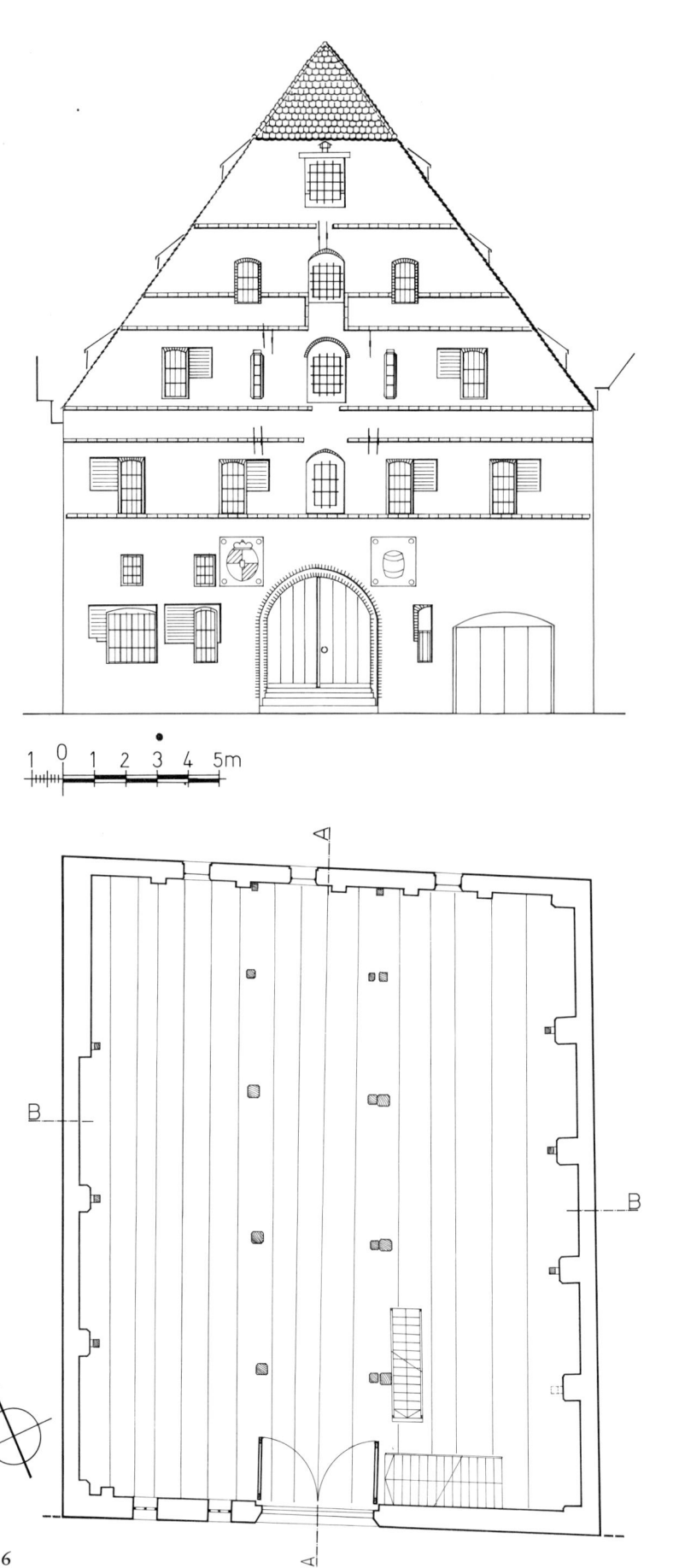

Abb. 101
*Landshut, Steckengasse 308,
ehemaliger herzoglicher Kasten,
Südansicht*

*Abb. 102
Landshut, Steckengasse 308,
Grundriß Erdgeschoß*

Abb. 103
Landshut, Steckengasse 308,
Querschnitt

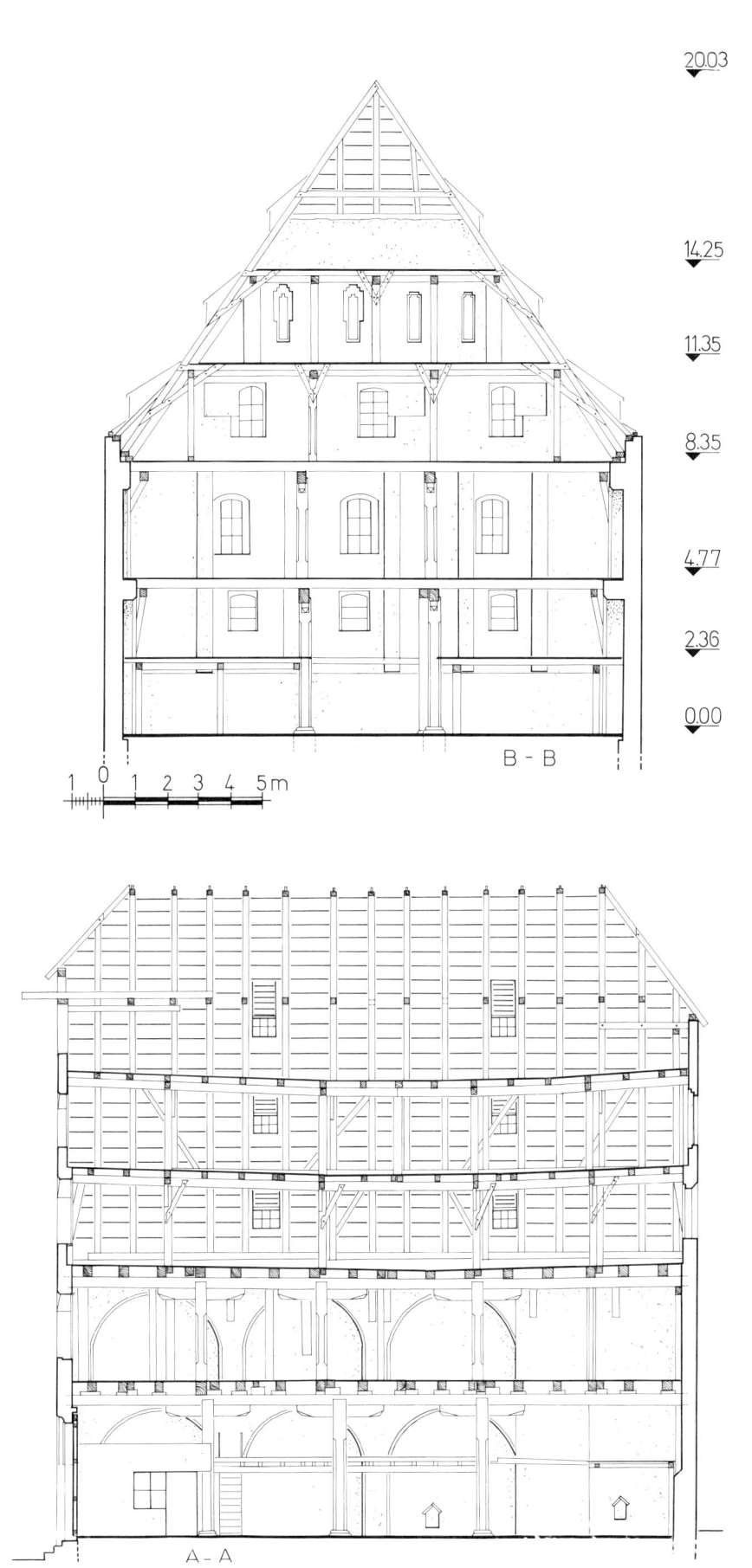

Abb. 104
Landshut, Steckengasse 308,
Längsschnitt

Der gemauerte Stadel in der Bauhofstraße 2 zu Landshut dürfte früher wohl ein Bräustadel gewesen sein und wurde damals wahrscheinlich noch zur Lagerung von Gerste und Hopfen verwendet. Es ist ein zweigeschossiger Putzbau mit Satteldach und zwei Reihen von Schleppgauben. An der Giebelseite sind z. T. noch die früheren Aufzugsöffnungen vorhanden.

In Straubing hat sich ein sogenannter „Weinstadel" (T 151 d) erhalten.[223] Die Giebelseite zum Viktualienmarkt hin ist abgetreppt. Eine Bauinschrift mit dem herzoglich bayerischen und dem Stadtwappen verrät, wer der Bauherr war. Sie besagt auch, daß der Stadel im Jahr 1580 erstellt wurde. Die Fensteröffnungen sind mit gekehlten Gewänden versehen und die Aufzugsöffnungen spitzbogig und gefast. Das Innere des Baus ist völlig verändert.

In Landshut waren einst auch noch ein herzoglicher Heustadel (Alte Bergstraße 168) und ein herzoglicher Ochsenstadel (Alte Bergstraße 135) vorhanden. Diese wurden jedoch nicht für die Versorgung der Bürger, sondern für die landesfürstliche Hofhaltung gebraucht.

E. DIE HÄUSER DER SCHARFRICHTER, DER ABDECKER, DER TOTENGRÄBER UND DAS FRAUENHAUS

Einen Scharfrichter – manchmal auch Nachrichter, Freimann, Henker oder Züchtiger genannt – gab es in Altbaiern nur in den Rentamtsstädten München, Landshut, Straubing und Burghausen sowie in einigen anderen großen Städten des Landes, wie beispielsweise in Schongau, aufgrund eines alten Herkommens.[224]

Der Scharfrichter konnte das Bürgerrecht nicht erwerben, da er nach der Auffassung der Bürger ein „unehrenhaftes Gewerbe" ausübte. Darum war man auch bemüht, jeden näheren Kontakt mit ihm zu vermeiden, um nicht selbst in den Ruf der Anrüchigkeit zu gelangen. Im Wirtshaus durfte der Scharfrichter nur an einem eigens für ihn bestimmten Platz sitzen und aus einem nur ihm vorbehaltenen Krug trinken. Es nimmt so nicht wunder, daß das Haus des Scharfrichters meist isoliert von anderen Bürgerhäusern am Rande einer Stadt stand. In Burghausen befand sich das Scharfrichterhaus in Ach, am jenseitigen Flußufer der Salzach. In Landshut war das Scharfrichterhaus das Haus Nr. 594 in der Unteren Freyung. Das Frauenhaus (= Freudenhaus) war hier lange Zeit mit dem Scharfrichterhaus verbunden.

Schon im Jahr 1345 berichtet ein Landshuter Stadtbuch, daß „hinfür ewichlich dhain züchtiger noch sein weib in dem newn frawnhaus nimmer wonen sol, noch innhaben, nur alein sülln si wonung haben in dem alten haws daz darzw gehört mit solher czal frawen und in der mazz alz von alter herkommen und der stat recht ist".[225] Das hier genannte „Neue Frauenhaus" dürfte das am Ende der Freyung gelegene Haus Nr. 594 und das „Alte Frauenhaus" die obengenannte stadteigene Züchtigerbehausung gewesen sein, die sich alleinstehend im Zwinger der Stadtmauer befand. Für das Jahr 1401 ist dann ein eigener Frauenmeister – „Peter der frawenmaister zu Landshut" wurde in diesem Jahr ermordet – urkundlich erwähnt.[226] Das Landshuter Frauenhaus bestand noch bis zum Ende des 16. Jahrhunderts. Die Aufhebung dürfte im Zusammenhang mit den Bemühungen Herzog Wilhelms V. von Bayern zu sehen sein, der sich in seinem Herzogtum ganz allgemein um die Abschaffung der Frauenhäuser bemüht hatte. Im Landshuter Steuerbuch von 1601 wird das Frauenhaus, in dem früher auch der Totengräber wohnte, dann nicht mehr aufgeführt.

In unmittelbarer Nähe des Landshuter Scharfrichterhauses stand an der Stadtmauer ein Turm, den im 16. Jahrhundert noch der sogenannte „Ratzenklauber" bewohnte. Im Jahr 1493 wird hier ein gewisser Grunenwalt „in meiner herrn turnlein" genannt.[227] Nach 1600 wurde für den Ratzenklauber die Bezeichner Abdecker oder Wasenmeister allgemein üblich. Die Wasenmeisterei bzw. der Stadtturm des Abdeckers wurde zwischen 1807 und 1811 abgebrochen. Ein Abdecker hatte vor allem für die Beseitigung des gefallenen Viehs zu sorgen. Die Häute konnte er gerben lassen, von den Borsten selbst Bürsten anfertigen und das Fleisch an die von ihm gezüchteten Hunde verfüttern. Eine Nebenbeschäftigung des Wasenmeisters, die oft recht einträglich war, war das Entleeren der Abortgruben bei den bürgerlichen Behausungen.

---

223 Vgl. KDB, Stadt Straubing, S. 306
224 Vgl. V. Liedke, Scharfrichter in Bayern, in: Blätter des Bayerischen Landesvereins für Familienkunde, 26. Jg., Heft 2, 1963, S. 316 ff.
225 Herzog 1957, S. 243
226 Stadtarchiv Landshut: Urkunde v. 12.2.1401
227 Herzog 1957, S. 244

XII. DIE BAUTEN DER MILDEN STIFTUNGEN

A. DIE SPITÄLER

In den Städten Altbaierns finden sich allenthalben Spitäler, deren Stiftungen teilweise noch bis ins 13. und 14. Jahrhundert zurückreichen. Das Landshuter Heiliggeistspital[228] führt z.B. seine Entstehung noch bis in die Zeit der Stadtgründung durch die Wittelsbacher zurück. Es wurde bis gegen Ende des 14. Jahrhunderts von den Brüdern des Hl. Geists unter einem eigenen Spitalmeister geleitet. Der umfangreiche Baukomplex des Spitals mit der Spitalkirche liegt am Nordende der Altstadt.

Auch das Heiliggeistspital in Ingolstadt[229] kann auf ein hohes Alter zurückblicken. Kaiser Ludwig der Baier stiftete im Jahr 1319 ein Spital „Unserer Lieben Frau und St. Nikolaus", woraus sich in der Mitte des 15. Jahrhunderts das Heiliggeistspital entwickelte. Durch die Zustiftungen von Bürgern und Mitgliedern des Rats erhielt es eine bedeutende Besitzvermehrung. Das Spital wurde im Jahr 1945 zerstört, doch 1950/52 wieder aufgebaut. Für die Entwicklung der bürgerlichen Baukunst Ingolstadts ist vor allem der stattliche Ostgiebel der Spitalkirche von Interesse, da dieser einen gestäbten Giebel aufweist.

Zur Gründungsgeschichte des Burghauser Heiliggeistspitals[230] läßt sich folgendes anführen: Judith, die Gemahlin Herzog Stephans I. von Niederbayern, trug sich mit der Absicht, hier ein Spital zu stiften. Durch ihren vorzeitigen Tod, der schon am 15. September 1320 eintrat, kam jedoch dieses Vorhaben nicht mehr zur Ausführung. Bald darnach machte dann Friedrich der Mautner zu Burghausen eine reiche Stiftung mit dem Ziel, aus den gespendeten Mitteln die Gründung eines Spitals zu ermöglichen. Am 16. März 1326 bestätigten die Herzöge Heinrich XIV., Otto IV. und Heinrich XV. diese Stiftung und gaben ihrerseits zu dem Vorhaben noch Gründe am Eggenberg und machten außerdem verschiedene weitere Schenkungen. Sie befreiten gleichzeitig das Spital von aller Maut in Burghausen und Schärding. Am 24. September 1332 wurde noch eine besondere Urkunde ausgestellt, aus der hervorgeht, daß „Friedrich, burger und mautter der stat Burgkhausen [...] hat gepaut und gstift in derselben stat ein erbers spital [...], auch hat er gepaut ein pethaus und ain capellen in demselben spital und hat darzu gefüegt einen freythof demselben. Welich aber capellen und freythof und auch die altar, die in demselben spital stend und sint, haben wir von bete wegen des benanten Fridreich, stifter des spitals, durch den wirdigen vater, her Hainrichen, byschoven zu Babenbergk, weyhen lassen."[231]

Das frühere Burghauser Heiliggeistspital, Spitalgasse 206–207 (T154c), steht, wie es dem Brauch des Mittelalters bei solchen sozialen Einrichtungen entsprach, am damaligen Stadtrand. Ein kleiner Bachlauf, der vom Wöhrsee gespeist wurde, durchzog das Areal des Spitals. Über das Aussehen des Vorgängerbaus des heutigen Spitals, der um 1325/30 errichtet worden sein muß, liegen keine Nachrichten vor. Der heutige Bau mit der Spitalkirche geht nur in geringen Resten – alte Bauteile sind lediglich noch im Chor der Spitalkirche nachweisbar – auf den Gründungsbau zurück.

Der Nordflügel des Spitals ist dreigeschossig und besitzt ein Walmdach. In der Erdgeschoßhalle (T154b) hat sich noch ein Kreuzgratgewölbe mit Stichkappen und einer Mittelstütze aus Kalktuff mit Basis und Kapitell erhalten. Von kulturhistorischem Interesse ist eine Rotmarmortafel im Turmuntergeschoß, die das Relief einer Kreuzersemmel und das eines Spitzweckens in Erinnerung an die Hungerjahre von 1771/72 zeigt; die Platte trägt dabei folgende Inschrift:

ANGEDENKEN
DER THEVERVNG VND
GRESE DES KREVTZER
PRODS. MDCCLXXI
VND MDCCLXXII

Das Heiliggeistspital in Wasserburg a. Inn geht auf eine Stiftung des Zacharias von Hohenrain, Pfleger zu Wasserburg und Kling, für bürgerliche Arme und Kranke aus dem Jahr 1341 zurück. Das Heiliggeistspital von Landsberg a. Lech ist hingegen eine Stiftung des Landesherrn, und zwar des Herzogs Ludwig V.,

---

228 Vgl. KDB, Stadt Landshut, S. 19 ff.
229 Vgl. S. Hofmann u. R. Koller, Ingolstadt, in: Bayerisches Städtebuch, Teil 2, hrsg. v. E. Keyser u. H. Stoob, Stuttgart 1974, S. 277
230 Vgl. Liedke 1978, S. 226 ff.

231 Stadtarchiv Burghausen: Stiftungsbuch des Spitals von 1464

des Brandenburgers. Das Gründungsjahr wird mit 1349 angegeben.

In Straubing unterschied man zwischen einem inneren Spital zur Hl. Dreifaltigkeit, das schon bald nach der Gründung der Neustadt im Jahr 1218 entstanden sein soll, sowie einem äußeren Spital zum Heiliggeist, das im Jahr 1353 erstmals urkundlich erwähnt wird.[232] Von baugeschichtlichem Interesse ist vor allem der Wohntrakt des erstgenannten Spitals *(Abb. 105)*, da dieser noch ins 14. Jahrhundert zurückreicht. Es handelt sich dabei um eine dreischiffige Halle zu je vier Jochen. In das Mittelschiff führte früher von der Ostseite des Baus her ein kleines Portal. Wegen des Niveauunterschieds darf angenommen werden, daß sich hier einst eine vorgelegte Treppe befand. Vergleicht man die Anlage des Straubinger Bürgerspitals zur Hl. Dreifaltigkeit mit dem des Heiliggeistspitals in Lübeck, so darf man annehmen, daß auch hier die Pfründner und Pfründnerinnen nach Geschlechtern getrennt Schlafräume in den Seitenschiffen der Halle besaßen. Diese Räume dürften durch hölzerne Zwischenwände abgeteilt gewesen sein.

B. DIE LEPROSEN- UND BLATTERNHÄUSER

Die Lepra trat im Mittelalter in den Städten sehr verbreitet auf. Um die Ansteckungsgefahr zu vermindern, ließ man eigene Leprosenhäuser – in Altbaiern des öfteren auch als „Sondersiechenhäuser" oder „Siechenkobel" bezeichnet – vor den Toren der Stadt errichten. Insbesondere die katholische Kirche nahm sich der Leidenden an, denn sie war der Auffassung, daß das schwere Schicksal der betroffenen Bürger als eine Fügung Gottes zu verstehen sei und predigte Bußübungen.[233] Die Leprakranken mußten ihre Behausungen verlassen und wurden unter Vorantragung des Kreuzes in einer Prozession zum Leprosenhaus, ihrer neuen Heimat, gebracht. Der begleitende Priester warf Erde vom Friedhof auf das Bett des Aussätzigen und auf das Dach des Leprosenhauses, wobei er die Worte sprach: „Sis mortuus vivens Deo – Sei abgestorben der Welt, um aufs neue Gott zu leben." Schutzpatron war der heilige Lazarus, den man um Hilfe anflehte. Dem Leprosen war es fortan untersagt, die Wohnhäuser der Gesunden und die Kirchen der Bürgerschaft zu besuchen. Er mußte ein besonderes Gewand anlegen, die Hände verhüllt halten und jedem, der sich ihm näherte, mit Hilfe einer kleinen Glocke oder Klapper ein Zeichen geben.

Eines der ältesten Sondersiechenhäuser Altbaierns war das St. Bartlmä-Leprosenhaus bei St. Nikola[234] außerhalb von Landshut. Es findet bereits im Jahr 1252 urkundliche Erwähnung. Später, als hier die Zahl der von dieser Krankheit befallenen Bürger zunahm, wurde noch ein zweiter Siechenkobel erstellt, der den Namen „St. Lazarus-Leprosenhaus am Gries" erhielt. Im 15. Jahrhundert suchten dann auch noch die Pocken oder „Blattern" die Bevölkerung heim. Für die Kranken stiftete der Landshuter Ratsbürger Walther vom Feld das „St.-Rochus-Blatternhaus" beim damaligen Zerertor. Dieses Blatternhaus wurde im Jahr 1497 erbaut. Das ebenfalls seit dem Ende des 15. Jahrhunderts in Landshut nachweisbare sogenannte „Seelhaus hinter dem Hl. Geist" diente später als Stadtlazarett sowie als Seuchen- und Militärkrankenhaus. Das ältere Städtische Krankenhaus von Landshut wurde auf einer Flußinsel der Isar, dem „Mitterwöhr", im Jahr 1673 errichtet. Das „Magdalenenheim", das im Jahr 1739 als Liebsbundkrankenhaus[235] gegründet wurde, besteht heute noch. Es ist ein stattlicher, langgestreckter Putzbau zu zwei Geschossen am linken Isarufer; der Westgiebel ist in barocker Form geschweift. Im Kreuzungspunkt der Achsen des Hauses ist eine Kapelle angeordnet, die über Dach durch ein polygonales Türmchen mit Zwiebel hervortritt.

In Wasserburg a. Inn stand einst ein Leprosenhaus in der Vorstadt St. Achaz, und in Landsberg a. Lech gab es ein solches bei der Katharinenkirche. Das Ingolstädter Aussätzigenhaus läßt sich bereits im Jahr 1317 urkundlich nachweisen. In Straubing kam es hingegen erst im Jahr 1343 zur Gründung eines Leprosenhauses bei „St. Nikola im Feld".

Das Burghauser Siechenhaus bei Heiligkreuz[236] „in der Au" gehört zu den wenigen, die sich in Altbaiern noch erhalten haben. Es wird schon im Jahr 1332 als „domus leprosorum" erwähnt. Der Satteldachbau ist zweigeschossig und besitzt fünf zu sechs Obergeschoßachsen. Das Fletz im Erdgeschoß ist kreuzgratgewölbt und läßt erkennen, daß der Bau im 17. Jahrhundert ausgeführt worden sein muß. Früher exi-

---

232 Vgl. KDB, Stadt Straubing, S. 290 ff.
233 Vgl. F. Markmiller, Stiftungen zum Leprosenhaus Dingolfing – Höll, in: Blätter des Bayerischen Landesvereins für Familienkunde, 27. Jg., Heft 3, 1964, S. 443 ff.
234 Vgl. Th. Herzog, Landshut, in: Bayer. Städtebuch, Teil 2, hrsg. v. E. Keyser u. H. Stoob, Stuttgart 1974, S. 323
235 Vgl. KDB, Stadt Landshut, S. 459 f.
236 Vgl. Liedke 1978, S. 266

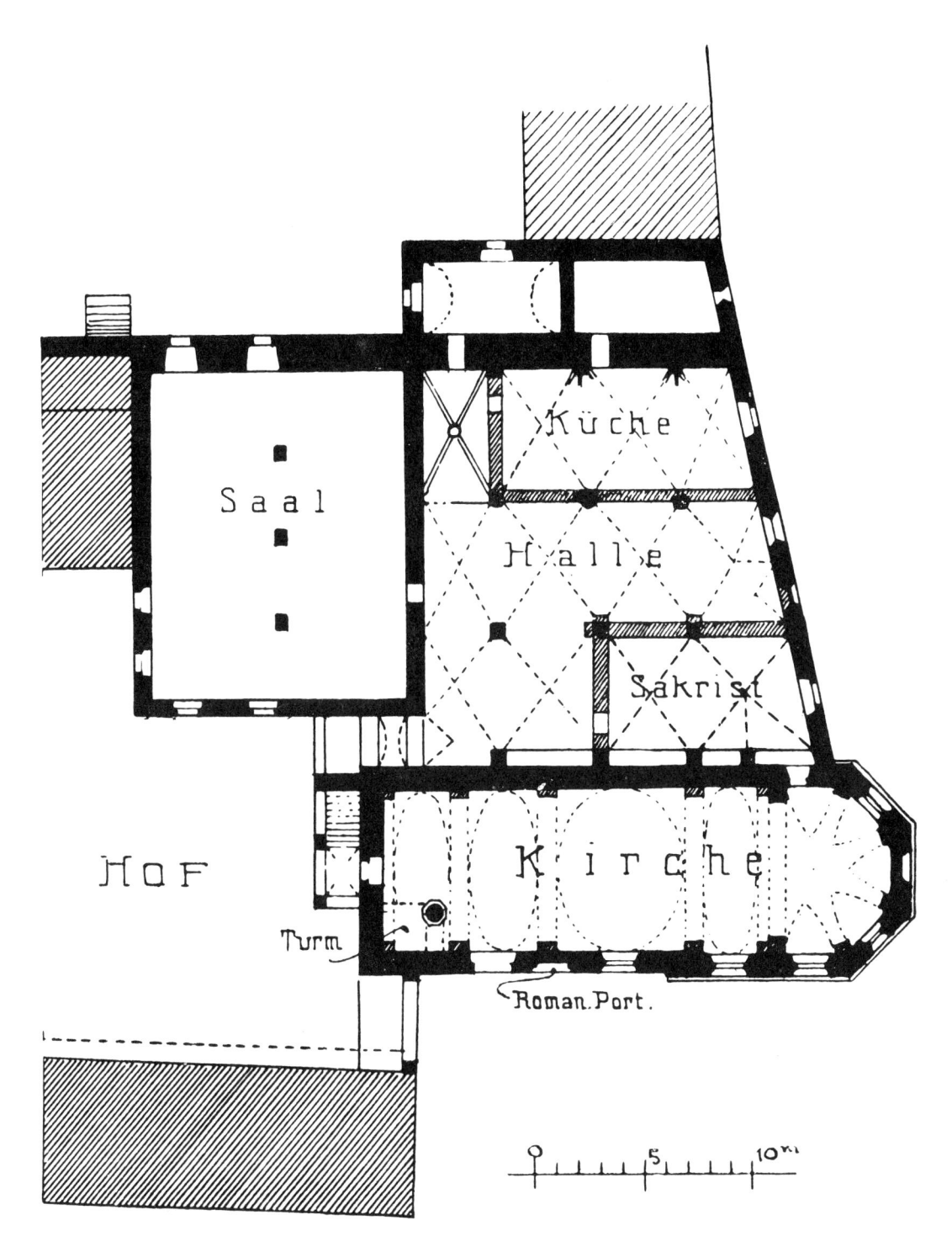

Abb. 105   Straubing, Bürgerspital Hl. Dreifaltigkeit, Grundriß

stierte ein Gang zwischen dem Leprosenhaus und der anschließenden Kirche Heiligkeuz, wodurch es den Kranken möglich war, direkt auf die Westempore des Gotteshauses zu gelangen.

In der Zeit um 1400 kam zu der Lepra noch eine weitere schlimme Seuche hinzu, die im Volksmund „Antonius- oder Höllenfeuer" genannt wurde. Die Ursache dafür war der Genuß von Roggenbrot, das

151

aus einem Mehl gebacken wurde, in dem das sogenannte „Mutterkorn" beigemengt war. Diese rotlaufartige Krankheit befiel nicht nur die Menschen, sondern mitunter auch die Schweine. Sie begann mit einer brennenden Rötung der Haut der Gliedmaßen und konnte bis zu einem brandigen Absterben der betreffenden Körperteile führen. In ihrer Not riefen die von dieser Krankheit befallenen Bürger den heiligen Antonius den Einsiedler an. Nach den Forschungen Fritz Markmillers[237] soll die schon im Jahr 1452 genannte Kirche St. Anton in Dingolfing-Höll einem frommen Gelöbnis zu diesem Heiligen ihre Entstehung verdanken. Der Siechenkobel stand einst neben dieser Kirche.

C. DIE PFRÜNDE-, ARMEN- UND BETBRUDERHÄUSER

Ingolstadt besitzt mit seinem von Herzog Ludwig dem Gebarteten gestifteten und im Jahr 1434 erbauten Pfründehaus[238] nicht nur ein bedeutendes sozialgeschichtliches Denkmal, sondern darüber hinaus auch ein imposantes Bauwerk (T 149 a) im Stadtbild. Der mächtige Baukörper mit dem hohen gestäbten Giebel überragt die Dächer der Altstadt weithin. Das Innere des Baus ist jedoch weitgehend umgestaltet und läßt von seinem mittelalterlichen Kern nicht mehr viel erkennen. Im Pfründehaus wurde später die von Herzog Ludwig dem Reichen im Jahr 1472 gegründete Universität untergebracht.

In Burghausen ist heute noch das ehemalige Bruderhaus[239] (Mautnerstraße 250 c) vorhanden, das später die Bezeichnung „Armenhaus St.-Josephs-Spital" führte. Ein Bruderhaus wird bereits in der Burghauser Stadtkammerrechnung vom Jahr 1503 erwähnt. Es dürfte möglicherweise beim Stadtbrand von 1504 zerstört worden sein, denn im Jahr 1521 wurde wieder ein neues Armenhaus errichtet, wobei davon die Rede ist, daß an völlig verarmte Bürger freie Wohnung, Holz und etwas Almosen gewährt werden sollten. Für die Verpflegung und die Bekleidung hatten die Betreffenden selbst aufzukommen. Die bedeutendste Förderin des St.-Joseph-Spitals war Anna Eßbaum, eine Bierbrauerswitwe, die am 24. September 1868 dem Armenhaus eine Staatsobligation in Höhe von 1000 Gulden schenkte.

Das Burghauser Bruderhaus (T 154 a) unterscheidet sich rein äußerlich gesehen nicht von anderen Bürgerhäusern der Stadt. Es ist ein dreigeschossiges Satteldachhaus mit Dreiecksgiebel und vier Obergeschoßachsen und dürfte um 1800 erstellt worden sein. Heute ist das Haus leerstehend. Ein Abbruch, der bereits geplant ist, wird Burghausen um ein wichtiges sozialgeschichtliches Baudenkmal ärmer machen.

D. DIE WAISENHÄUSER

Eigene Häuser zur Betreuung von Waisenkindern hat es in Altbaiern erstaunlich wenige gegeben. Im Jahr 1617 wurde, wie Siegfried Hofmann zu berichten weiß, von dem Universitätsprofessor und Pfarrer von St. Moritz, Peter Steuart, ein Waisenhaus gestiftet.[240] Für Deggendorf ist für das Jahr 1696 eine ähnliche Einrichtung überliefert. Das Haus Obere Länd 45 in Landshut wird im Jahr 1625 als der „Herren von Landshut Waißlhaus" bezeichnet und bestand an dieser Stelle von 1615 bis zum Jahr 1807.[241]

E. DIE MESSSTIFTUNGS- UND BRUDERSCHAFTSHÄUSER

Im Gefüge einer altbairischen Stadt nahmen die oft recht zahlreichen Meßstiftungs- und Bruderschaftshäuser einen wichtigen Platz ein. Unter den vielen Beispielen dieser Art sollen hier nur die entsprechenden Verhältnisse in Landshut herausgegriffen und näher untersucht werden. Nach der Landshuter Häuserchronik von Theo Herzog[242] lassen sich dabei folgende Meßstiftungshäuser in der Stadt nachweisen:

St.-Achatius-Meßhaus (bis 1803)	Spiegelgasse 206
Aller gläubigen Seelen-Meßhaus (bis 1735)	Obere Freyung 613
Aller Heiligen-Meßhaus (bis 1805)	Untere Freyung 602
St.-Anna-Meßhaus (1568–1593)	Altstadt 218 (Haus A)
Apostel-Meßhaus (bis 1596)	Untere Freyung 630 (Haus B)

237 Vgl. Anmerkung 233
238 Vgl. KDB, Stadt Ingolstadt, S. 65
239 Vgl. Liedke 1978, S. 249
240 Vgl. Anmerkung 229, hier: S. 277
241 Vgl. Herzog 1957, S. 49
242 Vgl. Anmerkung 18

St.-Barbara-Meßhaus (1563–1569)	Obere Freyung 610
St.-Christophs-Meßhaus (1493–1596)	Heiliggeistgasse 404
Dreikönigs-Meßhaus (1493–1596)	Kirchgasse 242
St.-Elisabeths-Meßhaus (bis 1672)	Heiliggeistgasse 399
St.-Erasmus-Meßhaus (1493–1812) (18. Jahrhundert)	Heiliggeistgasse 401 und Spiegelgasse 206
Unser Lieben Frauen-Meßhaus (1493–1568) (bis 1807)	Altstadt 218 und Martinsfriedhof 221
Unser Lieben Frauen-Frühmeßhaus (bis 1754)	Kramergasse 558/559
Unser Lieben Frauen Himmelfahrts-Meßhaus (1587–1802)	Jägerstraße 485
Heiligkreuz-Meßhaus (1475–1793)	Obere Freyung 611
St.-Heinrichs-Meßhaus (1549–1807)	Regierungsstraße 572
St.-Johanns-Frühmeßhaus (1493–1807)	Martinsfriedhof 247
St.-Lorenz-Meßhaus (1596–1807)	Spiegelgasse 210
Maria-Magdalena-Meßhaus (bis 1629)	Spiegelgasse 203
St.-Pantaleons-Meßhaus (bis 1629)	Spiegelgasse 203
St.-Sebastians-Meßhaus (bis 1678)	Heiliggeistgasse 414
St.-Stefans-Meßhaus (bis 1593)	Obere Freyung 615 b (Haus B)
St.-Thomas-Meßhaus (1493–1568)	Martinsfriedhof 221
St.-Urbans-Meßhaus (17. Jahrhundert)	Spiegelgasse 206
St.-Wolfgangs-Meßhaus (bis 1620)	Balsgäßchen 190

Meßstiftungshäuser, die nach Patrizier- oder Adelsfamilien, denen sie ihre Stiftung verdankten, benannt wurden:

Altdorfer-Meßhaus (bis 1803)	Spiegelgasse 202
v. Asch-Meßhaus	Spiegelgasse 203
Fraunberger-Meßhaus (bis 1632)	Neustadt 480 (6. Haus)
Königsfelder-Meßhaus (bis 1791)	Königsfeldergasse 513
Leitgeb-Meßhaus (1535)	Balsgäßchen 190
Pätzinger-Meßhaus (1493) (bis 1596)	Schirmgasse 275 und Neustadt 477
Potinger-Meßhaus (1493)	Kramergasse 552
Praitensteiner-Meßhaus (1493)	Bauhofstraße 428
Setaler-Meßhaus (1493)	Untere Freyung 630 (Haus B)

Meßhäuser, die nach den Bruderschaften und Zünften, in deren Eigentum sie sich befanden, benannt wurden:

Bäcker-Meßhaus (1444–1801) (1493 als „Domus altare pistorum" bezeichnet)	Regierungsstraße 568
Fischer-Meßhaus (1493–1596) (1493 als „Domus altare piscatorum" bezeichnet)	Martinsfriedhof 225 (Haus A)
Fragner-Meßhaus (1549)	Regierungsstraße 546
Grab-Christi-Bruderschaftshaus (1698–1807)	Altstadt 217
Huter-Meßhaus bzw. Woller-Meßhaus (1475–1716)	Obere Freyung 617
St.-Katharinen-Priesterbruderschafts-Meßhaus (1494–1604) (1493–1817)	Nahensteig 185 Heiliggeistgasse 398
Kramer-Meßhaus (1483)	Obere Freyung 617
Metzger-Meßhaus (1549)	Untere Freyung 603
Schneider-Meßhaus (1415–1596) (1493 als „Domus altare sartorum" bezeichnet)	Spiegelgasse 208
Schuster-Meßhaus (1549)	Bischof-Sailer-Platz 434

Unter Meßstiftungs- oder Bruderschaftshäusern sind jene Behausungen zu verstehen, die sich im Besitz derartiger Stiftungen und Bruderschaften befanden; sie wurden von den von diesen Institutionen eingesetzten Kaplänen bewohnt. Zu den Obliegenheiten eines solchen Kaplans gehörte vor allem das Lesen der Hl. Messe an bestimmten Tagen im Jahr auf dem von dem Bürger oder der Bruderschaft gestifteten Altar in der Kirche. Die Seelenmessen waren dabei für das Seelenheil des Stifters bzw. für die aus der Bruderschaft bereits verstorbenen Mitglieder bestimmt.

Schnitt

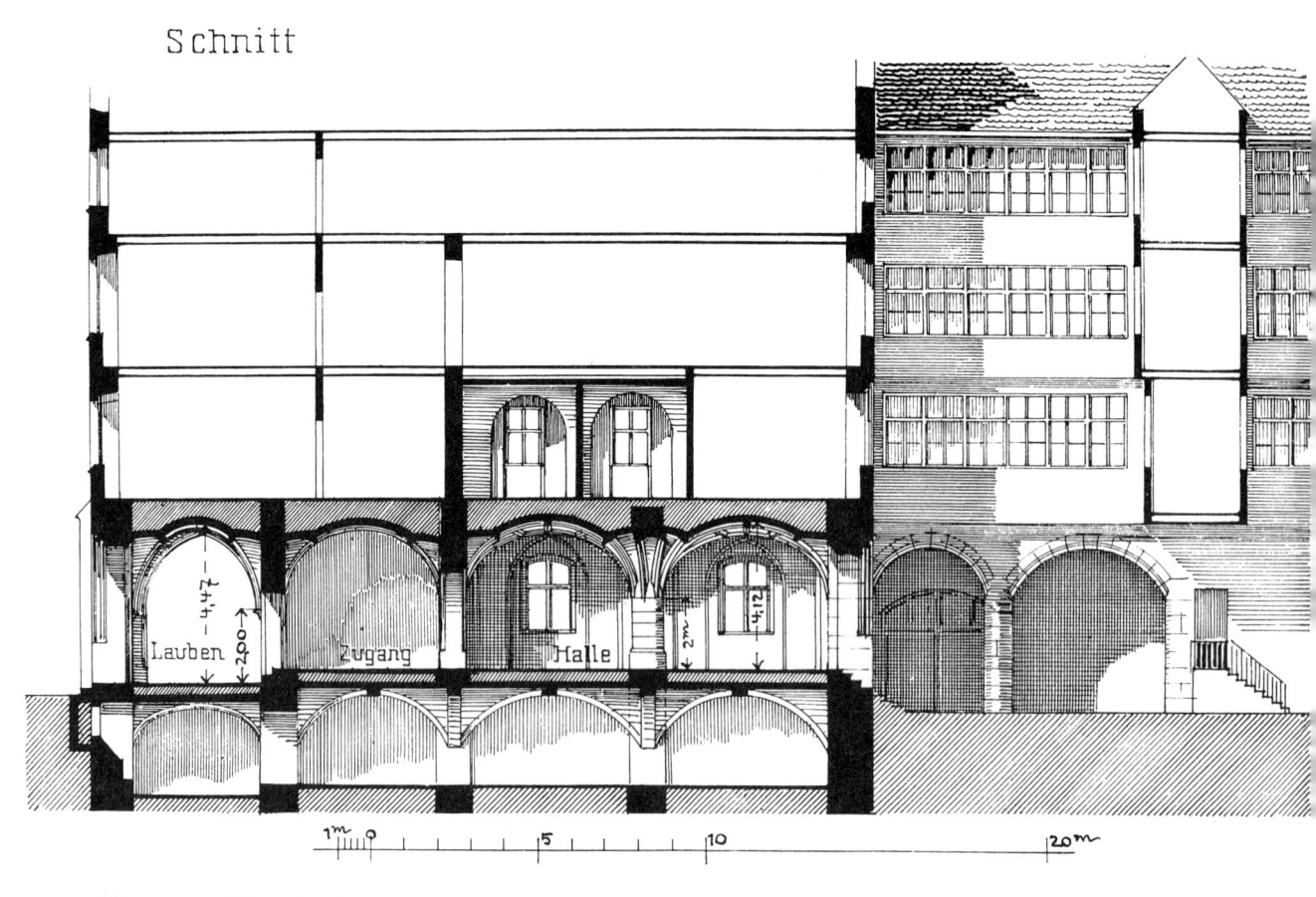

Abb. 106 Landshut, Altstadt 300, Schnitt

Die große Zahl dieser Meßstiftungshäuser in Landshut überrascht doch sehr, denn sie machen, gemessen an der Gesamtzahl der bürgerlichen Behausungen, einen ganz wesentlichen Teil aus. Eine Auswertung der obengenannten Übersicht läßt erkennen, daß sich ganz klar vier Gruppen von Meßstiftungshäusern abzeichnen, wovon sich die erste um die katholische Stadtpfarr- und Stiftskirche St. Martin, die zweite um die katholische Stadtpfarrkirche St. Jodok, die dritte um die Spitalkirche Heiliggeist und die vierte um den ehemaligen Pfarrhof von St. Martin in der Schirmgasse 204 – im Jahr 1493 „Sand Martl Pfarrhof" genannt[243] – bildete.

Baugeschichtlich gesehen vertreten die Meßstiftungshäuser manchmal einen besonderen Bautyp, und zwar den des „Halbhauses". Auf dem Landshuter Stadtmodell Jakob Sandtners von 1571 sind solche Halbhäuser noch an verschiedenen Stellen zu bemerken. Man vergleiche dazu die Ausführungen des Verfassers unter dem Abschnitt „Doppelhäuser" in diesem Buch.

Einen Beweis dafür, daß solche Meßstiftungshäuser nicht immer von bescheidenem Äußeren waren, liefert das der bedeutenden „Grab-Christi-Bruderschaft". Dieser gehörte in Landshut von 1698 bis 1807 das Haus Altstadt 217 *(T155)*. Bei diesem Meßstiftungshaus handelt es sich um einen ungemein stattlichen, viergeschossigen Bau mit sechs Obergeschoßachsen und einem reizvollen Giebel in barocken Formen. Im Erdgeschoß sind an der Hausfront Lauben eingebaut.

243 Vgl. Herzog 1957, S. 108

XIII. DIE BAUTEN BESONDERER STÄNDE

A. DIE PATRIZIERHÄUSER

Vielfach wird der Begriff „Patrizierhaus" auf jedes stattlich aussehende Bürgerhaus angewendet, doch dies ist historisch gesehen unrichtig. Patrizierhäuser gab es streng genommen nur in den Freien Reichsstädten. Doch auch in Altbaiern kannte man die Bezeichnung „Patrizier" und gebrauchte sie unwidersprochen für jene besonders angesehenen Familien, die in den Rentamtsstädten München, Landshut, Straubing, Burghausen und Wasserburg a. Inn sowie in der Universitätsstadt Ingolstadt ansässig waren. Ihre Mitglieder gehörten meist dem Inneren Rat an; sie stellten aus ihren Reihen auch mindestens einen der Bürgermeister der Stadt.

Von den zahlreichen Patrizierhäusern Münchens ist bedauerlicherweise kein einziges mehr erhalten. In Wasserburg a. Inn, wo die Geschlechter der Gumpelzhaimer, Kern, Plaichshirn, Surauer und wie die Familien damals alle hießen rund um den Marienplatz und in der Herrngasse ihre Behausungen hatten, sind noch eine ganze Reihe von diesen vornehmen Häusern zu sehen. Für Burghausen liegen uns für das ausgehende Mittelalter leider keine Steuerlisten vor, so daß eine genaue Lokalisierung der Patrizierhäuser innerhalb der Altstadt schwerfällt. Eines ist aber sicher, daß sie in der Mehrzahl am Stadtplatz standen, wo z. B. auch die Patrizierfamilie der Zächenperger ihr Domizil besaß. Ähnlich problematisch ist die Situation in Ingolstadt, wo nur vereinzelte Hinweise über den Standort der früher dort vorkommenden Patrizierhäuser vorliegen. Ein schönes Beispiel ist in dieser Hinsicht jedoch, wie auch schon das Stadtmodell Jakob Sandtners von 1572 erkennen läßt, das Patrizierhaus der Schober von Tachenstein, Theresienstraße 22 (T 19 b).

Am besten sind wir in Landshut über das Aussehen und den Standort spätmittelalterlicher Patrizierhäuser unterrichtet. Das älteste von ihnen und zugleich das vornehmste ist das frühere Wohnhaus des Patriziergeschlechts der Oberndorfer (Altstadt 300) gewesen. Es wurde im Jahr 1453 auf Veranlassung von Conrad Oberndorfer und seiner Gemahlin Anna, geborene Plank, erbaut. Im Jahr 1475 werden dann als Besitzer ein Peter Oberndorfer und im Jahr 1493 ein Conrad Oberndorfer genannt.[244]

Das Oberndorferhaus[245] ist ein stattlicher dreigeschossiger Bau an der Ecke Altstadt–Steckengasse. Es besteht aus einem rechteckigen Hauptbau an der Platzseite, dem sich nach der Steckengasse zu ein schmaler, langer Seitenflügel anschließt. Diesem Seitentrakt lag früher ein Innenhof vor, der heute jedoch überdeckt ist und als Kassenhalle der hier untergebrachten Stadtsparkasse dient.

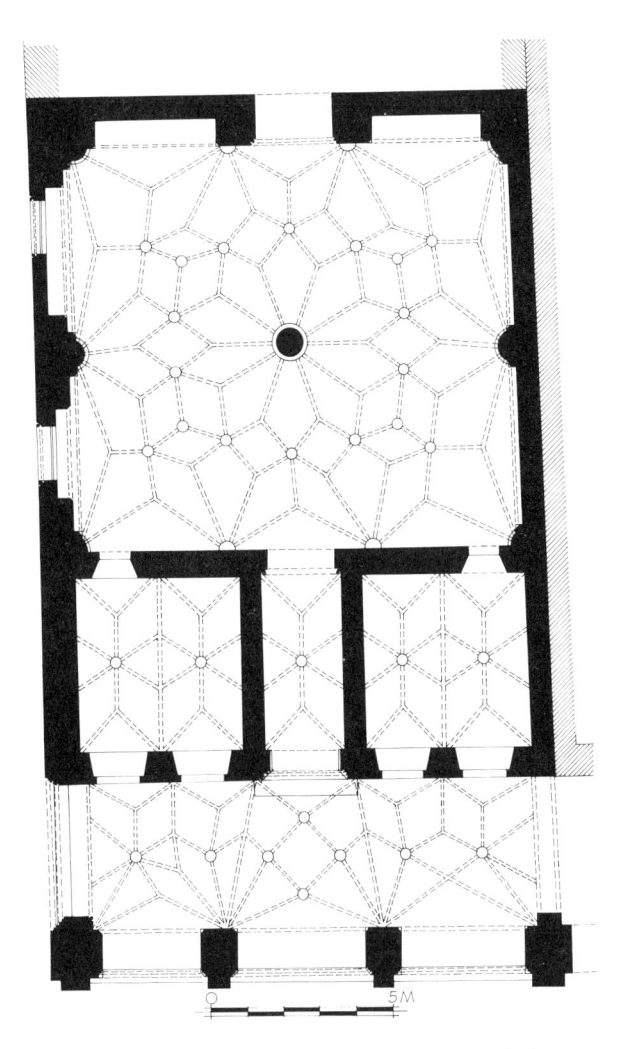

Abb. 107 Landshut, Altstadt 300, Grundriß Erdgeschoß

---

244 Vgl. Herzog 1957, S. 143

245 KDB, Stadt Landshut, S. 467 ff. – H. Bleibrunner, 150 Jahre Sparkasse Landshut, Landshut 1973

Dem Hauptbau sind im Erdgeschoß *(Abb. 106, 107)* nach der Platzseite hin Lauben zugeordnet, die sich in drei spitzbogigen Arkaden öffnen. Die Lauben sind mit Netzgewölben von unregelmäßiger Figuration versehen, wobei die Rippen von Spitzkonsolen ausgehen, die in Zweier- bzw. Dreiergruppen zusammengefaßt sind. Von den Schlußsteinen trägt einer die Umschrift:

Das · haus · ist · gepawt · Anno · d(omi)ni · 1453

Die anderen Schlußsteine sind bemalt, wobei die Wappenbilder wohl erst auf eine spätere Restaurierung zurückzuführen sein dürften.

Zu der großen, über einer Mittelstütze gewölbten Halle im Erdgeschoß *(T 157b)* gelangt man durch ein stichbogiges, reich profiliertes Portal in der Mittelachse des Hauses. Seitlich vom Zugang sind heute noch zwei gleich große, längsrechteckige Räume mit Netzgewölben angeordnet, die einst wohl dem Verkauf dienten. Die gewölbte Halle zeigt ein Sterngewölbe, das von einem kräftigen Rundpfeiler ausgeht. Die einzelnen Rippen entwachsen ohne Vermittlung dem Rundpfeiler in der Mitte des Saales bzw. den halbrunden Mauerpfeilern an der Süd- und Westseite des Raumes. An den Kreuzungspunkten der Rippen sind mittelgroße Tellerschlußsteine gesetzt. In der Südostecke des Raumes lag vormals eine Treppe mit abgewinkelten Läufen und einem Podest. Diese wurde in der Mitte unseres Jahrhunderts durch eine neue Treppe in anderer Anordnung ersetzt. Da es sehr fraglich ist, ob schon im spätgotischen Bau eine Treppe an dieser Stelle vorhanden war, wurde sie in dem nebenstehenden Grundriß *(Abb. 107)* weggelassen und das heute hier fehlende Gewölbe rekonstruiert.

Die Räume in den beiden Obergeschossen des Hauptbaus sind durchwegs modern verändert. Besonderes Interesse beansprucht jedoch noch der Keller *(T 156b)*, der unter dem Saal und den Lauben *(T 157a)* liegt. Dieser hat ein Kreuzrippengewölbe ohne Konsolen und Schlußsteine. Er dürfte etwas jünger als der große Kellerraum sein, der unter der Erdgeschoßhalle, dem Flur und den früheren Läden liegt und der ein Sterngewölbe mit Tellersteinen zeigt. Zwei Joche der Nordseite mit gefasten Gurtrippen, ohne Konsolen und Schlußsteine, sind wohl älter und frühgotisch. Die Kellerräume mit dem so aufwendig gestalteten Gewölbe dürften früher als Lagerraum wertvoller Handelswaren gedient haben.

Da das Oberndorfhaus in der zweiten Hälfte des 15. Jahrhunderts als eines der vornehmsten und bestausgestattetsten Bürgerhäuser von Landshut galt, wurde es im Jahr 1475 anläßlich der Hochzeit von Herzog Georg mit Hedwig von Polen dazu ausersehen, die jugendliche Braut aufzunehmen.[246] Zu dem benachbarten Patrizierhaus (Altstadt 299), das damals im Besitz des Bürgermeisters Oswald Oberndorfer war, wurde eine Verbindungstür geschaffen, um den dort abgestiegenen Hochzeitsgästen, Margarete und Christina von Sachsen, den Zutritt zu den Gemächern der polnischen Königstochter zu gewähren.

Im Oberndorferhaus wohnte im Jahr 1493 auch ein Krämer im Zins, der wohl die weiträumigen Verkaufsräume nutzte. Erst in der Mitte des 17. Jahrhunderts gelangte das Haus in den Besitz einer Familie, die hier den Handel in eigener Regie betrieb. Dieses Gewerbe hielt sich dann auf dem Haus bis zum Jahr 1924. Heute ist die Stadtsparkasse Besitzer des Baus, den sie nun für ihre Zwecke hergerichtet hat. Es sollte wohl noch erwähnt werden, daß früher zu diesem Patrizierhaus ein Stadel an der westlichen Ecke der Stecken- und Zwerggasse sowie im 16. Jahrhundert eine eigene Fleischbank gehörten.

Ein bemerkenswertes Patrizierhaus ist ebenso das angrenzende Anwesen Altstadt 299[247] *(T 156a)*, das einen ähnlichen Grundriß *(Abb. 108)* wie Altstadt 300 zeigt. An den rechteckigen Hauptstock an der Straßenseite schließt sich ein langer Hofflügel an, der die Nordseite eines schmalen Innenhofs einnimmt. Den Abschluß bildet ein kleiner Querflügel gegen Osten zu, dem noch ein Hausgarten folgt.

Der Hauptbau ist dreigeschossig und besitzt sechs Fensterachsen. Die Lauben öffnen sich mit drei ungegliederten Spitzbogen. Die Arkade, die in der Achse des Haustors liegt, flankieren toskanische Pilaster. Die Laube selbst wird von einem spätgotischen Sterngewölbe überspannt, wobei die Gewölbekonsolen fehlen. Die Fassade des Hauses mit dem geschweiften Knickgiebel geht auf eine Umgestaltung des 17. Jahrhunderts zurück. Das Haustor in der Südwestecke zeigt an der Einfassung noch spätgotische Profile. Der daran anschließende Hausflur bzw. die Hofdurchfahrt weist ein Kreuzgewölbe zu fünf Jochen auf. Neben dem Fletz schließt sich nördlich ein großer Raum mit vier gratigen Kreuzjochen an, wobei das Gewölbe von einer großen Mittelstütze von quadratischem Querschnitt getragen wird. Diese kleine Halle diente wohl ursprünglich als Verkaufsraum für die handeltreibenden Besitzer des Hauses. Das weiträumige Stiegenhaus hat eine dreiarmige Podesttreppe, die auf toskanischen Pfeilern ruht.

---

246 Vgl. H. Bleibrunner, Landshut, die altbayerische Residenzstadt, ein Führer zu ihren Sehenswürdigkeiten, Landshut 1971, S. 98
247 Vgl. KDB, Stadt Landshut, S. 481 ff.

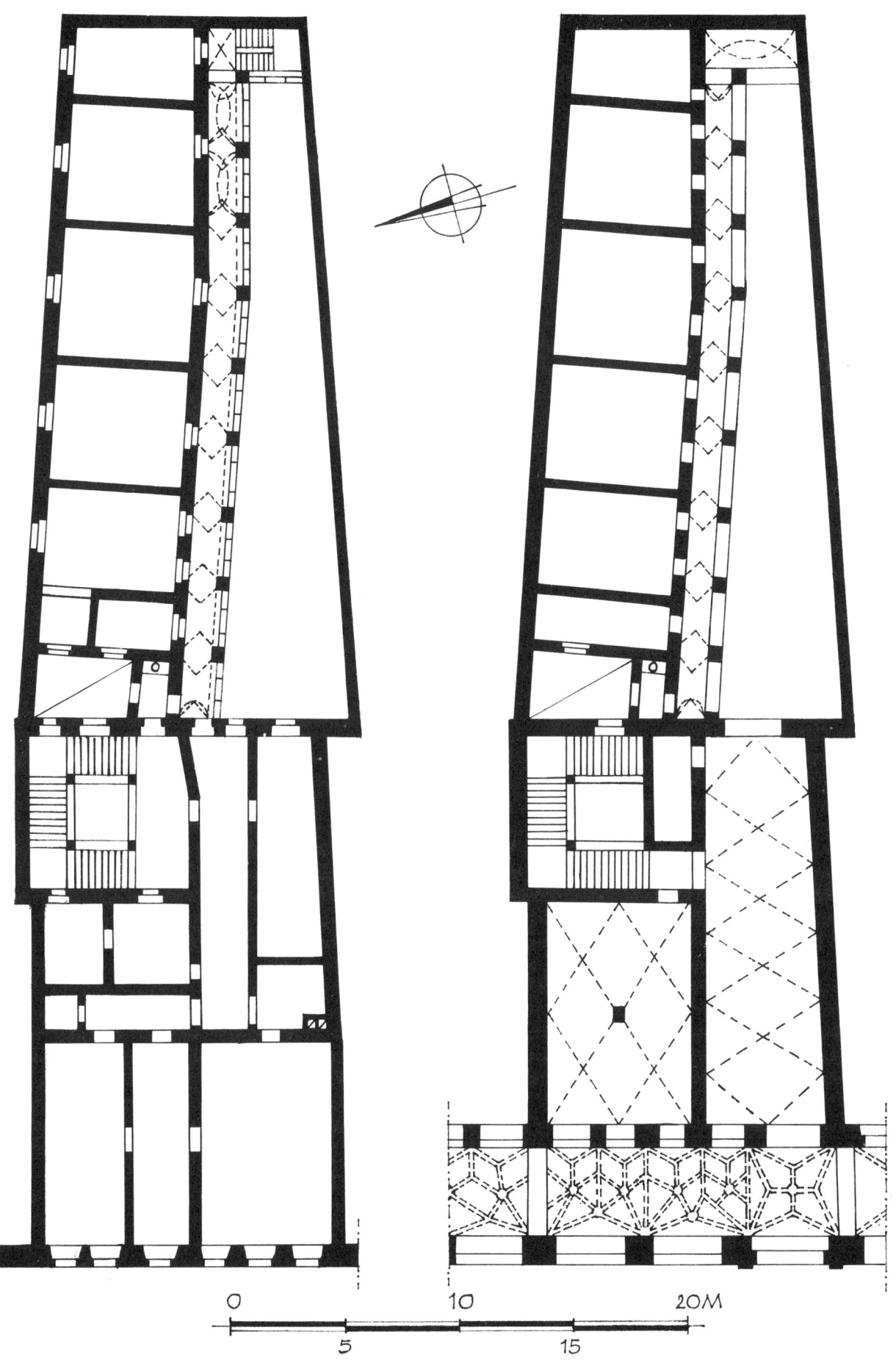

Abb. 108 Landshut, Altstadt 299, Grundrisse Erd- und erstes Obergeschoß

Abb. 109 Landshut, Altstadt 299, Arkaden im Innenhof, Ansicht und Schnitt

Der Hofflügel mit den mehrgeschossigen Arkaden *(Abb. 109)* darf in das erste Viertel des 17. Jahrhunderts datiert werden. Zu jener Zeit war das Haus im Besitz des fürstlichen Rats und Oberrichters Hans Albrecht von Preysing sowie nach ihm in dem der Frau Anna von Pusch zu Vilsheim.

In Landshut konzentrierten sich die Häuser der Patrizier, respektive der Herren vom Inneren und Äußeren Rat, in der Altstadt. Nach der Häuserchronik ergibt sich dabei für das Jahr 1493 folgendes Bild:

1. Westliche Straßenseite

Altstadt 17 und 18	Wilhelm Scharsacher, des Inneren Rats
Altstadt 24	Hans Schilthagkh, des Inneren Rats
Altstadt 54	Wolfgang Zierngast, des Äußeren Rats
Altstadt 68	Vincenz Scharsacher, des Inneren Rats
Altstadt 72	Christian Leitgeb, des Inneren Rats
Altstadt 74	Jörg Glabsperger, des Inneren Rats
Altstadt 75	Wilhelm Neumair, des Inneren Rats
Altstadt 78	Friedrich Pätzinger
Altstadt 79 (1. Haus)	Conrad von Asch, des Inneren Rats
Altstadt 80	Jobst Plaickner (1492 des Äußeren Rats)
Altstadt 81	Sebastian und Hanns Leitgeb
Altstadt 87	Erben des Wilhalm Leoman
Altstadt 92	Leonhard Kurtzpeck, des Äußeren Rats
Altstadt 93	Georg Praitenwiser, des Äußeren Rats
Altstadt 107	Wilhelm Sautreiber, des Äußeren Rats

2. Östliche Straßenseite

Altstadt 194	Wolfgang Pätzinger, des Inneren Rats
Altstadt 196	Wilhelm Glabsperger
Altstadt 255	Schweibermair (vor 1493)
Altstadt 299	Oswald Oberndorfer, Bürgermeister
Altstadt 300	Conrad Oberndorfer
Altstadt 313	Panthaleon Hamerpeck
Altstadt 314	Cassian Planck, des Inneren Rats
Altstadt 315	Hanns Altdorfer, des Inneren Rats
Altstadt 330	Sebald Pätzinger
Altstadt 337	Franz Hamerpeck
Altstadt 338	Erhart Leschnprant, des Äußeren Rats
Altstadt 357 und 358	Conrad Stur, des Äußeren Rats
Altstadt 360	Hanns Kellner, des Äußeren Rats
Altstadt 361	Andre Prätler, des Äußeren Rats

Nur ganz wenige Ratsherren waren dagegen in der Neustadt ansässig:

Neustadt 458	Wilhelm Diener, des Inneren Rats
Neustadt 496	Ulrich Ettenharder, des Äußeren Rats
Neustadt 520	Franz Haslpeck, des Äußeren Rats

Eines der baugeschichtlich interessantesten Patrizierhäuser von Straubing war das des vermögenden und überaus angesehenen Geschlechts der Zeller, deren schöne figürlichen Rotmarmorgrabsteine noch in der dortigen Karmelitenkirche zu sehen sind. Die Zeller besaßen nicht nur ein Haus, sondern gleich einen ganzen Komplex von mehreren Häusern nebeneinander am Ludwigsplatz. Stammsitz war das sogenannte „Haus in der Kron", Ludwigsplatz 10 *(T 158 b).*

Die älteste Nachricht über dieses Patrizierhaus bezieht sich auf eine am 31. Januar 1465 ausgestellte Urkunde, nach der sich Wilhelm Zeller, Bürger zu Straubing, Hermann Zeller, Bürger zu Regensburg,

Schnitt m-n

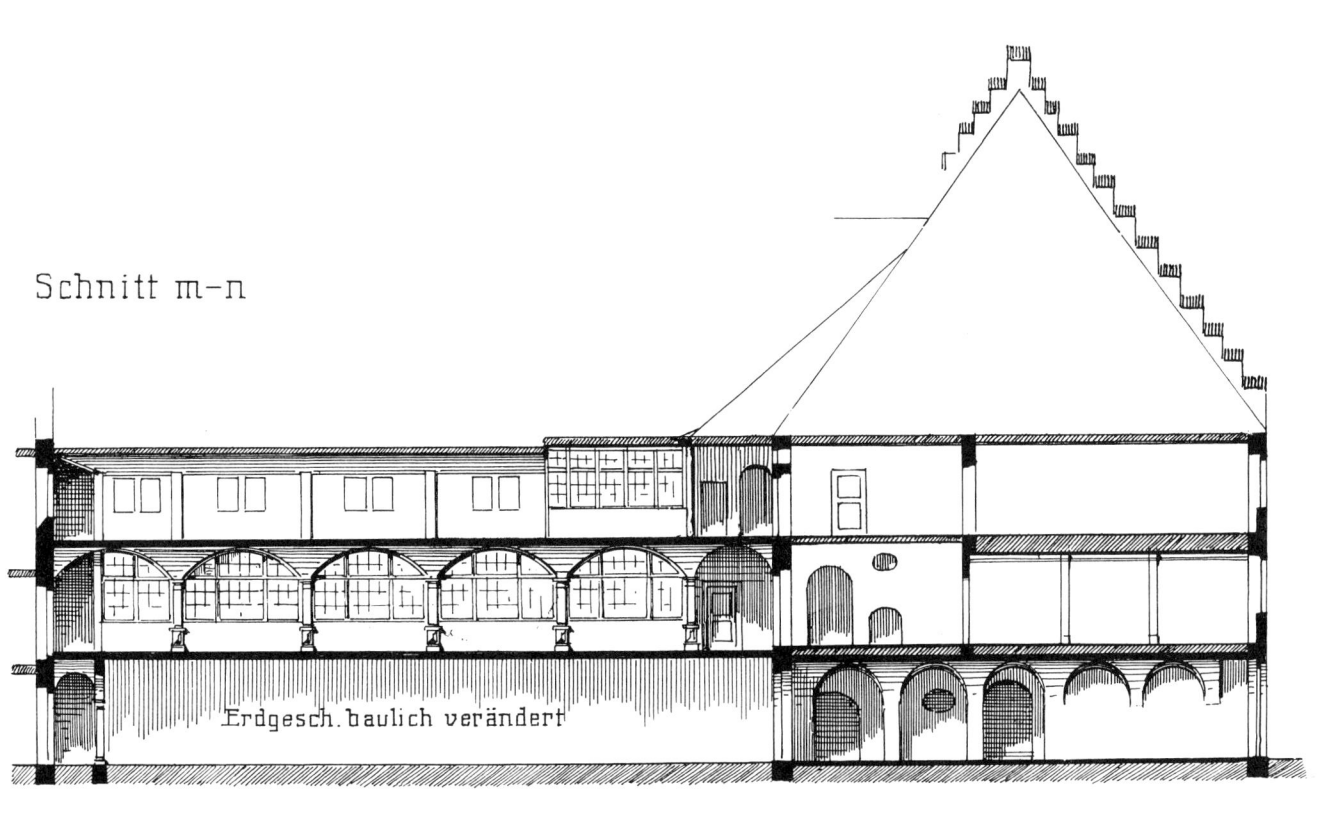

Abb. 110 Straubing, Ludwigsplatz 13, Schnitt

Kaspar Zeller, Bürger zu Straubing, Anna Altdorfer, geborene Zeller, Bürgerin zu Landshut, in das von ihrem Vater Hermann Zeller und ihrem Bruder Erasmus Zeller hinterlassene Erbe teilten.[248]

Das Haus hat seinen Namen „in der Kron" von der Bürgerkrone, die auch heute noch an der Ecke der Traufe sichtbar ist. Daneben standen am Ludwigsplatz die Häuser „im Mond" und „im Stern", die gleichfalls einst Zellerscher Familienbesitz waren.

Das Patrizierhaus der Zeller[249] ist ein stattliches dreigeschossiges Eckhaus mit hohem Walmdach und sechs Obergeschoßachsen nach der Platzseite zu. Der reizvolle Rokokostuck an der Fassade wird Matthias Obermayr zugeschrieben. Die Räume im Erdgeschoß sind durchgehend gewölbt, teils mit Tonnen-, teils mit Kreuzgewölben. Über eine breite Durchfahrt gelangt man zu einem kleinen Innenhof mit dreigeschossigen Arkaden *(T 158 a)*. Diese öffnen sich im Erdgeschoß und im Obergeschoß mit Stichbogen auf toskanischen Säulen, die Brüstung zeigt aber noch spätgotische Profile. Die Säulenschäfte des ersten Obergeschosses sind nahe dem Kapitell mit übertünchten Schilden belegt, wovon eines noch das Zellerwappen trägt. Bemerkenswert ist auch eine Hauskapelle (Heiligkreuz) in der Nordostecke des Rückgebäudes, die bereits im Testament Wilhelm Zellers von 1485 erwähnt wird.

Einer Patrizierfamilie gehörte in Straubing auch das Haus Ludwigsplatz 13 *(T 159 a)*, als dessen Besitzer im Jahr 1580 Heinrich Lerchenfelder, ein Sohn des reichen Caspar Lerchenfelder, genannt wird.[250]

Der umfangreiche Baukomplex[251], der im Kern noch mittelalterlich ist, erscheint in seiner heutigen Form bereits auf dem Stadtmodell Jakob Sandtners von 1568. Um 1630/50 erfolgten bauliche Umgestaltungen. Der schöne Fassadenstuck im Stil des späten Rokoko dürfte von Matthias Obermayr stammen.

Die Anlage besteht aus Vorderhaus und Rückgebäude, die durch zwei schmale Langflügel miteinander verbunden werden *(Abb. 111)*. Letztere umschließen einen Innenhof mit mehrgeschossigen Arkaden.

248 Vgl. Rohrmayr 1961, S. 85
249 Vgl. KDB, Stadt Straubing, S. 309 ff.
250 Vgl. Rohrmayr 1961, S. 81
251 Vgl. KDB, Stadt Straubing, S. 319 ff.

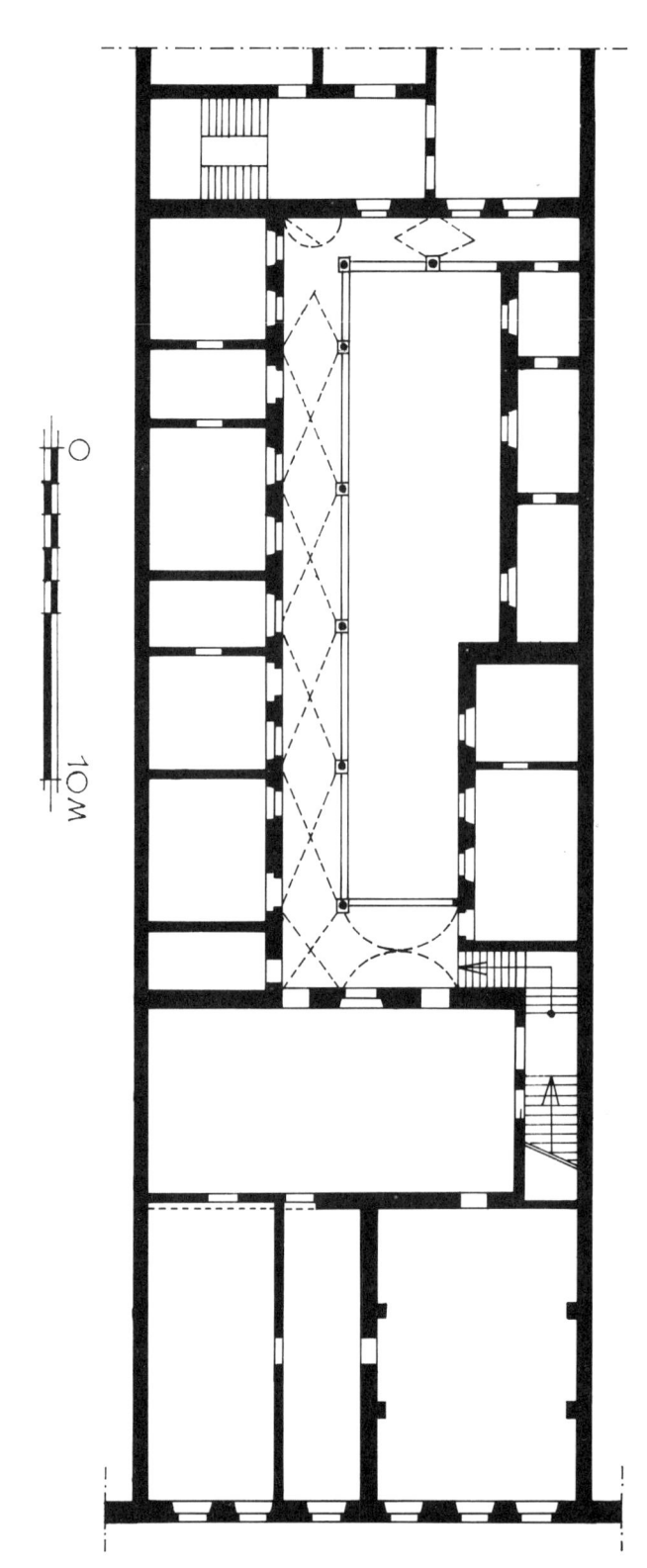

Die weitgesprengten Öffnungen sind stichbogig und ruhen auf toskanischen Säulen mit diamantierten Sokkeln. Das Kreuzgewölbe des Arkadengangs ist mit Renaissancestuck überzogen (T 159 b), der in die Zeit um 1630 datiert werden darf.

Das erst in der Mitte unseres Jahrhunderts abgebrochene Straubinger Patrizierhaus Ludwigsplatz 30 gehörte zu den schönsten Anlagen dieser Art nicht nur in Straubing, sondern im altbairischen Raum überhaupt. Als Eigentümer des Hauses sind 1451 Andre Kytz, 1462 Caspar Kytz und 1495 Wilhelm Kytz überliefert. Von der Patrizierfamilie der Kytz gelangte dann der Besitz an die Lerchenfelder, insbesondere an Caspar Lerchenfelder, der durch den Tuchhandel zu großem Reichtum gelangt war. Im Jahr 1643 verkaufte schließlich Barbara von Knöring, eine Tochter des Georg David von Lerchenfeld, das Haus an Simon Höller, Apotheker und Bürgermeister.[252] Dieser ließ im Jahr 1645 die schöne Hauskapelle (Abb. 112) einbauen, die beim Abbruch des Bauwerks glücklicherweise verschont wurde.

Das Patrizierhaus Ludwigsplatz 30 bestand aus einem Vorder- und einem Rückgebäude, die durch beiderseits angelegte Seitenflügel zusammengebaut waren. Der westliche Flügel war dabei schmaler und kürzer als der östliche. Die Hauskapelle ist im zweiten Obergeschoß der Ostseite eingebaut. Felix Mader beschreibt sie im Kunstdenkmälerinventar mit folgenden Worten:

„Die Kapelle besitzt eine hervorragend schöne Stuckierung mit sehr vielen figürlichen Motiven. Die Seitenwände schließt ein Fries mit Arabesken und reichem Ziersims; er ruht auf kannelierten Pilastern, die nur an den Ecken angeordnet sind. Die östliche Stirnwand beleben zu seiten des Altars zwei Stuckreliefs: St. Benedikt und Simon Stock darstellend. Die Bogenfelder über dem Gesims schmücken an der Ostwand zwei vor Muschelnischen stehende Engel, von denen einer ein Rauchfaß, der andere das Schiffchen hält. An der Westwand über dem Portal Flachrelief des unter dem Kreuz fallenden Heilandes, an den Seitenwänden Fruchtstücke.

Die Grate des westlichen Gewölbejochs markieren Zierstäbe, die in ein tulpenförmiges Motiv auslaufen. In den Stichkappen Rosetten und Arabesken, zwischen denselben an der ansteigenden Gewölbewange in Kartuschen zwei figürliche Reliefs, St. Ignatius von Loyola und St. Johannes der Täufer darstellend. Im Scheitel des Westjochs in Holz geschnitztes Wappen

Abb. 111 Straubing, Ludwigsplatz 13, Grundriß erstes Obergeschoß

252 Rohrmayr 1961, S. 55 f.

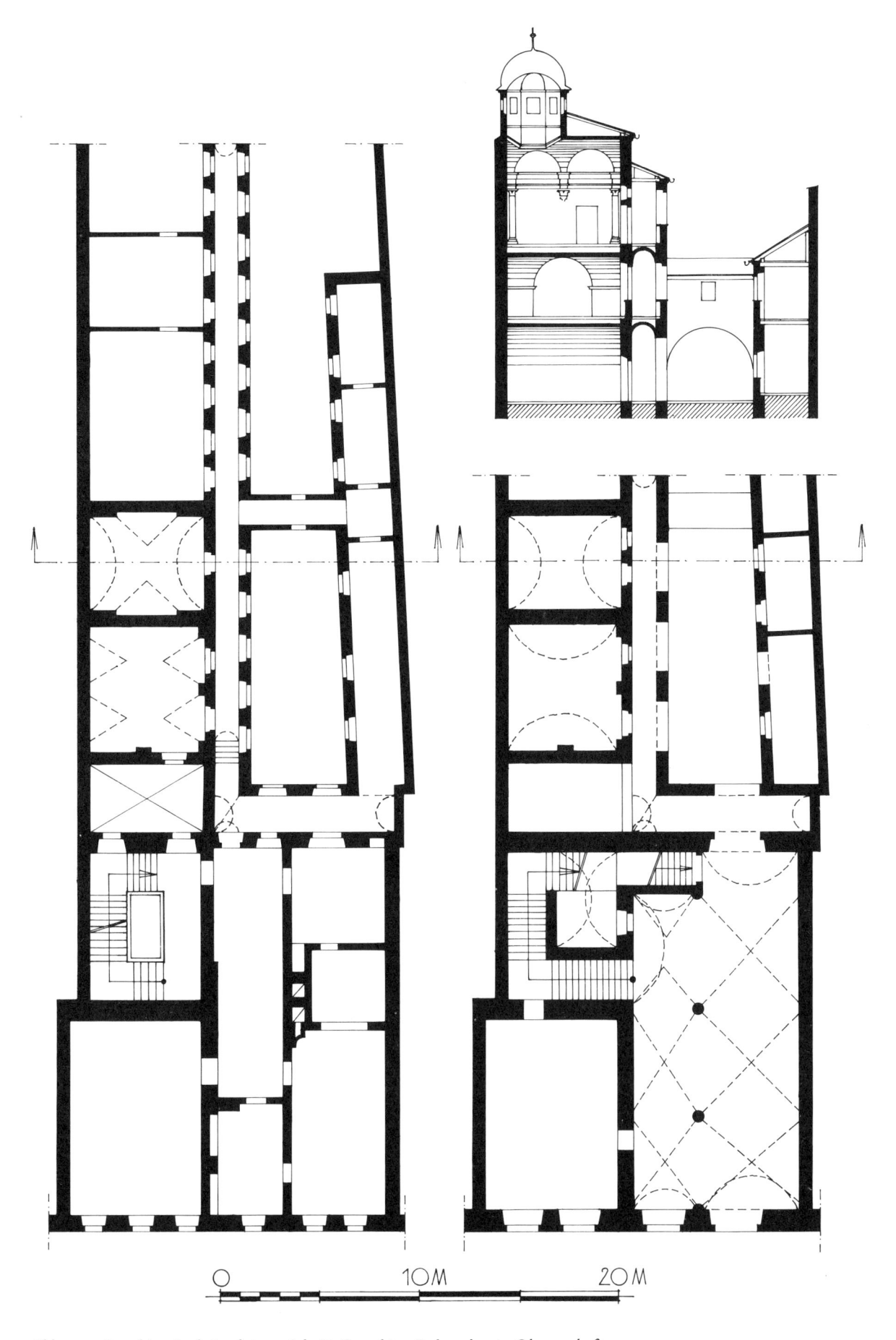

Abb. 112   Straubing, Ludwigsplatz 30, Schnitt, Grundrisse Erd- und erstes Obergeschoß

des Bürgermeisters Simon Höller, von Kartusche umrahmt und von zwei stukkierten Putten gehalten.

Die Kuppel erhebt sich über einem Sockelgeschoß, dessen Felder abwechselnd Engelsköpfchen und Arabesken in schweren Formen füllen. Hier an der Westseite die stukkierte Jahreszahl 1645. Ein kräftiges Ziergesims leitet zum Tambour über. Dessen Ecken beleben Stäbe mit Fruchtstücken. Die vier fensterlosen Seiten nehmen vollrunde Stuckfiguren ein: St. Maria mit Kind, St. Simon, St. Rosina und an der östlichen Stirnseite St. Franzsikus von Assisi. Die Figuren stehen vor architektonisch behandelten Blendfeldern. Ein Laubwerkgesims schließt den Tambour. Den Scheitel der Kuppel nimmt eine Rosette ein. Die Kuppelflächen beleben Felder, die abwechselnd mit Engelsköpfen und Fruchtstücken geschmückt sind.²⁵³"

Unter den früher zahlreichen Patrizierhäusern von Ingolstadt soll hier nur auf das der Schober zum Tachenstein (Theresienstraße 22, jetzt Hotel Adler) kurz eingegangen werden.²⁵⁴ Auf dem Stadtmodell Jakob Sandtners aus dem Jahr 1572 erkennt man an dieser Stelle einen überaus stattlichen dreigeschossigen Bau *(T 19 b)* mit einem steilen Satteldach und einem Treppengiebel. An der Straßenseite ist auf dem Stadtmodell ein zweigeschossiger Kastenerker sichtbar, der auch heute noch an dem einstigen Patrizierhaus vorhanden ist und am Sockelfuß die Jahreszahl 1511 bzw. 1567 zeigt *(T71 c)*. Im Inneren des Hauses verdient vor allem die geschnitzte Holzdecke im großen Eckzimmer im Erdgeschoß Beachtung. Sie bringt verschiedene Wappen, worunter sich auch das mit den vier Lilien der Schober von Tachenstein befindet. Wandfresken, die in den dreißiger Jahren unseres Jahrhunderts aufgedeckt wurden, sind leider wieder übertüncht worden.

Schließlich seien hier auch noch zwei Wasserburger Patrizierhäuser erwähnt, und zwar das sogenannte „Surauer-Haus" (Schmidzeile 1) und das Kern-Haus, Marienplatz 7/9 *(T 159 c)*, das um 1738/40 von dem Münchner Hofstukkator Johann Baptist Zimmermann stuckiert wurde.

B. DIE HÄUSER DER UNIVERSITÄTSPROFESSOREN

Ingolstadt wurde von Herzog Ludwig dem Reichen von Bayern–Landshut dazu ausersehen, die erste bayerische Universität zu beherbergen. Die feierliche Gründung der „Hohen Schule" erfolgte am 26. Juni 1472. Sie wurde in dem im Jahr 1434 erbauten Pfründehaus untergebracht. Im Jahr 1494 stiftete Herzog Georg der Reiche noch das Georgianum, das sich in der Folgezeit zu einem Klerikalseminar entwickelte.

Die Professoren der Universität besaßen größtenteils eigene Häuser in der Stadt, die in ihrem äußeren Erscheinungsbild weitgehend jenen der gehobenen Bürgerschicht glichen. Ein besonders schönes Beispiel für ein Professorenhaus ist das sogenannte „Ickstatt-Haus" in der Ludwigstraße 5 *(T 170)*, ein stattlicher viergeschossiger Bau mit geschweiftem Knickgiebel.²⁵⁵ Dieses Haus befand sich in der zweiten Hälfte des 17. Jahrhunderts im Eigentum des Professors Doktor Johann Anton Crollalanza, der im Jahr 1683 verstarb. Nach mehrfachem Besitzwechsel erwarb es schließlich Professor Johann Adam von Ickstatt am 13. Januar 1747 von der Witwe Staudinger. Es ist anzunehmen, daß Ickstatt das Haus daraufhin gründlich renovieren ließ und auch den Auftrag zur Anbringung der prächtigen Stuckfassade *(vgl. auch T 69 b)* gab.

Nach einem Bericht aus dem Jahr 1785 soll das Haus damals im Parterre von der Dienerschaft der Baronin Ickstatt und der erste Stock von der Baronin selbst bewohnt worden sein. Der zweite Stock war für Fremdenzimmer reserviert, und der dritte Stock war schließlich an einen Professor der Universität vermietet.

Auch das Wohnhaus des Medizinprofessors Heinrich Palmaz Leveling²⁵⁶ beansprucht baugeschichtliches Interesse. Am 14. März 1776 verkauften Johann Baptist Schmid, kurfürstlicher wirklicher Hofkriegsrat, und seine Ehefrau Walburga ihr Haus in der Ludwigstraße 38 in Ingolstadt an den „Hochedlgebohrn und Hochgelehrten Herrn Heinrich Palmaz Leveling, höchstgedacht Seiner Churfürstlichen Durchlaucht in Bayern ec. ec. wirklichen Rath, der Medicin Doctorn und auf hiesig Wohllöblicher Universität der Anatomiae, Physiologiae et Chyrurgiae offentlichen Lehrern", zum Kaufpreis von 2000 Gulden. Das schöne zweigeschossige Haus mit dem Mittelrisalit, dem Zwerchgiebel und dem Mansarddach muß Schmid bereits nach 1764 erbaut haben lassen. Aufgrund der Forschungen Siegfried Hofmanns darf dabei die Ausführung dem Ingolstädter Stadtmaurermeister Daniel

---

253 Vgl. KDB, Stadt Straubing, S. 324
254 Vgl. Strobel 1974, S. 419 f.

255 Vgl. S. Hofmann, Schicksale zweier Professorenhäuser während des 18. Jahrhunderts. Die Häuser Johann Adam von Ickstatts und Heinrich Palmaz Levelings, in: Ingolstädter Heimatblätter, Beilage zum Donau Kurier, 37. Jg., Nr. 7, 1974
256 Siehe Anmerkung 255

Sacher zugeschrieben werden. Nach dem Tod Levelings – er starb am 9. Juli 1798 – ging das Haus durch Kauf an den Abt des Klosters Oberaltaich über. Hofmann urteilt: „Wenn man das Ickstatthaus als das repräsentativste aller Professorenhäuser Ingolstadts ansprechen kann, so ist das Levelingsche Haus unzweifelhaft das hübscheste. Beide Häuser sind überdies herausragende Beispiele der Ingolstädter Architektur des 18. Jahrhunderts, ein kostbares Erbe, das verpflichtet."

C. DIE STADTHÄUSER DER PRÄLATEN

Unter den „Prälaten" sind die Äbte bzw. Pröpste der Klöster des Landes zu verstehen; sie besaßen bei den Landtagen Sitz und Stimme. Einige der reichen Klöster konnten es sich leisten, in den Rentamtsstädten eigene Stadthäuser zu besitzen.

Im Gegensatz zu München, wo die Mehrzahl der vermögenden Abteien und Stifte schon seit dem Mittelalter Stadthäuser unterhielt, finden sich in Landshut nur vereinzelt Häuser in deren Besitz. Nachfolgende Zusammenstellung mag dies verdeutlichen:

Augustinerchorherrenstifte:
  Aldersbach 1755–1757 Obere Freyung 623
  Gars   1575–1667 Neustadt 480
              (10. Haus)

Benediktinerklöster:
  Nieder-
  alteich   1640–1642 Schirmgasse 268
  Rohr   1758–1762 Obere Freyung 623
              1712–1732 Neustadt 505
              nach 1616–1646 Neustadt 531
  Weihen-
  stephan   1603–1616 Neustadt 447

Da die genannten Häuser meist nur vorübergehend im Besitz dieser Klöster verblieben, ist wohl die Annahme berechtigt, daß es sich hierbei nicht um Stadthäuser im eigentlichen Sinn, sondern um Grundbesitz handelte, der meist durch das Vermächtnis eines frommen Bürgers der Ordensgemeinschaft zufiel, dann eine Zeitlang vermietet und schließlich nach geraumer Zeit wieder günstig veräußert wurde.

In Ingolstadt besaß hingegen das angesehene Zisterzienserkloster Kaisheim ein ausgesprochenes Stadthaus, den sogenannten „Kaisheimer Hof", Harderstraße 6 (T28c). Für Wasserburg a. Inn ist andererseits überliefert, daß das nahegelegene Benediktinerkloster Attel dort in der Salzsenderzeile (Nr. 10) ein Stadthaus hatte.

D. DIE STADTHÄUSER DES ADELS

Der Adel hatte ursprünglich seine Burgen, Schlösser und Edelsitze auf dem Land. Doch schon im Mittelalter ist zu beobachten, daß sich Angehörige des oft nicht sehr begüterten niederen Adels in den Städten ansiedelten und dort sogar im Bürgertum aufgingen. Man findet sie dann oft im Rat der Stadt vertreten oder als Beamte des Landesherrn an dessen Gerichtsorten. Daneben gab es aber auch den meist vermögenden höheren Adel, der hier in Altbaiern als „Turnieradel" bezeichnet wurde. Deren Vertreter nahmen oft hohe Stellungen bei Hof ein, oder sie saßen als Pfleger in den herzoglichen Burgen des Landes. Bei diesen Adeligen war vielfach das Bedürfnis gegeben, am Ort ihres Amtssitzes oder in der Residenzstadt ihres Landesherrn eigene Stadthäuser zu erwerben. Solche Bauten fanden sich vor allem in jenen Städten Altbaierns, die Rentamtsstädte waren. Hierzu zählten München, Landshut, Straubing und Burghausen.

In Landshut besaßen im ausgehenden Mittelalter die Grafen von Fraunberg am Dreifaltigkeitsplatz 13, die von Laiming an der Alten Bergstraße 160, die von Closen am Dreifaltigkeitsplatz 175 (Abb. 115), die von Preysing am Nahensteig 180, die Zenger und die von Gumppenberg in der Spiegelgasse 207 und schließlich die von Seyboltsdorf in der Kirchgasse 241 ihre Stadthäuser. Es fällt auf, daß die Mehrzahl dieser Bauten nahe bzw. unterhalb der Trausnitz, dem Sitz des Landesherrn, stand.

Auch aus dem 18. Jahrhundert besitzt Landshut einige Stadthäuser des Adels, hierzu zählt insbesondere das Palais Etzdorf [257] (Obere Länd 50, Abb. 117, T183b), ein dreigeschossiger Putzbau mit hohem Walmdach. Der noble Rokokostuck wird dem Münchner Hofstuckator Johann Baptist Zimmermann zugeschrieben und soll um 1750 aufgebracht worden sein. Das ehemalige Palais Cammerloher [258] (später Hofbräuhaus) steht in der Schirmgasse, Haus Nr. 264 (Abb. 118). Der im Kern ältere Bau erhielt um 1770 ebenfalls eine prächtig stuckierte Rokokofassade. Über dem von ionischen Säulen vor ebensolchen Pilastern flankierten Portal (T166c) ist das Allianz-

---

257 Vgl. KDB, Stadt Landshut, S. 502
258 Vgl. KDB, Stadt Landshut, S. 502

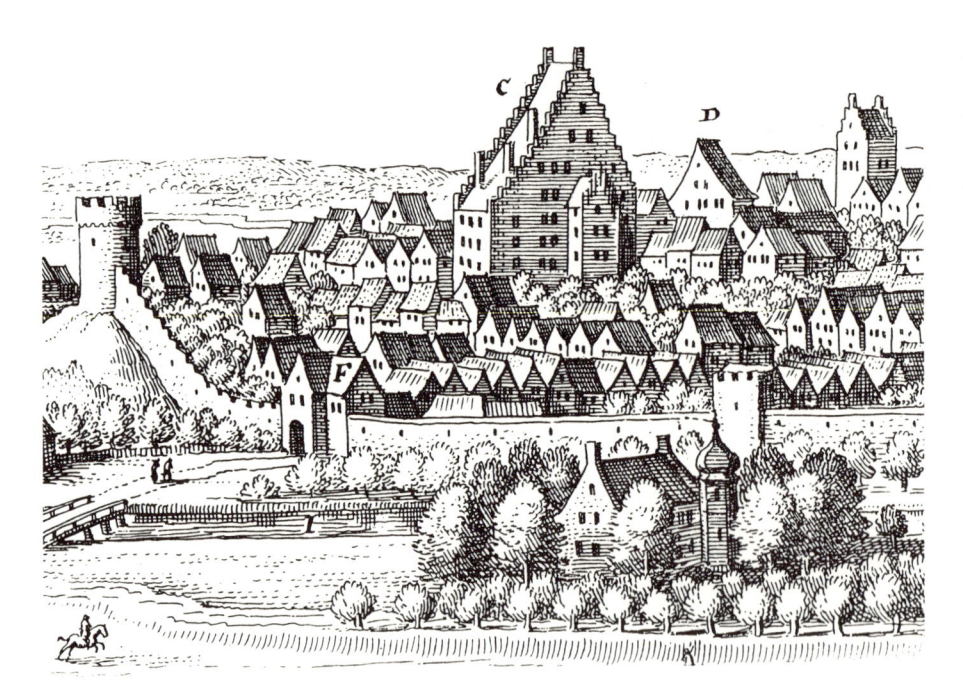

*Abb. 113
Moosburg (Lkr. Freising), früherer Edelsitz „Thurn" (im 19. Jahrhundert abgebrochen). Ausschnitt aus einem Kupferstich von Michael Wening, 1723*

wappen Cammerloher zu Irnsing : Pettenkofer zu Bruckberg zu erkennen.

In Erding besaß das sehr vermögende und hochangesehene Geschlecht der Grafen von Preysing gleich zwei Stadtpalais. Das ältere davon, ein Bau des 17. Jahrhunderts, beherbergt heute das Rathaus (T171c). Es ist ein stattlicher dreigeschossiger Bau mit hohem Walmdach und einem zweigeschossigen Eckerker. Das jüngere Stadthaus der Familie, das sogenannte „Palais Rivera" (Münchner Straße 20, T164a) wurde wahrscheinlich von dem Münchner Hofbaumeister Giovanni Antonio Viscardi im Jahr 1712 für die Gräfin Rivera-Preysing erbaut.[259] Auch dieses Palais ist seinem äußeren Erscheinungsbild nach eindeutig der höfischen Baukunst zuzurechnen.

Ein nobler Bau ist auch das ehemalige Palais der Freiherren von Widmann in Erding, Lange Zeile 10, jetzt Landratsamt (T169c). Die reizvolle klassizistische Fassade erhielt der zweigeschossige Bau mit seinem hohen Walmdach im Jahr 1782. Dazu gehört ein Gartenpavillon aus dem letzten Viertel des 18. Jahrhunderts an der Roßmeiergasse. In Grafing besaß die Hofmarksherrschaft von Eisendorf einen eigenen Sitz, Marktplatz 2 (T171a). Dieser ist ein stattlicher, alles

überragender dreigeschossiger Putzbau mit Segmentbogengiebel, der im Kern noch auf das Jahr 1616 zurückgehen und im Jahr 1746 die vierEcktürmchen erhalten haben soll. Im Jahr 1793 erfolgte dann eine

259 Vgl. K.-L. Lippert, Giovanni Antonio Viscardi (1645 bis 1713), Studien zur Entwicklung der barocken Baukunst in Bayern, in: Studien zur altbayerischen Kirchengeschichte, Bd. 1, München 1969, S. 131, 146

Abb. 114 Siegenburg (Lkr. Kelheim), ehemaliger Adelssitz, 16. Jahrhundert. Ausschnitt aus einem Kupferstich von Michael Wening, 1701

Umwandlung zu einem Gasthof. Ein geschmiedeter Ausleger *(T106c)* mit dem Handwerkszeichen der Brauer trägt diese Jahreszahl. Zuletzt führte der Gasthof den Namen „Wildbräu".

Das Haus Marktplatz 29 in Kraiburg a. Inn, die heutige Apotheke, war einst das Palais des kurfürstlichen Pflegers. Georg Leopold Bernhard Freiherr von Lerchenfeld zu Aham, kurfürstlicher Kämmerer und Hofrat, ließ es laut der an dem Haus angebrachten Gedenktafel im Jahr 1720 erbauen. Sein Sohn Franz Xaver Roman Joseph Maria Anton Freiherr von Lerchenfeld zu Aham und Ammerland, kurfürstlicher Regierungsrat zu Burghausen und Pfleger zu Kraiburg, verkaufte es dann an die Regierung, die das Gebäude als Sitz der 1756 vereinigten Pfleggerichte Kraiburg und Mörmoosen einrichtete.

Bei diesem ehemaligen Palais *(T164b)* handelt es sich um einen dreigeschossigen Walmdachbau mit sechs Obergeschoßachsen und Lisenengliederung. Die Fenster des ersten Obergeschosses weisen im Wechsel segmentbogige und dreieckige Verdachungen auf. Das aus der Mittelachse der Fassade gerückte Portal wird von Pilastern gegliedert. Den Plan zu diesem vornehmen Palais dürfte ein Baumeister des Münchner Hofs geliefert haben.

Abb. 116 Burghausen (Lkr. Altötting), ehemaliges Adelshaus am Bichl, Ausschnitt aus einem Kupferstich von Michael Wening, 1721

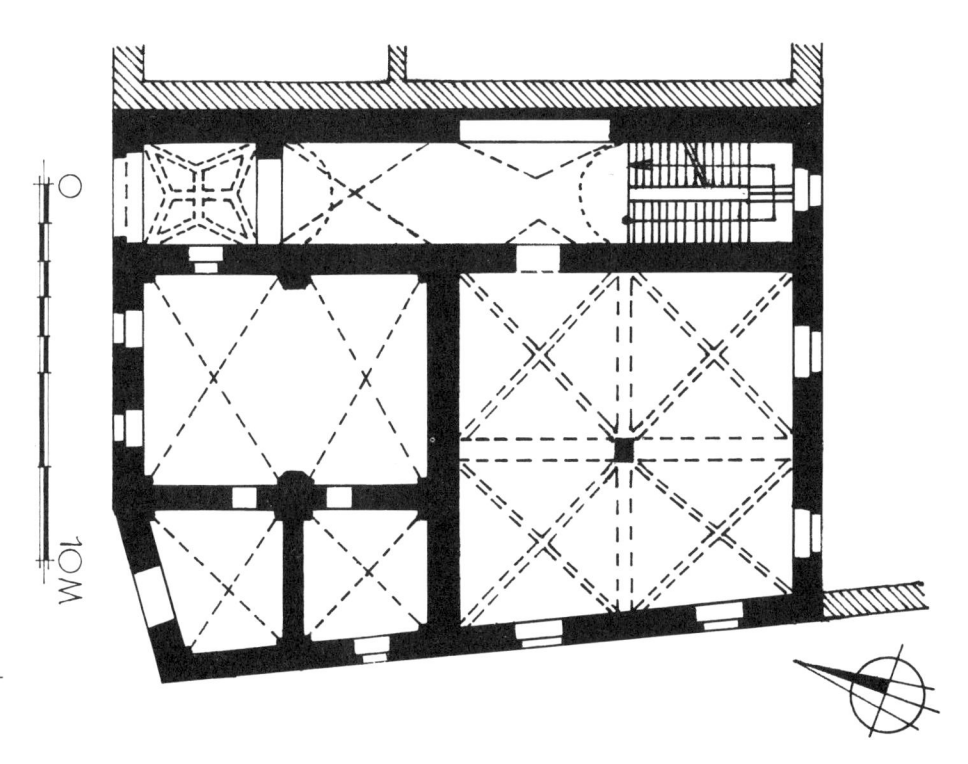

Abb. 115 Landshut, Dreifaltigkeitsplatz 175, Grundriß Erdgeschoß

165

Abb. 117 Landshut, Obere Länd 49, 49¹/₂ und 50, zwei Handwerkerhäuser mit Rauhputzfassaden und das Palais der Grafen von Etzdorf mit reichem Rokokostuck

E. DIE ADELIGEN SITZE IM STADTGEBIET UND AM STADTRAND

Den stadtnahen Sitzen mancher Patrizier, Bürger und Beamten müssen hier wenigstens einige Zeilen gewidmet werden, da sie ganz wesentlich zu einem städtischen Gebilde gehören. Zwei Beispiele mögen hier herausgegriffen werden. Das Ruffinischlößchen in Achdorf[260] (T173) vor den damaligen Toren der Stadt Landshut verkörpert diesen Typ eines stadtnahen Edelsitzes in ausgezeichneter Weise. Rein äußerlich gesehen, entspricht es jedoch ganz dem Landshuter Bürgerhaustyp der zweiten Hälfte des 17. Jahrhunderts. Der freistehende Bau ist eine rechteckige Anlage von 5:3 Fensterachsen, ist zweigeschossig und besitzt ein wohl erst in neuerer Zeit ausgebautes Dachgeschoß. In der Mittelachse der Giebelseite ist ein von Pilastern geschmücktes barockes Portal angeordnet. Vor allem die beiden Giebel sind reich verziert. Hier erkennt man Eckzinnen auf den Abstufungen und eine Scheitelzinne. Der oberste Giebelabsatz ist zusätzlich noch mit Voluten versehen. Auch im Inneren des Hauses setzt sich die Schmuckfreude fort. Im Obergeschoß befindet sich hier ein rechteckiger Saal mit Stukkaturen, Wand- und Deckengemälden des frühen Rokoko. Zur Darstellung kommt in rechteckigen Feldern auf den Wandgemälden die Huldigung verschiedener Fürstlichkeiten. Die Deckenmalereien zeigen hingegen neun ungleich große Felder mit allegorischen Darstellungen. Das Ruffinischlößchen umgibt ein schöner Garten, der fast den Charakter einer Parkanlage hat.

Am östlichen Ortsrand von Kraiburg a. Inn steht das sogenannte „Sachsenschlößchen" (T172a), ein schmuckloser zweigeschossiger Satteldachbau mit zwei achtseitigen Ecktürmchen. Dieser ehemalige Sitz eines Adeligen aus dem 17. Jahrhundert zeigt am Portal ein Wappen und folgende Inschrift: Sebastian Soll, Burger vnd Handelsmann in Crayburg, Gehörig, den 10. Jenner Ao 1719 gekhaufft.

---

260 Vgl. KDB, Bezirksamt Landshut, S. 17

Abb. 118 Landshut, Schirmgasse 263, 264 und 265. In der Mitte der Häuserzeile das ehemalige Palais Cammerloher mit prächtiger Rokokostuckfassade aus der Zeit um 1770

F. DIE STADTHÄUSER DES LANDESHERRN

Im Zusammenhang mit der Untersuchung des Bürgerhauses in Altbaiern interessiert nicht so sehr das Aussehen der Stadthäuser des Fürsten im einzelnen als vielmehr die Einfügung dieser Bauten in das Stadtgefüge.

Schon im 15. Jahrhundert läßt sich nachweisen, daß der Landesherr den Wunsch verspürte, neben seiner wehrhaften Burg auf der Anhöhe über der Stadt auch noch ein bequem zu erreichendes Stadthaus zu besitzen. In Burghausen erwarb Herzog Heinrich von Niederbayern zu diesem Zweck am 18. Juni 1434 ein vornehmes Adelshaus am Stadtplatz (Stadtplatz 36), zu dessen Vorbesitzern die Brüder Lorenz und Georg von Aham zu Wildenau zählten.[261] Das Haus, das an der Ecke zum Kirchplatz steht, zeigt im Vorraum des Erdgeschosses noch ein einfaches Kreuzrippengewölbe ohne Schlußstein; es stammt aus dem frühen 16. Jahrhundert. Die übrigen Bauteile – mit Ausnahme der barocken Fassade – mußten um 1929/30 dem Neubau des Knabenschulhauses weichen.

In Landshut, der Residenzstadt der reichen Herzöge von Niederbayern, wo der Landesherr die Burg

---

261 Vgl. V. Liedke, Das Stadthaus der niederbayerischen Herzöge, in: Schönere Heimat, 62. Jg., Heft 2, München 1973, S. 351 ff. mit Abb. – Liedke 1978, S. 122 f.

Trausnitz besaß, diente als Stadthaus des Herzogs das fürstliche Harnischhaus[262] (Obere Länd 51). Besonders die Herzöge Ludwig und Georg weilten des öfteren dort. Der Bau war früher, wie die Kastenamtsrechnungen melden, reich ausgemalt und hatte eine eigene Hauskapelle. Nach dem Aussterben der Herzogslinie Bayern-Landshut bezog zunächst der Vicedom und später in der zweiten Hälfte des 17. Jahrhunderts der Regimentskanzler das Harnischhaus als Dienstwohnung.

Neben diesem Stadthaus an der Oberen Länd nutzte der Landesherr zeitweilig auch sein herzogliches Zollhaus in der Altstadt (Altstadt 79) als Absteige. Dieses hatte Herzog Heinrich der Reiche von Leutwein dem Rakholfinger gekauft.[263] Bei der berühmten Landshuter Hochzeit im Jahr 1475 fand hier in diesem Haus, in der Hofgerichtsstube, das Hochzeitsmahl für die männlichen Gäste statt, wozu insbesondere Kaiser Friedrich III. und sein Sohn Maximilian zählten.

Anstelle dieses Zollhauses sowie unter Hinzukauf weiterer bürgerlicher Behausungen ließ dann Herzog Ludwig X. im Jahr 1536 durch den Augsburger Steinmetzen Bernhard Zwitzel eine Residenz *(vgl. Abb. 42)* im Stil der italienischen Renaissance errichten.[264] Es ist dabei interessant zu beobachten, mit welchem Herrschaftsanspruch, um nicht zu sagen mit welcher Rücksichtslosigkeit, dieser Bau in die Altstadt von Landshut *(T 182 a)* gesetzt wurde. Die Proportionen dieses Bauwerks sprengten völlig den Rahmen der giebelständigen drei- bis fünfachsigen Wohnhäuser der Handwerker, Ratsherren und Patrizier. Über dem hohen Sockelgeschoß erhebt sich der viergeschossige Bau, der natürlich nur noch traufständig denkbar ist. Dieses Bauwerk bildet aber andererseits gerade den städtebaulichen Akzent in der langen Häuserzeile und bringt sinnfällig zum Ausdruck, daß hier weder ein Bürger, ein Patrizier noch ein Adeliger, sondern nur der Landesherr wohnen konnte.

262 Vgl. Herzog 1957, S. 52
263 Vgl. Herzog 1957, S. 62

264 Siehe Anmerkung 19

XIV. RECHTLICHE SONDERFORMEN

A. DIE VON ABGABEN UND DIENSTEN BEFREITEN HÄUSER EINIGER BEAMTER

Rechtlich gesehen nahmen die sogenannten „steuerbefreiten Häuser", die sich zu Beginn des 16. Jahrhunderts im Besitz angesehener Beamtenfamilien bei Hof befanden, eine Sonderstellung ein. In Landshut gab es seit alters deren sechs in der Stadt, wozu z.B. folgende Häuser zählten:

Dreifaltigkeitsplatz Nr. 8	1549 herzoglicher Fischmeister Weinprecht
Altstadt Nr. 81	Patrizierfamilie Leitgeb
Dreifaltigkeitsplatz Nr. 175	von Closen
Nahensteig 180	von Preysing
Kirchgasse 241	von Seyboltsdorf

Dieses Privileg ging nach Auskunft des Landshuter Häuser- und Rustikalsteuerkatasters von 1808 auf eine Verfügung Herzog Wilhelms IV. von Bayern vom Jahr 1508 zurück, der damals die Besitzer bestimmter Häuser wegen geleisteter treuer Hofdienste für abgabenfrei erklärte. Wahrscheinlich darf diese Maßnahme im Zusammenhang mit dem Amtsantritt Herzog Wilhelms IV. im Jahr 1508 gesehen werden.[265]

In Burghausen wurde das Palais Tauffkirchen[266] (Stadtplatz 97), das Wohnhaus des Vicedoms, zu den gefreiten Häusern der Stadt gerechnet.

Auf dem Sandtnermodell von 1574 ist anstelle des heutigen Baus noch ein stattliches dreigeschossiges Haus mit hohem Steildach zu erkennen (T 17). Dieser Vorgängerbau wurde bei der Beschießung der Stadt durch österreichische Truppen im Jahr 1742 in Brand geschossen und zerstört. Der anschließend errichtete Neubau dürfte unter Verwendung einiger älterer Bauteile erfolgt sein. Aufgrund der Burghauser Steuerbücher läßt sich nachweisen, daß das Palais von der Mitte des 18. Jahrhunderts bis zum Jahr 1807 der Wohnsitz des Vicedoms im Rentamt Burghausen war. Das Vicedomamt wurde damals in zwei Generationen hintereinander von Mitgliedern des angesehenen Adelsgeschlechts der Grafen von Tauffkirchen ausgeübt. In den Jahren von 1808 bis 1818 war dann hier das Generalkommissariat der Regierung des Salzachkreises untergebracht. Auch fortan blieb das Gebäude im Staatsbesitz, beherbergte bis zum Ende des 19. Jahrhunderts das Kgl. Rentamt, dann das Finanzamt und zuletzt noch das Amtsgericht.

Bei dem Palais (T 168) handelt es sich um einen dreigeschossigen Putzbau mit sechs Obergeschoßachsen. Im Erdgeschoß besitzen die Fenster geohrte Umrahmungen. Das Portal wird von Pilastern flankiert, die einen verkröpften Schweifgiebel tragen. Die zweiflügelige Tür (T 169a) ist aus Eichenholz und in den Feldern geschnitzt. Ein geschmiedetes Oberlichtgitter schließt den rundbogigen Zugang nach oben hin ab. Die Fenster der beiden Obergeschosse haben reichen Stuckdekor. Vertikale Putzbänder betonen die Gliederung der Fassade. Der Giebel ist geschweift und zeigt eine große Wappenkartusche mit dem Allianzwappen von Tauffkirchen : von Lerchenfeld. Das Gesims ist kräftig profiliert.

Beim Betreten des Palais gelangt man zunächst in die mit einer Stichkappentonne gewölbte Eingangshalle, von der auch die Treppe zum Obergeschoß führt. An der Südinnenwand ist eine Rotmarmortafel (T 108d) in das Mauerwerk eingelassen, die auf einen Besitzer des Hauses im Jahr 1673 Bezug nimmt, der schon der Familie von Tauffkirchen angehörte, die sich damals noch im Freiherrnstand befand. Die Räume im Obergeschoß sind im 19. Jahrhundert leider völlig für den Dienstbetrieb des Finanzamts und ebenso dann noch für das Amtsgericht umgestaltet worden. Der große Raum im ersten Obergeschoß nach der Platzseite zu war zuletzt als Sitzungssaal eingerichtet. Dem Haupthaus schließt sich ein zweigeschossiges Rückgebäude mit geschlossenem Arkadengang im Obergeschoß an.

Die noble Ausführung des Palais bis in alle Details läßt bei dem Fassadenentwurf an einen Baumeister aus Kreisen des Münchner Hofs denken. Die örtliche Bauausführung könnte jedoch in Händen des Burghauser Stadtmaurermeisters Johann Baptist Canta, eines Graubündners, gelegen haben.

In Straubing war das Haus Ludwigsplatz 39 (T 22c), das den höchsten Giebel der Stadt besitzt, einst gleichfalls ein „gefreites Haus".[267] Sein hoher Treppengiebel, der auch schon auf dem Sandtnermo-

---

265 Herzog 1957, S. 64
266 Vgl. Liedke 1978, S. 153 ff.
267 Vgl. KDB, Stadt Landshut, S. 315 ff.

dell von 1568 *(T 12 a)* erkennbar ist, steht jedoch auffallenderweise nicht zur Platzseite hin, sondern nach der Haustiefe zu. Der Bau dürfte in der ersten Hälfte des 16. Jahrhunderts errichtet worden sein.

Der Bau *(Abb. 54–56)* ist dreigeschossig und besitzt vier Obergeschoßachsen. Die Haustiefe ist etwa doppelt so lang wie die Hausbreite. Annähernd in der Hausmitte liegt die kreuzgratgewölbte Durchfahrt. Auch die beidseitig anschließenden Räume sind in gleicher Weise gewölbt. Die breite zweiläufige Treppe zum Obergeschoß führt links vor dem Ausgang zum Hof seitlich ab. Ein schmiedeeisernes Gitter, das noch dem frühen 18. Jahrhundert angehört, schließt den oberen Flur vom Treppenhaus ab. Ein langgestreckter Seitenflügel verbindet das Vorderhaus mit einem Rückgebäude an der Südseite der Anlage. Der Zugang zu den einzelnen Räumen erfolgt von einem zweigeschossigen Raum aus, der von den Arkaden nach der Hofseite zu Tageslicht erhält. Die weitgesprengten, stichbogigen Arkaden ruhen auf toskanischen Säulen und sind im Erdgeschoß gemauert. Die des Obergeschosses sind hingegen aus Holz gezimmert, die korbbogigen Arkaden ruhen hier auf Rundpfosten. Bemerkenswert ist der Einbau einer Hauskapelle, die etwa in der Mitte des Seitenflügels liegt. Sie dürfte auf Veranlassung des Johann Urban Trainer von und zu Hörmannsdorf, der den Besitz im Jahr 1692 erwarb, erbaut worden sein. Im Jahr 1700 wird sie erstmals urkundlich erwähnt. Die Hauskapelle ist zum Teil barock ausgestattet, wobei vor allem der Altar zum originalen Bestand gehören dürfte.

Das Hinterhaus ist gleichfalls dreigeschossig und besitzt wiederum im Erdgeschoß eine Durchfahrt, die jedoch hier zu einem Hausgarten führt. Das Obergeschoß hat nach der Hofseite zu eine Galerie, deren Arkaden auf toskanischen Säulen ruhen.

Das Vorderhaus erhielt unter seinem Besitzer Franz Ignaz Oeheimb, des Inneren Rats und Bürgermeister zu Straubing, der es im Jahr 1755 erworben hatte[268], eine neue Fassade im barocken Zeitgeschmack. Dabei wurde auch der Giebel an der Platzseite aufgesetzt. Dies war im Grunde genommen eine Stilwidrigkeit, da das Haus ja schon seinen Treppengiebel in der Haustiefe besaß.

B. DIE JUDENHÄUSER

Größere jüdische Gemeinden bildeten sich in Altbaiern nur in den Rentamtsstädten München, Landshut und Straubing. In München hingen im Jahr 1285 etwa 140 bis 180 Personen diesem Glaubensbekenntnis an. Noch im gleichen Jahr soll auch die jüdische Gemeinde zu Ingolstadt gegründet worden sein. In Landshut wohnten ebenfalls schon im 13. Jahrhundert Juden in der Stadt, und zwar am Fuße des Burgbergs der Trausnitz. Hier errichteten sie später auch eine eigene Synagoge, eine Schule, eine Badstube und ein besonderes Backhaus.[269] Dazu gehörte außerdem noch ein Judenfriedhof am Hofberg. In Straubing wird die Anwesenheit von Juden erstmals im Jahr 1307 urkundlich erwähnt. In den übrigen Städten des Landes traten Juden nur vereinzelt auf. Von Bedeutung waren hier eigentlich nur noch die Juden von Landsberg a. Lech, wo es eine „Judengasse" gab, und von Deggendorf.

In der ersten Hälfte des 14. Jahrhunderts kam es bereits zu Judenverfolgungen. Im Jahr 1337 wurden die Juden von Deggendorf wegen des sogenannten „Hostienfrevels" vertrieben. Es folgte die Ausweisung der Juden in Straubing im Jahr 1338 und in Ingolstadt im Jahr 1349. Aber auch in der zweiten Hälfte des 14. Jahrhunderts ereigneten sich wieder vereinzelt Judenverfolgungen in Altbaiern, so z. B. im Jahr 1384 in Ingolstadt. Unter der Regierung Herzog Heinrichs des Reichen von der Linie Bayern-Landshut (1393–1450) erfreuten sich dann jedoch die Juden einer gewissen Begünstigung, so daß mancherorts eine Wiederansiedlung stattfand. Dieser Entwicklung setzte aber dessen Sohn Herzog Ludwig der Reiche, der im Jahr 1450 das Erbe antrat, rasch wieder ein Ende. Eine seiner ersten Amtshandlungen war die vollkommene Vertreibung der Juden aus Stadt und Land. Die Ansiedlung von Juden in Ober- und Niederbayern wurde schließlich erst wieder mit dem Edikt vom 10. Juni 1813 ermöglicht.

268 Rohrmayr 1961, S. 53

269 Vgl. Herzog 1957, S. 96

XV. ZUSAMMENFASSUNG UND WERTUNG DES UNTERSUCHUNGSERGEBNISSES

Die bürgerliche Baukunst Altbaierns hat in dem vorliegenden Band des Deutschen Bürgerhauswerks erstmals eine umfassende Darstellung ihrer Entwicklung von den Anfängen im 13. Jahrhundert bis in die Zeit der ersten Hälfte des 19. Jahrhunderts erfahren. Dem Verfasser war es dabei ein besonderes Anliegen, den Bestand an Inwohner-, Handwerker-, Patrizier-, Meßstiftungs- und Amtshäusern genau nach seiner Funktion zu untersuchen. Dies war zwangsläufig nur dort möglich, wo zuverlässige Häuserchroniken oder entsprechende Steuerbücher vorlagen. Rein spekulative Bauanalysen wurden grundsätzlich vermieden. Die Fülle an baugeschichtlich bemerkenswerten Werken der bürgerlichen Baukunst machten eine Auswahl unerläßlich. Allein schon die Vielzahl der noch in Landshut erhaltenen Bürgerhäuser aus dem Mittelalter bis in die Neuzeit hinein hätte einen Band füllen können.

Eine Wertung der bürgerlichen Baukunst Altbaierns kann nur unter dem Gesichtspunkt ihrer historischen Entwicklung im richtigen Licht gesehen werden. Die Städte und Märkte besaßen keine Rechte, die sich mit jenen der Freien Reichsstädte vergleichen ließen. Sie waren jedoch freier und selbständiger in ihrer Verwaltung als die unter fürstbischöflicher Obrigkeit stehenden städtischen Gebilde. In den Freien Reichsstädten konzentrierten sich die Hochleistungen der bürgerlichen Baukunst, nachdem es eine „höfische Baukunst" praktisch nicht gab, ganz auf die Ausgestaltung der Bauten der Patrizier.

Daß es somit nicht möglich ist, Patrizierbauten in Freien Reichsstädten mit jenen in den altbairischen Rentamtsstädten zu vergleichen, liegt auf der Hand. Nur die Stadthäuser des Adels und der Geistlichkeit, die eine Zwischenstellung zwischen der „bürgerlichen" und der „höfischen" Baukunst einnehmen, lassen sich annähernd mit den Bauten der Geschlechter in den Freien Reichsstädten in Beziehung setzen. Sie schneiden dabei durchaus nicht schlechter ab.

Die Bürgerhäuser in den Bischofsstädten stehen, was ihre Fassadengestaltung betrifft, oft etwas hinter jenen der altbairischen Rentamtsstädte vergleichbarer Größe zurück. In Freising, Eichstätt und Passau dominieren dafür im Straßenbild die Domherrenhöfe und die Bauten der bischöflichen Verwaltung.

Altbaiern war anfangs ein Gebiet des Holz- und später des Steinbaus. Der Fachwerkbau, wie er im alemannischen und fränkischen Raum beheimatet war, blieb hier weitgehend unbekannt. Das Straßenbild der Städte und Märkte Ober- und Niederbayerns läßt sich aus diesem Grund nur mit dem in Österreich, Böhmen und Mähren vergleichen. Die Unterschiede sind, wie man sich bei einer Reise in diese Länder leicht informieren kann, erstaunlich gering. Die Wechselbeziehungen sind vielfältig, wobei noch die Frage zu untersuchen wäre, wer jeweils die Bauformen vom anderen abgeschaut und übernommen hat.

Die bürgerliche Baukunst Altbaierns hat vor allem aus dem Süden von den Städten Oberitaliens und Südtirols wichtige Impulse empfangen. So sind beispielsweise die hofseitigen Arkadengänge typische Bauformen klimatisch wärmerer Zonen; sie dringen in der Mitte des 16. Jahrhunderts in unseren Raum vor. Älter sind bei uns die Lauben, sie sich seit der Mitte des 15. Jahrhunderts an Landshuter Häusern nachweisen lassen. Auch hierfür gibt es südliche Vorbilder, wie etwa die Lauben an den Kaufmannshäusern von Vittorio Veneto an der alten Handelsstraße nach dem Norden. Reizvoll wäre auch sicher, der Frage näher nachzugehen, seit wann Erker an altbairischen Bürgerhäusern erscheinen, nachdem sie sich schon sehr früh an Häusern Südtirols – man denke hier nur an die Kaufmannshäuser an der Hauptstraße von Sterzing in Südtirol – feststellen lassen. Bei den Vorschußmauern, die seit der Mitte des 16. Jahrhunderts für die Inn- und Salzachstädte Altbaierns so typisch sind, läßt sich sogar archivalisch nachweisen, daß sie nach Innsbrucker Vorbild – man vergleiche dazu die von Kaiser Maximilian in der Zeit um 1515/20 für verschiedene Städte seines Territoriums erlassenen Anweisungen bzw. Verordnungen[270] – erbaut wurden.

Die für die Landshuter Bürgerhäuser so typischen rundbogigen Zinnengiebel gehen wohl auf ähnliche Formen im venetianischen Gebiet zurück. Es hat den Anschein, daß sie zunächst nach Altbaiern und dann erst nach Böhmen gelangten. Für diese Annahme spricht der Bau der Teinschule am Altstädter Ring in Prag. Auch ein Bürgerhaus am Platz von Pardobitz (Pardubice) in Ostböhmen zeigt einen Zinnengiebel mit rundbogigen Abschlüssen. Überhaupt ähneln die Bürgerhäuser einiger Orte in Südmähren, wie die am Platz von Teltsch (Telc) und am Platz von Zlabings (Slavonice), mit ihren erdgeschossigen Lauben auffallend den Bürgerhäusern in manchen altbairischen Landstädten des Inn- und Salzachgebiets. Die Über-

---

270 Vgl. Schuster 1964, S. 55 f.

Abb. 119 Neumarkt a. d. Rott (Lkr. Mühldorf a. Inn), Bürgerhäuser mit Unterem Tor

nahme altbairischer Bürgerhausformen, wie z.B. die früher in Straubing verschiedentlich vorkommenden „Ohrwascheln" an Bürgerhäusern, läßt sich eindeutig für Taus (Domazlice) im Böhmerwald, einem Ort dicht an der Grenze bei der bayerischen Stadt Furth i. Wald, wo zwei Häuser am Platz diese stehenden Aufzugsgauben besitzen, belegen.

Die für viele Orte Böhmens so typischen Fassaden mit Kratzputz (Sgraffito) finden hingegen in Altbaiern kaum eine Entsprechung. Die waagrecht abschließende Vorschußmauer mit polnischer Attika, so wie sie etwa an dem um 1580 erbauten Rathaus von Krummau (Cesky Krumlov) in Südböhmen nachweisbar ist, kommt heute in ähnlicher Form lediglich noch an einem Haus am Stadtplatz von Cham vor, nachdem ein ähnlich gestalteter Giebel an einem Straubinger Bürgerhaus am Ludwigsplatz, wie noch das Stadtmodell Jakob Sandtners von 1568 *(T12a)* erkennen läßt, längst verschwunden ist.

Im Gegensatz zu den gleichfalls aus Ziegelsteinen gemauerten Bürgerhäusern Schlesiens – man vergleiche beispielsweise die Häuser am Marktplatz von Hirschberg – oder etwa gar jenen der Niederlande, wo im allgemeinen die Horizontale betont wird, wurde an den Fassaden der Bürgerhäuser in Altbaiern, Österreich, Böhmen und Mähren mehr die Waagrechte betont. Der behäbige, breitgelagerte Baukörper vieler Gasthöfe von Ober- und Niederbayern ist ganz typisch für die heimische Baukunst und die altbairische Mentalität.

In den Rentamtsstädten überwiegen die dreigeschossigen, in den Landstädten und Märkten die zweigeschossigen Bauten. Viergeschossige Bürgerhäuser, wie sie früher in Nürnberg vielfach anzutreffen waren, kannte man hier vormals – abgesehen von einigen Amtsbauten – nicht.

München, Landsberg a. Lech und Straubing lassen sich in ihrer Bauweise annähernd vergleichen. Es überwiegen hier die traufständigen Bauten; Halbgiebel oder sogenannte „Ohrwascheln" kommen des öfteren vor. Die Giebelständigkeit ist hingegen eine in Landshut vorherrschende Bauform, die nur von den vielachsigen Amtsbauten nicht eingehalten wird. Die Vorschußmauern sind für die Inn- und Salzachstädte typisch. Die Bürgerhäuser mit den reichsten und zierlichsten Giebeln besaß ohne Zweifel Ingolstadt. Als Vorbild dürfte das aus der Zeit um 1340 stammende Nürnberger Rathaus gedient haben.[271]

Ein beredtes Zeugnis von der einstigen Schmuckfreudigkeit legen noch einige Fassaden an Bürgerhäusern der gehobenen Bürgerschicht an wichtigen Straßen und Plätzen ab. Die einfachen, schmucklosen Handwerkerhäuser in den Nebengassen entbehrten diesen kostspieligen Luxus der Fassadenmalerei. Fassaden mit Rauhputzdekor blieben stets eine Landshuter Eigenart.

In der Mitte des 16. Jahrhunderts kam es mit dem Erstarken des Bürgertums und der städtischen Selbstverwaltung zu einer besonderen Blütezeit der bürgerlichen Baukunst in Altbaiern, an der insbesondere der gehobene Mittelstand partizipierte. Die wachsenden Ansprüche an den Wohnkomfort führten dazu, daß jetzt geräumigere Häuser errichtet wurden. In manchen Fällen ist zu beobachten, daß zwar die Fassaden der spätgotischen Häuser an der Straßenfront belassen wurden, das Innere aber erneuert wurde. Vielfach wurden auch Rückgebäude hinzugefügt. Hauptbau und Rückgebäude verband man häufig durch einen Seitenflügel mit offenen Arkadengängen nach südländischem Muster.

Im 17. Jahrhundert kam es in Altbaiern – was das Bauen in den Städten und Märkten betrifft – zu einer gewissen Beruhigung. Dies wurde vor allem durch

---

271 Vgl. W. Schwemmer, Das Bürgerhaus in Nürnberg, Tübingen 1972, T. 54b (= Das deutsche Bürgerhaus, hrsg. v. A. Bernt und G. Binding, XXVI). – Man vergleiche dazu auch das im Jahr 1492 erbaute fürstbischöfliche Hofkastenamt in Augsburg, das ebenfalls einen schönen gestäbten Giebel besitzt.

zwei Faktoren bestimmt: Zum einen war an Neubauten eine Sättigung des Bedarfs erreicht worden und zum anderen sorgten die Wirren des Dreißigjährigen Krieges (1618–1648) mit dem Pestjahr von 1632 für eine Lähmung von Handel und Gewerbe sowie für einen starken Bevölkerungsrückgang. In den Jahren zwischen 1630 und 1680 wurde fast nichts gebaut, eine Tatsache, die sich auch anhand der noch in den Archiven erhaltenen Baurechnungen gut belegen läßt.

Die Barockzeit bedeutet für Altbaiern wiederum eine Blüte der bürgerlichen, aber auch der ländlichen und höfischen Baukunst. Neubauten entstanden nun weniger in den Rentamtsstädten, die ihren Baubestand des 15. und 16. Jahrhunderts weitgehend erhalten hatten, sondern vielmehr in den kleineren Städten und Märkten des Landes. Hier wurden vielfach erst damals die älteren Holzhäuser der Handwerker, sofern sie nicht schon durch die raubend und mordend durch das Land ziehenden Schweden und Hilfsvölker des Norddeutschen Bundes niedergebrannt worden waren, erst beim Wiederaufbau durch Steinbauten ersetzt. Auch auf dem Land begann eine Bauwelle, wobei nicht nur die Bauernhöfe größer und komfortabler als je zuvor erneuert wurden, sondern auch allenthal-

Abb. 120
Neuötting (Lkr. Altötting), Bürgerhäuser in der Ludwigstraße und das Burghauser Tor

ben neue Landgasthöfe und Pfarrhäuser entstanden, deren hohe Walmdächer noch heute neben den Kirchen das Ortsbild der altbairischen Dörfer wesentlich bestimmen *(T 144 b)*.

Die Schrecknisse des bayerisch-österreichischen Erbfolgekrieges von 1745 führten zu einem großen Verlust an Bausubstanz in den Landstädten und Märkten. So gingen Dingolfing und Landau a. d. Isar in Flammen auf und brannten fast völlig nieder.

Die Säkularisation vom Jahr 1803, die vor allem den geistlichen Territorien und Niedergerichtsbezirken, wie den Hochstiften und Klöstern, schlimm mitspielte, führte auch zur Einziehung der zahlreichen Meßstiftungshäuser in den Städten. Ein tiefgreifender Strukturwandel war damit verbunden. Auch die Neuorganisation der Verwaltung im Land blieb nicht ohne Folgen. Mit der Aufklärung ging ebenso ein wesentlicher Abschnitt in der Stadtbaukunst seinem Ende entgegen. Die mittelalterlichen Tore, Türme und Mauern wurden niedergelegt, das geschlossene Stadtbild war damit verloren, die Zersiedelung des Umlandes setzte ein. An den funktionslos gewordenen Befestigungsanlagen bauten die Taglöhner meist unter Einbeziehung mittelalterlicher Mauerreste ihre schlichten Behausungen und in den aufgelassenen Gräben legten sie Gärten an. Eine soziale Demontage des Stadtbilds und des städtischen Gemeinwesens setzte ein und kam bis zum heutigen Tag nicht mehr zum Stillstand. Nicht nur die städtebaulichen Akzente, wie Stadttore und Stadttürme, wurden damals dem angeblichen Fortschritt sinnlos geopfert, sondern auch in den Straßen und Gassen trat eine nicht mehr aufzuhaltende Verödung ein. Es ist bezeichnend, daß die sogenannten „alten Familien", die jahrhundertelang im Rat der Stadt die Geschicke des Gemeinwesens zum Wohl aller gelenkt hatten, damals ausstarben oder in die aufstrebende Residenzstadt München fortzogen. Diese tiefgreifende soziale Umschichtung der Bevölkerung führte dazu, daß in die einstigen Patrizierhäuser und Stadtpalais des Adels nun Schenkwirte und kleine Gewerbetreibende einzogen. Für eine Fortführung der gehobenen Bau- und Wohnkultur fehlten das Verständnis und die finanziellen Mittel.

Zusammenfassend läßt sich sagen, daß Altbaiern ebenso wie andere Landstriche des deutschen Sprachraums einen eigenständigen Beitrag zur Bürgerhauskultur in Mitteleuropa geliefert hat. Diese kontinuierliche Entwicklung kam erst in der Mitte des 19. Jahrhunderts zum Erliegen und machte langsam dem internationalen Baustil des Historismus Platz. München baute sich ab 1867 sein Rathaus im Stil der „Brabanter Gotik", ein Vorgang, der hundert Jahre früher noch völlig undenkbar gewesen wäre.

Wichtig für die altbairische Stadt ist das historisch gewachsene Ensemble. Kirchen und Stadttore setzen Akzente im Straßenbild *(T 189–199)*, und Brunnen und Mariensäulen beleben die Plätze *(T 127 b, 190 a)*. Meisterhaft haben es die schlichten Werk- und Maurermeister verstanden, Giebel neben Giebel zu setzen, doch nicht in gleichbleibender Monotonie, sondern stets in erlebbaren Variationen. Es gibt kaum einen zweiten deutschen Landstrich, der solch mannigfaltige Formen aufweisen könnte. Anregungen von außen werden gekonnt in die heimische Formensprache übersetzt, so daß die mit diesem Dekor geschmückten Bauten keine Fremdkörper bleiben, sondern sich harmonisch in das Gesamtbild einfügen und dieses meist noch wirkungsvoll beleben. Gassen, Straßen und Plätze passen sich harmonisch dem Gelände an und laufen oft, wie z. B. die Altstadt von Landshut oder der Marktplatz von Kößlarn zeigen, in einer sanften Biegung dahin. Die Schönheit der altbairischen Städte ist zu einem festen Begriff geworden.

Meist wird man sich gar nicht darüber klar, daß selbst ein uns heute noch mittelalterlich erscheinendes Straßenbild im Laufe der Jahrhunderte den vielfältigsten Umwandlungen unterworfen war. Schritt um Schritt wurde das Leben in den Straßen und Gassen eingeengt und zurückgedrängt. Die Handwerker, die häufig ihr Gewerbe über die Werkstatt hinaus bis in die Straßen und Gassen hinein betrieben, wurden auf ihre Arbeitsräume beschränkt. Die Fußgänger wurden auf die Gehsteige verbannt, die wir uns kaum mehr aus dem Straßenbild wegdenken können, aber vormals fehlten. Einst waren die Plätze, Straßen und Gassen auch nicht asphaltiert und betoniert. Eine Pflasterung mit Bachkieseln, die auf einer Ansicht des Burghauser Stadtplatzes *(T 176 a, 177 a)* aus der Mitte des vorigen Jahrhunderts festzustellen ist, galt schon als eine große Errungenschaft.

Fotografien aus dem vorigen Jahrhundert verraten, daß die Fassaden zwar nicht so sauber waren wie heute, doch sie lebten noch! Die im Wechsel der Tageszeiten auf den körnigen Putz auftreffenden Sonnenstrahlen ließen die Strukturen plastisch hervortreten *(vgl. T 87 c)*. Abblätternde Putzschichten *(vgl. T 87 b)* wirkten nicht störend, denn sie waren so allgemein verbreitet, daß sie erst gar nicht auffielen. Die Armut weiter Bevölkerungsschichten sorgte dafür, daß die Häuser oft lange Zeit fast unverändert blieben. Diesem malerischen Zustand hat unser industrielles Zeitalter ein rasches Ende bereitet. Fast jede Fassade unserer Bürgerhäuser hat nach dem Zweiten Weltkrieg eine durchgreifende – leider meist unsachgemäße – Renovierung über sich ergehen lassen müssen. Die unaufdringlichen Kalkfarben bei den Fassadenanstrichen sind schreienden synthetischen Farben gewichen. Die Erdgeschoßzonen der Häuser, die einst

Abb. 121   Landshut, Bürgerhäuser mit rundbogigen Zinnen

Abb. 122   Landshut, Alte Bergstraße 145–148, Bürgerhäuser mit gezinnten Giebeln

die schlichten Werkstatträume aufnahmen, wurden ausgekernt, und die dem Bauwerk angepaßten Fensteröffnungen mußten übergroßen Schaufenstereinbauten mit eloxierten Rahmen weichen. Alte Gewölbe wirkten fortan störend, und spätgotische Kreuzrippen wurden abgeschlagen oder hinter untergehängten Gipsdecken verborgen. Innerhalb von drei Jahrzehnten hat der Unverstand der Menschen mehr als alle Kriege und Brände zuvor zerstört, so daß die Anstrengungen groß sein werden, je wieder ein intaktes Ortsbild zurückzugewinnen.

Viele städtische Bauämter neigen bedauerlicherweise noch immer dazu, eine reine Fassadendenkmalpflege zu betreiben. Doch der Bauhistoriker kann nur immer wieder mahnend daraufhinweisen, daß das Innere eines Hauses ein unverzichtbarer Teil eines Baudenkmals ist. Es bleibt nur zu hoffen, daß künftige Generationen hier retten, was noch zu retten ist. Dem Nutz- und Zweckdenken dieser Generation ist es anscheinend nicht beschieden, das überkommene baugeschichtliche Erbe zu bewahren und unversehrt weiterzugeben.

ABGEKÜRZT ZITIERTE KUNSTDENKMÄLERINVENTARE

KDB, Stadt und Bezirksamt Deggendorf
Die Kunstdenkmäler von Bayern, Regierungsbezirk Niederbayern, Bd. XVII Stadt und Bezirksamt Deggendorf, bearbeitet von Karl Gröber, München 1927

KDB, Bezirksamt Dingolfing
Die Kunstdenkmäler von Bayern, Regierungsbezirk Niederbayern, Bd. I Bezirksamt Dingolfing, bearbeitet von Anton Eckardt, München 1912

KDB, Bezirksamt Erding
Die Kunstdenkmäler von Bayern, Regierungsbezirk Oberbayern, Bezirksamt Erding, bearbeitet von Gustav von Bezold und Berthold Riehl, München 1905

KDB, Stadt Ingolstadt
Die Kunstdenkmäler von Bayern, Regierungsbezirk Oberbayern, Stadt Ingolstadt, bearbeitet von Gustav von Bezold und Berthold Riehl, München 1892

KDB, Bezirksamt Kelheim
Die Kunstdenkmäler von Bayern, Regierungsbezirk Niederbayern, Bd. VII Bezirksamt Kelheim, bearbeitet von Felix Mader, München 1922

KDB, Bezirksamt Landau a. I.
Die Kunstdenkmäler von Bayern, Regierungsbezirk Niederbayern, Bd. XIII Bezirksamt Landau a. I., bearbeitet von Anton Eckardt, München 1926

KDB, Bezirksamt Landshut
Die Kunstdenkmäler von Bayern, Regierungsbezirk Niederbayern, Bd. II Bezirksamt Landshut, bearbeitet von Anton Eckardt, München 1914

KDB, Stadt Landshut
Die Kunstdenkmäler von Bayern, Regierungsbezirk Niederbayern, Bd. XVI Stadt Landshut, bearbeitet von Felix Mader, München 1927

KDB, Bezirksamt Miesbach
Die Kunstdenkmäler von Bayern, Regierungsbezirk Oberbayern, Bezirksamt Miesbach, bearbeitet von Gustav von Bezold und Berthold Riehl, München 1905

KDB, Stadt und Bezirksamt Mühldorf
Die Kunstdenkmäler von Bayern, Regierungsbezirk Oberbayern, Stadt und Bezirksamt Mühldorf, bearbeitet von Gustav von Bezold und Berthold Riehl, München 1905

KDB, Bezirksamt Pfarrkirchen
Die Kunstdenkmäler von Bayern, Regierungsbezirk Niederbayern, Bd. X Bezirksamt Pfarrkirchen, bearbeitet von Anton Eckardt, München 1923

KDB, Stadt und Bezirksamt Rosenheim
Die Kunstdenkmäler von Bayern, Regierungsbezirk Oberbayern, Stadt und Bezirksamt Rosenheim, bearbeitet von Gustav von Bezold und Berthold Riehl, München 1905

KDB, Stadt Straubing
Die Kunstdenkmäler von Bayern, Regierungsbezirk Niederbayern, Bd. VI Stadt Straubing, bearbeitet von Felix Mader, München 1921

KDB, Bezirksamt Vilsbiburg
Die Kunstdenkmäler von Bayern, Regierungsbezirk Niederbayern, Bd. V Bezirksamt Vilsbiburg, bearbeitet von Anton Eckardt, München 1921

KDB, Bezirksamt Vilshofen
Die Kunstdenkmäler von Bayern, Regierungsbezirk Niederbayern, Bd. XIV Bezirksamt Vilshofen, bearbeitet von Felix Mader und Joseph Maria Ritz, München 1926

LITERATURVERZEICHNIS

Arndt, Johann: Die Bedeutung der Innstraße für die Bauweise der städt. Häuser im bayer. Stammland, in: Geographischer Anzeiger, Gotha 1939

Bayerisches Städtebuch, Teil 2, hrsg. v. Erich Keyser u. Heinz Stoob, Stuttgart 1974

Binding, Günther: Architektonische Formenlehre, Darmstadt 1980

Bleibrunner, Hans: Landshuts Stadtbefestigungen nach dem Sandtnermodell, Landshut o. J.

Bleibrunner, Hans: Das alte Oberbayern, Landshut 1962

Bleibrunner, Hans: Das alte Niederbayern, Landshut 1969

Bleibrunner, Hans: Landshut, die altbayerische Residenzstadt, ein Führer zu ihren Sehenswürdigkeiten, Landshut 1971

Bleibrunner, Hans: Landshut, Ansichten der Stadt aus fünf Jahrhunderten, Landshut 1974

Bleibrunner, Hans: Niederbayern, Kulturgeschichte des bayerischen Unterlandes, Band I, Landshut 1979. – Ders.: Bd. II, Landshut 1980

Booz, Paul: Der Baumeister der Gotik, München 1956 (= Kunstwissenschaftliche Studien, Bd. XXVII)

Buchleitner, Alois: Burghausen an der Salzach, in: Schönere Heimat, 62. Jg., Heft 2, 1973, S. 342–348

Cramer, Johannes, Gerberhaus und Gerberviertel in der mittelalterlichen Stadt, in: architectura, Zeitschrift für Geschichte der Baukunst, Bd. 9, 1979, S. 132–147

Dehio, Georg: Handbuch der deutschen Kunstdenkmäler, Bd. 3, Süddeutschland, Berlin 1937

Ebhardt, Bodo: Der Einfluß des mittelalterlichen Wehrbaus auf den Städtebau, Berlin 1910

Elsen, Alois: Wie entstand die altbayer. Stadt?, Bayerland 1935, Bd. 46, S. 481, und Beilage zu 1936, Bd. 47, Heft 9

Erdmannsdorffer, Karl: Das Bürgerhaus in München, Tübingen 1972 (= Das deutsche Bürgerhaus, begründet v. Adolf Bernt, hrsg. v. Günther Binding, Bd. XVII)

Erdmannsdorffer, Karl: Innstadthäuser im Raum zwischen Isar und Inn, in: Schönere Heimat, 62. Jg., Heft 2, 1973, S. 360–363

Fehn, Hans: Das Siedlungsbild des niederbayer. Tertiärhügellandes zwischen Isar und Inn, in: Mitteilungen der geographischen Gesellschaft, München 1935

Gantner, Josef: Grundformen der europäischen Stadt, Wien 1928

Göbel, H.: Das süddeutsche Bürgerhaus, Dresden 1908

Götz, Wilhelm: Geographisch-historisches Handbuch von Bayern, Bd. I, München 1895

Grasmann, Lambert: Vilsbiburg in alten Ansichten, die bauliche Entwicklung 1860–1930, Regensburg 1980

Grisebach, August: Die alte deutsche Stadt in ihrer Stammeseigenart, Berlin 1930

Gruber, Karl: Die Gestalt der deutschen Stadt, Leipzig 1937

Gruber, Karl: Das deutsche Rathaus, München 1943

Hamm, Ernst: Die deutsche Stadt im Mittelalter, Stuttgart 1935

Haase, Carl: Die Stadt des Mittelalters, Bd. I, Darmstadt 1969; Ders., Bd. II, Darmstadt 1972; Ders., Bd. III, Darmstadt 1973

Haupt, Richard: Kurze Geschichte des Ziegelbaus und Geschichte der deutschen Ziegelbaukunst bis durch das zwölfte Jahrhundert, Heide 1929

Haushofer, Josef: Geschichte von Eggenfelden, Eggenfelden 1977

Herzog, Theo: Zur Geschichte des Bauhandwerks in Landshut vom 14.–19. Jh., Landshut 1964

Herzog, Theo: Landshuter Häuserchronik, Bd. I, Neustadt a. d. Aisch 1957 (= Bibliothek familiengeschichtlicher Quellen, Bd. XII)

Herzog, Theo: Landshuter Häuserchronik, Bd. II (für den Stadtteil links der Isar), Neustadt a. d. Aisch 1971 (= Bibliothek familiengeschichtlicher Quellen, Bd. XXI)

Hoenig, Anton: Deutscher Städtebau in Böhmen, Berlin 1921

Hofmann, Siegfried: Ingolstadt von 806–1800, in: Die Stadt Ingolstadt an der Donau, ein Heimatbuch, München 1963, S. 9–79

Hofmann, Siegfried: Schicksale zweier Professorenhäuser während des 18. Jahrhunderts. Die Häuser Johann Adam von Ickstatts und Heinrich Palmaz Levelings, in: Ingolstädter Heimatblätter, Beilage zum Donau Kurier, 37. Jg., Nr. 7, 1974

Hofmann, Siegfried: Das Ingolstädter Landschaftshaus, ein Werk Veit Haltmayrs, in: Ars Bavarica, Bd. 3, 1975, S. 82–93

Hofmann, Siegfried: Eine aufgefundene Hausinschrift von 1376, in: Sammelblatt des Histor. Vereins Ingolstadt, 86. Jg., 1977, S. 85 ff.

Huber, Johann Georg Bonifaz: Geschichte der Stadt Burghausen, Burghausen 1862

Janner, Ferdinand: Die Bauhütten des Deutschen Mittelalters, Leipzig 1876

Karlinger, Hans: Altbayern, München 1922

Keller, Harald: Oberbayerische Stadtbaukunst des 13. Jahrhunderts, in: Festschrift für Geh.-Rat Walter Götz, Weimar 1948

Klaiber, Christoph: Die Grundrißbildung der deutschen Stadt im Mittelalter, Berlin 1942

Kletzl, Otto: Titel und Namen von Baumeistern deutscher Gotik, München 1935

Koller, Rudolf: Ingolstadt von 1800 bis heute, in: Die Stadt Ingolstadt an der Donau, ein Heimatbuch, München 1963, S. 98–115

Kratzsch, Klaus: Wittelsbachische Gründungsstädte: Die frühen Stadtanlagen und ihre Entstehungsbedingungen, in: Wittelsbach und Bayern, Bd. I/1, Die Zeit der frühen Herzöge, von Otto I. zu Ludwig dem Bayern, Beiträge zur Bayerischen Geschichte und Kunst 1180–1350, München 1980, S. 318–337

Kriechbaum, Ernst: Hüben und Drüben. Landschaft und Städte an Inn und Salzach, München 1934

Liedke, Volker: Der Neubau des Teisbacher Kastnerhauses im Jahr 1594, in: Der Storchenturm, 1. Jg., Heft 2, Dingolfing 1966/67, S. 16–19

Liedke, Volker: Die Hofmarken und Edelsitze im Gericht Dingolfing, Dingolfing 1970

Liedke, Volker: Bernhard Zwitzel, der Meister des sog. „Deutschen Baus" an der Stadtresidenz in Landshut, in: Verhandlungen des Hist. Vereins für Niederbayern, Bd. 97, Landshut 1971, S. 90–99

Liedke, Volker: Zwei Beispiele zur Burghausener Häuser- und Familiengeschichte, in: Schönere Heimat, 62 Jg., Heft 2, 1973, S. 351–354

Liedke, Volker: Die Auftrager, eine Landshuter Baumeisterfamilie der Spätgotik, in: Ars Bavarica, Bd. 1, 1973, S. 12–16

Liedke, Volker: Das Bruderschaftsbuch der Maurer zu Burghausen von 1743, in: Ars Bavarica, Bd. 1, 1973, S. 105–113

Liedke, Volker: Das ehemalige Amtshaus zu Dorfen, ein Mittertennhaus, wohl noch aus der Zeit vor dem Dreißigjährigen Krieg, in: Freundeskreisblätter des Freilichtmuseums Südbayern e.V., Bd. 3, 1975, S. 59–65

Liedke, Volker: Die Baumeister- und Bildhauerfamilie Rottaler (1480–1533), München 1976

Liedke, Volker: Baualtersplan zur Stadtsanierung Burghausen, München 1978

Liewehr, Erwin u. Grimm, Otto: Marktplätze in Südostbayern, Passau 1976

Markmiller, Fritz: Dingolfing, das alte Gesicht einer kleinen Stadt, Dingolfing 1971

Markmiller, Fritz: Die Maurer- und Zimmerermeister der Handwerks-Viertellade zu Dingolfing, in: Verhandlungen des Historischen Vereins für Niederbayern, Bd. 98, 1972, S. 70–82

Markmiller, Fritz: Die Herzogsburg in Dingolfing und die zugehörigen Baulichkeiten, Dingolfing 1975

Markmiller, Fritz: Die Dingolfinger Stadtapotheke und ihre Besitzer, in: Der Storchenturm, Heft 27, 1979, S. 94–104

Martin, Franz: Braunauer Häuserchronik, Salzburg 1943

Mielke, Friedrich: Die Geschichte der deutschen Treppen, Berlin 1966

Miesgang, Georg und Schütz, Wolfgang: Burghausen, 2. Auflage 1975, Freilassing 1973

Mühlfeld, Hans: Das deutsche Zimmermannsdach, Berlin 1938

Oestreich, Dieter: Die Entstehung des Stadtgrundrisses von München und seine Entwicklung bis zur Mitte des 13. Jahrhunderts, Diss. München 1950

Ostendorf, Friedrich: Geschichte des Dachwerks, Leipzig 1908

Planitz, Die deutsche Stadt im Mittelalter, 2. Auflage, Graz u. Köln 1965

Rasp, Hans-Peter: Die Landshuter Stadtresidenz – Stilcharakter und Baugeschichte der italienischen Trakte, in: Verhandlungen des Hist. Vereins für Niederbayern, Bd. 100, 1974, S. 108–184

Recknagel, Maria: Die Städte und Märkte des bayer. Donaugebietes, in: Mitteilungen der geographischen Gesellschaft, München 1927

Reitzenstein, Alexander Frhr. v.: Die alte bairische Stadt in den Modellen des Drechslermeisters Jakob Sandtner, gefertigt in den Jahren 1568–1574 im Auftrag Herzog Albrechts V. von Bayern, München 1967

Rietschel, Siegfried: Markt und Stadt in ihrem rechtlichen Verhältnis, Leipzig 1897

Rohrmayr, Hanns: Häusergeschichte der Stadt Straubing, Straubing 1961

Roth, Hans: Alte Hausinschriften, München 1975

Rothenfelder, Ludwig: Die Wittelsbacher als Städtegründer in Bayern, Landshut 1911

Schmid, Wolfgang Maria: Die Burghauser Steinmetzenhütte und -Bruderschaft von 1459, in: Monatsschrift für die ostbayerischen Grenzmarken, 10. Jg., 1921, S. 142–146

Schütz, Wolfgang und Sattler, Bernhard: Die Inn-Salzach-Städte, Zauber bürgerlicher Baukunst, Freilassing 1967

Schuster, Max Eberhard: Innstädte und ihre alpenländische Bauweise, München 1951

Schuster, Max Eberhard: Das Bürgerhaus im Inn- und Salzachgebiet, Tübingen 1964 (= Das deutsche Bürgerhaus, hrsg. v. Adolf Bernt, Bd. V)

Schweighart, Emil: Das bayer. Innstadthaus, München 1921

Solleder, Fridolin: München im Mittelalter, München 1937

Spitzelberger, Georg: Landshut, 1. Auflage, München 1981 (= Große Kunstführer 79)

Staudenraus, Alois: Chronik der Stadt Landshut in Bayern, Teil I, Landshut 1832

Steinlein, Gustav: Altbürgerliche Baukunst, Reiseskizzen aus Süddeutschland, in: Schriften des Bayer. Vereins für Volkskunst und Volkskunde e.V. in München, Bd. 1, München 1906; Ders., Bd. 2, München 1906

Steinlein, Gustav: Die Baukunst Alt-Münchens, München 1916

Steinlein, Gustav: Altbayerische Gasthäuser, München 1940

Waltl, Artur: Das Braunauer Wohnhaus vom 15. bis 18. Jahrhundert, in: Österreichische Kunsttopographie, Bd. XXX, Die Kunstdenkmäler des politischen Bezirks Braunau, Wien 1947, S. 12–24

Wasmuths Lexikon der Baukunst, Berlin 1931

Weindl, Hans: Die Apotheken in Niederbayern in ihrer historischen Entwicklung, in: Verhandlungen des Hist. Vereins für Niederbayern, Bd. 90, Landshut 1964

Zoder, Max: Studien zur Entwicklung des mittelalterlichen Backsteinrohbaus in Niederbayern, in: Veröffentlichungen des Instituts für ostbairische Heimatforschung, Nr. 8, Passau 1929

Zorn, Eberhard: Entwicklungsstufen mittelalterlicher Stadtbaukunst, Landshut o. J.

Zucker, Paul: Die Entwicklung des Stadtbildes, München 1929

BILDNACHWEIS

Bayer. Hauptstaatsarchiv, München: T 143 a–c. – Bayer. Landesamt für Denkmalpflege, München: Abb 5, 18, 21, 24, 27–36, 38–40, 43, 49, 53–56, 59, 61–63, 66–69, 71, 73, 75–81, 83, 85–86, 95–96, 98–99, 105–106, 109–110, 117–122; T 22 b–c, 25 a–b, 35 a–b, 37 b, 38 a–c, 39 a–c, 40 a, 41 a, 42 a, 42 c–57 c, 58 a–60 a, 61 a–66 b, 67 b, 68 c, 69 a, 73 a, 74 a–75 a, 76 a, 77 a, 78 a–81 a, 82 c, 84 a, 84 c–87 c, 88 c, 90 b–c, 92 a–95 b, 95 d, 96 b, 97 a–100 a, 101 a–102 d, 103 c, 105 a–b, 108 c–d, 108 f, 110 a, 111 a–b, 112 b–c, 113 b, 114 b–116 a, 118 a–120 a, 121 a–b, 123, 124 b, 126 a–127 b, 129 b–130 b, 132 a–134 b, 136–138, 139 b, 141 a, 142 a–b, 146 a–147 a, 150 a–152, 154 a–163, 165 a–169 a, 172 b, 174 a–181 b, 183 a–b, 185 a–186 a, 193 a, 195; T 199 a–b. – Bayer. Nationalmuseum, München: T 4 a–21. – Ursula Liedke (Umzeichnungen von Plänen aus der Architektursammlung der Technischen Universität München, dem Stadtarchiv Dingolfing und dem Planarchiv des Bayer. Landesamts für Denkmalpflege, München): Abb. 19, 20, 22, 23, 25, 26, 45, 48, 50–52, 60, 64, 65, 72, 82, 90–94, 108, 111, 112, 115. – Dr. Volker Liedke, München: Abb. 1–4, 6–17, 37, 41, 42, 44, 46, 70, 74, 84, 87–89, 97, 100, 107, 113, 114, 116; T 83, 113 a, 125, 128, 131, 135, 145, 148 a, 153, 173, 184, 189, 200. – Dipl.-Ing. Architekt Fritz Markmiller, Dingolfing: Abb. 47. – Pressebild Dipl.-Ing. Oskar Poss, Eisenärzt: T 72 c, 81 b. – Reiser, Burghausen: T 112 a. – Fotostudio Joachim Sowieja, Gilching b. München: T 170. – Staatl. Graphische Sammlung, München: T 1 a–c. – Stadtarchiv Ingolstadt: T 24 a–d, 25 c, 26 a–28 b, 29 b, 30 a–31 c. – Stadtarchiv Landshut: T 89 a–b. – Dipl.-Ing. Helmut Strehler, Gammelsdorf, Pläne nach eigenen Maßaufnahmen: Abb. 57, 58, 101–104. – Foto Maria Weber, München: T 22 a, 23 a–c, 28 c, 29 a, 32 a–c, 33 a–c, 34 a–c, 36 a–b, 37 a, 37 c, 39 d, 40 b, 41 b, 42 b, 57 b, 60 b–c, 66 c, 67 a, 67 c, 68 a–b, 68 d, 69 b–c, 70 a–72 b, 73 b, 75 b, 76 b–c, 82 a–b, 84 b, 88 a–b, 90 a, 91 a–d, 95 c, 96 a, 100 b, 103 a–b, 103 d, 104 a–c, 105 c, 106 a–108 a, 108 e, 109 a–d, 110 b, 114 a, 116 b–117 b, 120 b–c, 122, 124 a, 129 a, 139 a, 140 a–c, 141 b, 144 a–b, 147 b–c, 148 b, 149 a–b, 164 a–b, 169 b–c, 171 a–172 a, 182 a–b, 186 b–188 b, 190 a–192 b, 193 b–194 b, 196–198 b.

REGISTER
I. Künstler und Kunsthandwerker

Altweck, Thomas, Maurer und Steinmetz 37
Amann, Jost, Maler 15
Anthoni, Maurergeselle 45
Apian, Philipp T1a–c
Bernlochner, Johann Baptist, Maurer
Bocksberger, Hans, Maler 131
Canta, Johann Baptist, Stadtmaurer 45, 169
Cribello, Philipp, Maurer 45
Dänndl, Lienhard, Rotgießer 116
Danzer, Sebastian, Schlosser 47
Dietrich, Wendel, Kistler 56
Donauer, Hans d. Ä., Hofmaler 16; T2a–b, T3a–b
Doni, Viktor, Maurer 45
Effner, Joseph, Hofmaurer 132
Egkl, Wilhelm, Hofbaumeister 68
Ersinger, Michael, Maler 16; T3a
Ertl, Anton Wilhelm, Kupferstecher 17
Esterl, Hans, Maler 17
Euchendorffer, Peter, Goldschmied 114
Fischer, Andreas, Maurer 44; T28b
Fischer, Johann Michael, Maurer 44
Franckh, Jakob, Maurer 43; T26d
Frankh, Michael, Mauer 43; T27d
Franculos, Franz 45, 84
Gegl, Jakob, Maurer 44
Gerst, Wolf, Maurer 43; T27a
Glonner, Anton, Hof- und Stadtmaurer 44, 49, 107f., 113f., 132; T30c, T112a–b, T142a–d, T172b
Gunetzrhainer, Johann Baptist, Hofmaurer 132
Haas, Georg, Hofmaurer 135
Haltmayr, Veit, Maurer 132; T141a
Helmschrot, Heinrich, Bildschnitzer 114
Hirschstetter, Georg Felix, Hofmaurer 72, 113, 138; T113a
Hirschstetter, Johann Georg, Hofmaurer 113; T143b
Hirschstetter, Wolf, Hofmaurer 84, 113
Khrüner, Albrecht, Maurer 44; T28a
Knauf, Hans Georg, Maler 84
Kracher, Michael, Maurer 43; T24a
Kriegl, Hans, Maurer 42f., 44; T24b, T30a
Löbel, Lienhard, Goldschmied 114
Lutzenberger, Joseph, Radierer T176a, T177a
Mairstorffer, Jörg, Goldschmied 114
Mansart, François, Architekt 61
Marnsteiner, Andre, Zinngießer 116
Mayr, Georg, Maurer 137; T143c
Mazio, Domenico, Maurer 45
Meister Anthoni, Maurer 45
Meister Constantin, Maurer 45
Meister Frantz, Maurer 45
Meister Hanns von Burghausen, Maurer und Steinmetz 22, 140
Meister Sigmund, Maurer 45
Meister Wolfgang, Bildschnitzer 114
Merian, Matthäus, Kupferstecher 17

Mielich, Hans d. Ä., Maler 15
Nader, Michael, Maurer 86
Niclas, Hans, Maurer 45
Nolff, Hieronymus, Maurer 45
Obermayr, Matthias, Bildhauer und Stuckator 159; T159a, T167c
Pachmayr, Hans, Maler 84
Pasquai, Johann Maria, Maurer 45
Pee, Engelhard de, Maler 17
Peßnitzer, Ulrich, Baumeister 40
Pirner, Lienhard, Goldschmied 114
Pressel, Johann, Maler 17; T2b
Puecher, Hans, Maler 114
Rätzler, Hans, Beutler 114
Reicheneder, Leopold, Kleinuhrmacher 112
Rieperdinger, Johann Baptist, d. Ä., Zimmerer 11
Rieperdinger, Johann Baptist d. J., Zimmerer 11
Riva, Antonio, Maurer 45
Rizzi, Antonio, Maurer 45
Rottaler, Stephan, Bildschnitzer und Steinmetz 68
Rottaler, Wolfgang, Stadtmaurer 68, 124
Sacher, Daniel, Stadtmaurer 162
Sandtner, Jakob, Drechsler 19ff., 43, 47, 60f., 76, 88, 94, 111, 126, 132, 154f., 159; T4a–T21
Sauler, Lienhard, Goldschmied 114
Schmid, Ferdinand, Goldschmied 47
Schuer, Peter von der, Goldschmied 114
Schwenck, Mang, Maler 114
Seyfried, Friedrich, Maler 17
Sickinger, Franz, Steinmetz 114
Stainacher, Georg, Hofmaurer 84, 113
Stern, Joseph, Glockengießer 116
Stethaimer, Hans, Maler und Steinmetz 37; T157b
Stoßberger, Kaspar, Maler 17
Strasser, Glockengießer 116
Stuber, Anton, Stadtzimmerer 113
Surrer, Hans, Maurer 43; T26b
Tegler, Christian, Maler 17
Viscardi, Bartholomäus, Maurer 45
Viscardi, Giovanni Antonio, Hofmaurer 164; T164a
Weilkircher, Goldschmied 114
Wening, Michael, Kupferstecher 18, 30, 32, 108, 128
Werd, Wolfgang von, Maler 114
Wurm, Hans, Seidensticker 114
Zimmermann, Dominikus, Baumeister und Stuckator 29; T128
Zimmermann, Johann Baptist, Hofstuckator 108, 162f.; T159c
Zins, Joseph, Steinmetz 144
Zuccali, Caspar, Maurer 45
Zuccali, Christoph, Hofmaurer 45
Zuccali, Dominikus Christoph, Maurer 45
Zwerchsfeld, Lienhard, Steinmetz 124
Zwitzel, Bernhard, Steinmetz 20, 168

II. Personenregister

Adam, von 131
Aham, Georg von 27, 167
Aham, Lorenz von 27, 167
Airnschmalz, Sidonia 54; T46a
Altdorfer, Anna 159
Altdorfer, Hans 121, 158
Angerbeck, Valentin 118
Asch, von 128
Asch, Conrad von 158
Aycher, Ruger 86
Aycher, Seyfried 86
Barbarino, Stephan 107f.
Bellan 57
Biachino 57
Caminolo 57
Closen, von 33, 169
Closenberger, Christoph 54; T46a
Closenberger, Sidonia T46a
Crignis, de 106
Crollalanza, Doktor Johann Anton 162; T170
Cura, Hans Jakob 57
Cura, Johann Baptist 57
Diener, Wilhelm 158
Dorner, Christoph 47
Dürnitzl, Johann Nepomuk Freiherr von 69
Dürnitzl, Thomas 69
Ecker, Franz Xaver T167b
Eßbaum, Anna 152
Ettenharder, Ulrich 158
Feirer, Franz 86
Feld, Walther vom 150
Forster, Michael 85
Frauenmeister, Peter der 148
Fraunberg, Hans Georg von und zu 68
Fürbaß, Johann Georg 84
Galiart, Peter 107
Gassenmayr, Giuseppe 107f.
Gasteiger, Joseph 107
Genzinger, Ignaz 86
Glabsperger 88
Glabsperger, Jörg 158
Glabsperger, Wilhelm 158
Gotsbald, Abt von Niederaltaich 25
Grienberger, Joseph 69
Grunenwalt 148
Gscheider, Johann Franz 66, 136
Guizetti 106
Gumpelzhaimer 155
Haill, Doktor Johann T163
Haitenthaler, Joseph 66, 107f.
Hamerpeck, Franz 158
Hamerpeck, Panthaleon 158
Hartlieb, Erhart 124
Haslpeck, Franz 158

Hegnenberg, Georg von 19
Heinrich, Bischof von Bamberg 149
Herrscher Bayerns:
    Albrecht I., Herzog von Bayern 23
    Albrecht IV., Herzog von Bayern 13, 26, 131
    Albrecht V., Herzog von Bayern 16, 19
    Carl Theodor, Kurfürst von Bayern 13, 72, 86, 123, 131f.
    Ferdinand Maria, Kurfürst von Bayern 80
    Georg der Reiche, Herzog von Bayern-Landshut 13, 20f., 26, 121, 130f., 156, 162, 168; T167a
    Heinrich der Reiche, Herzog von Bayern-Landshut 13, 26f., 168, 170
    Heinrich XIV., Herzog von Bayern 149
    Heinrich XV., Herzog von Bayern 149
    Johann III., Herzog von Bayern-Straubing 23
    Judith, Herzogin von Bayern 149
    Hedwig, Gemahlin Herzog Georgs des Reichen von Bayern-Landshut 156
    Ludwig der Gebartete, Herzog von Bayern-Ingolstadt 13, 25, 130, 138, 152; T149a
    Ludwig der Kelheimer, Herzog von Bayern 23
    Ludwig der Reiche, Herzog von Bayern-Landshut 26, 47, 145, 162, 170; T182a
    Ludwig I., König von Bayern 13
    Ludwig V., der Brandenburger, Herzog von Bayern 149f.
    Ludwig X., Herzog von Bayern 20, 45, 76, 132, 168
    Max I. Joseph, König von Bayern 13
    Max III. Joseph von Bayern, Kurfürst von Bayern 13
    Max IV. Joseph, Herzog von Zweibrücken-Birkenfeld 13
    Otto IV., Herzog von Bayern 149
    Stephan I., Herzog von Niederbayern 149
    Wilhelm I., Herzog von Bayern 23
    Wilhelm IV., Herzog von Bayern
    Wilhelm V., Herzog von Bayern
Herzog Philipp der Kühne von Burgund 13
Hochhut 128
Höcke, von 114
Höller, Simon 66, 160f.
Hofmühle, Freiherr von 114
Hohenrain, Zacharias 149
Hueber, Achaz 72; T61a
Hueber, Freiherr von 28
Ickstatt, Johann Adam von 162; T170
Imhoff, Katharina 131
Kaiser Friedrich III. 21, 168
Kaiser Ludwig der Bayer 23, 26, 37, 149
Kaiser bzw. König Maximilian (I.) 13, 131, 168, 171
Kann, Niklas 107
Kellner, Hanns 158
Kern zu Zellerreit 108, 155
Kettner 128

Khempinsky, Karl Adam, zu Berg   69
Klueghamber, Johann Ignaz   80
Klughammer, Martin   121, 126
Knöring, Barbara von   160
König Ludwig der Deutsche   25
König Sigismund   13
Kolb, Honorat, Abt von Seeon   106
Krämer, Erhart der   23
Kramer, Michel der   23, 124
Kray, Hans   118
Kreidenweis   54, 71
Kröner   128
Kurtzpeck, Leonhard   158
Kytz, Andre   160
Kytz, Caspar   160
Kytz, Wilhelm   160
Leitgeb   20, 130, 169; T133
Leitgeb, Christian   158
Leitgeb, Hanns   158
Leitgeb, Sebastian   158
Leoman, Wilhelm   158
Lerchenfelder bzw. von Lerchenfeld   169; T159a, T164b
Lerchenfelder, Caspar   159f.
Lerchenfeld, Franz Xaver Roman Joseph Maria Anton Freiherr von   165
Lerchenfeld, Georg David von   160
Lerchenfeld, Georg Leopold Bernhard Freiherr von   165
Lerchenfelder, Heinrich   159
Leschnprant, Erhart   158
Leveling, Doktor Heinrich Palmaz   162f.
Lippert, Christoph   28
Mändl, Wolfgang Johann Joseph von   118
Mair, Doktor Martin   20, 131
Mautner von Burghausen zu Katzenberg   28, 86
Mautner, Friedrich, von Burghausen   149
Mayr, Philipp Jakob   107
Menabria, Johann   107
Morassi   106
Moro, del   106
Müller, Johann Matthias   118
Neuhaus, Freiherrn von   135
Neumair, Wilhelm   158
Nino   57
Oberndorfer   T156a
Oberndorfer, Conrad   158; T157b
Oberndorfer, Johann Peter   T160
Oberndorfer, Oswald   88, 156, 158
Oeheimb, Franz Ignaz   170
Offenheimer zu Offenstein   68
Oppenrieder, David   94
Packenreith, Christoph Adam von   73
Pätzinger, Friedrich   158
Pätzinger, Georg   68, 76
Pätzinger, Sebald   158
Pätzinger, Wolfgang   158
Passi, Claudius Stephan   107
Peßnitzer, Ulrich   40
Pettenkofer zu Bruckberg   164
Plaichshirn   155

Plaickner, Jobst   158
Planck, Cassian   158
Plank   128
Plank, Anna   155
Plank, Maria   T157b
Portia, Grafen von   128
Prätler, Andre   158
Praitenwiser, Georg   158
Prandt, Ulrich   141
Preysing, Freiherrn resp. Grafen von   84, 113, 169; T171c
Preysing, Hans Albrecht von   158
Puecher zu Walkersaich   30
Pusch zu Vilsheim, Anna von   158
Pruschini   57
Pusteto   106
Rainer, Philipp   107
Rakholfinger, Leutwein der   168
Rigalia   57
Rivera-Preysing, Gräfin von   164
Ruffini   T173
Ruprecht, Franz Xaver   107
Sachsen, Christina von   156
Sachsen, Margarete von   156
Sautreiber, Wilhelm   158
Scharsacher   128
Scharsacher, Vincenz   158
Scharsacher, Wilhelm   121, 158
Schedel, Hartmann   15
Schilthagkh, Hans   158
Schleich, Stephan   76
Schmalz, Franz de Paul   107
Schmatzhauser   128
Schmid, Johann Baptist   162
Schmid, Walburga   162
Schober zum Tachenstein   162; T19
Schönborn, Freiherr von   114
Schranckh, Doktor Octavian   69
Schuhmacher, Leonhard   131
Schwarzendorf, Albrecht von   69
Schweibermair   158
Schwingkhaimer, Caspar   71
Seyboltsdorf, von   169
Sigismund, Abt von Seeon   103; T115b
Soll, Sebastian   166
Spannagel   128
Stainhauser, Cordula   136
Steuart, Peter   152
Stubenpöck, Johann Christoph   118
Stur, Conrad   158
Staudach, Albrecht von   121
Staudinger   162
Surauer   155
Tauffkirchen, Grafen von   27, 169
Thurn und Taxis, Lamoral von   108
Trainer, Johann Urban von   170
Unverdorben, Johann Baptist   73
Vital, Johann Baptist   107
Weinprecht   169
Weiß   128

183

Wellano 57
Wernstorffer, Hans 127ff.; T 133
Widerspach, von 84
Widmann, Freiherrn von 164
Winzerer, Caspar T 188 b
Wiser, Marianus, Abt von St. Veit 144
Zächenperger 155
Zächenperger, Anna 72; T 61 b
Zeller 158

Zeller, Anna 159
Zeller, Erasmus 159
Zeller, Hermann d. Ä. 159
Zeller, Hermann d. J. 158
Zeller, Kaspar 159
Zeller, Wilhelm 66, 158 f.
Zenetti 106
Zierngast, Wolfgang 158

III. Orts- und Häuserregister

Abensberg (Lkr. Kelheim),
    Dollingerstraße 6, Stadtapotheke 117
    Stadtplatz 2, Gasthof Kuchlbauer 86; T 105 b
Aidenbach (Lkr. Passau),
    Marktplatz 1, ehem. Edelsitz 33, 80; T 80 b
    Marktplatz, Altes Rathaus 33
Altötting, frühere Propstei 89; Abb. 49
Anzing (Lkr. Ebersbeg), Hirnerstraße 2, Gasthof Alte Post T 117 a
Asbach (Lkr. Dachau), Haus Nr. 8 99; T 41 b
Bad Aibling (Lkr. Rosenheim), Kirchzeile 10, ehem. Marktschreiberhaus 136; Abb. 86
Bad Tölz,
    Jungmayerplatz 3 b T 188 a
    Marktstraße, Bürgerhäuser 61; T 188 b
    Marktstraße 8, Grünerbräu 102
    Marktstraße 29, Kolberbräu 102
    Marktstraße 30, Klammerbräu 102
    Marktstraße 59, ehem. Pflegerhaus 136; T 139 a
Beilngries (Lkr. Eichstätt), Brauhaus 79
Beutelsbach (Lkr. Passau), kath. Pfarrhof 141 f.; Abb. 25
Binabiburg (Lkr. Landshut), kath. Pfarrhof Abb. 97
Bockhorn (Lkr. Erding), kath. Pfarrhaus Abb. 98
Buch am Buchrain (Lkr. Erding), Hauptstraße 10, kath. Pfarrhaus T 147 c
Burghausen (Lkr. Altötting),
  Bruckgasse, ehem. Obere Fleischbänke 100
  Bruckgasse 102 103
  Burg 27 B, ehem. Hofkasten 145; Abb. 100; T 15 a
  Burg, ehem. „Peßnitzerturm" 41
  Burg, sog. „Pfefferbüchsen" 71; T 59 c
  Burgsteig 21, Kaplanhaus 27
  Burgsteig 29, Benefiziatenhaus 27
  Burgsteig 28 T 67 b
  Geistwirtgaßl 32–33 T 174 a
  Geistwirtgaßl, Schwibbögen T 174 b
  Hofberg 63 56, 112; T 175 c
  Hofberg 64 T 175 c
  Hofberg 65 112; T 175 c
  Hofberg 66 A/66 B T 87 b, T 175 c

Hofberg 67   112; *T87b*
Hofberg 68 A, B, C   112; *T87b*
Hofberg 75   112
In den Grüben 118   51, 116
In den Grüben 122   64, 72, 117; *T50a, T61a*
In den Grüben 123   64; *T44a*
In den Grüben 126   108; *Abb. 70*
In den Grüben 133, Österreicher Hof   103
In den Grüben 139   *T87c*
In den Grüben 140   *T87c*
In den Grüben 143   *T87c*
In den Grüben 147   49, 113; *T112a–c*
In den Grüben 150   106
In den Grüben 151   53, 64; *T45a*
In den Grüben 153   *T39c*
In den Grüben 160   70; *T49a*
In den Grüben 162, früheres Bichlbad   120; *T43a*
In den Grüben 166   28; *Abb. 116*
In den Grüben 170   63
In den Grüben 172   63
In den Grüben 173   54, 64, 88; *Abb. 46; T48d*
In den Grüben 176   72, 106; *T63c*
In den Grüben 177   65, 75; *Abb. 34; T38a, T48a, T48c, T66a*
In den Grüben 184   54
In den Grüben 188   106
In den Grüben 190, Salzburger Hof   102f.
In den Grüben 192   86, 99
In den Grüben 193, ehem. kurfürstliches Mautamtshaus   28, 57f., *Abb. 89*
In den Grüben 194, frühere Untere Fleischbänke   100
In den Grüben 195a   *T103c*
In den Grüben 195b   108
In den Grüben, ehem. Weingasthof zur blauen Traube   103
In den Grüben, Bögen über die Straße   *T49c*
Kanzelmüllerstraße 95/96, ehem. Bauernbräu   63, 68; *T58c*
Kapuzinergasse 237, Kapuzinerbeck   99
Kapuzinergasse 238   110
Leprosenhaus bei Heiligkreuz in der Au   150f.
Mautnerstraße, Bürgerhäuser   *T175b, T186a*
Mautnerstraße 239   110; *T102b*
Mautnerstraße 243   110
Mautnerstraße 245   110
Mautnerstraße 248   110
Mautnerstraße 249   111
Mautnerstraße 250c, ehem. Bruderhaus bzw. Armenhaus St.-Josephs-Spital   152; *T154a*
Mautnerstraße 254   110
Mautnerstraße 255   110; *T102a*
Mautnerstraße 257, ehem. Lohstampfhütte   111
Mautnerstraße 267/268   106
Mautnerstraße 271   *T45b*
Messerzeile, Bürgerhäuser   *T174d*
Messerzeile 3   27, 112
Messerzeile 6   27, 112
Messerzeile 7   112
Messerzeile 8   112
Messerzeile 9   27
Messerzeile 10   112
Messerzeile 16, kath. Pfarrhaus zu St. Jakob   27
Messerzeile 17, Mesnerhaus   27
Messerzeile 18, Chorregentenhaus   27

Mühlenstraße 1, Kunstmühle St. Johann   99
Mühlenstraße 10, sog. „Reisergütl zu St. Johann"   114; T172b
Platzl 199, früheres Spitalbad   119f.; Abb. 72; T82c
St. Johann, frühere Gießhütte   116
Scharfrichterhaus in Ach   148
Spitalgasse 200, frühere Spitalmühle   99
Spitalgasse 201, Spitalbeck   99
Spitalgasse 205   98
Spitalgasse 206–207½, ehem. Heiliggeist-Spital   28, 149; T63b, T154b–c
Spitalgasse 208   Abb. 48
Spitalgasse 210   106
Spitalgasse 212   87, 98; Abb. 45
Spitalgasse 223   113
Spitalgasse 224   98
Spitalgasse 225   113
Stadtplatz, Bürgerhäuser   T176a–b, T177a–b
Stadtplatz 36, ehem. Stadthaus der Herzöge von Bayern-Landshut   27, 167
Stadtplatz 38   T65a
Stadtplatz 39, ehem. Weingasthof zur Krone   103
Stadtplatz 40, Stadtapotheke   118; T42c, T122a–b
Stadtplatz 41/42, früheres Gasthaus zum Anker   63
Stadtplatz 44   68; T54a, T55a
Stadtplatz 47   107; T43b
Stadtplatz 48   27
Stadtplatz 49   T102d
Stadtplatz 51   108, 112
Stadtplatz 53   63, 109
Stadtplatz 54   27, 54; T45c, T85a
Stadtplatz 55   70; T48b
Stadtplatz 58   103
Stadtplatz 97, ehem. Palais Tauffkirchen, dann Finanzamt, zuletzt Amtsgericht   27, 64, 109, 169; T108d, T168, T169a, T176a
Stadtplatz 100   103, 107; T43b, T119
Stadtplatz 105   107f.; T51a
Stadtplatz 108, ehem. kurfürstliche Regierung   131; T135
Stadtplatz 109   50, 72; T44b, T59d, T185b
Stadtplatz 110   T60a, T185b
Stadtplatz 111   57, 74f., 100; T43c, T58d, T66b, T108f., T185b
Stadtplatz 112–114, Rathaus   27, 87, 121; Abb. 44, Abb. 73; T42a, T130a–b, T131
Stadtplatz 115, ehem. Landschaftshaus   54, 132f.; T47b, T142a–d
Stadtplatz 116   66, 107; T51a
Tittmoninger Straße 30/32, Hammerschmiede Strasser   72, T61b
Wöhrgasse 259, ehem. Walchhaus   110
Wöhrgasse 260, Hofmühle   99
Cham, Stadtplatz, Bürgerhäuser   172
Dachau,
    Augsburger Straße 7   T106a
    Konrad-Adenauer-Straße 7, ehem. Gasthof, jetzt Hotel Hörhammerbräu   T107a
    Konrad-Adenauer-Straße 12, Gasthof Unterbräu   T107b
Deggendorf,
    Hengersbergerstraße, Bürgerhäuser   T199b
    Oberer Stadtplatz, Rathaus   75, 124; Abb. 31, Abb. 78; T126a
    Oberer Stadtplatz 5, Sellsche Apotheke   117
    Waisenhaus   152
Dießen a. Ammersee (Lkr. Landsberg a. Lech),
    Herrenstraße 4   T40a
    Herrenstraße 6, Apotheke   T85c
Dingolfing,
    Bruckstraße 2   77; T78c

Bruckstraße 7, Gasthaus Weidmüller   103; *T 92 b*
Bruckstraße 20   *T 98 a*
Marienplatz 19, Stadt-Apotheke   117
Obere Stadt, ehem. Fleischbank   100
Obere Stadt 15, sog. „Herzogsburg" oder herzoglicher Kastenhof   43, 71, 87, 138 ff.; *Abb. 90–94; T 138*
ehem. Siechenkobel bei St. Anton in Höll   152
Steinweg 4   77, 83, 88, 112; *Abb. 47; T 78 b, T 84 a*
Dorfen (Lkr. Erding),
    früheres Amtshaus   137 f.; *T 143 b–c*
    Marienplatz 1   *T 73 b*
Dürnbach (Lkr. Miesbach), kath. Pfarrhof von Elbach   141; *Abb. 95*
Ebersberg, Marienplatz 1, ehem. Klostertaferne, jetzt Rathaus   103; *Abb. 67; T 114 b*
Eichendorf (Lkr. Dingolfing-Landau), Hinteranger, Bürgerhäuser   *T 35 b*
Erding,
    Am Rätschenbach 12   79; *T 72 a*
    Friedrich-Fischer-Straße 6, Gasthof zur Post   109; *T 117 b*
    Friedrich-Fischer-Straße 10   80; *T 75 a*
    Landshuter Straße, Bürgerhäuser und Heiliggeist-Spital   *T 192 b*
    Landshuter Straße 1, ehem. Stadthaus der Grafen von Preysing, jetzt Rathaus   164; *T 171 c*
    Lange Zeile, Bürgerhäuser   *T 191 c*
    Lange Zeile, 10, ehem. Palais Widmann, jetzt Landratsamt   80, 164; *T 169 b–c*
    Lange Zeile 14   *T 76 a*
    Lange Zeile 15, Gasthaus Glaserwirt   79, 94; *Abb. 40*
    Münchner Straße 6   *T 79 c*
    Münchner Straße 12   *T 33 c, T 67 a*
    Münchner Straße 20, ehem. Palais Rivera   164; *T 164 a*
    Roßmeiergasse, Gartenpavillon des ehem. Palais Widmann   164
    Schrannenplatz 5, ehem. kurfürstliche Gerichtsschreiberei   66, 136; *T 141 b*
Freising, bischöfliche Residenz   68
Gaimersheim (Lkr. Eichstätt),
    Untere Marktstraße 2, Mohrbräu   94; *T 96 a*
    Untere Marktstraße 12   *T 76 c*
Garching (Lkr. München), Freisinger Landstraße 1, Gasthof zur Post   109; *T 116 b*
Geiselhöring (Lkr. Straubing-Bogen),
    Am Lins 21, sog. „Linshof"   *T 41 a*
    Stadtplatz 11   *T 95 d*
    Stadtplatz 18, sog. „Loichingerhaus"   91 f.; *Abb. 57–58; T 94*
    Viehmarktplatz 16   *T 93 b*
Geisenfeld (Lkr. Pfaffenhofen a. d. Ilm),
    Rathausstraße 11, Rathaus   *T 109 c, T 124 a*
Grafing (Lkr. Ebersberg),
    Marktplatz 2, ehem. Sitz der Hofmark Eisendorf, dann Gasthof Wildbräu   86, 164 f.; *T 105 c, T 106 c, T 171 a–b*
    Marktplatz 3   *T 75 b*
    Marktplatz 28, Rathaus   *T 129 a*
    Marktplatz 29   *T 129 a*
Hals (Stadt Passau),
    Burgberg, Bürgerhäuser   50
    Marktplatz 8   86; *T 104 a*
Hengersberg (Lkr. Deggendorf),
    Marktplatz 2   *T 91 d*
    Marktplatz 5   *T 103 a*
Hofkirchen (Lkr. Passau), Vilshofener Straße 10   *T 33 b*
Ingolstadt,
    Am Stein 5, ehem. Jesuitenbibliothek   *T 69 c, T 147 b*
    Bei der Schleifmühle 1   *T 29 a*
    Bei der Schleifmühle 4   80, 112; *T 178 a–b*
    Bei der Schleifmühle 9   *T 110 b*
    Bei der Schleifmühle 11   *T 110 b, 179 a–b*
    Bei der Schleifmühle 13   65; *T 110 b, 179 a–b*

Bei der Schleifmühle 15   *T 179 a–b*
Bürgertrinkstube   126
Fleischhaus   26
Georgianum   162
Goldkopfgasse 7, ehem. Pfründehaus, dann Universität   26, 152, 162; *T 149 a*
Hallstraße 2, Herzogskasten   25 f., 145; *T 20 b, 149 b*
Harderstraße 6, sog. „Kaisheimerhof"   44, 163
Harderstraße 8   43; *T 25 c*
Heiliggeistspital   26, 149
Herzogsschloß   26, 79; *T 70 a–b*
Hieronymusgasse 9   79; *T 70 c*
Jägergaßl 5   *T 91 b*
Johannesstraße 13   *T 71 b*
Kanalstraße 1   *T 149 a*
Kreuzstraße 2   72; *T 60 c*
Kreuzstraße 4   72; *T 60 b*
ehem. Leprosenhaus   150
Ludwigstraße 5, sog. „Ickstatthaus"   162 f.; *T 69 b, T 170*
Ludwigstraße, ehem. Amtshaus   132
Mauthstraße 8, Zollamt   *T 104 c*
Neugasse, Bürgerhäuser   *T 194 a*
Rathausplatz 2, Rathaus   122
Reiterkasernstraße 3   *T 91 b*
Roseneckstraße 1, Gasthof zum Daniel   94; *T 97 b*
Schrannenstraße 14   79; *T 71 a*
Schrannenstraße 16   *T 91 c*
Sommerstraße 15   98; *T 111 a*
Theresienstraße, Bürgerhäuser   *T 23 b*
Theresienstraße 2, Obere Apotheke   43, 46, 94, 118; *T 29 c*
Theresienstraße 5   79; *T 70 d*
Theresienstraße 22, ehem. Patrizierhaus der Schober, jetzt Hotel Adler   26, 79, 155, 162; *T 19 b, T 71 c*
Theresienstraße 25, ehem. Landschaftshaus   132; *T 141 a*
Isen (Lkr. Erding), Erdingerstraße 8   *T 40 b*
Kelheim,
    Alter Markt 12/14   *T 33 a*
    Aumühlweg 4   *T 32 c*
    Donaustraße, Bürgerhäuser   *T 88 c*
    Donaustraße 16, Stadt-Apotheke   117
    früheres Rathaus   124
Kößlarn (Lkr. Passau),
    Marktplatz, Bürgerhäuser   *T 183 a, T 187 b*
    Marktplatz 4   61; *T 110 a*
Kraiburg a. Inn (Lkr. Mühldorf a. Inn),
    Bahnhofstraße 12, Gasthof Unterbräu   73; *T 120 b–c*
    Bruckmühlweg 1, ehem. Mühle   80; *T 111 b*
    Marktplatz 22   *T 84 b*
    Marktplatz 29, ehem. Palais Lerchenfeld, dann Sitz des Pfleggerichts, jetzt Apotheke   165; *T 164 b*
    Trostberger Straße 58/60   *T 32 a*
    sog. „Sachsenschlößl", ehem. Edelsitz   166; *T 172 a*
    Salzstädel   *T 151 c*
Krummau (Cesky Krumlov) in Südböhmen, Rathaus   172
Landsberg a. Lech,
    Alte Bergstraße, Bürgerhäuser   *T 39 d, T 196 a*
    Hauptplatz 147, Marienapotheke 86; *T 108 a*
    Hauptplatz 152, Rathaus 29; *T 128*
    Hauptplatz 175   59; *Abb. 175*
    Hauptplatz 180–182   *T 190 a*
    Herkomerstraße 115–118, Bürgerhäuser   *T 23 c*
    Hintere Salzgasse 140 a/b, Salzstadel   58; *Abb. 22*

Hinterer Anger, Bürgerhäuser   T 23 a, T 37 a
ehem. Leprosenhaus bei der Katharinenkirche   150
Ludwigstraße, Bürgerhäuser   T 22 a
Malteserstraße 425 a, ehem. Heiliggeist-Spital   149
Schlossergasse, Gang   T 175
Schlossergasse 377, ehem. Benefiziatenhaus   T 147 a
Vorderer Anger, Bürgerhäuser   T 193 b
Ortsteil Spötting, Hindenburgring 24   89; Abb. 50-51; T 151 a
Landshut
    Alte Bergstraße 135, früherer herzoglicher Ochsenstadel   148
    Alte Bergstraße 145   Abb. 122; T 98 c
    Alte Bergstraße 146   116; Abb. 122; T 74 a
    Alte Bergstraße 147   Abb. 122
    Alte Bergstraße 148   Abb. 122
    Alte Bergstraße 149, frühere herzogliche Gießhütte   116
    Alte Bergstraße 159
    Alte Bergstraße 160, ehem. Stadthaus der Adelsfamilie von Laiming   163
    Alte Bergstraße 168, früherer herzoglicher Heustadel   148
    Alte Bergstraße 171   76; T 79 a
    Altstadt, Bürgerhäuser   Abb. 41, Abb. 42; T 189
    Altstadt 17-20   46, 72, 113, 158; Abb. 71; T 113 a-b
    Altstadt 24, früherer Weingasthof Alte Post   103, 158
    Altstadt 26   71, 85, 113; T 59 a, T 86 d
    Altstadt 28, ehem. Landschaftshaus   20, 46, 83, 132; Abb. 84; T 65 b, T 134 a, T 137 a-b
    Altstadt 29, ehem. kurfürstliche Regierungskanzlei, dann „Gasthof zum Kronprinz"   20, 46, 131; T 134 b
    Altstadt 32   72; T 63 a, T 110 a
    Altstadt 54   158
    Altstadt 67   118
    Altstadt 68, Martins-Apotheke   117 f., 158
    Altstadt 69   68, 76
    Altstadt 72, ehem. Patrizierhaus der Leitgeb, dann Gasthof Silbernagl   20, 114, 158; T 167 a
    Altstadt 74, Einhorn-Apotheke   114, 117 f., 158; T 58 a
    Altstadt 75   158
    Altstadt 76-94, Bürgerhäuser   T 182 a
    Altstadt 78   72 f., 158; T 64 c
    Altstadt 79, ehem. herzogliches Zollhaus, dann Stadtresidenz   20, 45 f., 132, 158, 168; T 182 a
    Altstadt 80   158
    Altstadt 81, sog. „Wernstorfferhaus"   21, 52, 54, 64, 71, 85, 87, 127 ff., 158, 169; Abb. 79-83; T 132 a-c, T 133, T 200
    Altstadt 84   103
    Altstadt 86-94, Bürgerhäuser   T 184
    Altstadt 86   84; T 86 b, T 184
    Altstadt 87   158
    Altstadt 89   100, 103
    Altstadt 92   158
    Altstadt 93, Löwen-Apotheke   117 f., 158; T 123
    Altstadt 94, Stadtapotheke   118
    Altstadt 95, Stadtapotheke   118
    Altstadt 97   Heiliggeistspital   149
    Altstadt 107   158
    Altstadt 192   T 101 a
    Altstadt 194   158
    Altstadt 195-197, Gasthaus Ainmiller   88, 158; T 39 b, T 53 a, T 120 a
    Altstadt 216   66
    Altstadt 217, ehem. Grab-Christi-Bruderschaftshaus   94, 153 f.; Abb. 64; T 155
    Altstadt 218, ehem. Propstei des Kollegiatstifts St. Martin und St. Kastulus   64, 67, 94, 152 f.; Abb. 64; T 47 a, T 51 b,
        T 53 b
    Altstadt 252   118, 130; T 86 a
    Altstadt 255   158
    Altstadt 258   94; T 99 c

Altstadt 295–300, Bürgerhäuser *T 191 a*
Altstadt 299, ehem. Patrizierhaus der Oberndorfer   23, 88, 156 ff., 158; *Abb. 108, Abb. 109; T 49 b, T 58 b, T 156 a, T 191 a*
Altstadt 300, ehem. Patrizierhaus der Oberndorfer   54, 64, 68 f., 155 f., 158; *Abb. 106–107; T 156 b, T 157 a–b, T 191 a*
Altstadt 313   158
Altstadt 314, ehem. Patrizierhaus der Plank   23
Altstadt 315, Rathaus mit ehem. Bürgertrinkstube   21, 46, 74, 99, 121 f., 124 f., 158; *Abb. 74, Abb. 75; T 65 c, T 65 d, T 77, T 126 b*
Altstadt 330   158
Altstadt 334, ehem. Brothaus   99
Altstadt 336   88
Altstadt 337   158
Altstadt 338   158
Altstadt 357   158
Altstadt 358   158
Altstadt 360   158
Altstadt 361   158
Altstadt 369   94 f.; *Abb. 59–60; T 101 c*
Altstadt, Lauben   *T 52 b*
Badstraße 633, früherer Bürgerstadel   40
Badstraße 634, ehem. Walchhaus   110
Balsgäßchen 190, ehem. Leitgeb- und St. Wolfgangs-Meßhaus   153
Bauhofstraße 2   148
Bauhofstraße 428, ehem. Praitensteiner-Meßhaus bzw. St.-Rochus-Blatternhaus   150, 153
Bischof-Sailer-Platz 434, ehem. Schuster-Meßhaus   153
Burg Trausnitz   84, 167 f., 170; *T 187 a*
Christoph-Dorner-Straße 752, Magdalenenheim   150
Dreifaltigkeitsplatz, Bürgerhäuser   *T 96, T 153, T 198 b*
Dreifaltigkeitsplatz 3–6   *T 181 a*
Dreifaltigkeitsplatz 7   *T 181 b*
Dreifaltigkeitsplatz 8   169, *T 180 b*
Dreifaltigkeitsplatz 9–14   *T 180 a–b*
Dreifaltigkeitsplatz 12, ehem. Stadthaus der Grafen von Preysing   84; *T 161 c, T 180 a–b*
Dreifaltigkeitsplatz 13, ehem. Stadthaus der Grafen von Fraunberg   68, 163; *T 161 a–c*
Dreifaltigkeitsplatz 175, ehem. Stadthaus der Adelsfamilie von Closen   163, 169, 175 f., *Abb. 115; T 90 c*
Dreifaltigkeitsplatz 176, ehem. Jüdische Synagoge, jetzt Wohnhaus   170; *T 187 a*
Dreifaltigkeitsplatz 177, ehem. Hofkasten, dann Landgericht   21, 144 f.; *T 9, T 150 a–b*
Fischergasse 670   111
Grasgasse 316, Innere Fleischbänke   100
Grasgasse 317   100
Grasgasse 320   116
Grasgasse 329   *T 92 c*
Heiliggeistgasse 398, ehem. St.-Katharinen-Priesterbruderschafts-Meßhaus   153
Heiliggeistgasse 399, ehem. St.-Elisabeths-Meßhaus   153
Heiliggeistgasse 401, ehem. St.-Erasmus-Meßhaus   153
Heiliggeistgasse 404, ehem. St.-Christophs-Meßhaus   153
Heiliggeistgasse 407, ehem. Dorner-Meß-Haus   47
Heiliggeistgasse 410, ehem. Seelhaus hinter dem Hl. Geist   150
Heiliggeistgasse 414, ehem. St.-Sebastians-Meßhaus   153
Isargestade 728   111
Isargestade 729   111
Isargestade 731   111
Isargestade 732   111
Isargestade 734   111
Isargestade 736   111
Isargestade 742   111
Jägerstraße 485, ehem. Unser Lieben Frauen Himmelfahrts-Meßhaus   153
Jodoksgasse 589   *T 109 b*
Kirchgasse, Bürgerhäuser   *Abb. 63; T 195 a*

Kirchgasse 226   114, *T 62 b*
Kirchgasse 227   114, *Abb. 63*
Kirchgasse 228   *Abb. 63*
Kirchgasse 229   *Abb. 63*
Kirchgasse 230   *Abb. 63*
Kirchgasse 231   114, *Abb. 63*
Kirchgasse 232   114, *Abb. 63*
Kirchgasse 232, kath. Pfarrhaus von St. Martin   114, 140, 142 ff.; *Abb. 63*; *T 146 a–c*
Kirchgasse 234   84, 113 f.; *T 86 c*
Kirchgasse 235   114
Kirchgasse 237   114
Kirchgasse 238   113 f.
Kirchgasse 239   114
Kirchgasse 241, ehem. Stadthaus der Adelsfamilie von Seyboltsdorf   163, 169
Kirchgasse 242, Dreikönigs-Meßhaus   153
Kirchgasse 244   *T 102 c*
Königsfeldergasse 513, ehem. Königsfelder-Meßhaus   153
Kramergasse 552, ehem. Potinger-Meßhaus   153
Kramergasse 558/559, ehem. Unser Lieben Frauen-Frühmeßhaus   47, 153
Leukstraße 12   111
Leukstraße 13   111
Litschengasse 709   111
Litschengasse 710   111
Martinsfriedhof 221, ehem. St.-Thomas-Meßhaus bzw. Unser Lieben Frauen-Meßhaus   153
Martinsfriedhof 222, Mesnerhaus zu St. Martin   140
Martinsfriedhof 225, ehem. Fischer-Meßhaus   153
Martinsfriedhof 247, ehem. St. Johanns- und der Frühmeß Haus   140, 153
Mitterwöhr, Magdalenenheim   150
Mühlenstraße 651   111
Mühlenstraße 652   111
Maximilianstraße 575, ehem. städt. Gießhütte   116
Maximilianstraße 577   117
Mittlere Länd 129   117
Mittlere Länd 131   117
Mittlere Länd 142, ehem. Badhaus   119
Nahensteig 180, ehem. Stadthaus der Adelsfamilie von Preysing   72, 163, 169; *T 39 a, T 62 a*
Nahensteig, ehem. Judenbad   119
Nahensteig 185, ehem. St.-Katharinen-Priesterbruderschafts-Meßhaus   153
Nahensteig 187   47
Neustadt 438   110
Neustadt 442   110
Neustadt 447, ehem. Haus des Klosters Weihenstephan   110, 163
Neustadt 452, Gasthof zur Sonne   80
Neustadt 455, Marien-Apotheke   *T 160*
Neustadt 457   94, *T 97 c*
Neustadt 458   158
Neustadt 459   116
Neustadt 460, ehem. königl. Trivialschule   127; *T 68 d, T 92 d, T 103 b*
Neustadt 468, ehem. Schergenbad   119
Neustadt 470   115
Neustadt 472   115
Neustadt 473   115
Neustadt 477, ehem. Pätzinger-Meßhaus   153
Neustadt 479, frühere herzogliche Münze   46
Neustadt 480, ehem. Fraunberger-Meßhaus bzw. Haus des Klosters Gars   153, 163
Neustadt 494
Neustadt 496   158
Neustadt 497   94; *T 99 b*
Neustadt 500, ehem. Patrizierhaus der Closenberger   54 f.; *Abb. 20*; *T 22 b, T 46, T 106 b*

Neustadt 501   *T 90 a–b, T 22 b*
Neustadt 502   *T 22 b*
Neustadt 503   94, *T 22 b, T 98 b*
Neustadt 504, ehem. Pichlbad   119, *T 22 b*
Neustadt 505, ehem. Haus des Klosters Rohr   163; *T 22 b, T 68 a–b, T 163*
Neustadt 514, ehem. Palais Königsfeld   *T 109 d, T 166 b*
Neustadt 515   *T 166 a*
Neustadt 520, ehem. Stadthaus der Freiherrn von Pfetten, dann Gasthof zur Goldenen Sonne   158; *T 165*
Neustadt 523   *T 109 a*
Neustadt 531, ehem. Haus des Klosters Rohr   163
Obere Freyung 606, ehem. Badhaus   119, *T 93 a*
Obere Freyung 610, ehem. St.-Barbara-Meßhaus   153
Obere Freyung 611, ehem. Heiligkreuz-Meßhaus   153
Obere Freyung 613, ehem. Allergläubigen Seelen-Meßhaus   152
Obere Freyung 615 b, ehem. St.-Stefans-Meßhaus   47, 153
Obere Freyung 616 a   *T 99 a*
Obere Freyung 616 b   *T 99 a*
Obere Freyung 617, ehem. Kramer-Meßhaus bzw. Huter- oder Woller-Meßhaus   153
Obere Freyung 623, ehem. Haus des Klosters Aldersbach bzw. Haus des Klosters Rohr   163
Obere Freyung 628, ehem. St.-Jobst-Schulhaus   126
Obere Länd 39–42, ehem. städt. Krankenhaus   48
Obere Länd 42 a–c,   47 f.
Obere Länd 45, ehem. Waisenhaus   152
Obere Länd 49   84 f., 113; *Abb. 117; T 183 b*
Obere Länd 49½   84, 117; *Abb. 52, Abb. 117; T 183 b*
Obere Länd 50, Palais Etzdorf   163; *Abb. 117; T 183 b*
Obere Länd 51, ehem. fürstliches Harnischhaus   168
Regierungsstraße 570   84, 94, 113; *T 87 a*
Regierungsstraße 546, ehem. Fragner-Meßhaus   153
Regierungsstraße 568, ehem. Bäcker-Meßhaus   153
Regierungsstraße 571   *T 87 a*
Regierungsstraße 572, ehem. St. Heinrichs-Meßhaus   153
Regierungsstraße 574   117
St. Bartlmä-Leprosenhaus bei St. Nikola   150
St. Lazarus-Leprosenhaus am Gries   150
Schirmgasse 204, früheres Pfarrhaus von St. Martin   154
Schirmgasse 263   *Abb. 118*
Schirmgasse 264, ehem. Palais Cammerlohr, dann Hofbräuhaus   163; *Abb. 118; T 166 c*
Schirmgasse 268, ehem. Haus des Klosters Niederaltaich   54, 71, 163; *Abb. 19; T 46 b, T 59 b*
Schirmgasse 275, ehem. Pätzinger-Meßhaus   153
Schirmgasse 278   99
Schulstraße, Bürgerhäuser   *T 194 b*
Schwestergasse 8   87; *T 89 a–b*
Spiegelgasse 198, ehem. St.-Achazi-Meßhaus   140
Spiegelgasse 201, ehem. St.-Martin-Schulhaus   126
Spiegelgasse 202, ehem. Altdorfer-Meßhaus   153
Spiegelgasse 203, ehem. Maria-Magdalena-Meßhaus   153 bzw. St.-Pantaleons-Meßhaus oder von Asch-Meßhaus   153
Spiegelgasse 204   140
Spiegelgasse 206, ehem. St. Achatius-Meßhaus bzw. St. Erasmus-Meßhaus oder St. Urbans-Meßhaus   153
Spiegelgasse 207, ehem. Stadthaus der Adelsfamilien der Zenger und der Gumppenberger   163
Spiegelgasse 208, sog. „Stethaimer-Haus", ehem. Schneider-Meßhaus   140, 153
Spiegelgasse 210, ehem. St.-Lorenz-Meßhaus   140, 153
Spiegelgasse 211   140
Spiegelgasse 212   140
Spiegelgasse 213, Kapitelhaus von St. Martin   140
Spiegelgasse 214   126
Spiegelgasse 215, ehem. Stiftskasten   140
Steckengasse, Bürgerhäuser   *T 198 a*

Steckengasse 308, sog. „Herzogskasten" oder „Salzstadel"   21, 52, 61, 145 ff.; Abb. 101–104; T 152, T 198a
Untere Freyung 594, ehem. Scharfrichter- und Frauenhaus mit sog. „Ratzenklauberturm"   148
Untere Freyung 602, ehem. Aller Heiligen-Meßhaus   152
Untere Freyung 603, ehem. Metzger-Meßhaus   153
Untere Freyung 630, ehem. Setaler-Meßhaus oder Apostel-Meßhaus   152 f.
Untere Freyung 630a, ehem. St.-Jobst-Schulhaus   126 f.
Untere Länd 116   86; T 108 c
Untere Länd 117, ehem. Schiltlbad   72, 119; T 64 b
Untere Länd 120, frühere kurfürstliche Pfistermühle   75, 99; T 174 c
Wagnergasse 2   94; T 97 a
Zweibrückenstraße 653   111
Zweibrückenstraße 654, ehem. Äußere Fleischbänke   100
Zweibrückenstraße 684, ehem. Spitalbad   119
Zweibrückenstraße 691   111
Zweibrückenstraße 692   111
Zweibrückenstraße 693   111
Zweibrückenstraße 697   111
Ortsteil Achdorf, Äußere Münchner Straße, sog. „Ruffinischlößchen"   166; T 173
Ortsteil Berg, Am Graben 17   T 78 a
Ortsteil Berg, sog. „Adelmannschlößchen"   57
Langquaid (Lkr. Kelheim),
    Marktplatz, Bürgerhäuser   T 190 b
    Marktplatz 22–23   T 72 a
Lauingen (Lkr. Dillingen a. d. Donau), Herzog-Georg-Straße 57, Heimathaus   43; T 25 b
Loiching (Lkr. Dingolfing-Landau), kath. Pfarrhof   140
Moosburg (Lkr. Freising),
    Auf dem Greis 5, 7   T 93 c
    Auf der Plan 8   77; T 79 b
    Herrnstraße 23   29; T 66 c, T 100 b
    Leinbergerstraße 2   T 93 c
    früherer Edelsitz „Thurn"   Abb. 133
München,
    Hofgraben 4, Alte Münze   68
    Marienplatz, frühere Bürgertrinkstube   124
    Marienplatz, Neues Rathaus   174
Natternberg (Lkr. Deggendorf), ehem. kurfürstliches Gerichtsschreiberhaus   136; T 143 a
Neumarkt a. d. Rott (Lkr. Mühldorf a. Inn),
    Einmayrstraße 6, ehem. Herzogskasten   61, 145; T 151 b
    Johannesstraße 9, ehem. Pflegschloß   133 ff.; Abb. 85
    Stadtplatz, Bürgerhäuser mit Unterem Tor   Abb. 119
    Stadtplatz 27, Stadtapotheke   T 122
Neuötting (Lkr. Altötting),
    Ludwigstraße, Bürgerhäuser mit dem Burghauser Tor   Abb. 33, Abb. 120
    Ludwigstraße 16, kath. Pfarrhaus   T 148 b
    Ludwigstraße 18   T 148 b
    Ludwigstraße 29   T 52 a
    Ludwistraße 30   Abb. 18
    Ludwigstraße 59, ehem. herzogliches Mauthaus   30, 69; Abb. 62
    Ludwigstraße 72   T 103 d
    St.-Sebastiani-Vorstadt 7   Abb. 61
Neustadt a. d. Donau (Lkr. Kelheim),
    Albrecht-Rindsmaul-Straße 6, kath. Pfarrhaus   T 91 a
    Dr. Balster-Straße, Bürgerhäuser   T 182 b
    Gasthof zur Post   43, 79; T 25 a
    Kirchplatz, Bürgerhäuser   94; T 95 b
    Rathaus   43, 122; Abb. 77
Niederseeon (Lkr. Traunstein), ehem. Klostertaferne, jetzt Gasthaus zum Alten Wirt   103 f.; Abb. 68–69; T 115 b
Oberkaltbrunn (Stadt Rosenheim), kath. Pfarrhof von Pang   141
Pardobitz (Pardubice) in Ostböhmen, Bürgerhaus am Platz   171

Passau, Ortsteil Hals siehe Hals bei Passau
Peterskirchen (Lkr. Traunstein), kath. Pfarrhof 140
Pfaffenberg (Lkr. Straubing-Bogen), Zollhof 1, ehem. Zollhof T81b
Pfaffenhofen a. d. Ilm,
    Hauptplatz 20, ehem. Rentamt 86; T104b, T140c
    Ingolstädter Straße 13, Gasthof Stegerbräu 79, 86; T108e, T114a
Pfarrkirchen,
    Lindnerstraße 14, Gasthof Münchner Hof 69; T56a
    Pflegstraße 18, ehem. kurfürstliches Pfleggericht 136; T139b
    Rottvorstadt, Bürgerhäuser 61
    Stadtplatz, Bürgerhäuser 79; T80a
    Stadtplatz 1, Altes Rathaus 122 ff.; Abb. 76; T124b
    Stadtplatz 8, Kirchenwirt T197a
    Stadtplatz 9, Gasthaus zum Plinganser 69; Abb. 27
Pfeffenhausen (Lkr. Landshut), Bahnhofstraße 18; T88b
Pilsting (Lkr. Dingolfing-Landau), Marktplatz 23, Gasthof zur Post T118a
Plattling (Lkr. Deggendorf), Preysingplatz 22, ehem. Gasthof zur Post T35a
Prag, Teinschule am Altstädter Ring 171
Prien (Lkr. Rosenheim), Friedhofweg 1, Heimathaus T85b
Pürten (Lkr. Mühldorf a. Inn), kath. Pfarrhaus T144a
Regen, Bürgerhäuser T199a
Reisbach (Lkr. Dingolfing-Landau), Marktplatz 29, Gasthof zum Lamm T107c
Rosenheim,
    Max-Josephs-Platz, Bürgerhäuser Abb. 39
    Max-Josephs-Platz 4 72; T61c
Rottenburg a. d. Laaber (Lkr. Landshut), Markstraße 26, Huberbräu 69; T56b
Schönau (Lkr. Rottal-Inn), kath. Pfarrhof 140
Schongau (Lkr. Weilheim-Schongau), Ballenhausstraße 2, ehem. Richterhaus 81; T72a
Schrobenhausen (Lkr. Neuburg-Schrobenhausen),
    In der Lachen 1 T34a
    Lenbachplatz 2, Gasthof zum Stieglbräu T95c
Siegenburg (Lkr. Kelheim), ehem. Edelsitz Abb. 114
Stein a. d. Traun (Lkr. Traunstein), Gasthof zur Post 106
Straubing,
    Albrechtsgasse 24 73 f.; Abb. 29
    Bürgerspital Hl. Dreifaltigkeit 23, 150; Abb. 105
    Donautor 24
    ehem. Fleischbank 100; T129b
    Fraunhoferstraße 5, Ludwigsapotheke 72; T62d, T167c
    Fraunhoferstraße 9, ehem. Amtsgericht, jetzt Gäuboden-Museum T167b
    Fraunhoferstraße 23 72; T62c, T68c
    Fürstenstraße 9, ehem. Rent- und Salzamt, jetzt Finanzamt T69a, T136
    Herzogsschloß 23
    In der Bürg, Bürgerhaus 80
    Judengasse, ehem. Weinstadel 24, 148; T151d
    Leprosenhaus bei St. Nikola im Feld 150
    Ludwigsplatz 3, ehem. Stadthaus der Schwarzendorfer 69; T162a–b
    Ludwigsplatz 10, Patrizierhaus der Zeller, „Haus in der Kron" 24, 66, 158f.; T158a–b, T185a
    Ludwigsplatz 11, Patrizierhaus der Zeller, „Haus im Mond", jetzt Löwen-Apotheke 117, 159; T158b, T185a, T191b
    Ludwigsplatz 12, Patrizierhaus der Zeller, „Haus im Stern" 159; T158b, T185a
    Ludwigsplatz 13, Patrizierhaus der Lerchenfelder 159f.; Abb. 110–112; T159a, T159b
    Ludwigsplatz 14 T158b
    Ludwigsplatz 15 T158b
    Ludwigsplatz 16, ehem. Gasthof Goldene Gans 102; T116a, T158b
    Ludwigsplatz 25, Rosen-Apotheke 79; T81a
    Ludwigsplatz 30, 66, 160; T51c
    Ludwigsplatz 36–43, Bürgerhäuser T22c
    Ludwigsplatz 39 66, 169f.; Abb. 54–56; T12a, T22c
    Ludwigsplatz, Jakobsbrunnen 24; T191b

Oberes Tor   23; T 14
Petersgasse 44   T 92 a
Rosengasse 34   T 88 a
Schmidlgasse 6   Abb. 53; T 50 b–c
Simon-Höller-Straße, Bürgerhäuser   T 125
Spitaltor   24
Stadthaus des Augsburger Domkapitels   23
Stadtturm   23 f.; T 14, T 22 c, T 125, T 127 b
Steinergasse 1   56; Abb. 21
Theresienplatz, Bürgerhäuser   T 127 b
Theresienplatz, Gasthof der Brauerei Dietl   102; Abb. 66
Theresienplatz 7, ehem. Gasthof Sollerbräu   86; Abb. 43
Theresienplatz 8 a, Gasthaus zum Geiß   102; Abb. 65; T 115 a
Theresienplatz 10   T 64 a
Theresienplatz 18, Einhorn-Apotheke   117
Theresienplatz 20, Rathaus   23 f., 124; Abb. 32; T 127 a
Theresienplatz, Dreifaltigkeitssäule   24; T 127
Theresienplatz, Tiburtiusbrunnen   24
Unteres Tor   23; T 14 b
Zollergasse 3   Abb. 30
Taubenbach (Lkr. Rottal-Inn), kath. Pfarrhof   140 f.
Taus (Domazlice) im Böhmerwald, Häuser am Platz   172
Teisbach (Lkr. Dingolfing-Landau), Kastnerhaus am Marktplatz   135
Teltsch (Telc), Bürgerhäuser am Platz   171
Traunstein,
    Scheibenstraße 9/11   T 76
    Schützenstraße 3   78; Abb. 38
Tüßling (Lkr. Altötting), Bürgerhäuser   T 36 a
Unterhofkirchen (Lkr. Erding), kath. Pfarrhaus   T 144 b
Velden (Lkr. Landshut), Marktplatz 7, ehem. Hufschmiede   109; T 57 a
Vilsbiburg (Lkr. Landshut),
    Kirchstraße 8, kath. Pfarrhof   144; T 148 a
    Stadtplatz, Bürgerhäuser   T 196 b
    Stadtplatz 15/16   80; T 74 b
    Stadtplatz 17   T 74 b
    Stadtplatz, Gasthof Stammler   69; Abb. 28
Vilshofen (Lkr. Passau),
    Donaugasse 25   86; T 108 b
    Donaulände, Bürgerhäuser   T 73 a
    Kirchenplatz 19   62; T 101 b
    Stadtplatz, Bürgerhäuser   T 193 a
    Stadtplatz, ehem. Bezirksamt   72, 86; T 140 a–b
    Stadtplatz, Kirchenwirt   T 118 b
    Satdtplatz, Stadt-Apotheke   117
    Stadtplatz 6, ehem. kurfürstliches Bräuhaus   72; T 64 d
    Stadtplatz 8   86; T 105 a
    Stadtplatz 12   T 54 b
    Stadtplatz 14   69
    Stadtplatz 22, Gasthof zur Post   69; T 55 b
    Stadtplatz 35, Gasthof Höltl   68 f., 73; Abb. 26; T 121 a–c
Vohburg (Lkr. Pfaffenhofen a. d. Ilm, Donaustraße 7   T 192 a
Waldhof (Lkr. Rottal-Inn), kath. Pfarrhaus   140
Walkertshofen (Lkr. Kelheim), kath. Pfarrhaus   140; T 145
Wartenberg (Lkr. Erding), Obere Hauptstraße 21, ehem. Schmiede   T 57 b
Wasserburg a. Inn (Lkr. Rosenheim),
    Bürgerhäuser und Schloß   145; T 37 b, T 186 b, T 197 b
    Heiliggeist-Spital   149
Herrengasse, Bürgerhäuser mit Lauben   T 36 b, T 38 b–c, T 42 b, T 52 c
Ledererzeile 19   79; T 82 b

    ehem. Leprosenhaus zu St. Achaz   150
    Marienplatz, Bürgerhäuser und Rathaus   83, 99, 122; T 84 c
    Marienplatz 1, Apotheke   118
    Marienplatz 7/9, sog. „Kernhaus"   108, 162; T 159 c
    Marienplatz 13   T 84 c
    Marienplatz 25, ehem. kurfürstliches Mauthaus   136 f.; T 83
    Nagelschmiedgasse, Bürgerhäuser   T 82 a
    Salzsenderzeile 10, ehem. Stadthaus des Klosters Attel   163
    Schmidzeile 1, sog. „Surauer-Haus"   162
    Schmidzeile 8, sog. „Ganserhaus"   79, 83; T 84 d
Wolfratshausen (Lkr. Bad Tölz-Wolfratshausen),
    Obermarkt, Bürgerhäuser   T 37 c
    Obermarkt 2, Humplbräu   102
    Untermarkt 1, Scherenbräu   102
Wurmannsquick (Lkr. Rottal-Inn), Marktplatz 19 a/19 b   T 32 b
Zlabings (Slavonice), Bürgerhäuser am Platz   171
Zorneding (Lkr. Ebersberg), Bucher Straße 22   61; T 34 c

a Ansicht der Stadt Abensberg (Lkr. Kelheim), Zeichnung von Philipp Apian, um 1560. (Staatl. Graphische Sammlung, München)

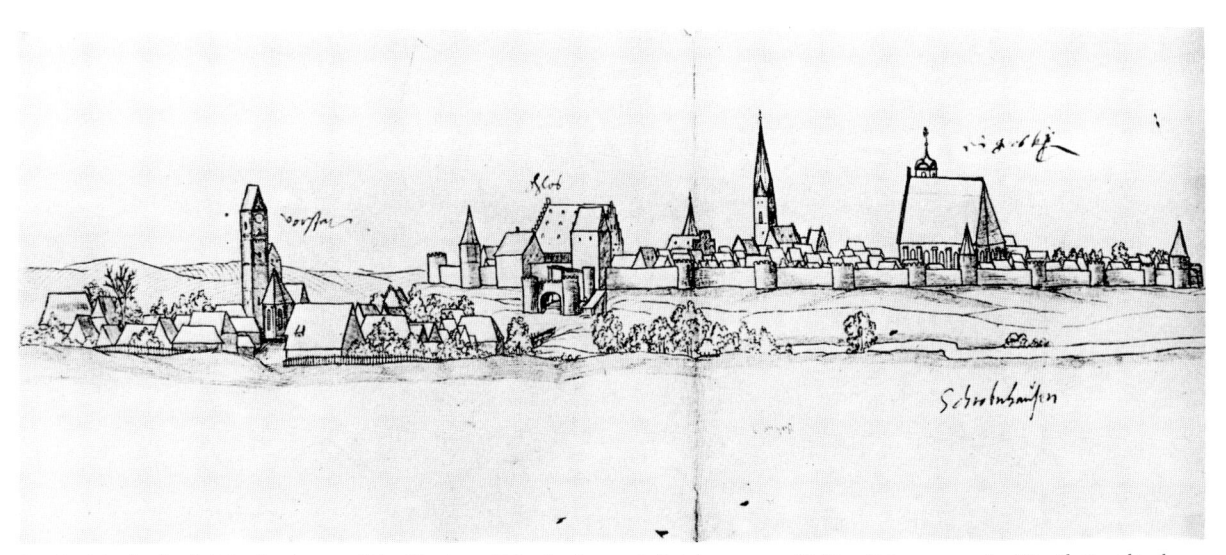

b Ansicht der Stadt Schrobenhausen (Lkr. Neuburg-Schrobenhausen), Zeichnung von Philipp Apian, um 1560. (Staatl. Graphische Sammlung, München)

c Ansicht der Stadt Landsberg a. Lech, Zeichnung von Philipp Apian, um 1560. (Staatl. Graphische Sammlung, München)

T1

a   Ansicht der Stadt Landsberg a. Lech, Deckenfresko im Antiquarium der Münchner Residenz, von Hofmaler Hans Donauer d. Ä., um 1590

b   Ansicht der Stadt Ingolstadt, Deckenfresko im Antiquarium der Münchner Residenz, von Hofmaler Hans Donauer d. Ä., um 1590, nach einer Vorzeichnung von Johann Pressel

a Ansicht der Stadt Straubing, Deckenfresko im Antiquarium der Münchner Residenz, von Hofmaler Hans Donauer d. Ä., um 1590, nach einer Vorzeichnung des Malers Michael Ersinger in Straubing

b Ansicht der Stadt Wasserburg a. Inn (Lkr. Rosenheim), Deckenfresko im Antiquarium der Münchner Residenz, von Hofmaler Hans Donauer d. Ä., um 1590

a   Modell der Stadt Landshut, ausgeführt von Jakob Sandtner im Jahr 1571, Blick von Westen. (Bayer. Nationalmuseum, München)

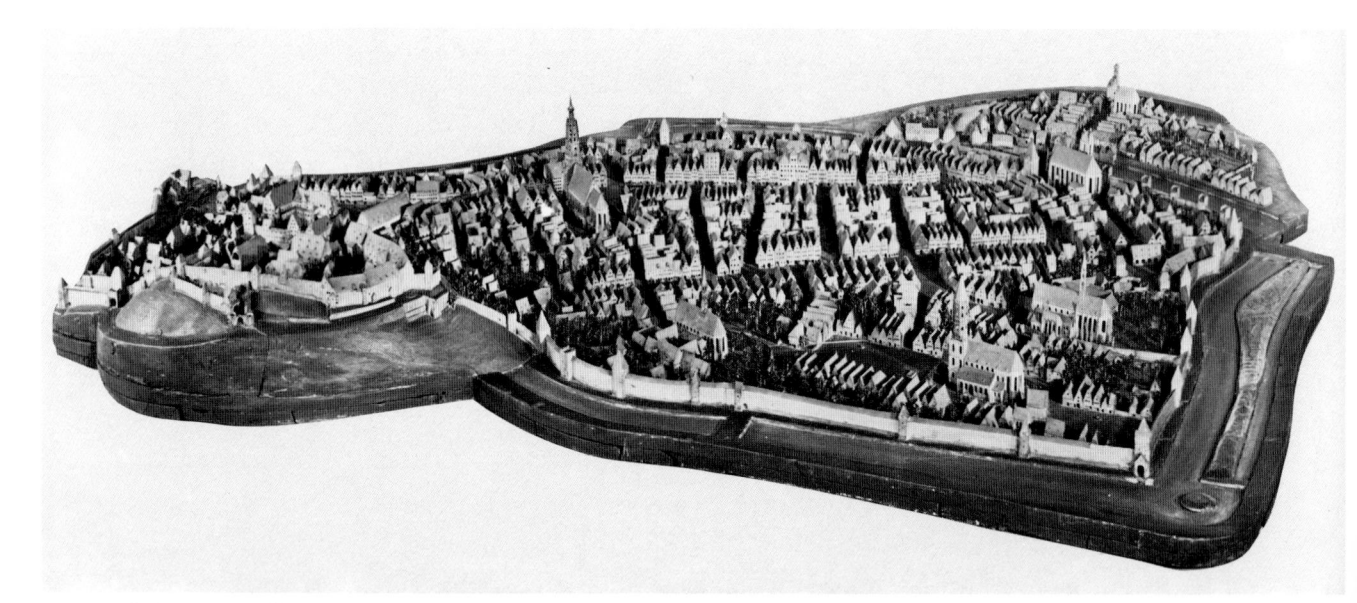

b   Modell der Stadt Landshut, ausgeführt von Jakob Sandtner im Jahr 1571, Blick von Südosten. (Bayer. Nationalmuseum, München)

c   Modell der Stadt Burghausen (Lkr. Altötting), ausgeführt von Jakob Sandtner im Jahr 1574, Blick von Osten. (Bayer. Nationalmuseum, München)

a   Modell der Stadt Straubing, ausgeführt von Jakob Sandtner im Jahr 1568, Blick von Süden. (Bayer. Nationalmuseum, München)

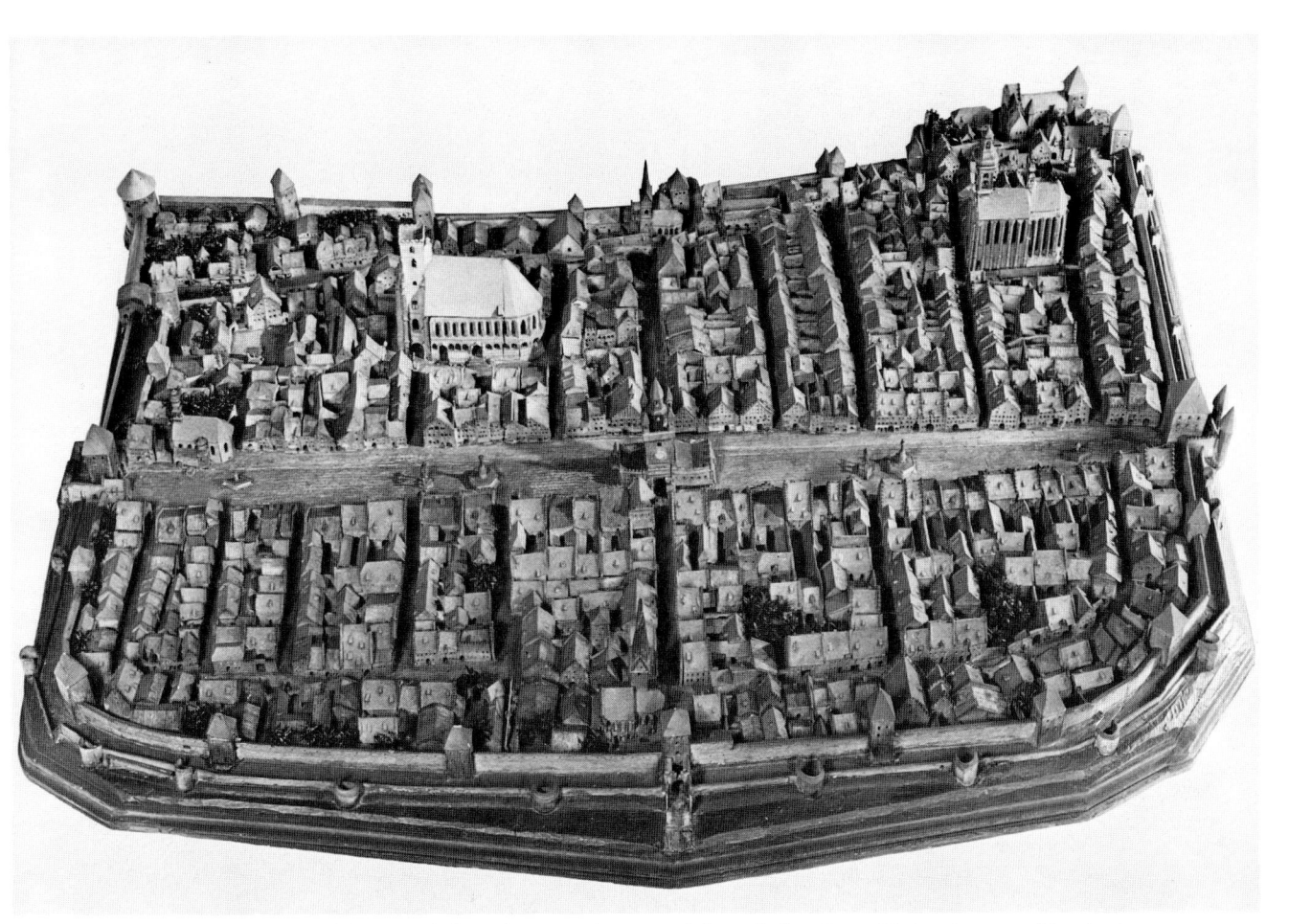

b   Modell der Stadt Straubing, ausgeführt von Jakob Sandtner im Jahr 1568, Blick von Norden. (Bayer. Nationalmuseum, München) *a* Modell der Stadt Ingolstadt, ausgeführt von Jakob Sandtner im Jahr 1572, Blick von Südosten. (Bayer. Nationalmuseum, München)

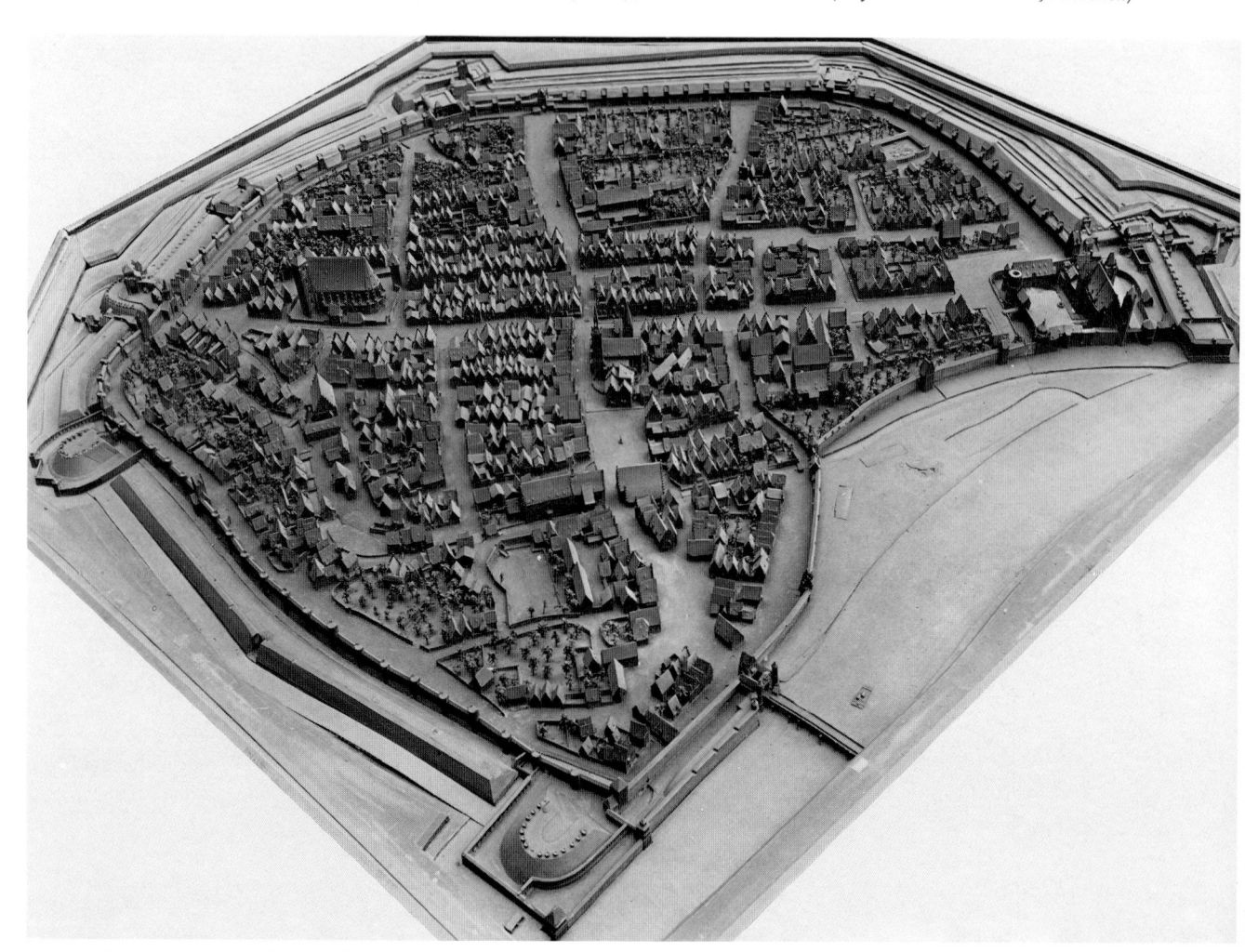

b Modell der Stadt Ingolstadt, ausgeführt von Jakob Sandtner im Jahr 1572, Blick von Süden. (Bayer. Nationalmuseum, München)

Modell der Stadt Landshut, ausgeführt von Jakob Sandtner im Jahr 1571, Ausschnitt, Burg Trausnitz, St. Martin und der obere Teil der Altstadt mit der Dreifaltigkeitskirche. (Bayer. Nationalmuseum, München)

T 7

Modell der Stadt Landshut, ausgeführt von Jakob Sandtner im Jahr 1571, Ausschnitt, Blick auf den mittleren Teil der Altstadt mit den giebelständigen, erkerlosen Bürgerhäusern. Im Vordergrund der große Baukomplex der Stadtresidenz, erbaut 1536/37, im Hintergrund die kath. Stadtpfarrkirche St. Jodok und die Franziskanerklosterkirche. (Bayer. Nationalmuseum, München)

Modell der Stadt Landshut, ausgeführt von Jakob Sandtner im Jahr 1571, Ausschnitt, Häuser am Dreifaltigkeitsplatz mit der Dreifaltigkeitskirche und dem langgestreckten Herzogskasten. Im Hintergrund der Turm der kath. Stadtpfarrkirche St. Jodok. (Bayer. Nationalmuseum, München)

Modell der Stadt Landshut, ausgeführt von Jakob Sandtner im Jahr 1571, Ausschnitt, Blick auf den Straßenzug der Altstadt (gegen Norden). Im Vordergrund die kath. Stadtpfarr- und Stiftskirche St. Martin; am Ende der Altstadt das Spitaltor mit der Heiliggeist-Spitalkirche. (Bayer. Nationalmuseum, München)

a Modell der Stadt Landshut, ausgeführt von Jakob Sandtner im Jahr 1571, Ausschnitt, Blick auf den unteren Teil der Altstadt mit der Heiliggeist-Spitalkirche und dem Spitaltor. Im Hintergrund die St. Sebastianskirche. (Bayer. Nationalmuseum, München)

b Modell der Stadt Straubing, ausgeführt von Jakob Sandtner im Jahr 1568, Ausschnitt, Blick auf den Westteil der Stadt mit dem Theresienplatz von Süden her sowie die kath. Stadtpfarrkirche St. Jakob. Die Bürgerhäuser weisen z. T. Halbgiebel in Anlehnung an die Münchner Bauweise auf. (Bayer. Nationalmuseum, München)

a Modell der Stadt Straubing, ausgeführt von Jakob Sandtner im Jahr 1568, Ausschnitt, Blick auf den Ludwigsplatz von Norden. Die teils giebel-, teils traufständigen Häuser befanden sich früher größtenteils im Besitz der Patrizierfamilien der Stadt. (Bayer. Nationalmuseum, München)

b Modell der Stadt Straubing, ausgeführt von Jakob Sandtner im Jahr 1568, Ausschnitt, Ostteil der Stadt mit dem Ludwigsplatz von Süden. Im Hintergrund die Karmelitenkirche. (Bayer. Nationalmuseum, München)

Modell der Stadt Straubing, ausgeführt von Jakob Sandtner im Jahr 1568, Ausschnitt, Blick auf den Nordwestteil der Stadt mit der kath. Stadtpfarrkirche St. Jakob, Hinterm Rain und In der Pirg. (Bayer. Nationalmuseum, München)

Modell der Stadt Straubing, ausgeführt von Jakob Sandtner im Jahr 1568, Blick auf den Stadtturm sowie den Theresien- und den Ludwigsplatz von Westen her. Im Vordergrund das frühere Obere Tor, im Hintergrund das frühere Untere Tor. (Bayer. Nationalmuseum, München)

a Modell der Stadt Burghausen (Lkr. Altötting), ausgeführt von Jakob Sandtner im Jahr 1574, Ausschnitt, Stadtplatz, Westseite der Bebauung. (Bayer. Nationalmuseum, München)

b Modell der Stadt Burghausen (Lkr. Altötting), ausgeführt von Jakob Sandtner im Jahr 1574, Ausschnitt, Stadtplatz, Ostseite der Bebauung. (Bayer. Nationalmuseum, München)

a Modell der Stadt Burghausen (Lkr. Altötting), ausgeführt von Jakob Sandtner im Jahr 1574, Ausschnitt, Spitalvorstadt mit der Burg von Süden her. (Bayer. Nationalmuseum, München)

b Modell der Stadt Burghausen (Lkr. Altötting), ausgeführt von Jakob Sandtner im Jahr 1574, Ausschnitt, Südteil der Stadt, Blick von Osten. (Bayer. Nationalmuseum, München)

Modell der Stadt Burghausen (Lkr. Altötting), ausgeführt von Jakob Sandtner im Jahr 1574, Ausschnitt, Blick auf die Burg, den Stadtplatz und die Stadtpfarrkirche St. Jakob von Nordosten. (Bayer. Nationalmuseum, München)

a Modell der Stadt Ingolstadt, ausgeführt von Jakob Sandtner im Jahr 1572, Ausschnitt, Blick von Nordosten auf den früheren Salzmarkt (heute Rathausplatz). Rechts die kath. Stadtpfarrkirche St. Moritz, links das Fleischhaus mit dem hohen Treppengiebel sowie der umfangreiche Baukomplex des Heiliggeistspitals (Bayer. Nationalmuseum, München)

b Modell der Stadt Ingolstadt, ausgeführt von Jakob Sandtner im Jahr 1572, Westteil der Stadt mit dem Münster und dem Kreuztor von Westen her. (Bayer. Nationalmuseum, München)

a Modell der Stadt Ingolstadt, ausgeführt von Jakob Sandtner im Jahr 1572, Westteil der Stadt von Osten her. (Bayer. Nationalmuseum, München)

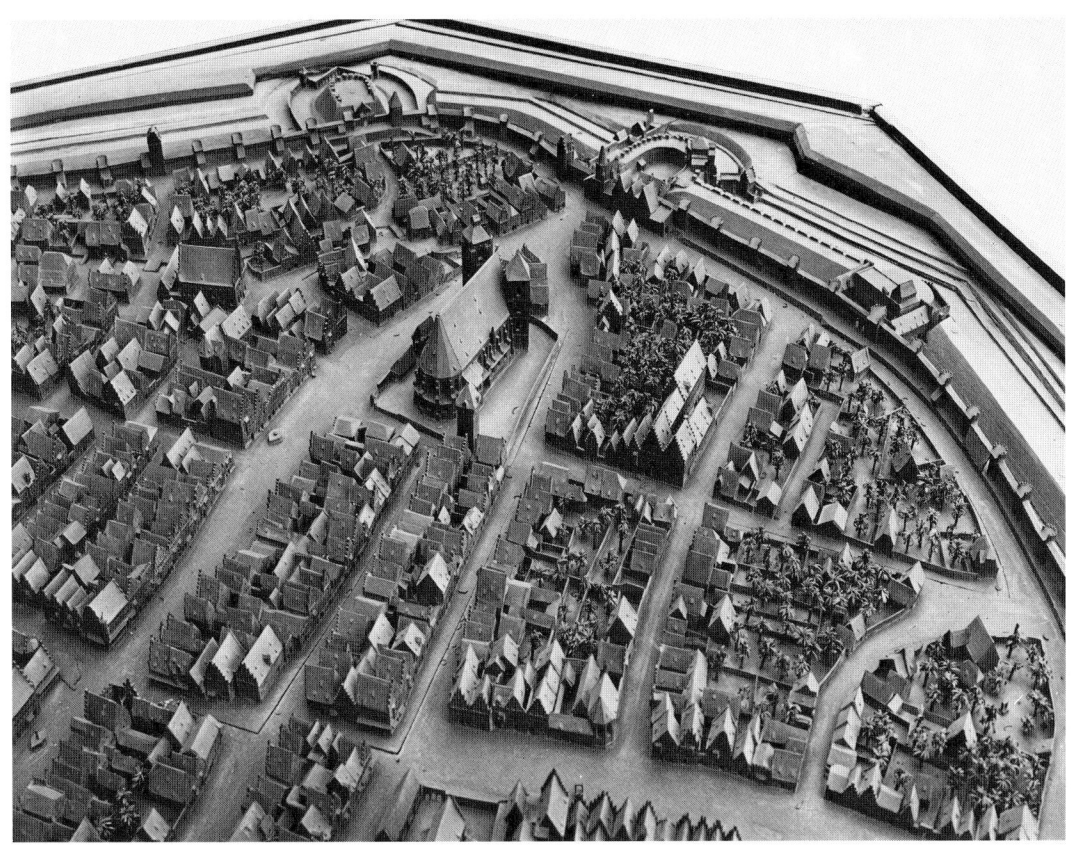

b Modell der Stadt Ingolstadt, ausgeführt von Jakob Sandtner im Jahr 1572, Ausschnitt, Bürgerhäuser mit gestäbten Giebeln in der Theresienstraße, Südseite der Bebauung. Das Haus mit dem hohen Treppengiebel und dem zweigeschossigen Kastenerker gehörte damals der Patrizierfamilie Schober. (Bayer. Nationalmuseum, München)

a Modell der Stadt Ingolstadt, ausgeführt von Jakob Sandtner im Jahr 1572, Ausschnitt, Kreuzungspunkt der vier Hauptstraßen der Stadt. (Bayer. Nationalmuseum, München)

b Modell der Stadt Ingolstadt, ausgeführt von Jakob Sandtner im Jahre 1572, Ausschnitt, Blick auf den Südostteil der Stadt mit der St. Moritz-Kirche. (Bayer. Nationalmuseum, München)

Modell der Stadt Ingolstadt, ausgeführt von Jakob Sandtner im Jahr 1572, Südteil der Stadt mit dem früheren Donautor und der St. Moritzkirche. Im Hintergrund die Franziskanerklosterkirche. (Bayer. Nationalmuseum, München)

a Landsberg a. Lech, Häusergruppe an der Westseite der Ludwigstraße (1978)

b Landshut, Häusergruppe an der Ostseite der Neustadt (Nr. 505–500) (1975)

c Straubing, Ludwigsplatz (36–43) mit Stadtturm (1981)

a Landsberg a. Lech, Häusergruppe an der Westseite des Hinteren Angers. Im Hintergrund die kath. Stadtpfarrkirche Mariae Himmelfahrt (1978)

b Ingolstadt, Nordseite der Theresienstraße mit Münsterturm (1976)

c Landsberg a. Lech, Herkomerstraße 115–118 (1976)

a Meisterriß des angehenden Maurermeisters Michel Kracher („Maister Michel Krachers Maisterstuckh"), ohne Jahresangabe (Mitte 16. Jahrhundert). (Stadtarchiv Ingolstadt, Plansammlung)

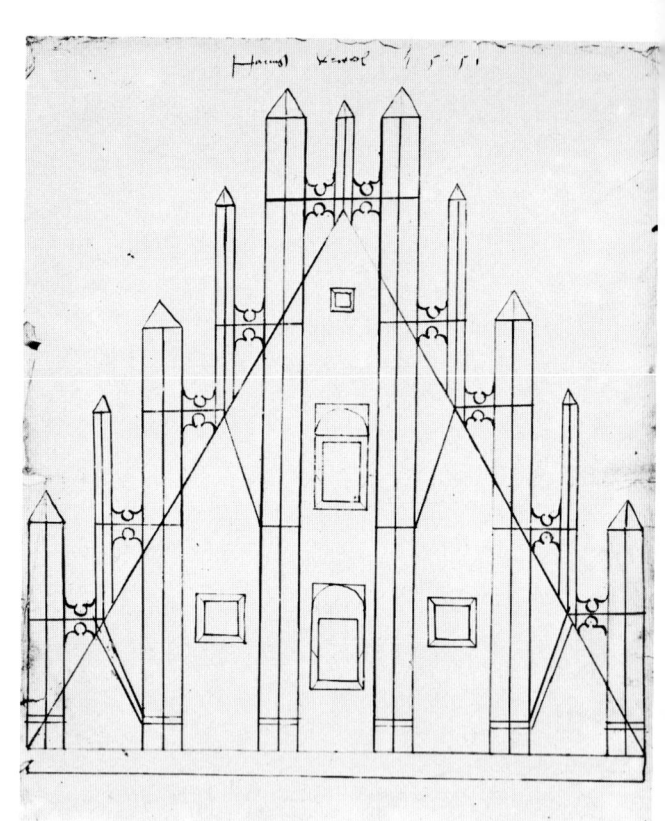

b Meisterriß des angehenden Maurermeisters Hanns Kriegl von 1551. (Stadtarchiv Ingolstadt, Plansammlung)

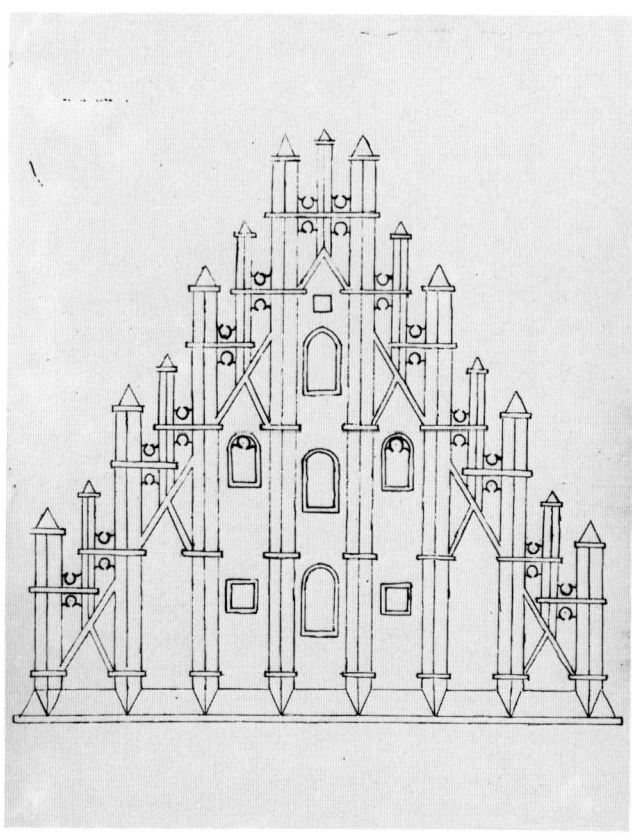

c Unbezeichneter Meisterriß eines angehenden Maurermeisters, 2. Hälfte 16. Jahrhundert. (Stadtarchiv Ingolstadt, Plansammlung)

d Unbezeichneter Meisterriß eines angehenden Maurermeisters, 2. Hälfte 16. Jahrhundert. (Stadtarchiv Ingolstadt, Plansammlung)

T 24

a Neustadt a.d. Donau (Lkr. Kelheim), Herzog-Ludwig-Straße 18, Gasthof zur Post, mit gestäbtem Giebel (1920)

b Lauingen (Lkr. Dillingen a.d. Donau), Herzog-Georg-Straße 57, Trakt des ehemaligen Zisterzienserinnenklosters St. Agnes (jetzt Heimathaus) (1970)

c Ingolstadt, Harderstraße 8, Bürgerhaus mit spätgotischem gestäbten Giebel (abgebrochen um 1840). (Stadtarchiv Ingolstadt)

a Unbezeichneter Meisterriß eines angehenden Maurermeisters, 2. Hälfte 16. Jahrhundert. (Stadtarchiv Ingolstadt, Plansammlung)

b Meisterriß des angehenden Maurermeisters Hanns Surrer, 2. Hälfte 16. Jahrhundert. (Stadtarchiv Ingolstadt, Plansammlung)

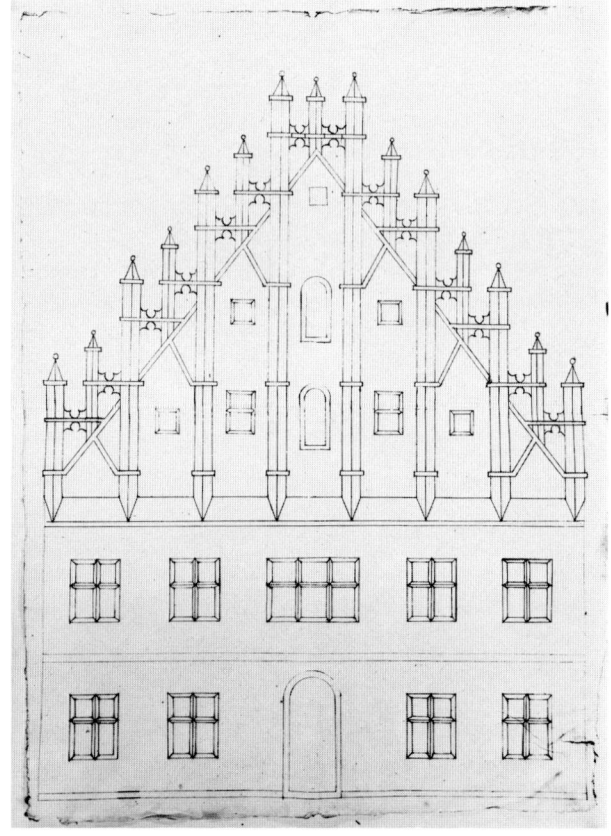

c Unbezeichneter Meisterriß eines angehenden Maurermeisters, 2. Hälfte 16. Jahrhundert. (Stadtarchiv Ingolstadt, Plansammlung)

d „Jacoben Franckhens; maurers, maisterstuckh, der den 18. Febr. ao. [1] 626 übergeben, und darauf er ine einen maister declarirt worden." (Stadtarchiv Ingolstadt, Plansammlung)

T 26

a   Meisterriß des angehenden Maurermeisters W. Gerst (= Wolf Gerst) von 1641. (Stadtarchiv Ingolstadt, Plansammlung)

b   Unbezeichneter Meisterriß eines angehenden Maurermeisters, Mitte 17. Jahrhundert. (Stadtarchiv Ingolstadt, Plansammlung)

c   Unbezeichneter Meisterriß eines angehenden Maurermeisters, Mitte 17. Jahrhundert. (Stadtarchiv Ingolstadt, Plansammlung)

d   Meisterriß eines angehenden Maurermeisters, bezeichnet „M. F. (= Michael Frankh) 1649". (Stadtarchiv Ingolstadt, Plansammlung)

T 27

a „Albrecht Khrüners, maurermeisters, maisterriss", datiert 14.10.1673. (Stadtarchiv Ingolstadt, Plansammlung)

b Meisterriß des angehenden Maurermeisters Andreas Fischer, von 1732 (Stadtarchiv Ingolstadt, Plansammlung)

c Ingolstadt, Harderstraße 6, sog. „Kaisheimer Hof", im Kern von 1630, sonst nach Umbau des 18. Jahrhunderts (1980)

a Ingolstadt, Bei der Schleifmühle 1 (1980)

b Unbezeichneter Meisterriß eines angehenden Maurermeisters, 2. Hälfte 17. Jahrhundert. (Stadtarchiv Ingolstadt, Plansammlung)

c Ingolstadt, Theresienstraße 2, Obere Apotheke, um 1560/70 (1980)

T 29

a Meisterriß des angehenden Maurermeisters Hanns Kriegel von 1551. (Stadtarchiv Ingolstadt, Plansammlung)

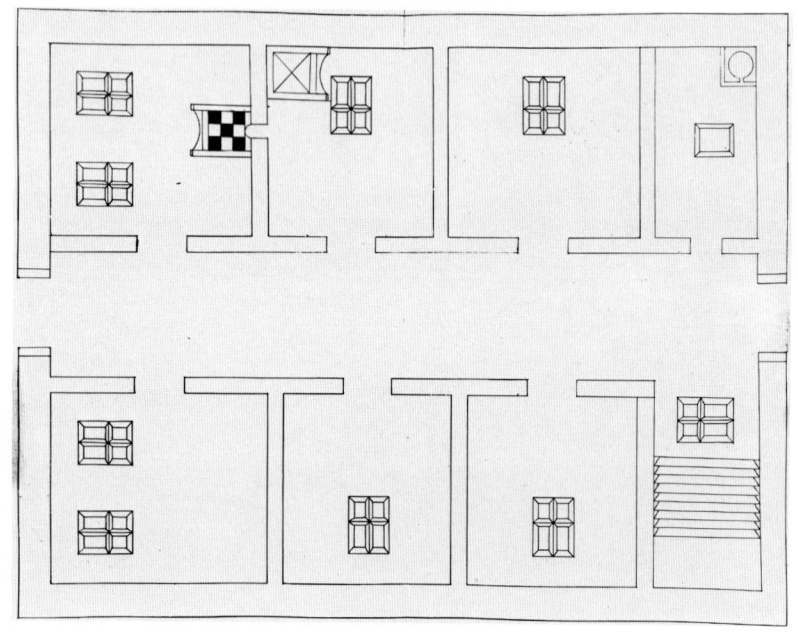

b Unbezeichneter Meisterriß eines angehenden Maurermeisters, 2. Hälfte 16. Jahrhundert. (Stadtarchiv Ingolstadt, Plansammlung)

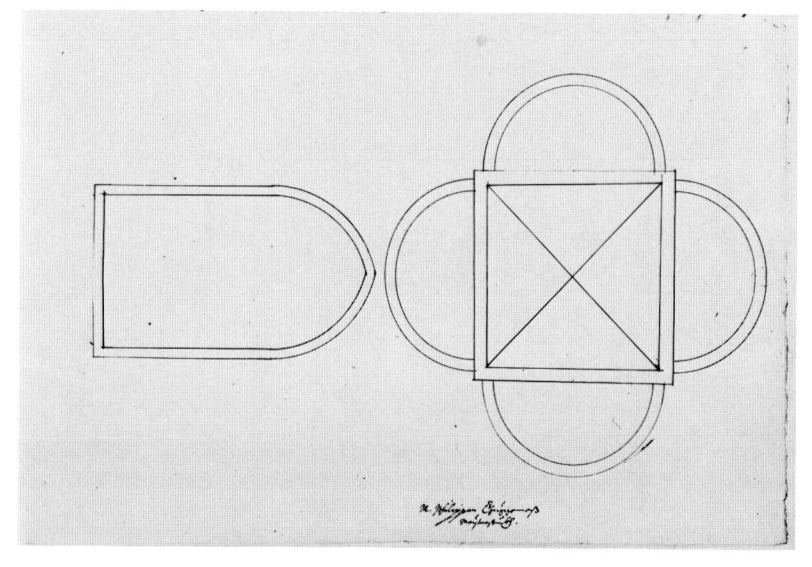

c „M[eister] Philippen Guggemoß Maisterstuckh", um 1600. (Stadtarchiv Ingolstadt, Plansammlung)

a   Meisterriß des angehenden Maurermeisters Philipp Guggemoos, um 1600 (Stadtarchiv Ingolstadt, Plansammlung)

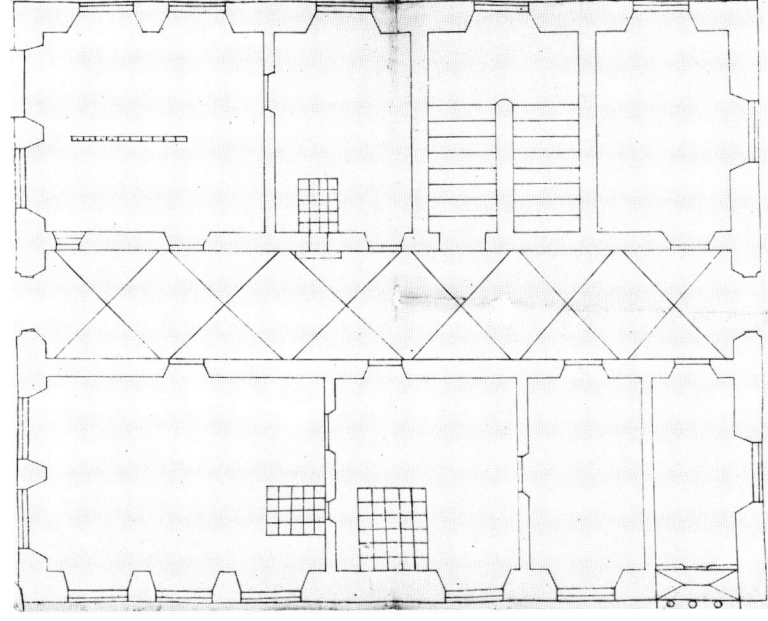

b   „M[eister] Jacoben Gegls, von Westenprun, Maurers Maisterstuckhen", 25.5.1633. (Stadtarchiv Ingolstadt, Plansammlung)

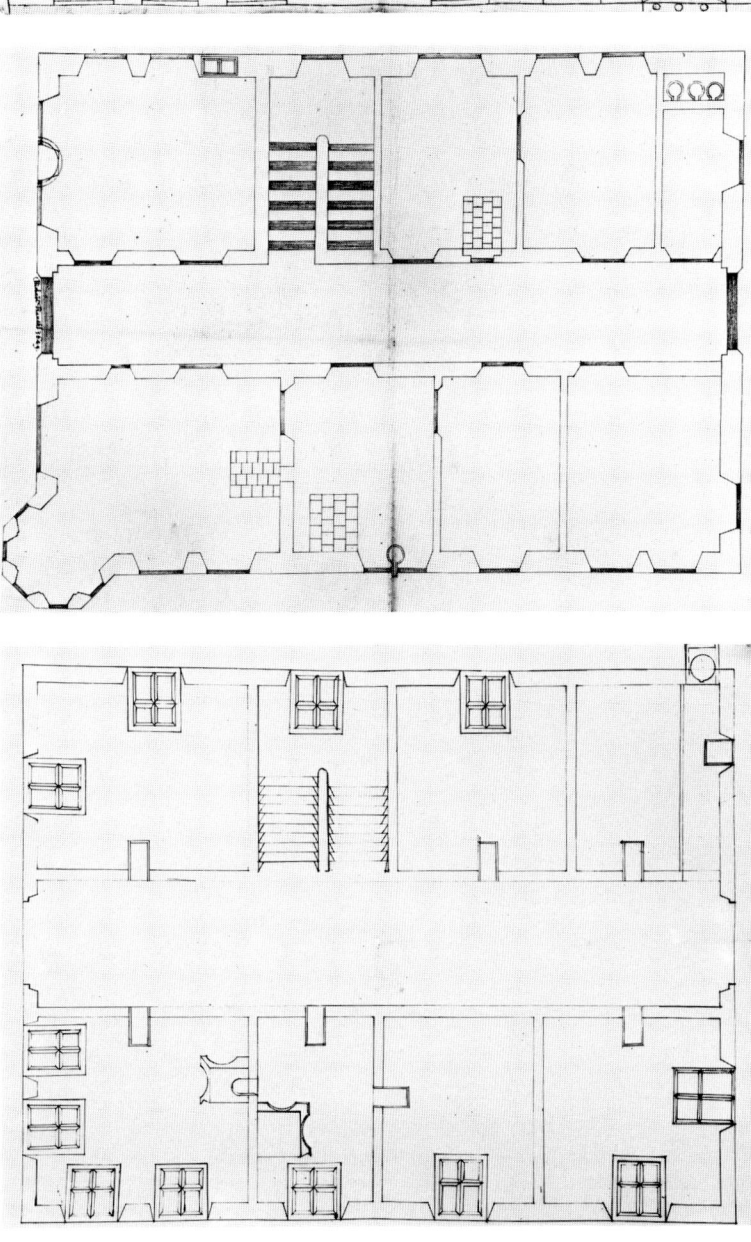

c   „Michael Frankhen, Maurers Maisterstuckh, im Rhatt approbirt, den 19. Marty A[nn]o [1]649". (Stadtarchiv Ingolstadt, Plansammlung)

T 31

a Kraiburg a. Inn (Lkr. Mühldorf a. Inn), Trostberger Straße 58/60, Doppelhaus zweier Handwerkerfamilien, 18. Jahrhundert (1981)

b Wurmannsquick (Lkr. Rottal-Inn), Marktplatz 19a/19b, Doppelhaus des 18. Jahrhunderts mit ungleicher Besitzaufteilung (1976)

c Kelheim, Aumühlweg 4, typisches Altmühltaler Handwerkerhaus mit Kalkplattendach (1976)

a Kelheim, Alter Markt 12/14,
Handwerkerhaus des späten
18. Jahrhunderts mit Kalkplattendach (1976)

b Hofkirchen (Lkr. Passau),
Vilshofener Straße 10,
Ackerbürgerhaus (1976)

c Erding, Münchner Straße 12,
schlichtes Handwerkerhaus mit
Kastenerker, im Kern noch
16./17. Jahrhundert (1978)

a Schrobenhausen (Lkr. Neuburg-Schrobenhausen), In der Lachen 1, Handwerkerhaus mit steilem Satteldach, wohl spätes 15. Jahrhundert (1976)

b Pfaffenhofen a. d. Ilm, Scheyererstraße 6, traufständiges Handwerkerhaus der 1. Hälfte des 19. Jahrhunderts (1976)

c Zorneding (Lkr. Ebersberg), Bucher Straße 22, Handwerkerhaus mit geknicktem Krüppelwalmdach, um 1820/30. Interessantes Beispiel für das Vordringen der bürgerlichen Baukunst in dörfliche Bereiche (1980) a Plattling (Lkr. Deggendorf), Preysingplatz 22, ehemaliger Gasthof zur Post mit phantasievoll geschweiftem Giebel des frühen 19. Jahrhunderts, der Bau im Kern sonst jedoch älter (1926)

b Eichendorf (Lkr. Dingolfing-Landau), Bebauung am Hinteranger. Interessantes Beispiel für das Vordringen der ländlichen Bauweise in einen kleinen niederbayerischen Markt (1925)

a Tüßling (Lkr. Altötting), Giebelständige Häusergruppe an der Südseite des Marktplatzes, darunter z. T. auch Handwerkerhäuser mit Vorschußmauern (1977)

b Wasserburg a. Inn (Lkr. Rosenheim). Vornehme Patrizierhäuser des 16. Jahrhunderts mit Vorschußmauern und Grabendächern in der Herrengasse (1980)

a Landsberg a. Lech, Bürgerhäuser am Hinteren Anger mit Aufzugsgauben, sog. „Ohrwascheln" (um 1950)

b Wasserburg a. Inn (Lkr. Rosenheim), Rückfront eines Grabendachhauses (1920)

c Wolfratshausen (Lkr. Bad Tölz-Wolfratshausen), Isartaler Satteldachhäuser am Obermarkt, Blick gegen Süden (1978)

T 37

a Burghausen (Lkr. Altötting), In den Grüben 177, Grabendachstuhl (1975)

b Wasserburg a. Inn (Lkr. Rosenheim), Herrengasse, Grabendach (1920)

c Wasserburg a. Inn (Lkr. Rosenheim), Herrengasse, Grabendachstuhl (1920)

a   Landshut, Nahensteig 180 (1979)

b   Landshut, Altstadt 195–197, Gasthaus Ainmiller (1979)

c   Burghausen (Lkr. Altötting), In den Grüben 153, ehemaliges Malerhaus von 1761 (abgebrochen 1973) mit angesetztem Aborthäuschen (1972)

d   Landsberg a. Lech, Rückseiten der Häuser an der Alten Bergstraße. Im Hintergrund der Schmalzturm (1978)

a Dießen a. Ammersee, Herrenstraße 4, Handwerkerhaus mit Bundwerkobergeschoß, ein Beispiel für das Auftauchen von Formen der ländlichen Bauweise in einem kleinen oberbayrischen Markt (1945)

b Isen (Lkr. Erding), Erdingerstraße 8, ehemaliges Gerberhaus mit Traufsöller und früherer Giebellaube (1977)

a Geiselhöring (Lkr. Straubing-Bogen), Am Lins 21, sog. „Linshof" (1935)

b Asbach (Lkr. Dachau), Haus Nr. 8, Wohnhaus zu einer Sägmühle, Bemerkenswert der Giebel, der ganz im Sinne eines Bürgerhauses gestaltet ist (1977) *a* Burghausen (Lkr. Altötting), Stadtplatz 114, Keller unter einem früheren Adelshaus, 14. Jahrhundert (1975)

b Wasserburg a. Inn (Lkr. Rosenheim), Keller zu einem früheren Patrizier- und Kaufmannshaus in der Herrengasse, abgebrochen um 1978 (1977)

c Burghausen (Lkr. Altötting), Stadtplatz 40, Keller unter der Stadtapotheke, 14./15. Jahrhundert (1975)

a Burghausen (Lkr. Altötting), In den Grüben 162. Keller im ehemaligen „Bichlbad", früher im Besitz des Zisterzienserklosters Raitenhaslach (abgebrochen 1973). Eine Stütze datiert „1628" (1972)

b Burghausen (Lkr. Altötting), Stadtplatz 100, ehemaliger Weingasthof. Aus Tuffsteinen gemauerter Keller mit Tonnengewölbe und Katzenkopfpflaster (1974)

c Burghausen (Lkr. Altötting), Stadtplatz 111, ehemaliges Lebzelterhaus. Aus Tuffsteinen gemauerter Keller mit Kreuzgratgewölben, Mittelstütze und Rotmarmorpflaster (1974)

T 43

a Burghausen (Lkr. Altötting), In den Grüben 123, Fletz mit spätgotischem Kreuzrippengewölbe (1975)

b Burghausen (Lkr. Altötting), Stadtplatz 109, Raum im Erdgeschoß mit spätgotischem Kreuzrippengewölbe (1975)

a   Burghausen (Lkr. Altötting), In den Grüben 151, tonnengewölbtes Fletz im Erdgeschoß, wohl 16. Jahrhundert (1975)

b   Burghausen (Lkr. Altötting), Mautnerstraße 271, kreuzgratgewölbtes Fletz im Erdgeschoß (1975)

c   Burghausen (Lkr. Altötting), Stadtplatz 54. Raum im Erdgeschoß mit spätgotischem Kreuzrippengewölbe (1975)

a Landshut, Neustadt 500, erbaut von dem Patrizier Christoph Closenberger, Bürgermeister zu Landshut, und seiner Ehefrau Sidonia, geborene Airnschmalz, im Jahr 1590, jetzt Gasthof zum Schwabl. Kreuzgratgewölbtes Fletz im Erdgeschoß mit toskanischen Säulen aus Rotmarmor. Am Kapitellfries die Bauinschrift (1979)

b Landshut, Schirmgasse 268, Fletz im Erdgeschoß eines früheren Kaufmannshauses mit spätgotischen Kreuzrippengewölben zu vier Jochen. Die Rippen ruhen auf polygonalen Spitzkonsolen, der Gewölbeschnitt ist stichbogig. Die Schlußsteine sind vierpaßförmig und haben leere Wappenschilde (1979)

a Landshut, Altstadt 217/218, ehemalige Propstei des Kollegiatstifts St. Martin und St. Kastulus, barocke Erdgeschoßhalle mit Durchfahrt, von 1710/12 (1979)

b Burghausen (Lkr. Altötting), Stadtplatz 115, ehemaliges Landschaftsgebäude, Fletz im Erdgeschoß mit Rotmarmorpflaster und eingelegtem Laufbrett (1975)

a Burghausen (Lkr. Altötting), In den Grüben 177, Treppenpodest im zweiten Obergeschoß (1975)

b Burghausen (Lkr. Altötting), Stadtplatz 55, kreuzgratgewölbter Flur im ersten Obergeschoß mit anschließendem Lichthof (1975)

c Burghausen (Lkr. Altötting), In den Grüben 177, Flur im ersten Obergeschoß mit Lichthof (1975)

d Burghausen (Lkr. Altötting), In den Grüben 173, Aufgang zum ersten Obergeschoß mit gerippter Tonne (1975)

a Burghausen (Lkr. Altötting), In den Grüben 160, Lichthof des ehemaligen Büchsenmacherhauses (1975)

b Landshut, Altstadt 299, barockes Treppenhaus in einem ehemaligen Kaufmannshaus (1979)

c Burghausen (Lkr. Altötting), Bögen am Anfang der Grüben (1975)

a Burghausen (Lkr. Altötting), In den Grüben 122, ehemaliges Hafnerhaus, Fletz im Erdgeschoß mit Holzbalkendecke des 16. Jahrhunderts (1975)

b Straubing, Schmiedlgasse 6, Fletz im Erdgeschoß. (Zeichnung: Bayer. Landesamt für Denkmalpflege, München, Georg Lösti, 1920)

c Straubing, Schmiedlgasse 6, Vorplatz im ersten Obergeschoß. (Zeichnung: Bayer. Landesamt für Denkmalpflege, München, Georg Lösti, 1920)

a   Burghausen (Lkr. Altötting), Stadtplatz 116, Hauskapelle in einem Kaufmannshaus, 18. Jahrhundert (1975)

b   Landshut, Altstadt 218, ehemalige Propstei des Kollegiatstifts St. Martin und St. Kastulus, angeblich früher eine spätgotische Hauskapelle (1979)

c   Straubing, Ludwigsplatz 30, ehemaliges Patrizierhaus, Hauskapelle von 1645, Schnitte. (Zeichnung: Bayer. Landesamt für Denkmalpflege, München, Georg Lösti, 1920)

a   Neuötting (Lkr. Altötting), Ludwigstraße 29, Lauben mit spätgotischen Netzgewölben, bez. „1500" (1980)

b   Landshut, Lauben an der Altstadt (1926)

c   Wasserburg a. Inn (Lkr. Rosenheim), Lauben in der Herrengasse (1920)

a   Landshut, Altstadt 195–197, Lauben am Gasthaus Ainmiller (1979)

b   Landshut, Altstadt 218, Lauben an der ehemaligen Propstei des Kollegiatstifts St. Martin und St. Kastulus, von 1710/12 (1979)

a Burghausen (Lkr. Altötting), Stadtplatz 44, Arkadengang im zweiten Obergeschoß (1973)

b Vilshofen (Lkr. Passau), Stadtplatz 12, Innenhof mit Renaissancearkaden (Zeichnung: Bayer. Landesamt für Denkmalpflege, München, Georg Lösti, 1925)

a   Burghausen (Lkr. Altötting), Stadtplatz 44,
Innenhof mit zweigeschossigen Arkaden
(1973)

b   Vilshofen (Lkr. Passau), Stadtplatz 22,
Gasthof zur Post (Zeichnung: Bayer.
Landesamt für Denkmalpflege, München,
Georg Lösti, 1925)

a Pfarrkirchen (Lkr. Rottal-Inn),
Lindnerstraße 14, Gasthof Münchener Hof,
Renaissancearkaden im ersten
Obergeschoß (1922)

b Rottenburg a. d. Laaber (Lkr. Landshut),
Marktstraße 26, Gasthof Huberbräu, wohl
2. Hälfte 16. Jahrhundert (1929)

a Velden (Lkr. Landshut), Marktplatz 7,
ehemalige Schmiede (1920)

b Wartenberg (Lkr. Erding), Obere
Hauptstraße 21, ehemalige Schmiede (1978)

T 57

a Landshut, Altstadt 74, Einhorn-Apotheke, Arkaden im ersten Obergeschoß (1979)

b Landshut, Altstadt 299, Flügelbau an der Hofseite mit vermauerten Arkaden (1979)

c Burghausen (Lkr. Altötting), Kanzelmüllerstraße 95/96, Innenhof mit Arkaden, Zustand vor dem Brand von 1974 (1972)

d Burghausen (Lkr. Altötting), Stadtplatz 111, Arkadengang im ersten Obergeschoß (1972)

a   Landshut, Altstadt 26, spitzbogiger Hauseingang mit profiliertem spätgotischen Gewände (1979)

b   Landshut, Schirmgasse 268, ehemaliges Kaufmannshaus, spätgotisches Portal mit Markuslöwe (Terrakotta, bemalt), (1979)

c   Burghausen (Lkr. Altötting), spätgotisches Türgerüst an einer der „Pfefferbüchsen" auf der Burg (1972)

d   Burghausen (Lkr. Altötting), Stadtplatz 109, spätgotisches Portal mit kielbogigem profilierten Türgewände (1973)

T 59

a Burghausen (Lkr. Altötting), Stadtplatz 110, Portal aus der Zeit um 1680 (1973)

b Ingolstadt, Kreuzstraße 4, Hauseingang, 2. Hälfte 16. Jahrhundert (1978)

c Ingolstadt, Kreuzstraße 2, Hauseingang, 2. Hälfte 17. Jahrhundert (1978)

a Burghausen (Lkr. Altötting), In den Grüben 122, ehemaliges Hafnerhaus, Haustür mit Spottmaske (1975)

b Burghausen (Lkr. Altötting), Tittmoninger Straße 30/32, Portal der Hammerschmiede Strasser, Rotmarmortürgewände von 1763, das Türblatt aus Eichenholz von 1799 (1973)

c Rosenheim, Max-Josephs-Platz 4, Rotmarmorportal, bezeichnet: Achatzi · Hueber · 1568 · Anna · Zächnpergerin (1980)

a   Landshut, Nahensteig 180, Portal an dem steuerbefreiten
Adelshaus des Freiherrn von Strohmair (1926)

b   Landshut, Kirchgasse 226, barocke Haustür an einem früher
zum Kollegiatstift St. Martin und St. Kastulus gehörenden Stadel
(1979)

c   Straubing, Fraunhoferstraße 23, spätbarockes Portal (1981)

d   Straubing, früheres Portal an dem einstigen Adelshaus
Fraunhoferstraße 5, drittes Viertel 18. Jahrhundert. Dieses befand
sich zur Zeit der Anbringung der zweiflügeligen Tür im Besitz
der Grafen von Hörwarth (1920)

a   Landshut, Altstadt 32, Portal aus der Zeit um 1710 an einem ehemaligen Kaufmannshaus (1971)

b   Burghausen (Lkr. Altötting), Spitalgasse 206/207, Portal des Heiliggeist-Spitals von 1777 (1975)

c   Burghausen (Lkr. Altötting), In den Grüben 176, Hauseingang eines früheren Melberhauses (1975)

a Straubing, Theresienplatz 10, Umrahmung frühes
17. Jahrhundert, Türblatt klassizistisch, Ende 18. Jahrhundert (1920)

b Landshut, Ländgasse 117, Haustür aus der Zeit um 1800 an
einem ehemaligen Zimmermannshaus (1926)

c Landshut, Altstadt 78, klassizistisches Portal, um
1790. Die figürlichen Schnitzereien nehmen auf den
Beruf des damaligen Hausbesitzers, der fürstlicher
Zolleinnehmer war, Bezug (1926)

d Vilshofen (Lkr. Passau), Stadtplatz 6, klassizistische Haustür von 1799
(heute nicht mehr vorhanden) (1925)

a   Burghausen (Lkr. Altötting), Stadtplatz 38, Tür im ersten Obergeschoß mit stuckierter Rahmung, von 1719 (1975)

b   Landshut, Altstadt 28, geschnitzte Tür am Landschaftsgebäude (1979)

c   Landshut, Altstadt 315, Rathaus, Innentür im südlichen Querflügel, 2. Häfte 16. Jahrhundert (1926)

d   Landshut, Altstadt 315, Rathaus, Innentür im südlichen Querflügel, 2. Hälfte 16. Jahrhundert (1926)

a   Burghausen (Lkr. Altötting), In den Grüben 177, Fensterbank in einem Raum des ersten Obergeschosses eines früheren Binder- (=Schäffler)hauses (1975)

b   Burghausen (Lkr. Altötting), Stadtplatz 111, Fenster mit Rotmarmorgewände von 1550 an einem ehemaligen Lebzelterhaus (1975)

c   Moosburg (Lkr. Freising), Herrnstraße 23, Fenster und stuckierte Wandnische (1978)

a Erding, Münchner Straße 12, Kastenerker mit Spion (1977)

b Burghausen (Lkr. Altötting), Burgsteig 28, Fenster mit Spion (1975)

c Schongau (Lkr. Weilheim-Schongau), Christophstraße 2, Fenster mit Spion, 19. Jahrhundert (1978)

T 67

a   Landshut Neustadt 505, Fassadendetail eines ehemaligen Adelspalais (1977)

b   Landshut, Neustadt 505, Fassadendetail eines ehemaligen Adelspalais (1977)

c   Straubing, Fraunhoferstraße 23, Fensterdetail mit Rokokostuck, wohl von Matthias Obermayr (1981)

d   Landshut, Neustadt 460, Fassadendetail mit klassizistischem Stuckdekor (1978)

a Straubing, Fürstenstraße 9, Ausschnitt der Fassade des ehemaligen Rent- und Salzamts von 1739, mit Fresko der Maria Immaculata (1981)

b Ingolstadt, Ludwigstraße 5, sog. „Ickstatthaus", Fensterdetail mit Stuck von 1746 (1978)

c Ingolstadt, Am Stein 5, ehemalige Jesuitenbibliothek, Ausschnitt der Fassade mit Rokokostuck (1980)

a Ingolstadt, Schloß, Chörlein an der Hauskapelle (1980)

b Ingolstadt, Schloß, Erker (1980)

*c Ingolstadt, Hieronymusgasse 9, Erker, bez. „1518",
im Zweiten Weltkrieg zerstört, nach 1945 erneuert (1978)*

d Ingolstadt, Theresienstraße 5, Erker, Anfang 16. Jahrhundert (1980)

a   Ingolstadt, Schrannenstraße 14, zweiachsiger Kastenerker (1981)

b   Ingolstadt, Johannesstraße 13, Kastenerker über getreppter Konsole (1980)

c   Ingolstadt, Theresienstraße 22, ehemaliges Patrizierhaus der Schober, Erker bez. „1511" bzw. „1567" (1980)

a Schongau (Lkr. Weilheim-Schongau), Ballenhausstraße 2, Richterhaus von 1493 mit Überschuß unter der Traufe (1978)

b Erding, Am Rätschenbach 12 (1978)

c Langquaid (Lkr. Kehlheim), Marktplatz 22 und Marktplatz 23 (um 1950)

a Vilshofen
(Lkr. Passau),
Haus an der Donaulände
mit zweistöckigem
Kastenerker (1925)

b Dorfen (Lkr. Erding),
Marienplatz 1 (1977)

T 73

a   Landshut, Alte Bergstraße 146 (1979)

b   Vilsbiburg (Lkr. Landshut), Stadtplatz 15/16 und Stadtplatz 17 (1947)

*a   Erding, Friedrich-Fischer-Straße 10
(um 1930)*

*b   Grafing (Lkr. Ebersberg), Marktplatz 3,
Handwerkerhaus mit zwei flachen Boden-
erkern und Satteldach (1981)*

T 75

a Erding, Lange Zeile 14 (1947)

b Traunstein, Scheibenstraße 9 und 11, Handwerkerhäuser mit Kastenerkern (1981)

c Gaimersheim (Lkr. Eichstätt), Untere Marktstraße 12 (1980)

Landshut, Altstadt 315, Rathaus, Renaissanceerker an der früheren Bürgertrinkstube, um 1570 (1981)

T 77

a   Landshut, Ortsteil Berg, Am Graben 17, Handwerkerhaus des 16. Jahrhunderts mit steilem Satteldach und flachem Kastenerker. Der Erkertyp mit dem profiliertem Erkerfuß ist typisch für die Landshuter Gegend (1981)

b   Dingolfing, Steinweg 4 (1947)

c   Dingolfing, Bruckstraße 2 (1947)

a Landshut, Alte Bergstraße 171 (1979)

b Moosburg (Lkr. Freising), Auf der Plan 8, vielleicht ein ehemaliger Kanonikatshof zum früheren Stift St. Kastulus, wohl 1. Viertel 16. Jahrhundert (1979)

c Erding, Münchner Straße 6 (um 1930)

T 79

a Pfarrkirchen, Haus an der Südseite des Stadtplatzes (1947)

b Aidenbach (Lkr. Passau), Marktplatz 1, ehemaliger Adelssitz mit mehrgeschossigem Runderker, 1. Hälfte 17. Jahrhundert (1925) *a* Straubing, Ludwigsplatz 25, Rosen-Apotheke, polygonaler Eckerker, 17. Jahrhundert (1981)

b Pfaffenberg (Lkr. Straubing-Bogen), Zollhof 1, ehemaliges Amtshaus mit rundem Eckerker, 17/18. Jahrhundert (um 1950)

Wasserburg a. Inn (Lkr. Rosenheim), Handwerkerhäuser mit flachen Kastenerkern in der Nagelschmiedgasse (1981)

b *Wasserburg a. Inn (Lkr. Rosenheim), Ledererzeile 19, stattliches Bürgerhaus (Gerberhaus?) mit zwei Kastenerkern der 1. Hälfte des 16. Jahrhunderts (1978)*

c *Burghausen (Lkr. Altötting), Spitalgasse 199, ehemaliges Spitalbad, abgebrochen 1969 (1955)*

Wasserburg a. Inn (Lkr. Rosenheim), Marienplatz 25, ehemaliges fürstliches Mauthaus mit mehreren Kastenerkern aus der Zeit um 1520 (1981)

a Dingolfing, Steinweg 4, die Fassadenmalerei mit dem bayerischen Rautenmuster nach Befund um 1970 erneuert (1980)

b Kraiburg a. Inn (Lkr. Mühldorf a. Inn), Marktplatz 22, Bürgerhaus von 1608, die erneuerte Fassadenmalerei um 1980 (1981)

c Wasserburg a. Inn (Lkr. Rosenheim), Marienplatz 13, mit nach Befund um 1979 erneuerter Fassadenmalerei (1980)

d Wasserburg a. Inn (Lkr. Rosenheim), Schmidzeile 8, sog. „Ganserhaus", die um 1975 freigelegten Fresken bez. „1555" (1980)

a   Burghausen (Lkr. Altötting), Stadtplatz 54, Teller mit gemalter Ansicht des Hauses von 1844 (Städt. Museum Burghausen)

b   Prien (Lkr. Rosenheim), Friedhofweg 1, ehemaliges Bauernhaus (jetzt Heimatmuseum), Tür bez. „1837", die Fresken („Lüftlmalereien") 1914 von Eibach (1978)

c   Dießen a. Ammersee (Lkr. Landsberg a. Lech), Herrenstraße 6, ehemaliges Handelshaus (jetzt Apotheke), Portal mit sog. „Lüftlmalereien" (um 1950)

T 85

a   Landshut, Altstadt 252, Fassade mit Rauhputzdekor (1979)

b   Landshut, Altstadt 86, Fassade mit Rauhputzdekor (1979)

c   Landshut, Kirchgasse 234, Rauhputzdekor von 1677, ausgeführt durch den Hofmaurermeister Georg Stainacher, den damaligen Besitzer des Hauses (1979)

d   Landshut, Altstadt 26, Wohnhaus mit Rauputzfassade. (1926)

a Landshut, Regierungsstraße 571 und 570 (1979)

b Burghausen (Lkr. Altötting), Häuser am Hofberg, Nr. 66 a/b, 67, 68 a/b/c (1950)

c Burghausen (Lkr. Altötting), In den Grüben 139, 140, 143. Der spätklassizistische Stuckdekor von Anton Glonner, Hof- und Stadtmaurermeister zu Burghausen (1973)

a Straubing, Rosengasse 34, Aufzugsgaube (1978)

b Pfeffenhausen (Lkr. Landshut), Bahnhofstraße 18, Aufzugsgaube (1978)

c Kelheim, Donaustraße mit Donautor (um 1900)

a Landshut, Schwestergasse 8, ehemaliges Haus der Klosterfrauen von Seligenthal, um 1232 (1937)

b Landshut, Schwestergasse 8, ehemaliges Haus der Klosterfrauen von Seligenthal, um 1232, Ausschnitt der Straßenfront (1937)

a Landshut, Neustadt 501, Handwerkerhaus mit Schwalbenschwanzzinnen (1978)

b Landshut, Neustadt 501, das Haus nach dem Umbau von Professor König, um 1978 (1979)

c Landshut, Dreifaltigkeitsplatz Nr. 175–176 (1981)

a Neustadt a.d. Donau (Lkr. Kelheim), Albrecht-Rindsmaul-Straße 6, kath. Pfarrhaus, im Kern 2. Hälfte 15. Jahrhundert (1981)

b Ingolstadt, Reiterkasernstraße 3 mit Jägergaßl 5 (1981)

c Ingolstadt, Schrannenstraße 16, Handwerkerhaus mit gestäbtem Giebel der 2. Hälfte des 16. Jahrhunderts (1981)

d Hengersberg (Lkr. Deggendorf), Marktplatz 2, stattliches Handwerkerhaus mit steilem Halbwalmdach, im Kern wohl Anfang 16. Jahrhundert (1978)

a Straubing, Petersgasse 44, Bürgerhaus mit getrepptem Zinnengiebel, um 1500 (1920)

b Dingolfing, Bruckstraße, Gasthaus Weidmüller (1947)

c Landshut, Grasgasse 329, ehemalige Schlosserei, Giebel mit Landshuter Blenden und gezinnten Aufsätzen, wohl Anfang 16. Jahrhundert (1979)

d Landshut, Neustadt 460, angeblich Neubau von 1886 in historisierenden Formen (1979)

a Landshut, Obere Freyung 606, ehemaliges Badhaus mit gezinntem Giebel, wohl 16. Jahrhundert (1981)

b Geiselhöring (Lkr. Straubing-Bogen), Viehmarktplatz 16, Handwerkerhaus mit Blenden und gezinnten Aufsätzen (1935)

c Moosburg (Lkr. Freising), Leinbergerstraße 2, Auf dem Gries 5 und 7 (um 1930)

Geiselhöring (Lkr. Straubing-Bogen), Stadtplatz 18. Das sog. „Loichingerhaus" mit seinem prächtigen Renaissancegiebel gilt als eines der schönsten Bürgerhäuser des 16. Jahrhunderts in Altbaiern (1981)

a Straubing, verschiedene Formen von Giebelzinnen (Zeichnung: Bayer. Landesamt für Denkmalpflege, Georg Lösti, 1920)

b Neustadt a. d. Donau (Lkr. Kelheim), stattliche Bürgerhäuser des 16. Jahrhunderts am Kirchplatz. Die wohl nach dem Zweiten Weltkrieg abgebrochene Häusergruppe bedeutet einen unersetzlichen Verlust für das Stadtbild von Neustadt (1920)

c Schrobenhausen (Lkr. Neuburg-Schrobenhausen), Lenbachplatz 2, Gasthof zum Stieglbräu, 2. Hälfte 16. Jahrhundert (1977)

d Geiselhöring (Lkr. Straubing-Bogen), Stadtplatz 11, wohl vom gleichen Baumeister wie Stadtplatz 18 (vgl. Abbildung T94). Der gestaffelte Renaissancegiebel mit den rundbogigen Aufsätzen kommt in derselben Form sonst in Niederbayern nicht mehr vor (1935)

a Gaimersheim (Lkr. Eichstätt, Untere Marktstraße 2, Gasthof Mohrbräu (1978)

b Landshut, Häusergruppe an der Westseite des Dreifaltigkeitsplatzes (1978)

a   Landshut, Wagnergasse 2 (1979)

b   Ingolstadt, Roseneckstraße 1, Gasthof zum Daniel mit Nebengebäuden (1978)

c   Landshut, Neustadt 457, ehemaliger Gasthof mit barockem Portal (1979)

T 97

a Dingolfing, Bruckstraße 20, Wohnhaus mit überkuppeltem Eckerkerturm und Blendengiebel (1947)

b Landshut, Neustadt 503, ehemaliges Wohnhaus des Stadtkochs (1979)

c Landshut, Alte Bergstraße 145, stattliches Adelshaus des 17. Jahrhunderts (1979)

a   Landshut, Obere Freyung 616a und 616b
    (1981)

b   Landshut, Neustadt 497 (1979)

c   Landshut, Altstadt 258 (1979)

T 99

a   Landshut, Altstadt 32, Fassade mit barockem Stuck, um 1710. Das Haus befand sich zu jener Zeit im Besitz des Franz Jaquemode, des Inneren Rats und Handelsmann (1979)

b   Moosburg (Lkr. Freising), Herrnstraße 23 und 29 (1978)

a   Landshut, Altstadt 192, ein ehemaliger Gasthof, und
    Altstadt 191, ein früheres Handelshaus (1926)

b   Vilshofen (Lkr. Passau), Kirchenplatz 19, mit Schopf-
    walm und vorgesetzter Vorschußmauer (1925)

c   Landshut, Altstadt 369, ein ehemaliges Handelshaus,
    und Altstadt 368 (1979)

a Burghausen (Lkr. Altötting), Mautnerstraße 255 (1975)

b Burghausen (Lkr. Altötting), Mautnerstraße 239, ein ehemaliges Weberhaus (1975)

c Landshut, Kirchgasse 244 (1979)

d Burghausen (Lkr. Altötting), Stadtplatz 49 (1975)

a Hengersberg (Lkr. Straubing-Bogen), Marktplatz 5, klassizistischer Mansarddachbau, Anfang 19. Jahrhundert (1978)

b Landshut, Neustadt 460, einst ein Gasthaus, dann von 1786–1826 kurfürstliche bzw. königliche Trivialschule (1979)

c Burghausen (Lkr. Altötting), In den Grüben 195 a (1975)

d Neuötting (Lkr. Altötting), Ludwigstraße 72 mit klassizistischer Fassade von 1798 (1978)

a Passau, Ortsteil Hals, Marktplatz 8, Wohnhaus mit vorgelegter zweiläufiger Treppe (1978)

b Pfaffenhofen a. d. Ilm, Hauptplatz 20, ehemaliges Rentamt mit klassizistischem Portal und ebensolcher Treppe (1978)

c Ingolstadt, Mauthstraße 8, Zollamt mit barocker Haustür und erneuerter Treppe (1978)

*a Vilshofen (Lkr. Passau), Stadtplatz 8,
Fenstergitter mit dem Handwerkszeichen
der Bierbrauer, von 1795 (1980)*

*b Abensberg (Lkr. Kelheim), Stadtplatz 2,
klassizistische Fenstergitter am Gasthof
Kuchlbauer (1981)*

*c Grafing (Lkr. Ebersberg), Marktplatz 2,
geschmiedete Balkonbrüstung am früheren
Gasthof Wildbräu, um 1793 (1981)*

a Dachau, Augsburger Straße 7, geschmiedeter Ausleger, 1. Hälfte 19. Jahrhundert (1978)

b Landshut, Neustadt 500, geschmiedeter Ausleger, von 1841 (1978)

c Grafing (Lkr. Ebersberg), Marktplatz 2, geschmiedeter Ausleger von 1793 am früheren Gasthof Wildbräu (1981)

a Dachau, Konrad-Adenauer-Straße 7, Ausleger am früheren Gasthof (jetzt Hotel) Hörhammerbräu, von 1832 (1978)

b Dachau, Konrad-Adenauer-Straße 12, geschmiedeter Ausleger am Gasthof Unterbräu, um 1830 (1978)

c Reisbach (Lkr. Dingolfing-Landau), Marktplatz 29, Gasthof zum Lamm, geschmiedeter Ausleger, 19. Jahrhundert (1978)

a   Landsberg a. Lech, Hauptplatz 147, Marienapotheke, Bauinschrift von 1687 (1980)

b   Vilshofen (Lkr. Passau), Donaugasse 25, Hochwassermarke von 1595 (1925)

c   Landshut, Untere Länd 116, Bauinschrift an dem Haus eines Metzgers, von 1671 (1979)

d   Burghausen (Lkr. Altötting), Stadtplatz 97, Bauinschrifttafel aus Rotmarmor im ehemaligen Palais Tauffkirchen, dem Wohnhaus des Burghauser Vicedoms, von 1673 (1975)

e   Pfaffenhofen a. d. Ilm, Ingolstädter Straße 13, Bauinschrift am Gasthof Steger-Bräu, 1. Viertel 16. Jahrhundert (1978)

f   Burghausen (Lkr. Altötting), Stadtplatz 111, Rotmarmorbrünnlein im Innenhof eines früheren Lebzelterhauses, Mitte 16. Jahrhundert (1975)

a Landshut, Neustadt 523, barocke Figurennische mit Hausmadonna an einem früheren Gasthaus (1978)

b Landshut, Jodoksgasse 589, barocke Figurennische mit Hausmadonna an einem Handwerkerhaus (1978)

c Geisenfeld (Lkr. Pfaffenhofen a. d. Ilm), Rathausstraße 11, Rathaus, Ausschnitt des Giebels mit großer Sitzfigur der Justitia unter einem von zwei Säulen getragenen Baldachin (1978)

d Landshut, Neustadt 514, barocke Figurennische mit Hausmadonna im Giebel des ehemaligen Palais Königsfeld (1978) *a   Kößlarn (Lkr. Passau), Marktplatz 4, Gerberhaus der 2. Hälfte des 18. Jahrhunderts. Der Bautyp mit dem vorkragenden Krüppelwalmdach ist an sich im österreichischen Innviertel beheimatet (1978)*

b   Ingolstadt, Bei der Schleifmühle 13, 11, 9. Das linke Handwerkerhaus in der Zeilenbebauung war dabei früher ein Gerberhaus, wie das getreppte Dach mit den Lüftungsschlitzen erkennen läßt (1981)

a Ingolstadt, Sommerstraße 15, Ackerbürgerhaus, abgebrochen 1981 (1980)

b Kraiburg a. Inn (Lkr. Mühldorf a. Inn), Bruckmühlweg 1, Bruckmühle, stattliche Vierseitanlage, das Wohnhaus von 1767 (1978)

a Burghausen (Lkr. Altötting), In den Grüben 147, klassizistische Fassade (nach dem Zweiten Weltkrieg leider abgeschlagen) am früheren Wohnhaus des Hof- und Stadtmaurermeisters Anton Glonner (um 1920/30)

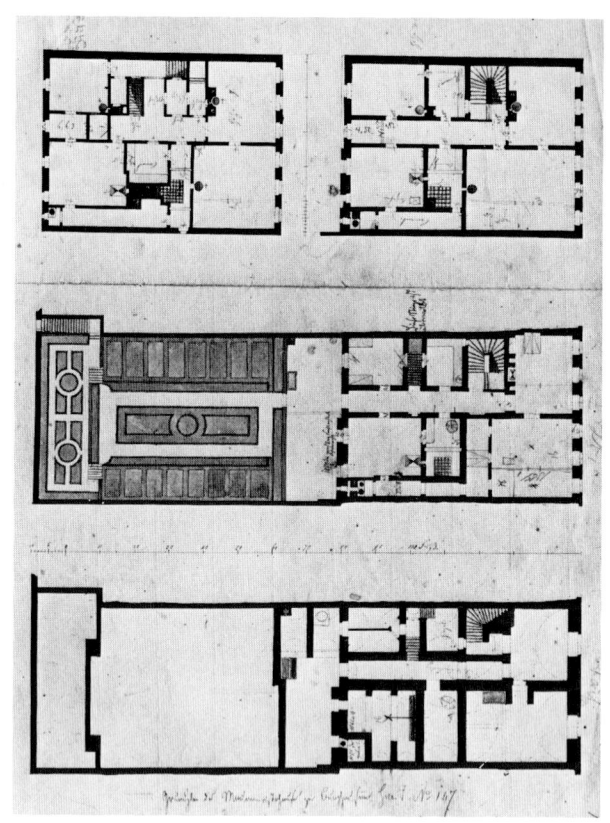

b Burghausen (Lkr. Altötting), In den Grüben 147, Bestandspläne des Hauses mit Garten, gezeichnet von Hof- und Stadtmaurermeister Anton Glonner (Stadtarchiv Burghausen, Plansammlung)

c Burghausen (Lkr. Altötting), In den Grüben 147, Fletz im Erdgeschoß (1975)

a Landshut, Altstadt 18, Fassadenriß zum
Neubau des Hauses von Felix Hirschstetter,
kurfürstlicher Hofmaurermeister zu Landshut,
von 1776 (Privatbesitz)

b Landshut, Altstadt 18–20 (1979)

a Pfaffenhofen a.d. Ilm, Ingolstädter Straße 13, Gasthof Steger-Bräu, 1. Viertel 16. Jahrhundert (1978)

b Ebersberg, Marienplatz 1, ehemalige Klostertaferne (jetzt Rathaus), im Kern Mitte 15. Jahrhundert, Ausbau 1529 (1981)

a   Straubing, Theresienplatz 8a, Gasthaus zum Geiß, mit hohem Treppengiebel, 16. Jahrhundert (1981)

b   Niederseeon (Lkr. Traunstein), ehemalige Klostertaverne, erbaut unter Abt Sigismund von Seeon im Jahr 1616 (um 1905)

a Straubing, Ludwigsplatz 16, Gasthof Goldene Gans, 2. Viertel 17. Jahrhundert (1920)

b Garching (Lkr. Freising), Freisinger Landstraße 1, Gasthof zur Post, klassizistischer Bau mit hohem Walmdach (1978) *a* Anzing (Lkr. Ebersberg), Hirnerstraße 2, Gasthof Alte Post, stattlicher Satteldachbau mit zwei polygonalen Eckerkern, erbaut 1756 (1981)

b Erding, Friedrich-Fischer-Straße 6, Gasthof zur Post, stattlicher Barockbau mit hohem Walmdach, erbaut 1692; Portal bez. 1816 (1978)

a Pilsting (Lkr. Dingolfing-Landau), Marktplatz 23, Gasthof zur Post (1925)

b Vilshofen (Lkr. Passau), Stadtplatz, Kirchenwirt, klassizistischer Walmdachbau (1978)

Burghausen (Lkr. Altötting), Stadtplatz 100, ehemaliger Weingasthof mit reicher barocker Stuckfassade (1981)

a   Landshut, Altstadt 195–197, Gasthaus Ainmiller mit neugotischer Fassade (1979)

b   Kraiburg a. Inn (Lkr. Mühldorf a. Inn), Bahnhofstraße 12, Gasthof Unterbräu, Portal von 1821 (1980)

c   Kraiburg a. Inn (Lkr. Mühldorf a. Inn), Bahnhofstraße 12, Gasthof Unterbräu, erbaut um 1820. Ungewöhnlich stattlicher Satteldachbau mit neun zu neun Obergeschoßachsen (1978)

a Vilshofen (Lkr. Passau), Stadtplatz 35, Gasthof Höltl, Innenhof mit Renaissancearkaden (Zeichnung: Bayer. Landesamt für Denkmalpflege, München, Georg Lösti, 1925)

b Vilshofen (Lkr. Passau), Stadtplatz 35, Portal des Gasthofs Höltl, von 1824 (1979)

c Vilshofen (Lkr. Passau), Stadtplatz 35, Gasthof Höltl (1925)

a Burghausen (Lkr. Altötting), Stadtplatz 40, Stadtapotheke, Portal (1975)

b Burghausen (Lkr. Altötting), Stadtplatz 40, Stadtapotheke mit Rokokostuckfassade (1975)

c Neumarkt a. d. Rott (Lkr. Mühldorf a. Inn), Oberes Tor und Stadtapotheke (1978)

Landshut, Altstadt 93, ehemaliges Patrizierhaus der Familie Plaichshirn, im Kern noch 15. Jahrhundert, seit etwa 1695 Löwen-Apotheke (1979)

a Geisenfeld (Lkr. Pfaffenhofen a.d. Ilm),
   Rathaus von 1626 (1978)

b Pfarrkirchen, Stadtplatz 1 (Rathaus) und
   Löwenbrunnen (1922)

Straubing, Simon-Höller-Straße mit Blick auf den Stadtturm (1981)

a   Deggendorf, Rathaus am Stadtplatz, erbaut 1535 (1926)

b   Landshut, Altstadt 315, Rathaus. Der im Kern aus dem Mittelalter stammende Bau wurde 1860 nach dem Vorbild des Frankfurter Römer umgestaltet. Der Renaissanceerker an der Ecke gehört zur früheren Bürgertrinkstube von 1570/71 (1979)

a   Straubing, Theresienplatz 20, Rathaus, im Kern Ende 14. Jahrhundert (1981)

b   Straubing, Bürgerhäuser am Theresienplatz. In der Platzmitte die Dreifaltigkeitssäule von 1709 und der aus dem 14. Jahrhundert stammende Stadtturm, das Wahrzeichen von Straubing (1981)

Landsberg a. Lech, Häusergruppe am Hauptplatz, Rathaus (Hauptplatz 152) von 1699, stuckiert von Dominikus Zimmermann 1719, Mariensäule mit Brunnenbecken von 1783 (1978)

a Grafing (Lkr. Ebersberg), Rathaus (Marktplatz 28) von 1766, der Schweifgiebel nach 1905, Umbau 1978/79. Im Vordergrund das Haus Marktplatz 29, im Kern 17./18. Jahrhundert, der Schweifgiebel auch hier erst aus der Zeit nach 1905 (1981)

b Straubing, die frühere Fleischbank (Zeichnung: Bayer. Landesamt für Denkmalpflege, München, Georg Lösti, 1920)

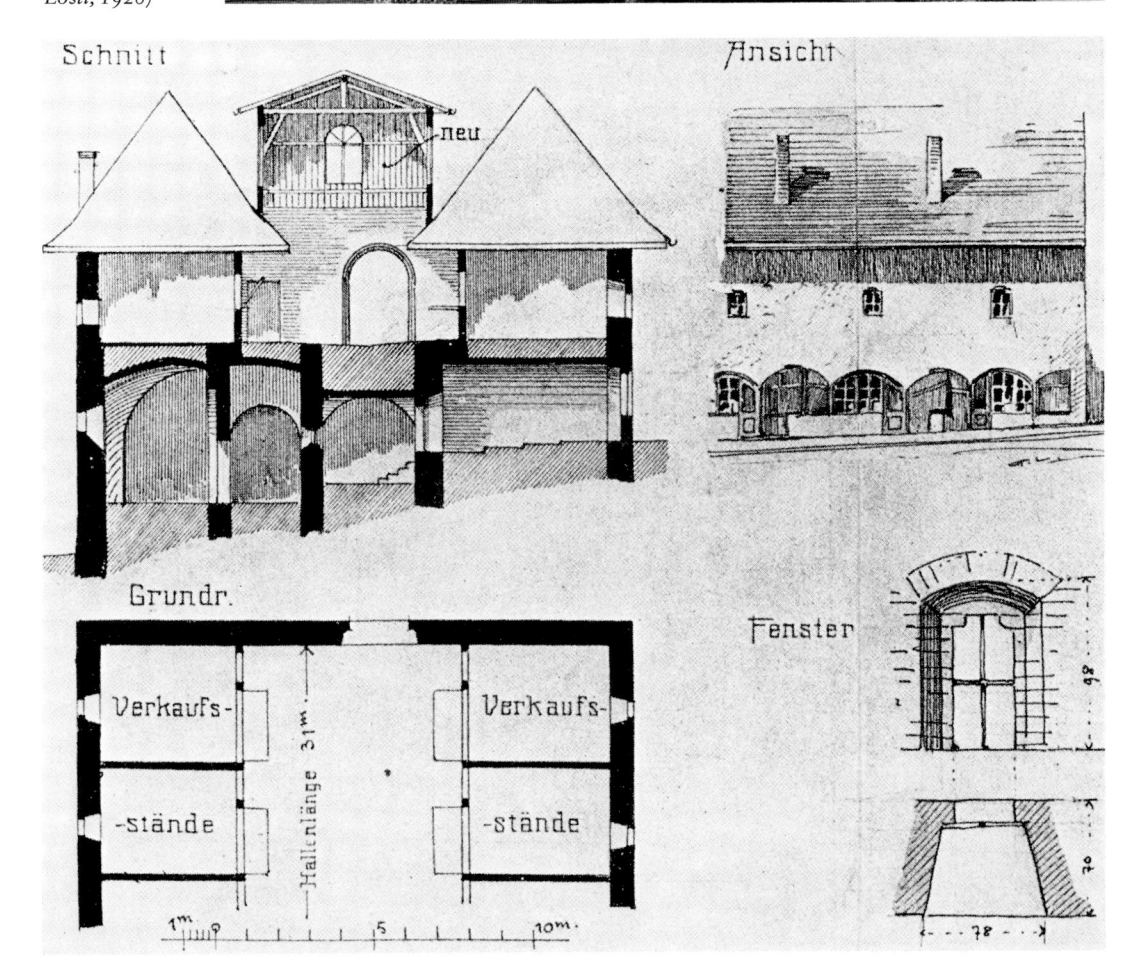

Schnitt

Ansicht

Grundr.

Fenster

a Burghausen (Lkr. Altötting), Stadtplatz 113, Rathaus, Halle im Erdgeschoß mit spätgotischen Kreuzrippengewölben (1975)

b Burghausen (Lkr. Altötting), Stadtplatz 112, Rathaus, Raum im Erdgeschoß mit spätgotischem Kreuzrippengewölbe (1975)

Burghausen (Lkr. Altötting), Stadtplatz 112–114, Rathaus, im Kern 14. und 15. Jahrhundert, die Fassade im 18. Jahrhundert umgestaltet (1981)

a   Landshut, Altstadt 81, Hofraum (1979)

b   Landshut, Altstadt 81, spätgotisches Netzgewölbe, um 1400 (1979)

c   Landshut, Altstadt 81, Treppenaufgang (1979)

Landshut, Altstadt 81. Dieses Haus mit dem reichsten Giebel der Stadt ist vor 1408 unter dem Kammermeister Hans Wernstorffer erbaut worden. Im letzten Viertel des 15. und ersten Viertel des 16. Jahrhunderts befand es sich dann im Besitz der Patrizierfamilie Leitgeb. Die Fassade mit dem Rauhputzdekor wurde 1681 gestaltet (1979)

a   Landshut, Altstadt 29, ehemalige kurfürstliche
Regierungskanzlei. Portal (1979)

b   Landshut, Altstadt 29, ehemalige kurfürstliche
Regierungskanzlei, seit 1815 „Gasthof zum Kronprinz".
Der Bau im Kern 3. Viertel 15. Jahrhundert, die Fassade um
1780 klassizistisch umgestaltet (1979)

Burghausen (Lkr. Altötting), Stadtplatz 108, ehemalige kurfürstliche Regierung, im Kern 1. Hälfte 16. Jahrhundert, Fassade barock umgestaltet (1981)

Straubing, Fürstenstraße 9, ehemaliges Rent- und Salzamt, jetzt Finanzamt, die Stuckfassade von 1739 (1981)

a   Landshut, Altstadt 28, ehemaliges Landschaftshaus, Innenhof mit Renaissancearkaden, Mitte 16. Jahrhundert (1979)

b   Landshut, Altstadt 28, ehemaliges Landschaftshaus, Fassade mit Fresken von 1555, um 1970 restauriert (1979)

Dingolfing, Obere Stadt 15, ehemaliger herzoglicher Kastenhof, im Volksmund als „Herzogsburg" bezeichnet, um 1400/20. Bedeutender spätgotischer Backsteinbau mit durchbrochenem Treppengiebel, vermutlich von einem Straubinger Werkmeister entworfen (1950)

a Bad Tölz, Marktstraße 59, ehemaliges
Pflegerhaus, im Kern von 1485 (1980)

b Pfarrkirchen, Pflegstraße 18, ehemaliges
kurfürstliches Pfleggericht, dann Weißbräuhaus, im
Kern 17. Jahrhundert (1922)

a Vilshofen (Lkr. Passau), ehemaliges Bezirksamt, Portal von 1797 (1978)

b Vilshofen (Lkr. Passau), ehemaliges Bezirksamt am Stadtplatz, im Kern Mitte 16. Jahrhundert, Fassade um 1797 im Stil des Klassizismus umgestaltet (1980)

c Pfaffenhofen a. d. Ilm, Hauptstraße 20, ehemaliges Rentamt mit klassizistischer Fassade (1978)

a Ingolstadt, Theresienstraße 25, ehemaliges Landschaftshaus, 1771–73 von Veit Haltmayr umgestaltet (um 1950)

b Erding, Schrannenplatz 5, ehemaliges kurfürstliches Gerichtsschreiberhaus, erbaut wohl 1685 (1981)

a   Burghausen (Lkr. Altötting), Stadtplatz 115, ehemaliges Schiffmeisterhaus, dann Landschafts- bzw. Rentamtsgebäude. Die Fassade nach einem Entwurf des Hof- und Stadtmaurermeisters Anton Glonner, um 1800 umgestaltet (1981)

b   Burghausen (Lkr. Altötting), Stadtplatz 115, Fassadenentwurf von Hof- und Stadtmaurermeister Anton Glonner um 1800. (Stadtarchiv Burghausen, Plansammlung)

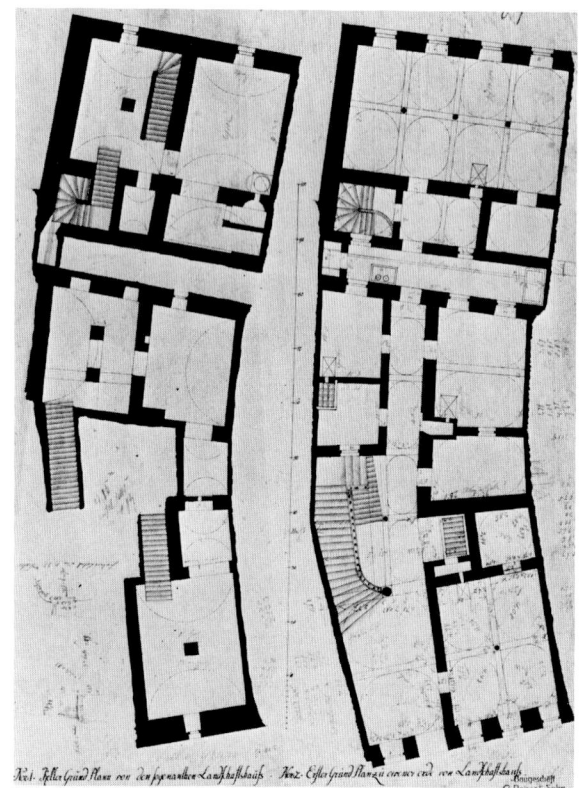

c   Burghausen (Lkr. Altötting), Stadtplatz 115, Grundrisse des Keller- und Erdgeschosses, Plan von Anton Glonner, Hof- und Stadtmaurermeister um 1800 (Stadtarchiv Burghausen, Plansammlung)

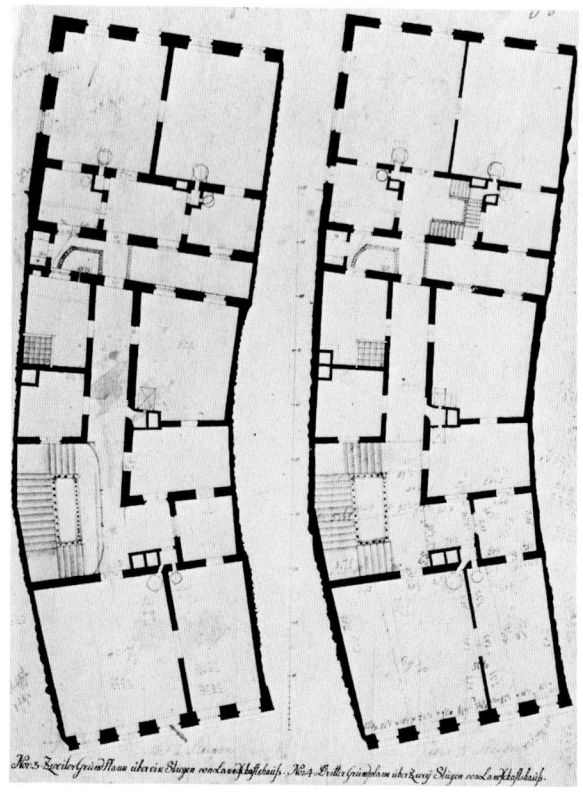

d   Burghausen (Lkr. Altötting), Stadtplatz 115, Grundrisse des ersten und zweiten Obergeschosses, Plan von Anton Glonner, Hof- und Stadtmaurermeister, um 1800 (Stadtarchiv Burghausen, Plansammlung)

a Natternberg (Lkr. Deggendorf), früheres kurfürstliches Gerichtsschreiberhaus, um 1600 (Bayer. Hauptstaatsarchiv, München, Abt. I: Plansammlung Nr. 309)

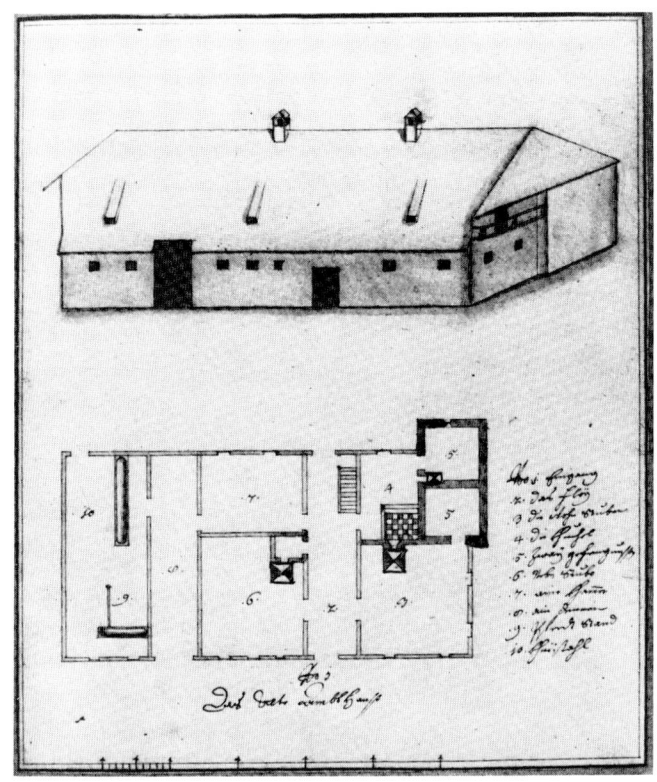

b Grund- und Aufriß des alten Amtshauses zu Dorfen, abgebrochen in der Mitte des 18. Jahrhunderts, Bestandsplan von Johann Georg Hirschstetter, kurfürstlicher Hofmaurermeister zu Landshut, von 1740; kolorierte Tuschzeichnung, Format 32 × 41 cm (Staatsarchiv München: GL Fasz. 812, Nr. 54)

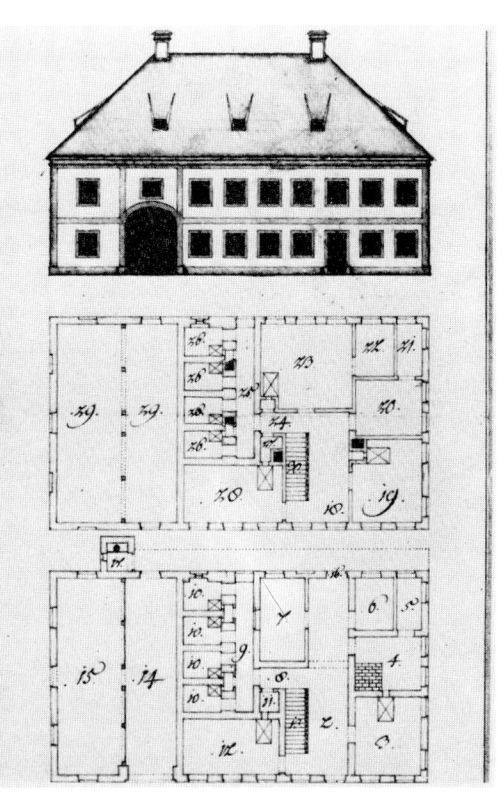

c Grund- und Aufriß des projektierten neuen Amtshauses zu Dorfen, Plan von Georg Mayr, Bürger und Maurermeister zu Wartenberg, um 1720; kolorierte Tuschzeichnung, Format 27,2 × 52,6 cm (Staatsarchiv München: GL Fasz. 812, Nr. 54)

T 143

a   Pürten (Lkr. Mühldorf a. Inn), kath. Pfarrhaus des 16. Jahrhunderts mit Pfarrkirche (1981)

b   Unterhofkirchen (Lkr. Erding), kath. Pfarrhaus, barocker Walmdachbau (1981)

Walkertshofen (Lkr. Kelheim), kath. Pfarrhaus, 1794 umgestaltet, im Kern jedoch wohl noch 2. Hälfte 17. Jahrhundert. Im Hintergrund der Turm der kath. Pfarrkirche St. Michael (1981)

a   Landshut, Kirchgasse 232, kath. Pfarrhaus St. Martin, Stuckdecke, Herkules mit den Pferden des Himmels (1926)

b   Landshut, Kirchgasse 232, kath. Pfarrhaus St. Martin (1979)

c   Landshut, Kirchgasse 232, barockes Portal, um 1700 (1979)

a Landsberg a. Lech, Schlossergasse 377, ehemaliges Benefiziatenhaus (1980)

b Ingolstadt, Am Stein 5, ehemalige Jesuitenbibliothek, Stuckfassade um 1730 (1980)

c Buch am Buchrain (Lkr. Erding), kath. Pfarrhaus, barocker Walmdachbau des 18. Jahrhunderts (1981)

a Vilsbiburg (Lkr. Landshut), Kirchstraße 8, kath. Pfarrhof, von 1718/20 (1978)

b Neuötting (Lkr. Altötting), Ludwigstraße 16 (kath. Pfarrhaus) und Ludwigstraße 18 (1978)

T 148

a   Ingolstadt, zwei gemauerte Städel bei Kanalstraße 1, im Hintergrund die „Hohe Schule" (1978), das von Herzog Ludwig dem Gebarteten im Jahr 1434 gestiftete Pfründehaus

b   Ingolstadt, Hallstraße 2, sog. „Herzogskasten", im Kern 2. Hälfte 13. Jahrhundert (1978)

*a Landshut, Dreifaltigkeitsplatz 177, ehemaliger „Hofkasten",
dann Landgericht, Westgiebel (1979)*

*b Landshut, Dreifaltigkeitsplatz 177, ehemaliger „Hofkasten",
dann Landgericht, erbaut 1468–70, umgebaut 1857 (1979)*

a Spötting bei Landsberg a. Lech, Hindenburgring 24, von 1468 (1977)

b Neumarkt a. d. Rott (Lkr. Mühldorf a. Inn), Einmayrstraße 6, ehemaliger Herzogskasten mit steilem Halbwalmdach, erbaut 1459 (1978)

c Kraiburg a. Inn, Salzstädel (1978)

d Straubing, ehemaliger Weinstadel mit Steilsatteldach und getrepptem Giebel, von 1580 (1920)

T 151

Landshut, Steckengasse 308, sog. „Herzogskasten", erbaut vor 1549 (1979)

Landshut, Häuser am Dreifaltigkeitsplatz mit dem Turm der kath. Stadtpfarr- und Stiftskirche St. Martin, dem höchsten Backsteinturm der Welt. Seine Höhe beträgt 136 m (1978)

a   Burghausen (Lkr. Altötting), Mautnerstraße 250c, ehemaliges Bruderhaus (1975)

b   Burghausen (Lkr. Altötting), Spitalgasse 206/207, Heiliggeist-Spital, Fletz im Erdgeschoß mit Kreuzgratgewölben (1975)

c   Burghausen (Lkr. Altötting), Spitalgasse 206, 207, 207¹/₃, Heiliggeist-Spital, Ostfassade mit Turm der Spitalkirche (1975)

Landshut, Altstadt 217, Haus der Grab-Christi-Bruderschaft, stattlicher Satteldachbau mit barockem Giebel (1979)

a   Landshut, Altstadt 300 und 299, ehemalige Patrizierhäuser des Geschlechts der Oberndorfer (1981)

b   Landshut, Altstadt 300, Patrizierhaus der Oberndorfer, Keller mit spätgotischem Kreuzrippengewölbe (1979)

a Landshut, Altstadt 300, Patrizierhaus der Oberndorfer, Laubengang mit spätgotischen Netzgewölben (1979)

b Landshut, Altstadt 300, Patrizierhaus der Oberndorfer, Halle im Erdgeschoß mit Netzgewölben, wohl von 1453. Als Bauherr gilt Conrad Oberndorfer und seine Gemahlin Maria, geborene Plank. Es wäre denkbar, daß der berühmte Landshuter Stadtwerkmeister Hans Stethaimer die in Altbaiern einzigartige Halle ausführte (1979)

a Straubing, Ludwigsplatz 10, Patrizierhaus, Grundriß und Schnitt (Zeichnung: Bayer. Landesamt für Denkmalpflege, Georg Lösti, 1920)

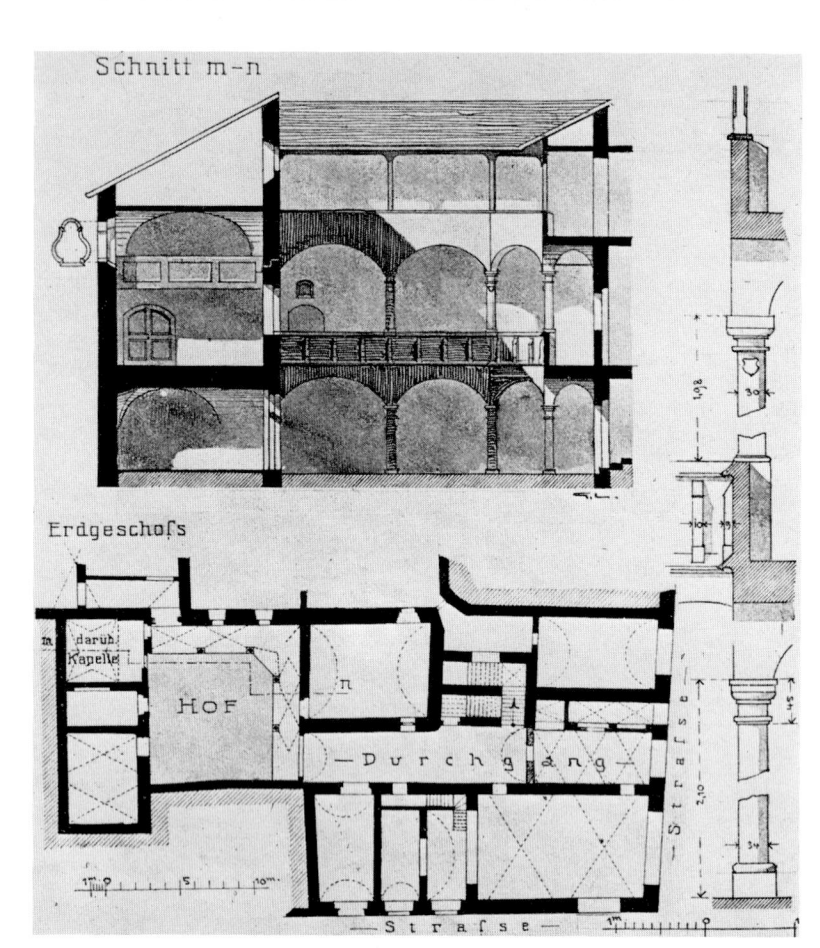

b Straubing, Häusergruppe am Ludwigsplatz, Nr. 10 („Zellerhaus zur Krone"), Nr. 11 (Löwenapotheke), Nr. 12, 13, 14, 15, 16 und Jakobsbrunnen von 1688 (1981)

a Straubing, Ludwigsplatz 13, ehemaliges Patrizierhaus der Lerchenfelder, erbaut um 1500, umgestaltet um 1650 und in der zweiten Hälfte des 16. Jahrhunderts, Fassade mit Rokokostuck, wohl von Matthias Obermayr (1981)

b Straubing, Ludwigsplatz 13, Hofarkaden (1920)

c Wasserburg a. Inn (Lkr. Rosenheim), Marienplatz 7/9, Patrizierhaus der Schiffmeisterfamilie Kern von Zellerreit. Der reiche Rokokostuck von dem Münchner Hofstukkator Johann Baptist Zimmermann, um 1738/40 (1970)

Landshut, Neustadt 455, ehemaliges Patrizierhaus, jetzt Marienapotheke. Als Bauherr des um 1670/80 erbauten Barockbaus könnte Johann Peter Oberndorfer, des Inneren Rats und Bürgermeister, in Frage kommen (1979)

a   Landshut, Dreifaltigkeitsplatz 13, Treppenhaus im ersten Obergeschoß (1979)

b   Landshut, Dreifaltigkeitsplatz 13, Innenhof mit Arkaden (1979)

c   Landshut, Dreifaltigkeitsplatz 12 (ehemaliges Stadthaus der Grafen von Preysing, mit Rauhputzdekor), Dreifaltigkeitsplatz 13 (ehemaliges Stadthaus verschiedener bei Hof tätiger Adelsgeschlechter) und Dreifaltigkeitsplatz 14 (schmalbrüstiges zweiachsiges Wohnhaus der früheren Hofkaminkehrer) (1981)

a Straubing, Ludwigsplatz 3, ehemaliges Stadthaus der Adelsfamilie der Schwarzendorfer, Innenhof mit Renaissancearkaden (Zeichnung: Bayer. Landesamt für Denkmalpflege, München, Georg Lösti, 1920)

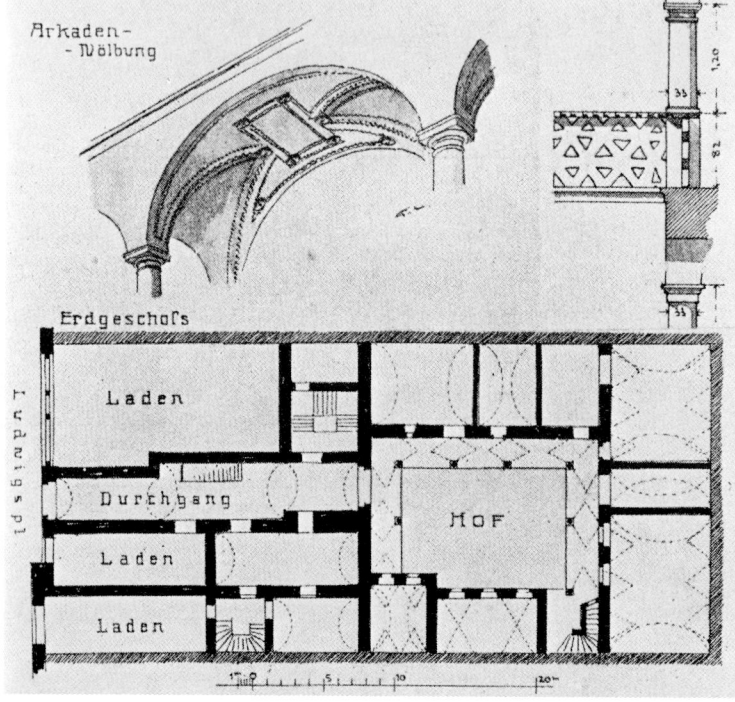

b Straubing, Ludwigsplatz 3, Grundriß und Details der Renaissancearkaden (Zeichnung: Bayer. Landesamt für Denkmalpflege, München, Georg Lösti, 1920)

Landshut, Neustadt 505, stattlicher Barockbau aus der Zeit um 1670. Als Bauherr des ehemaligen Palais darf Doktor Johann Haill, kurfürstlicher Kanzler zu Straubing und Hofrat zu München, angesehen werden (1979)

a Erding, Münchner Straße 20, ehemaliges Palais der Gräfin Rivera-Preysing, erbaut 1712, wohl nach einem Plan des Münchner Hofbaumeisters Giovanni Antonio Viscardi (1978)

b Kraiburg a. Inn (Lkr. Mühldorf a. Inn), Marktplatz 29, ehemaliges Palais Lerchenfeld, dann Sitz des Pfleggerichts Kraiburg und Mörmoosen, jetzt Apotheke, erbaut 1720 (1981)

Landshut, Neustadt 520, ehemaliges Stadthaus der Freiherrn von Pfetten, ab 1803 Gasthof zur Goldenen Sonne, stattlicher Barockbau mit geschweiftem Knickgiebel, Voluten und Kugelaufsätzen (1979)

a Landshut, Neustadt 515, ehemaliges Stadthaus
verschiedener adeliger Beamtenfamilien (1979)

b Landshut, Neustadt 514, ehemaliges Palais Königsfeld (1979)

c Landshut, Schirmgasse 264, Portal an dem ehemaligen Stadthaus einer Adelsfamilie. Über dem Torbogen das stuckierte
Allianzwappen Cammerloher : Pettenkofer, ausgeführt um 1770 (1979)

a   Landshut, Altstadt 72, ehemaliges Patrizierhaus der Leitgeb, später im Besitz verschiedener adeliger Beamtenfamilien, jetzt Gasthof Silbernagl. Das Haus zählte 1475 zu den größten Anlagen der Stadt und gab bei der Vermählung Herzog Georgs Quartier für 90 Pferde ab (1979)

b   Straubing, Fraunhoferstraße 9, ehemaliges Amtsgericht, jetzt Gäuboden-Museum, letztes Viertel 18. Jahrhundert. Als Bauherr darf Franz Xaver Ecker, beider Rechte Licentiat, Mitglied des Inneren Rats und Stadtsyndikus, angesehen werden (1981)

c   Straubing, Fraunhoferstraße 5, ehemaliges Beamtenhaus, jetzt Ludwigsapotheke, Rokokostuckfassade von 1763, wohl von Matthias Obermayr (1981)

Burghausen (Lkr. Altötting), Stadtplatz 97, ehemaliges Palais Tauffkirchen, früher Wohnhaus des Vicedoms im Rentamt Burghausen, dann Finanzamt, zuletzt Amtsgericht. Die reich stuckierte Fassade aus der Mitte des 18. Jahrhunderts (1981)

a   Burghausen (Lkr. Altötting), Stadtplatz 97, Portal des ehemaligen
Palais Tauffkirchen, Mitte 18. Jahrhundert (1975)

b   Erding. Lange Zeile 10, ehemaliges Palais der Freiherrn von
Widmann, Portal von 1782 (1978)

c   Erding, Lange Zeile 10, ehemaliges Palais der Freiherrn von Widmann, jetzt Landratsamt, klassizistische Fassade von 1782 (1978)

T 169

Ingolstadt, Ludwigstraße 5, sog. „Ickstatthaus", ehemaliges Wohnhaus des Professors Doktor Johann Anton Crollalanza, später, d.h. ab 1747, im Besitz des Professors Johann Adam von Ickstatt. Der reiche Stuck um 1748 (1950)

a Grafing (Lkr. Ebersberg), Marktplatz 2, ehemaliger Sitz der Hofmark Eisendorf, dann Gasthof Wildbräu, im Kern von 1616, sonst von 1746 (1980)

b Grafing (Lkr. Ebersberg), Marktplatz 2, Portal des Gasthofs Wildbräu, Portal um 1746 (1980)

c Erding, Landshuter Straße 1, ehemalige Stadtresidenz der Grafen von Preysing, jetzt Rathaus, ungewöhnlich stattlicher Walmdachbau des 17. Jahrhunderts (1981)

a Kraiburg a. Inn (Lkr. Mühldorf a. Inn), sogenanntes „Sachsenschlößl", ehemaliger Edelsitz des 16. Jahrhunderts (1981)

b Burghausen (Lkr. Altötting), Mühlenstraße 10, sogenanntes „Reisergütl zu St. Johann", ehemaliger Landsitz der Hof- und Stadtmaurermeisterfamilie Glonner (1975)

Landshut, Ortsteil Achdorf, Äußere Münchner Straße, sogenanntes „Ruffinischlößchen", stadtnaher Sitz der bei Hof tätigen Adelsfamilie Ruffini, wohl 2. Hälfte 17. Jahrhundert (1978)

a   Burghausen (Lkr. Altötting), Geistwirtgaßl 32 und 33 (1975)

b   Burghausen (Lkr. Altötting), Schwibbögen an der Einmündung des Geistwirtgaßls in den Stadtplatz (1975)

c   Landshut, Seitenweg zur Ländgasse. Im Hintergrund die ehemalige kurfürstliche Pfistermühle (1981)

d   Burghausen (Lkr. Altötting), Häuser an der Messerzeile, im Hintergrund der Turm der kath. Stadtpfarrkirche St. Jakob (1960)

a   Landsberg a. Lech, Gang parallel zur Schlossergasse (um 1960)

b   Burghausen (Lkr. Altötting), ehemalige Gerberhäuser an der Mautnerstraße (1950)

c   Burghausen (Lkr. Altötting), Hofberg 63, 64, 65, 66 a/b (1950)

a   Burghausen (Lkr. Altötting), Ansicht des Stadtplatzes, Blick gegen Süden, Radierung von Joseph Lutzenberger, um 1860 (Städt. Museum Burghausen)

b   Burghausen (Lkr. Altötting), Stadtplatz, Blick gegen Süden (1981)

a Burghausen (Lkr. Altötting), Ansicht des Stadtplatzes, Blick gegen Norden, Radierung von Joseph Lutzenberger, um 1860 (Städt. Museum Burghausen)

b Burghausen (Lkr. Altötting), Stadtplatz, Blick gegen Norden (1981)

a Ingolstadt, Bei der Schleifmühle 4, ehemalige Wagnerei, im Kern wohl noch 16. Jahrhundert (um 1900)

b Ingolstadt, Bei der Schleifmühle 4 (1981)

a Ingolstadt, Bei der Schleifmühle, Hochwasser an der Schutter (um 1900)

b Ingolstadt, Bei der Schleifmühle (von links nach rechts) 11, 13 und 15 (1980)

a Landshut, Dreifaltigkeitsplatz 9–14 (um 1900)

b Landshut, Häusergruppe an der Westseite des Dreifaltigkeitsplatzes 8–14 (1981)

a Landshut, Dreifaltigkeitsplatz 3–6 (1926)

b Landshut, Dreifaltigkeitsplatz 3–7 (1979)

T181

a Landshut, Häusergruppe an der Westseite der Altstadt (Nr. 76–94). Der stattliche viergeschossige Walmdachbau ist die ehemalige Stadtresidenz Herzog Ludwigs X., erbaut 1537–1543 (1981)

b Neustadt a. d. Donau (Lkr. Kelheim), kleine Handwerker- und Taglöhnerhäuser des 19. Jahrhunderts an der Dr. Balster-Straße. Welch ein Gegensatz zu den Patrizierhäusern des 15. und 16. Jahrhunderts an der Altstadt in Landshut! (1981)

a   Kößlarn (Lkr. Passau), Häuser am Marktplatz (1928)

b   Landshut, Obere Länd 49, 49½ und 50. Die zwei schlichten, schmalbrüstigen Handwerkerhäuser mit Zinnengiebeln stehen neben dem noblen Palais Etzdorf. Der Gegensatz zwischen Bürger- und Adelshaus kommt hier sinnfällig zum Ausdruck (1979)

Landshut, giebelständige Patrizier- und Handwerkerhäuser an der Westseite der Altstadt (Nr. 86–94) (1981)

a   Straubing, traufständige Patrizierhäuser mit getreppten Brandmauern an der Nordseite des Ludwigsplatzes (Nr. 10–14) (1981)

b   Burghausen (Lkr. Altötting), Patrizierhäuser mit Vorschußmauern an der Ostseite des Stadtplatzes (Nr. 109–111) (1981)

a Burghausen (Lkr. Altötting), Blick von der Mautnerstraße in Richtung der Burg (1975)

b Wasserburg a. Inn (Lkr. Rosenheim), Blick auf die Stadt vom rechten Innufer aus (1981)

a   Landshut, Dreifaltigkeitsplatz 176. Im Hintergrund auf dem Berg die Burg Trausnitz (1981)

b   Kößlarn (Lkr. Passau), Häusergruppe am Marktplatz mit der kath. Pfarrkirche Hl. Dreifaltigkeit und der Kirchenburg (1978)

T 187

a Bad Tölz, Häusergruppe am Jungmayerplatz, im Vordergrund Haus Nr. 3 b (1978)

b Bad Tölz, Marktstraße mit dem Denkmal des Landsknechtsführers Kaspar Winzerer. Die Häuser mit den vorkragenden Satteldächern und den bemalten Fassaden sind typisch für die Bauweise im bayerischen Oberland (1980)

Landshut, Häuser mit Vorschußgiebeln und Satteldächern an der Altstadt, im Hintergrund die Spitalkirche Heiliggeist (1978)

a Landsberg a. Lech, Hauptplatz mit Mariensäule und Brunnen von 1783. Im Hintergrund der Schmalzturm und die Häuser Hauptplatz 180, 181, 182 (1980)

b Langquaid (Lkr. Kelheim) Häuser am Marktplatz (1981)

a Landshut, Patrizier- und Handwerkerhäuser an der Ostseite der Altstadt 300–295, 262–252 (1981)

b Straubing, Ludwigsplatz 11 (Löwenapotheke) mit Jakobsbrunnen von 1688 (1981)

c Erding, Lange Zeile mit Rathaus und Glockenturm der Kath. Stadtpfarrkirche St. Johannes (1979)

a Vohburg (Lkr. Pfaffenhofen a. d. Ilm), Donaustraße 3, südliches Tor („Kleines Donautor"), von 1471. Links im Vordergrund das Haus Donautor 7 aus dem 17./18. Jahrhundert (1978)

b Erding, Landshuter Straße mit Landshuter Tor und Heiliggeist-Spitalkirche (1981)

a   Vilshofen (Lkr. Passau), Stadtplatz mit Oberem Torturm (1925)

b   Landsberg a. Lech, Vorderer Anger. Im Hintergrund das Sandauertor vom Anfang des 17. Jahrhunderts (1978)

a Ingolstadt, Häuser in der Neugasse. Im Hintergrund die beiden Westtürme des Münsters (1980)

b Ingolstadt, Schulstraße, Blick gegen Westen in Richtung des Münsterchors (1980)

Landshut, Kirchgasse, Blick in Richtung des Chors der Kath. Stadtpfarr- und Stiftskirche St. Martin (1979)

a   Landsberg a. Lech, Alte Bergstraße mit
Schmalzturm (1978)

b   Vilsbiburg (Lkr. Landshut), Häuser am Stadtplatz
und Oberes Tor (1920)

a Pfarrkirchen, Stadtplatz 8 („Kirchenwirt") mit drei
Rückstaffelungen im Grundriß am Durchgang zur Kirche
(im Kern 16./17. Jahrhundert). Im Hintergrund der Turm
der Kath. Stadtpfarrkirche (1922)

b Wasserburg a. Inn (Lkr. Rosenheim), Brucktor mit
Bruckturm (Bruckgasse 9), 1470 durch Wolfgang Wiser
erbaut, die Wandmalereien von 1568 (1980)

T 197

a Landshut, Häuser in der Steckengasse mit Herzogskasten (1979)

b Landshut, Häuser am Dreifaltigkeitsplatz mit Turm von St. Martin (1976)

a   Regen, Blick auf die Stadt vom Fluß aus. Im
Hintergrund die Kath. Pfarrkirche St. Michael
(1927)

b   Deggendorf, Hengersberger Straße, Bebauung
am Fuß des Geyersberghanges. Die breitgelagerten
Handwerkerhäuser des 17./18. Jahrhunderts stehen
am Platz der ältesten, im 9. Jahrhundert genannten
Siedlung Deggendorf, die durch die Neugründung
der Stadt um 1520 im Norden dieser Siedlung an
Bedeutung verlor und zur Vorstadt herabsank
(1926)

Landshut, Altstadt 81, erbaut vor 1408, Fassade 1681 umgestaltet (1981)

DAS DEUTSCHE BÜRGERHAUS
begründet von Adolf Bernt – herausgegeben von Günther Binding

Mit den einzelnen Bänden der 1959 begonnenen Publikationsreihe „Das deutsche Bürgerhaus" im Verlage Ernst Wasmuth wird der Versuch unternommen, die bauliche Leistung des Bürgertums einer größeren Stadt oder einer kulturell geschlossenen Landschaft in Text, Zeichnungen und Fotos darzustellen. Selbstverständlich gehören Stadthäuser des Adels genauso wie die der Geistlichen in den Bereich der Untersuchung, ebenfalls das Haus des Ackerbürgers wie das des Handwerkers; auch die baulichen Leistungen des Bürgertums wie die Gilde-, Rat- und Kaufhäuser, der „Bürgergehorsam" und die vielen Stiftungen, in denen arme und reiche Bürger wohnten, sind in die Betrachtung einzubeziehen, jedoch werden hierfür nur Beispiele gebracht, die für das Verständnis der Bürgerhäuser wichtig sind. Der inhaltliche Aufbau der im Format 20×27 cm und in der Ausstattung einheitlichen Bände der auf 45 Titel geplanten Publikationsreihe richtet sich nach dem darzustellenden Problem der jeweiligen Orte und Landschaften und nach dem Interesse der Autoren.

Band I
Hans-Günther Griep
DAS BÜRGERHAUS IN GOSLAR
188 Seiten Text mit 60 Abbildungen, 56 Bildtafeln mit 118 Abbildungen nach Photos, 1 Faltplan, Leinen
ISBN 3 8030 0002 5

Band II
Walter Sage
DAS BÜRGERHAUS IN FRANKFURT AM MAIN
140 Seiten Text mit 88 Abbildungen, 88 Bildtafeln mit 165 Abbildungen nach Photos, 1 Faltplan, Leinen
ISBN 3 8030 0003 3

Band III
Heinrich Winter
DAS BÜRGERHAUS ZWISCHEN RHEIN, MAIN UND NECKAR
308 Seiten Text mit 175 Abbildungen, 80 Bildtafeln mit 211 Abbildungen nach Photos, Leinen   ISBN 3 8030 0004 1

Band IV
Horst Ossenberg
DAS BÜRGERHAUS IM BERGISCHEN LAND
116 Seiten Text mit 61 Abbildungen, 32 Bildtafeln mit 94 Abbildungen nach Photos, Leinen   ISBN 3 8030 0005 X

Band V
Max Eberhard Schuster
DAS BÜRGERHAUS IM INN- UND SALZACHGEBIET
80 Seiten Text mit 54 Abbildungen, 120 Bildtafeln mit 250 Abbildungen nach Photos, Leinen   ISBN 3 8030 0006 8

Band VI
Heinrich Winter
DAS BÜRGERHAUS IN OBERHESSEN
224 Seiten Text mit 146 Abbildungen, 80 Bildtafeln mit 131 Abbildungen nach Photos, Leinen   ISBN 3 8030 0007 6

Band VII
Rudolf Stein
DAS BÜRGERHAUS IN SCHLESIEN
144 Seiten Text mit 130 Abbildungen, 234 Bildtafeln mit 462 Abbildungen nach Photos, 8 Falttafeln, Leinen
ISBN 3 8030 0008 4

Band VIII
Karl Hauke
DAS BÜRGERHAUS IN OST- UND WESTPREUSSEN
148 Seiten Text mit 271 Abbildungen, 131 Bildtafeln mit 203 Abbildungen nach Photos, Leinen   ISBN 3 8030 0009 2

Band IX
Rudolf Helm
DAS BÜRGERHAUS IN NORDHESSEN
160 Seiten Text mit 80 Abbildungen, 144 Bildtafeln mit 242 Abbildungen nach Photos, Leinen   ISBN 3 8030 0010 6

Band X
Hans Hübler
DAS BÜRGERHAUS IN LÜBECK
100 Seiten Text mit 133 Zeichnungen, 63 Bildtafeln mit 91 Abbildungen nach Photos, 3 Falttafeln, Leinen
ISBN 3 8030 0011 4

Band XI
Heinrich Götzger
DAS BÜRGERHAUS DER STADT LINDAU IM BODENSEE
188 Seiten Text mit 177 Abbildungen, 136 Bildtafeln mit 251 Abbildungen nach Photos, Leinen   ISBN 3 8030 0012 2

Band XII
Oscar Heinitz
DAS BÜRGERHAUS ZWISCHEN SCHWARZWALD UND SCHWÄBISCHER ALB
200 Seiten Text mit 330 Abbildungen, 112 Tafeln mit 205 Abbildungen nach Photos, 5 Ausfalttafeln, Leinen
ISBN 3 8030 0013 0

Band XIII
Rudolf Stein
DAS BÜRGERHAUS IN BREMEN
148 Seiten Text mit 125 Abbildungen, 144 Tafeln mit 245 Abbildungen nach Photos, Beilage-Falttafel 4,68 m lang: Bremen, Weserufer im Zustand von 1840, Leinen   ISBN 3 8030 0014 9

Band XIV
Friedrich Stender
DAS BÜRGERHAUS IN SCHLESWIG-HOLSTEIN
128 Seiten Text mit 182 Zeichnungen, davon 21 Übersichten und 12 Straßenabwicklungen, 144 Tafeln mit 243 Abbildungen nach Photos, Leinen   ISBN 3 8030 0015 7

Band XV
Friedrich Mielke
DAS BÜRGERHAUS IN POTSDAM
Textteil
XXVI und 556 Seiten, 308 Abbildungen mit 953 Einzeldarstellungen, 13 Ausfalttafeln mit 26 Straßenabwicklungen, Plänen und graphischen Darstellungen, Leinen   ISBN 3 8030 0016 5
Bildteil
40 Seiten Text mit vollständiger Häuserliste, 304 Tafeln mit 884 Abbildungen nach Photos, eine Ausfalttafel mit 2 Hausnummernplänen, Leinen   ISBN 3 8030 0017 3

Band XVI
Wilhelm Schwemmer
DAS BÜRGERHAUS IN NÜRNBERG
128 Seiten Text, 97 Abbildungen mit 140 Einzeldarstellungen, 136 Tafeln mit 291 Abbildungen, 1 Ausfalttafel, Leinen
ISBN 3 8030 0018 1

Band XVII
Karl Erdmannsdorffer
DAS BÜRGERHAUS IN MÜNCHEN
128 Seiten Text, 78 Abbildungen mit 108 Einzeldarstellungen, 136 Tafeln mit 239 Abbildungen, 1 Ausfalttafel, Leinen
ISBN 3 8030 0019 x

Band XVIII
Ernst Stephan
DAS BÜRGERHAUS IN MAINZ
120 Seiten Text mit 128 Abbildungen, 56 Tafeln mit 104 Abbildungen, 2 Ausfalttafeln, Leinen   ISBN 3 8030 0020 3

Band XIX
Hans-Günther Griep
DAS BÜRGERHAUS DER OBERHARZER BERGSTÄDTE
300 Seiten Text, 123 Abbildungen mit 427 Einzeldarstellungen, 88 Tafeln mit 279 Abbildungen, Leinen   ISBN 3 8030 0021 1

Band XX
Rudolf Fricke
DAS BÜRGERHAUS IN BRAUNSCHWEIG
172 Seiten Text, 238 Abbildungen mit 443 Einzeldarstellungen, 108 Tafeln mit 263 Abbildungen, 1 Ausfalttafel, Leinen
ISBN 3 8030 0022 x

Band XXI
Wolfgang Rudhard
DAS BÜRGERHAUS IN HAMBURG
160 Seiten Text, 128 Abbildungen mit 249 Einzeldarstellungen, 88 Tafeln mit 179 Abbildungen, 1 Planbeilage, Leinen
ISBN 3 8030 0023 8

Band XXII
Karl Hauke
DAS BÜRGERHAUS IN MECKLENBURG
UND POMMERN
106 Seiten Text, 106 Abbildungen, 120 Tafeln mit 302 Abbildungen, Leinen   ISBN 3 8030 0024 6

Band XXIII
Richard Strobel
DAS BÜRGERHAUS IN REGENSBURG
392 Seiten Text, 311 Abbildungen, 152 Tafeln mit 317 Abbildungen, 52 Beilagen, 6 Karten, 4 Ausfalttafeln, Leinen
ISBN 3 8030 0025 4

Band XXIV
Robert Pfaud
DAS BÜRGERHAUS IN AUGSBURG
152 Seiten Text, 178 Abbildungen, 124 Tafeln mit 223 Abbildungen, 8 Ausfalttafeln, Leinen   ISBN 3 8030 0026 2

Band XXV
Frank Kretzschmar und Ulrike Wirtler
DAS BÜRGERHAUS IN KONSTANZ, MEERSBURG
UND ÜBERLINGEN
144 Seiten Text, 159 Abbildungen, 72 Tafeln mit 168 Abbildungen, Leinen   ISBN 3 8030 0027 0

Band XXVI
Eugen Mayer
DAS BÜRGERHAUS ZWISCHEN OSTALB UND
OBERER TAUBER
256 Seiten Text, 458 Abbildungen, 96 Tafeln mit 145 Abbildungen, Leinen   ISBN 3 8030 0028 9

Band XXVII
Wolfram von Erffa
DAS BÜRGERHAUS IM WESTLICHEN OBERFRANKEN
192 Seiten Text, 208 Abbildungen, 64 Tafeln mit 147 Abbildungen, Leinen   ISBN 3 8030 0029 7

Band XXVIII
Horst Ossenberg
DAS BÜRGERHAUS IN OBERSCHWABEN
212 Seiten Text, 644 Abbildungen, 72 Tafeln mit 178 Abbildungen, 5 Ausfalttafeln, Leinen   ISBN 3 8030 0030 0

Band XXIX
Erwin Huxhold
DAS BÜRGERHAUS ZWISCHEN SCHWARZWALD
UND ODENWALD
220 Seiten Text, 416 Abbildungen, 40 Tafeln mit 138 Abbildungen, Leinen   ISBN 3 8030 0031 9

Band XXX
Richard Strobel
MITTELALTERLICHE BAUPLASTIK
AM BÜRGERHAUS IN REGENSBURG
Fenster, Portale, Rippengewölbe
252 Seiten, 189 Zeichnungen, 468 Abbildungen nach Photos, Leinen   ISBN 3 8030 0032 7

Band XXXI
Kurt Asche
DAS BÜRGERHAUS IN OLDENBURG
237 Seiten, 286 Abbildungen, 108 Tafeln mit 371 Abbildungen, 10 Falttafeln, Leinen   ISBN 3 8030 0033 5

Band XXXII
Klaus Freckmann
DAS BÜRGERHAUS IN TRIER UND AN DER MOSEL
232 Seiten, 265 Abbildungen, 130 Tafeln mit 268 Abbildungen, 20 Seiten Anhang mit 28 Abbildungen, Leinen
ISBN 3 8030 0035 1